A OPA e o Controlo Societário
A Regra de Não Frustração

2013

João Cunha Vaz

Dissertação de Doutoramento – Ciências Jurídico-Empresariais
Sob a Orientação do Professor Doutor João Calvão da Silva

A OPA E O CONTROLO SOCIETÁRIO
A REGRA DE NÃO FRUSTRAÇÃO
AUTOR
João Cunha Vaz
EDITOR
EDIÇÕES ALMEDINA, S.A.
Rua Fernandes Tomás, nºs 76-80
3000-167 Coimbra
Tel.: 239 851 904 · Fax: 239 851 901
www.almedina.net · editora@almedina.net
DESIGN DE CAPA
FBA.
PRÉ-IMPRESSÃO
EDIÇÕES ALMEDINA, SA
IMPRESSÃO E ACABAMENTO
NORPRINT
Julho, 2013
DEPÓSITO LEGAL

Apesar do cuidado e rigor colocados na elaboração da presente obra, devem os diplomas legais dela constantes ser sempre objeto de confirmação com as publicações oficiais.
Toda a reprodução desta obra, por fotocópia ou outro qualquer processo, sem prévia autorização escrita do Editor, é ilícita e passível de procedimento judicial contra o infrator.

 | GRUPOALMEDINA

BIBLIOTECA NACIONAL DE PORTUGAL – CATALOGAÇÃO NA PUBLICAÇÃO
VAZ, João Cunha
A OPA e o controlo societário : a regra de
não frustração. - (Teses de doutoramento)
ISBN 978-972-40-5163-5

CDU   347
      336

Para a minha filha Maria

Eu nunca fiz senão sonhar. Tem sido esse, e apenas esse, o sentido da minha vida. Nunca tive outra preocupação verdadeira senão a minha vida interior. As maiores dores da minha vida esbatem-se-me quando, abrindo a janela para a rua do meu sonho, esqueço a vista no seu movimento.

Adoramos a perfeição, porque a não podemos ter; repugná-la-íamos, se a tivéssemos. O perfeito é o desumano, porque o humano é imperfeito.

Fernando Pessoa, in *Livro do Desassossego*

NOTA PRÉVIA

O texto que se publica reproduz no essencial (com correcções e actualizações*) a dissertação de doutoramento apresentada na FDUC, em Outubro de 2011, e discutida, em 12 Outubro de 2012, perante um júri constituído pelos Professores Doutores Pedro Pais de Vasconcelos, Paulo Olavo Cunha, António Pinto Monteiro, João Calvão da Silva, Jorge M. Coutinho de Abreu, Filipe Cassiano dos Santos e Luís Pedro Cunha.

---

* Limitámo-nos a rever pequenas gralhas e a acolher algumas sugestões proferidas aquando da discussão e arguição da dissertação, bem como entendemos oportuno por agora fazer uma actualização de certas edições, assim como enumerar novas publicações europeias relevantes em matéria de OPA, nomeadamente: (i) *"The Takeover Bids Directive – Assessment Report"*, de *Marcuus Partners & CEPS* (estudo encomendado pela Comissão em 2010 sobre a aplicação da Directiva das OPA e publicado em 2012); (ii) Relatório da Comissão ao PE, Conselho, CES e CR de 28.06.2012: *"Aplicação da Directiva 2004/25/CE relativa às ofertas públicas de aquisição COM/2012/0347 final"*; (iii) *Proposta de Resolução do PE sobre o Futuro do Direito Europeu das Sociedades*, de 06.06.2012, (2012/2669 (RSP)); (iv) *"Action Plan: European company law and corporate governance – a modern legal framework for more engagged shareholders and sustainable companies"*, Communication from the Commission to the European Parliament, the Council, the European Economic and Social Committee and the Committee of the Regions [COM (2012) 740/2], daqui em diante somente designado por *Plano de Acção 2012* – todos estes documentos estão disponíveis para consulta em <u>http://ec.europa.eu</u>; e por fim (v) *Código de Governo das Sociedades IPCG*, entretanto apresentado em 30 de Janeiro de 2013.

AGRADECIMENTOS

Quero em primeiro lugar agradecer ao Professor Doutor João Calvão da Silva, orientador da elaboração da dissertação, pelo apoio e entusiasmo demonstrados ao longo de todo este percurso. Agradeço também a todos os membros do júri, muito em particular aos Professores Doutores Paulo Olavo Cunha e Filipe Cassiano dos Santos por terem aceitado a tarefa de arguição.

Agradeço igualmente à *London Scholl of Economics & Political Science*, na pessoa do Professor Doutor Ross Cranston, e ao *Institute of Advanced Legal Studies*, ambos com sede em Londres, pelo apoio que me concederam aquando da minha investigação na área das OPA.

Uma palavra especial de agradecimento ao Dr. Carlos Costa Andrade, Advogado (*Úria & Menéndez – Proença de Carvalho*), pela sua amizade e apoio incondicionais e por tão sábias sugestões na organização da dissertação. Agradeço também à Mestre Filipa Guadalupe pela árdua tarefa de revisão do presente texto, bem como ao Professor Doutor Pedro Maia (FDUC) por tão oportunas sugestões na fase final de elaboração da dissertação e ao Dr. Nuno Gaioso Ribeiro (*Capital Criativo – SCR, S.A.*) pelos decisivos comentários críticos aquando da preparação da discussão pública da mesma.

Por fim, agradeço muito em especial a toda a minha Família pelo carinho e paciência manifestados nos últimos anos, bem como por todos os sacrifícios envolvidos.

ABREVIATURAS

AAVV	Autores Vários
AdC	Autoridade da Concorrência
AG	Assembleia-Geral
al(s).	Alínea(s)
art(s).	Artigo(s)
BFDUC	Boletim da Faculdade de Direito da Universidade de Coimbra
BJR	*Business Judgment Rule*
CA	Conselho de Administração
Cadernos MVM	Cadernos do Mercado de Valores Mobiliários (CMVM)
CC	Código Civil
CEPS	*The Centre for European Policy Studies*
CES	Comité Económico e Social Europeu
CESR	*Committee of European Securities Regulators*
cfr.	Confrontar/conforme
CGS	Conselho Geral e de Supervisão
cit.	Citado(a)
CMVM	Comissão do Mercado de Valores Mobiliários
CNMV	*Comisión Nacional del Mercado de Valores* (Espanha)
CódGS	Código de Governo das Sociedades da CMVM
CódMVM	Código do Mercado dos Valores Mobiliários
CódVM	Código dos Valores Mobiliários
CPC	Código de Processo Civil
CR	Comité das Regiões
CRP	Constituição da República Portuguesa
CSC	Código das Sociedades Comerciais
DL	Decreto-Lei

DTI	*Department of Trade and Industry* (Reino Unido)
EBOR	*European Business Organization Law Review*
ECGI	*European Corporate Governance Institute*
EM	Estado(s) Membro(s)
FEUC	Faculdade de Economia da Universidade de Coimbra
FDUC	Faculdade de Direito da Universidade de Coimbra
IDET	Instituto de Direito das Empresas e do Trabalho
IPCG	Instituto Português de *Corporate Governance*
IUE	Instituto Europeu Universitário (Florença)
JO	Jornal Oficial da União Europeia
Nº(s)	Número(s)
NYSE	*New York Stock Exchange*
ob. cit.	Obra citada
OCDE	Organização para a Cooperação e Desenvolvimento Económico
(org.)	Sob a direcção
p.(pp.)	Página(s)
PE	Parlamento Europeu
RFDL	Revista da Faculdade de Direito da Universidade de Lisboa
RIMV	*Revista Iberoamericana de Mercado de Valores*
RJUM	Revista Jurídica da Universidade Moderna
ROA	Revista da Ordem dos Advogados
ROC	Revisor Oficial de Contas
SA	Sociedade Anónima
SEC	*Securities Exchange Commission* (EUA)
ss.	Seguintes
TFUE	Tratado sobre o Funcionamento da União Europeia
TJUE	Tribunal de Justiça da União Europeia
TUE	Tratado da União Europeia
UCP	Universidade Católica Portuguesa
U.E.	União Europeia
v.	*Vide*
Vol(s).	Volume(s)

RESUMO

A temática do *corporate governance* continua muito actual face aos escândalos financeiros ocorridos na última década e à crise financeira em curso, destacando-se entre os seus mecanismos de controlo as ofertas públicas de aquisição (OPA), com uma actividade crescente nos últimos anos e cujo papel pode ser relevante num futuro próximo. Neste contexto, assume particular importância um específico problema relativo ao governo da sociedade admitida à negociação alvo de uma OPA: a regulamentação das relações entre accionistas e membros do órgão de administração da sociedade visada, mais concretamente, a regra de não frustração da oferta (também conhecida por *non-frustration* ou *passivity* rule).

Como principais objectivos propomo-nos então responder a duas questões essenciais: (i) Qual o modelo de governo societário relativo aos poderes do órgão de administração na adopção de medidas defensivas na pendência de uma OPA, capaz de assegurar uma protecção adequada aos accionistas e um mais eficiente mercado do controlo societário? (ii) Qual o nível mínimo de harmonização europeia desejável no domínio do *corporate governance*; e, por outro lado, qual o papel da Directiva 2004/25/CE na aplicação de um regime uniforme das OPA, em particular, no que respeita à regra de não frustração da oferta, tendo em consideração as diferentes práticas e concepções societárias nacionais dos vários EM?

Para este efeito, pretendemos analisar as relevantes tendências de *corporate governance* e a futura harmonização do direito das sociedades europeu, incluindo a matéria das OPA. Em seguida, teremos de nos focalizar nos deveres dos membros do órgão de administração e nas medidas defensivas ao seu dispor no decurso de uma OPA, para, por fim, centrar a nossa atenção no regime legal (nacional e europeu) da regra de não frustração da oferta e apresentar as nossas conclusões finais.

Esta regra (art. 182º/1 CódVM) tem de ser avaliada à luz dos deveres fiduciários fundamentais de cuidado e de lealdade dos membros do órgão de administração (art. 64º CSC) e, em particular, dos deveres específicos que emergem no decurso de uma OPA, nomeadamente, o dever de agir de boa fé, quanto à correcção da informação e quanto à lealdade do comportamento (art. 181º/5d) CódVM). Face a uma OPA hostil a administração e os accionistas de controlo – querendo manter a sua influência – vêem-se tentados a tomar medidas defensivas destinadas a frustrar o sucesso da oferta, cuja legitimidade é muitas vezes questionada, embora nem todas as medidas sejam indesejáveis, pelo que se nos afigura essencial encontrar um equilíbrio razoável na sua aplicação.

A par da convergência internacional dos principais modelos de *corporate governance*, e face à recente harmonização do direito das sociedades, parece-nos aceitável a aprovação de um *"Código Europeu" de corporate governance*, assente na filosofia *comply or explain*, como factor de reforço da confiança dos investidores. Por sua vez, a regulamentação europeia das OPA é decisiva para tornar as sociedades europeias mais competitivas, bem como para o desenvolvimento do mercado do controlo societário europeu, não esquecendo, no entanto, a ideia de complementaridade dos diversos mecanismos de *corporate governance*.

Contudo, a Directiva 2004/25/CE pode ter falhado no seu papel primordial de harmonização, face à larga margem de manobra de defesa deixada aos EM contra ofertas hostis e às recentes atitudes proteccionistas. Daqui resulta ser essencial discutir a sua revisão com vista a alcançar um regime uniforme das OPA no seio da U.E., em particular, no que respeita à regra de não frustração da oferta, essencial para proporcionar um mais activo mercado do controlo societário e para um mercado europeu de capitais mais integrado. Por fim, olhamos o funcionamento do mercado do controlo societário nacional, o qual tem sido alvo de diversas interferências com carácter proteccionista com prejuízos daí decorrentes para o nível de confiança dos investidores, sendo essencial nos dias de hoje que o controlo seja cada vez mais proporcional ao capital investido (regra *uma acção/um voto*) e que seja seguido, em toda a sua linha, o primado dos direitos accionistas.

ABSTRACT

Today corporate governance issues have become very important due to the financial scandals occurred in the last decade and to the actual financial crisis. Among the corporate governance's control mechanisms we should highlight the issue of takeover bids with an increasing activity in the last few years and which may play a relevant role in the near future. In this context, one specific problem assumes special importance related to the governance of the target listed company: regulation of the relations between shareholders and members of the Board of Directors of the target company, particularly, the non-frustration rule.

As our main objectives we propose to answer two fundamental questions: (i) which model of corporate governance related to the Board of Director's powers to adopt defensive measures during the course of a takeover bid is preferable to guarantee an adequate protection of shareholders and a more efficient market for corporate control? (ii) Which is the minimum level of European harmonization desirable in the area of corporate governance, and which is the role of the Directive 2004/25/CE in the application of an uniform regime of takeover bids, in particular, concerning the non-frustration rule, having in consideration the different corporate practices and conceptions among Member States?

For this purpose, we intend to analyze the most relevant tendencies on corporate governance and the harmonization of European company law, in particular, takeover bids. Then we will focus on the fiduciary duties of the members of the Board of Directors and on available defensive measures during the bid. At the end, we discuss on detail the legal regime of the non-frustration rule at national and European level and finalise with our conclusions.

This mentioned rule (Article 182º/1 of Portuguese Securities Code) has to be seen in the light of the fiduciary duties of care and loyalty of the members of the Board of Directors and, in particular, of the specific duties that emerge during the course of a bid, namely, to act in good faith, concerning the accuracy of information and honest behaviour (Article 181º/5d) of Portuguese Securities Code). After an hostile takeover bid the Board and/or the majority shareholders tend to take defensive measures in order to frustrate the bid – their legitimacy is a lot of times questioned; however not all measures are undesirable, the key question being to be able to reach a fair balance in their application.

Following the international convergence of corporate governance models and the recent company law harmonization, we propose the approval of a European Corporate Governance Code, based on a "comply or explain" philosophy. This would be an instrument to reinforce investors' confidence and, on the other hand, making the European takeover regulation decisive to reinforce the competition capacity of European companies and fostering the development of the European market for corporate control, having in mind the idea that corporate governance mechanisms are complementary.

However, it seems that the Directive 2004/25/CE may have failed on its main role to harmonize since Member States preserve a large margin to defend against hostile bids and have adopted protectionist attitudes meanwhile. Therefore, it is crucial to discuss its revision in order to guarantee a takeovers' uniform regime in the European Union, in particular in what concerns the non-frustration rule, a fundamental tool to induce a more active market for corporate control and better integrated European capital markets. On the other hand, we conclude that the experience of the Portuguese market for corporate control has been subject to interference by protectionist tendencies with damages to investors' confidence. As a result, today is increasingly relevant to assure the proportionality between control and capital (principle one share/one vote) and the shareholders' rights primacy.

INTRODUÇÃO

A título preliminar temos de salientar que o presente estudo se afigura árduo e complexo na medida em que diz respeito a uma matéria em profunda mutação e discussão – o *corporate governance* no decurso de uma OPA –, que carece de adicional estudo e investigação face à sua actualidade, resultado dos escândalos financeiros ocorridos na última década e da recente crise económico-financeira, bem como do crescente número de fusões e aquisições (nacionais e transfronteiriças), fenómeno, este, que poderá assumir especial importância no quadro de uma eventual recuperação global[1].

O âmbito do presente estudo centra-se essencialmente no *corporate governance* (governo das sociedades[2]) no decurso de uma oferta pública de aquisição,

---

[1] De salientar que, entre nós, foi entretanto aprovado o *Código de Governo das Sociedades da CMVM* (CódGS) e criado o *Instituto Português do Corporate Governance* (IPCG), o qual publicou o *Livro Branco sobre Corporate Governance em Portugal* (A. SANTOS SILVA/A. VITORINO/CARLOS F. ALVES/J. ARRIAGA DA CUNHA/ALVES MONTEIRO, IPCG, 2006) e apresentou recentemente (Janeiro de 2013) o *Código de Governo das Sociedades IPCG*. Esta primeira proposta, por parte da sociedade civil, de auto-regulação alternativa ao CódGS apresenta uma natureza mais simples (cerca de vinte Princípios e de cinquenta Recomendações), mais flexível (adaptável às realidades heterogéneas dos seus destinatários) e mais neutral, não interferindo com os estatutos societários e remetendo para a regulamentação interna. A principal novidade reside no facto de este Código permitir que os emitentes considerem determinado Princípio cumprido, embora sem observarem as correspondentes Recomendações que o concretizam, valorizando deste modo o exercício de *"explain"*.
[2] A expressão "governo das sociedades" foi aquela escolhida pela CMVM para traduzir o conceito que em terminologia anglo-saxónica é identificado pela expressão *"corporate governance"*. Outras poderão ser utilizadas tais como "governo societário", "governança corporativa", "política da empresa", "harmonização dos interesses divergentes" (conselho de administração, gestores, accionistas e da sociedade em geral), "governação da empresa", "boa governação", etc. Sobre a problemática da tradução desta expressão v. PEDRO MAIA, *Voto e Corporate Governance*, Dissertação de Doutoramento (não publicada), FDUC, 2010, *Parte II – Capítulo VII*, que opta por não traduzir

mais concretamente, na sua vertente interna, ou seja, relativa à regulamentação das relações existentes entre os vários participantes numa sociedade, accionistas e órgão de administração, sem, todavia, descurar a sua vertente externa na medida em que trata igualmente do mercado do controlo societário através do fenómeno das OPA e do papel dos investidores institucionais.

Em particular, pretendemos estudar um específico problema relativo ao governo das sociedades abertas[3]: o bom governo da sociedade visada e a regra societária respeitante à *não frustração da oferta* por parte da administração ou a limitação dos seus poderes na pendência de uma OPA quanto à adopção de medidas defensivas. Estas últimas perturbam o normal funcionamento do mercado do controlo societário e as operações das *takeovers*, o que nos remete para a Directiva 2004/25/CE de 21 de Abril relativa às OPA (daqui em diante somente designada por *Directiva* ou *Directiva das OPA*) e para os princípios de *corporate governance*, sendo que ambos tendem a condicionar a adopção dessas mesmas estratégias defensivas.

Uma vez que os principais objectivos do presente estudo centram-se na avaliação do mais adequado governo da sociedade visada, propomo-nos responder a duas questões essenciais: (i) Qual o modelo de governo societário – relativo aos poderes do órgão de administração e à adopção de medidas defensivas na pendência de uma OPA – capaz de assegurar uma protecção adequada aos accionistas e um mais eficiente mercado do controlo societário? (ii) Qual o nível mínimo de harmonização europeia desejável no domínio do *corporate governance* e qual o papel da *Directiva* na aplicação de um regime uniforme das OPA, no que concerne à regra de não frustração da oferta, tendo em consideração as diferentes práticas e concepções societárias nacionais dos vários EM?

Por outras palavras, com a primeira questão pretendemos focalizar a nossa atenção na regra de não frustração da oferta e nas medidas defensivas reactivas e avaliar quais as benignas, ou seja, que respeitem a livre transmissibilidade das acções e a livre apreciação pelos accionistas do desempenho dos titulares do órgão de administração. Por sua vez, com a segunda questão pretendemos focar a nossa atenção no reforço do governo societário dos emitentes e na harmonização das medidas defensivas permitidas no decurso de uma oferta de forma a atenuar as existentes distorções da concorrência no seio da U.E., levando em consideração o fenómeno de alinhamento dos principais mercados de capitais europeus.

---

esta expressão inglesa justificando que não se verificou um movimento português equivalente de "governo das sociedades".

[3] Para efeitos do presente estudo, designadamente, das matérias do *corporate governance* e das OPA, são relevantes as *"sociedades abertas"*, ou seja, com o capital aberto ao investimento do público – e cujos critérios são definidos pelo art. 13º do CódVM.

INTRODUÇÃO

De modo a alcançar os mencionados objectivos e dar resposta aos problemas *supra* levantados, propomos o seguinte plano de estudo: tomamos como ponto de partida da nossa tarefa de investigação, no Capítulo I, a temática do *corporate governance*, analisando o respectivo conceito e teorias, a sua importância crescente nos mercados internacionais e a sua *ratio*, os diferentes modelos de governo existentes e a correspondente convergência internacional, para a qual muito tem contribuído o crescente activismo accionista por parte dos investidores institucionais.

De seguida, no Capítulo II, iremos abordar a estreita relação existente entre as matérias do *corporate governance* e das OPA. Para tal começaremos pela questão da futura harmonização do direito das sociedades europeu, no qual se enquadra o fenómeno das OPA no seio da U.E., para depois analisar a sua regulamentação e respectiva evolução enquanto instrumentos de *corporate governance* no seio de sociedades com diferentes estruturas accionistas – com particular atenção para a sua função enquanto instrumento decisivo para o desenvolvimento do mercado do controlo societário.

No Capítulo III propomo-nos analisar os deveres dos membros do órgão de administração – designadamente os seus deveres gerais ou fundamentais e, em particular, aqueles mais específicos que surgem no decurso de uma OPA –, suas funções e principais poderes, bem como os vários tipos de medidas defensivas (em especial as reactivas por contraposição às preventivas), motivações e efeitos respectivos. Para tal teremos como pano de fundo a experiência norte-americana (mais desenvolvida nesta matéria) e a respectiva *business judgment rule* (incluindo a jurisprudência do Estado de *Delaware*), experiência, essa, que será confrontada com o actual sistema vigente na U.E. e com as diferentes tradições e práticas europeias neste domínio.

Por sua vez, o Capítulo IV surge-nos como o mais relevante porque relativo ao nosso objecto principal: a regra de não frustração da OPA (*non-frustration rule*), isto é, a limitação de poderes da administração da sociedade visada no decorrer de uma OPA à luz dos interesses dos seus accionistas (destinatários da oferta). Teremos, então, de analisar as boas práticas de *corporate governance* na pendência de uma OPA, salvaguardando o princípio dominante nesta matéria: o primado da decisão dos accionistas. Em seguida, analisaremos detalhadamente o regime legal desta regra, designadamente: âmbito de aplicação (substancial e temporal), actos proibidos, regime excepcional, natureza jurídica, levando em consideração as medidas defensivas susceptíveis de serem aplicadas no decurso da oferta.

Depois importa ainda investigar de que forma se pode alcançar uma maior harmonização nesta matéria ao nível europeu, tendo subjacente o regime previsto pela *Directiva das OPA* e a sua transposição para o direito português. Deste modo pretendemos questionar qual o nível mínimo legal necessário para assegurar uma adequada protecção dos destinatários da oferta e a confiança dos mercados de capitais (em especial no que respeita às operações intra-comunitárias) e quais os benefícios resultantes dessa harmonização em termos de concorrência entre sociedades europeias e de integração do mercado europeu das OPA.

Por fim, pretendemos avaliar o funcionamento do mercado do controlo societário nacional – suas vicissitudes e perturbações – para, em seguida, apresentarmos no Capítulo V as nossas conclusões gerais decorrentes do presente estudo.

Capítulo I
Corporate Governance

1. Conceito e Teorias

O tema do *corporate governance* tem atraído enorme atenção por parte do público em geral devido à sua crescente importância na saúde das sociedades e da economia em geral, tendo vindo a ganhar maior relevo num mercado cada vez mais competitivo e exigente – em particular na conjuntura do início deste século com os escândalos financeiros ocorridos nos EUA e na Europa e, mais recentemente, com a presente crise financeira, têm surgido cada vez mais questões relacionadas com o modo como são governadas e controladas as sociedades.

Na U.E. a temática do *corporate governance* é extremamente actual e relevante, num mercado onde as diferentes opções nesta matéria vão determinar a eficiência e a eficácia da gestão das sociedades nos desafios da competitividade, da internacionalização e globalização, e no qual os *stakeholders* (outros agentes económicos com interesses legítimos) são cada vez mais exigentes e determinados na defesa dos seus interesses[4].

Verificamos, no entanto, alguma dificuldade em definir o conceito de *corporate governance* uma vez que o mesmo potencialmente abrange um largo número

---

[4] Também entre nós esta temática tem ganho crescente importância, sendo que ainda em Agosto de 2010 assistimos à intenção do Governo Português em adoptar seis medidas do Programa de Estabilidade e Crescimento (PEC) dirigidas às empresas públicas com vista a tornar obrigatórios os princípios de bom governo para as empresas do Sector Empresarial do Estado (SEE), designadamente ao nível das exigências de transparência, regime remuneratório e prevenção de conflitos de interesse, prevendo sanções aos gestores (podendo incluir a demissão).

de fenómenos jurídico-económicos. Como resultado têm surgido diferentes definições que reflectem específicos interesses em causa. Assim sendo, e para melhor definir este conceito, será útil apresentar diferentes propostas em vez de nomear apenas uma delas.

Antes de mais o governo das sociedades pode ser definido como um *"conjunto de mecanismos de controlo interno e externo que procuram harmonizar os conflitos entre accionistas e gestores, resultantes da separação entre propriedade e controlo* (BERLE/MEANS, 1932)[5].

De acordo com um dos Autores mais conceituados nesta matéria, KLAUS HOPT, o governo das sociedades diz respeito à organização interna e à estrutura de poderes de uma sociedade, ao funcionamento do órgão de administração nos sistemas "monistas" e dualistas, à sua estrutura accionista, e às inter-relações entre administração, accionistas e outros *stakeholders*, em particular trabalhadores e credores. O mesmo Autor faz a distinção entre *corporate governance* interno e externo, sendo que o primeiro está relacionado com as relações internas da sociedade (entre accionistas e administradores) e o segundo diz respeito a actores externos (tais como os investidores institucionais) e às forças dos mercados, em particular o mercado do controlo societário (*takeovers*), mercados de capitais e de trabalho e, na Alemanha, os bancos[6].

Por sua vez, de acordo com o *supra* citado *Livro Branco sobre Corporate Governance em Portugal*:

"A expressão «governo da sociedade» designa, precisamente, o conjunto de estruturas de autoridade e de fiscalização do exercício dessa autoridade, internas e externas, tendo por objectivo assegurar que a sociedade estabeleça e concretize, eficaz e eficientemente, actividades e relações contratuais consentâneas com os fins privados para que foi criada e é mantida e as responsabilidades sociais que estão subjacentes à sua existência"[7].

---

[5] Cfr. A. BERLE / G. MEANS, *The Modern Corporation and Private Property*, The Macmillan Company, New York. 1932.

[6] Cfr. KLAUS HOPT *"Common Principles of Corporate Governance in Europe"*, in MCCAHERY/MOERLAND/RAAIJMAKERS/RENNEBOOG (org.) *Corporate Governance Regimes, Convergence and Diversity*, Oxford University Press, 2002, pp. 175-204 (176).
De modo similar a nossa CMVM entende por governo das sociedades *"o sistema de regras e condutas relativo ao exercício da direcção e do controlo das sociedades, centrado nas sociedades emitentes de acções admitidas à negociação em mercado regulamentado (...) comporta uma vertente interna e uma vertente externa: na primeira acepção, entende-se o conjunto das regras organizativas dentro de cada sociedade cotada; o controlo externo, por seu turno, reporta-se à avaliação sobre o desempenho das sociedades que é feito através do normal funcionamento dos mecanismos de mercado, domínio em que a actuação dos investidores institucionais apresenta importância capital"* – cfr. Introdução das *Recomendações sobre o Governo das Sociedades da CMVM* (na sua versão de Setembro de 2007).

[7] Cfr. p. 12. Sobre a relação entre o movimento de *corporate governance* e o conceito de responsabilidade social das empresas (RSE), v. MICHAEL HOPKINS, *Corporate Social Responsibility & International*

I. CORPORATE GOVERNANCE

Já de acordo com os Princípios da OCDE sobre o Governo das Sociedades:
"*Envolve um conjunto de relações entre a gestão da empresa, o seu órgão de administração, os seus accionistas e outros sujeitos com interesses relevantes. O governo das sociedades estabelece também a estrutura através da qual são fixados os objectivos da empresa e são determinados e controlados os meios para alcançar esses objectivos. Um bom governo das sociedades deve proporcionar incentivos adequados para que o órgão de administração e os gestores prossigam objectivos que sejam do interesse da empresa e dos seus accionistas, devendo facilitar uma fiscalização eficaz*"[8].

Por sua vez, Sir ADRIAN CADBURY oferece-nos uma definição muito mais alargada:
"*A corporate governance preocupa-se em obter um balanço entre os objectivos económicos e sociais e entre os objectivos individuais e da sociedade. A matriz da corporate governance existe para encorajar o uso eficiente de recursos e igualmente para exigir a responsabilização pelo modo*

Development – Is Business the Solution?, Earthscan, 2007, p. 15, o qual conclui que os dois conceitos são muitos próximos, com excepção que o segundo é mais abrangente, na medida em que inclui todos os *stakeholders* (internos e externos). Por sua vez, ALVES MONTEIRO, "*A Responsabilidade Social das Empresas (RSE)*", Cadernos MVM, nº 21 (Agosto 2005), pp. 65-70 (68), considera que "*Responsabilidade social e governo das sociedades são conceitos complementares...*".
A noção de *corporate governance* tem vindo a sofrer mudanças positivas na sua definição graças ao trabalho do Banco Mundial e da OCDE, mas não incluiu, no entanto, as preocupações básicas da RSE. Por outro lado, o conceito de RSE não tem avançado tanto quanto o movimento de *corporate governance*, mas verifica-se, todavia, o alargamento do objectivo da *corporate governance* ao procurar alinhar os interesses dos indivíduos, das organizações e da sociedade – no mesmo sentido v. também VAN DEN BERGHE, ob. cit., pp. 85-86. Ou seja, presentemente o *corporate governance* tende a assumir uma dimensão cada vez mais social e ambiental, e não somente económico-financeira, cabendo um papel crescente aos interesses das outras partes envolvidas (*stakeholders*) na vida societária para além dos accionistas, assumindo muita importância o conceito de *socially responsible corporate governance*, uma vez que temos vindo a assistir ao fenómeno do *corporate financial governance expaned towards socially responsible corporate governance* ou mais resumidamente *corporate to social governance*.
[8] Cfr. p. 11, Preâmbulo, na sua versão actualizada e revista de 2004 (daqui em diante somente designados por Princípios OCDE). Para uma consulta mais detalhada v. texto integral em http://www.oecd.org. Estes Princípios OCDE apresentam-se com um carácter evolutivo (sujeitos a constante revisão), não são vinculativos, constituindo meros pontos de referência, e concentram-se em problemas resultantes da separação entre participação accionista e controlo societário.
A OCDE enuncia os pilares de um bom sistema de governo das sociedades: 1) *Equidade* – pressupõe o tratamento equitativo e a igualdade de oportunidades para investidores e accionistas; 2) *Transparência* – visibilidade permanente e divulgação oportuna, relevante e fiável da informação financeira, operacional e dados relativos à estrutura accionista; 3) *Accountability e Responsabilidade* – Monitorização e avaliação quantitativa da acção do órgão de administração e da gestão, com ênfase no respeito pela regulamentação aplicável e na auto-regulação através das melhores práticas na orientação para os *stakeholders*.

como esses recursos são usados. O objectivo é alinhar o mais próximo possível os interesses dos indivíduos, das corporações e da sociedade"[9].

Daqui podemos retirar que o governo das sociedades abarca diversos mecanismos de controlo que procuram alinhar os interesses envolvidos no seio de uma sociedade, designadamente, os mecanismos adequados para a formulação da sua vontade (informação), os órgãos que executam essa vontade (CA, comissão executiva e CA executivo) e avaliam a sua *performance* (AG), os órgão fiscalizadores da sua actuação (AG, CGS, conselho fiscal, fiscal único ou ROC), as regras destinadas a gerir os conflitos internos, os sistemas de sancionamento, etc. Todos estes são elementos constituintes do *corporate governance*, essenciais para a regulação do normal funcionamento da vida de uma sociedade.

Depois de analisadas diversas definições, podemos concluir que por *governo das sociedades* entende-se normalmente o sistema mediante o qual as sociedades são administradas e controladas, numa perspectiva mais jurídica. Esta temática centra-se, assim, essencialmente, nos problemas que resultam da demarcação entre a propriedade e o controlo das sociedades, abordando, em especial, as relações de tipo principal-agente entre os accionistas e os gestores[10]. Verificamos, portanto, que o conceito de *corporate governance* no seu sentido mais imediato e literal, significa, pura e simplesmente, o governo das sociedades (comerciais), ou seja, a problemática da repartição e do controlo do exercício do poder de direcção nas sociedades comerciais. Trata-se, assim, de uma expressão abreviada que designa um capítulo do regime das sociedades comerciais, ou seja, aquele que estuda a estrutura do governo dessas entidades e, muito em especial, a

---

[9] Cfr. *"Global Corporate Governance Forum"*, Banco Mundial (2000), disponível em http://www.cgov.pt. Por sua vez o Instituto Brasileiro de Governança Corporativa define-o como *"...o sistema pelo qual as organizações são dirigidas, monitoradas e incentivadas, envolvendo os relacionamentos entre proprietários, Conselho de Administração, Diretoria e órgãos de controle. As boas práticas de Governança Corporativa convertem princípios em recomendações objectivas, alinhando interesses com a finalidade de preservar e otimizar o valor da organização, facilitando seu acesso a recursos e contribuindo para a sua longevidade"* – cfr. Código das Melhores Práticas de Governança Corporativa, 4ª Edição, Setembro de 2009, p. 19.
Para uma perspectiva económica do *corporate governance*, mais associada à gestão eficiente empresarial (e seus mecanismos de incentivo) e à melhoria do desempenho financeiro v. H. MATHIESEN, *Managerial Ownership and Financial Performance*, PhD. Thesis, Copenhagen Business School, Denmark 2002. Ainda de modo a melhor compreendermos o presente conceito, importa distingui-lo de outros dois a ele associados: *business management* e *corporate responsability*. O primeiro diz respeito à administração/gestão propriamente dita de uma sociedade e o segundo está relacionado com a responsabilidade dos administradores pelos seus actos.

[10] Cfr. Comunicação da Comissão ao Conselho e ao PE, de 21.05.2003, intitulada *"Modernizar o direito das sociedades e reforçar o governo das sociedades na União Europeia – Uma estratégia para o futuro"*, p. 14 (nota 10) [COM (2003) 284 final], daqui em diante somente designado por *Plano de Acção* e disponível em http://ec.europa.eu.

I. CORPORATE GOVERNANCE

repartição de competências e funções entre os seus diversos órgãos (executivos e deliberativos)[11]. As principais questões que se colocam neste domínio dizem respeito, essencialmente, ao modo como as sociedades devem ser governadas, quem detém o respectivo poder de governo, quais os mecanismos de repartição desse poder, do controlo e das responsabilidades internas, não descurando os *"stakeholders"*. Todas estas questões constituem o escopo principal para o qual os diversos modelos de *corporate governance* procuram apresentar respostas.

A este respeito são apontadas diversas teorias de *corporate governance*[12]: Em primeiro lugar, temos a *"Agency Theory"*, que trata da separação entre a propriedade da sociedade (accionistas) e a sua gestão (administradores), e cuja

---

[11] Para uma abordagem mais detalhada sobre o conceito de *corporate governance* v., entre outros, VAN DEN BERGHE, *Corporate Governance in a Globalising World: Convergence or Divergence? A European Perspective*, Kluer Academic Publishers, 2002, pp. 1-3, DIANE DENIS/JOHN MCCONNELL, *International Corporate Governance*, ECGI Finance Working Paper Nº 05/2003, pp. 1-2 (disponível em http://www.ecgi.org) e COLLEY/DOYLE/LOGAN/STETTINIUS, *What is Corporate Governance?*, McGraw-Hill, 2005. Entre a doutrina nacional, v. J. P. ESPERANÇA/A. SOUSA/E. SOARES/I. PEREIRA, *Corporate Governance no Espaço Lusófono*, Textos Editores, 2011, bem como o *Livro Branco sobre Corporate Governance em Portugal* e COUTINHO DE ABREU, *Governação das Sociedades* Comerciais, 2ª edição, Almedina, 2010, pp. 7-9. Destacamos, por fim, outros dois Autores: PAULO OLAVO CUNHA, *Direito das Sociedades Comerciais*, 5ª Edição, Almedina, 2012, p. 505, considera o sistema de governação das sociedades como "... *o conjunto de regras e princípios que o órgão de gestão de uma sociedade anónima aberta deve respeitar no exercício da respectiva actividade; e que se caracteriza por incluir regras que visam tornar transparente a administração da sociedade, definir a responsabilidade dos respectivos membros e assegurar que na mesma se reflectem as diversas tendências accionistas*". Por sua vez, JORGE RODRIGUES, *Corporate Governance: Uma Introdução*, Edições Pedago, Fevereiro de 2008, pp. 33ss., defende que o modo como os accionistas orientam, controlam e legitimam os gestores é um dos elementos que determinam a eficácia, a estratégia e a razão de ser da vida das sociedades anónimas, sendo que a legitimidade em governá-las provém da propriedade do capital por parte dos accionistas que é delegada por estes nos gestores (ambos sujeitos do governo das sociedades), acrescentando que, independentemente da concepção da empresa subjacente, o governo das sociedades tem três finalidades essenciais: 1) Estimular o desempenho económico ao incrementar um sistema de incentivos para os gestores maximizarem o valor da empresa; 2) Limitar os abusos de poder dos gestores; 3) Vigiar o comportamento dos gestores contra os seus abusos e proteger os interesses dos accionistas e da sociedade.
Por fim, para uma definição ainda mais completa do que se entende hoje por *corporate governance*, dever-se-á analisar igualmente alguns exemplos de definições avançadas pelos "códigos" nacionais dos vários EM: para tal v. WEIL/GOTSHAL/MANGES, *Comparative Study of Corporate Governance Codes Relevant to the European Union and Its Member States, On behalf of the European Commission – Internal Market Directorate General Final Report*, pp. 28-29 (daqui em diante somente designado por *Comparative Study*), o qual foi encomendado pela Comissão Europeia e publicado em Janeiro de 2002 (disponível para consulta em http://ec.europa.eu).
[12] Sobre as diferentes teorias de *corporate governance* v. JOHN FARRAR, *Corporate Governance – Theories, principles, and practice, Second Edition*, Oxford University Press, 2005. Para uma perspectiva mais política v. MARK ROE, *Political Determinants of Corporate Governance – Political Context, Corporate Impact*, Oxford University Press, 2003, onde o Autor alerta para a importância do contexto político

preocupação se prende com a motivação dos primeiros para a maximização do seu valor, donde resulta necessariamente uma relação problemática entre os accionistas (*principais*) e os administradores (*agentes*) e onde a grande questão reside em alinhar os interesses de ambos. Esta teoria comporta diversos riscos, entre eles, o negócio em proveito próprio, compensações desapropriadas e gestão ineficiente (sem controlo accionista), uma vez que os mercados não são completamente eficientes, nomeadamente, no âmbito das assimetrias de informação. Esta teoria considera que os administradores tendem a prosseguir os seus interesses pessoais em detrimento dos interesses dos accionistas. Procura-se, portanto, alinhar os interesses das partes envolvidas (gestores e accionistas), designadamente, através das estruturas e órgãos societários, bem como através de sistemas de gestão e avaliação da *performance*, incluindo sistemas de remuneração e incentivos, os quais permitem controlar o comportamento dos gestores, ao acompanhar os resultados, ao avaliar a *performance* e ao remunerar em conformidade com os objectivos alcançados (desta teoria trataremos mais à frente a respeito da *ratio* do *corporate governance*).

Em segundo lugar, temos a "*Stewardship Theory*", através da qual os executivos visam essencialmente o interesse da organização "*tout court*" – considerando-a como uma extensão de si próprios – em detrimento dos seus próprios interesses. De acordo com esta teoria os administradores valorizam os aspectos de auto-reconhecimento, prestígio, realização profissional e responsabilidade. Em suma, a motivação pelo desempenho do seu cargo enquanto agente e administrador.

Em terceiro lugar, destacamos a "*Stakeholders Theory*", a qual dá prevalência às relações multilaterais entre a sociedade e os seus *stakeholders*, devendo o *management* ter em conta nas suas decisões todas as partes interessadas da sociedade, designadamente, trabalhadores, credores, fornecedores, clientes, comunidade local e público em geral.

Por fim, temos a "*Resource Dependence Theory*", esta mais preocupada com as relações de interdependência que as sociedades desenvolvem com o meio envolvente, designadamente, com outras organizações.

Depois de analisadas sucintamente as diversas teorias[13] sobre o *corporate governance*, importa, no entanto, sublinhar que recentemente a expressão tem

---

onde o sistema de governo está inserido, concluindo com uma metáfora: "*The moon's pull is unseen, unchangeable by humans, but powerfull. For corporate governance the moon's pull comes from politics*".

[13] Ainda sobre as principais perspectivas de governo das sociedades v. JORGE RODRIGUES, ob. cit., pp. 43-125, onde o Autor desenvolve três fases distintas quanto ao tempo e à concepção: (i) Uma perspectiva *tecnocrática* (*managerial*) onde era muito clara a separação entre a propriedade e o controlo, tendo os gestores (tecnocratas) um amplo poder discricionário sobre a sociedade; (ii) Uma perspectiva *financeira* (*shareholder*), na qual se assistiu à primazia dos interesses dos accionistas

vindo a ganhar um sentido inteiramente novo e um tanto ou quanto inusitado: à luz do momento actual podemos interpretá-la como um movimento de reflexão (liderado pelos investidores institucionais) com alguns efeitos ao nível da regulação, determinado pela necessidade de fazer frente a escândalos financeiros que, a partir da última década do século XX[14], envolveram sociedades cotadas nas grandes bolsas mundiais ou com um significativo peso na economia de algumas super potências e, em particular, face à actual crise financeira que veio levantar novas questões no seio dos mercados de capitais.

Os mencionados escândalos financeiros vieram demonstrar a ineficácia dos mecanismos de governo das sociedades – tais como o mercado do controlo societário, o sistema remuneratório, a auditoria externa pelo mercado e divulgação de informação, a independência dos administradores externos, a influência dos accionistas de controlo e a regulação/supervisão –, tendo então surgido a necessidade de introduzir novos mecanismos que permitam um maior controlo da actuação por parte dos administradores. É pois facilmente compreensível que o *corporate governance* é um instrumento decisivo para o desenvolvimento sustentável e o crescimento económico mundial. Acresce que o presente conceito vale igualmente para as instituições governamentais e o sector público em geral, sendo que a tendência actual é ampliar a definição de *corporate governance* por forma a abranger igualmente a gestão das instituições com fins não

---

(únicos donos da empresa) e à maximização da rentabilidade dos fundos próprios, onde o governo das sociedades se preocupava essencialmente em garantir o alinhamento entre os interesses dos actores da sociedade (agentes e principais) e obter valor para os segundos (assumindo os investidores institucionais um papel de relevo) e havendo uma preocupação fundamental de divulgação de informação ao mercado. Esta perspectiva dava prevalência aos resultados de curto prazo e esqueceu os outros interesses legítimos das partes envolvidas na sociedade; (iii) Neste contexto, surgiu a perspectiva *pluralista* (*stakeholder*), na qual prevalece o interesse social da empresa e se dá relevo a outros interesses para além dos accionistas, designadamente, gestores, trabalhadores, credores, clientes, fornecedores e público em geral, os quais, todavia, comportam, por sua vez, interesses conflituantes, que esta teoria não resolve. Aqui o governo das sociedades preocupa-se com todas as partes interessadas e com o modo como os gestores são governados e não como eles governam. Para um estudo mais em detalhe da evolução do movimento de *corporate governance* v. PEDRO MAIA, ob. cit., *Parte II – Capítulo VII*.

[14] Nos anos 90 assistiu-se a uma crise generalizada nos mercados financeiros: nos EUA, destacam-se, entre outros, os casos *Enron e WorldCom*, e na Europa os casos *Ahold, Parmalat* e *Vivendo* – para uma análise mais detalhada destes casos, v. ROBERT WEARING, *Cases in Corporate Governance*, SAGE Publications, Londres 2005, pp. 67ss. Vários factores contribuíram para estes escândalos: 1) ineficiente controlo de riscos e de irregularidades; 2) insuficiente controlo por parte dos órgãos de fiscalização e dos auditores; 3) os sistemas de remuneração assumiram incentivos perversos, não controlados pelos accionistas; 4) privilegiou-se os resultados de curto prazo, os prémios de gestão e o crescimento sem limites; 5) risco moral (*Moral Hazard*) – consciência da "rede de protecção" dos bancos amplamente comprovada – que levou à acumulação de riscos inaceitáveis.

lucrativos. Neste sentido, alguns Autores preferem utilizar a expressão *"good governance"* em vez de *"corporate governance"*[15].

Em conclusão, a temática do governo das sociedades suscita questões ligadas ao sistema económico e à cultura empresarial de cada Estado, tendo surgido e sido difundida a partir de ordenamentos com uma cultura jurídica e um sistema societário diferentes do nosso, designadamente, o anglo-saxónico[16].

[15] Também PAULO CÂMARA, *"O Governo das Bolsas"*, in Direito dos Valores Mobiliários, Vol. VI (2006), Coimbra Editora, pp. 187-228 (190), chama a atenção para a actual abrangência da temática do *corporate governance*.

[16] No que diz respeito à génese do *corporate governance*, muito embora ADAM SMITH (no século XVIII) já tenha reconhecido a existência de conflitos de interesses provenientes da relação de agência no seio das sociedades por acções, designadamente, a dificuldade dos accionistas controlarem a gestão e a falta de motivação dos administradores em conduzirem a gestão de uma forma eficiente, foi somente no século XX que o tema do *corporate governance* ganhou dimensão. Com efeito, no início do século XX as sociedades eram detidas e geridas pelo mesmo grupo de pessoas. Contudo, com o seu crescimento surgiu a necessidade de financiamento externo, multiplicando-se o número de detentores (accionistas), tornando-se necessários administradores profissionais para gerir a sociedade em nome dos primeiros. Passou-se, deste modo, de um capitalismo familiar (onde o empresário era ao mesmo tempo proprietário e gestor) para um capitalismo tecnocrático (tal como *supra* mencionado por JORGE RODRIGUES, ob. cit., pp. 23-25 e 43ss). Este número crescente de accionistas já não tinha então o controlo sobre a gestão diária da sociedade, delegando-a na pessoa dos referidos agentes. Daqui resultou o problema de agência: ou seja, quando os interesses da sociedade e dos seus administradores não coincidem, conflituando entre si.
A sua génese é atribuída a um trabalho denominado *"The Modern Corporation and Private Property"*, datado de 1932, da autoria de BERLE/MEANS, o qual resultou da grande crise de 1929 – v. MARCO BECHT/BOLTON/RÖEL, *Corporate Governance and Control*, ECGI Finance Working Paper Nº 02/2002 (updated 2005), pp. 2ss. (disponível em http://www.ecgi.org) e ADRIAN CADBURY, *Corporate Governance and Chairmanship. A Personal View*, Oxford University Press, 2002, pp. 2-3. Aquele mesmo trabalho viria a constituir referência para a legislação norte-americana entretanto aprovada, nomeadamente o *Securities Act* de 1933 e o *Securities Exchange Act* de 1934.
Por sua vez, a regulamentação do governo societário começou a merecer atenção nos anos 70 por parte da SEC, com o início da elaboração dos *Principles of Corporate Governance*, sob orientação do *American Law Institute*, os quais não tinham, nem têm, força de lei e funcionavam como mera referência (*guidelines*) neste domínio (*"Principles of Corporate Governance: Analysis and Recommendations"*, cuja versão final só foi publicada em 1994 – para consulta deste princípios v. PEDRO CAETANO NUNES, *Responsabilidade Civil dos Administradores Perante os Accionistas*, Almedina 2001, Anexo, pp. 111ss.). Após a aprovação destes Princípios diversas sociedades cotadas publicaram códigos dirigidos aos seus administradores, como por exemplo a *General Motors* (1995) – para uma análise detalhada destes códigos v. KLAUS HOPT/EDDY WYMEERSCH (org.), *Comparative Corporate Governance – Essays and Materials*, deGruyter, 1997, Anexos M-49 e M-57, respectivamente –, tendo-se assistido a uma crescente intervenção dos investidores institucionais (a título de exemplo, o *CalPERS: California Public Employees' Retirement System*), os quais passaram a divulgar as boas práticas societárias e a privilegiar o investimento em sociedades que aderissem àquelas práticas – cfr. PAULO CÂMARA, *"Códigos de Governo de Sociedades"*, Cadernos MVM, nº 15 (Dezembro 2002), pp. 65-90 (68). Tal resultou da crescente consciencialização dos direitos dos accionistas (crescente

I. CORPORATE GOVERNANCE

O mesmo tema denota profundas implicações ao nível da política legislativa,

activismo accionista), passando o governo das sociedades a desempenhar uma função estratégica para fazer face ao excesso de poderes dos gestores.

Deste modo, o *corporate governance* teve a sua génese nos EUA como um sistema de controlo externo (pelo mercado) assente na premissa de um eficiente mercado do controlo societário que disciplina os gestores ineficientes com base numa vasta informação ao mercado controlada por uma eficaz auditoria. Em seguida este modelo de governo viria a ser exportado para a Europa surgindo como um sistema de controlo interno das sociedades, mais preocupado com as relações entre accionistas e administradores. Para tal foi essencial a internacionalização dos códigos de bom governo, os quais foram importados para o nosso continente por via do Reino Unido. No início dos anos 90, em resposta a uma crise de confiança nos mercados, foi criada uma comissão liderada por *Sir* ADRIAN CADBURY, sobre aspectos financeiros do governo das sociedades, da qual viria a resultar o Relatório Cadbury (*Report f the Committee in the Financial Aspects of Corporate Governance*, Londres, 1992) que comportava como principais propostas: (i) a separação entre o *Chairman* (presidente do CA) e o *CEO* (*chief executive officer* – presidente da comissão executiva); (ii) administradores não-executivos independentes; (iii) informação sobre a remuneração do *Chairman* e do administrador melhor pago; (iv) independência dos auditores, etc. Este Relatório (entretanto revisto em diversos momentos) não era vinculativo e seguia o princípio *comply or explain* ao recomendar que as sociedades declarassem expressamente quais os Princípios observados e quais os não seguidos, devendo neste caso fundamentar o seu não cumprimento. Após a crise financeira iniciada em 2007-2008 foi aprovado o *UK Corporate Governance Code* (de Junho de 2010), entretanto alterado em Setembro de 2012 no sentido de uma maior responsabilização dos agentes económicos para com os investidores. Por outro lado, também o *City Code on Takeovers and Mergers*, na sua mais recente edição (10ª) de 19 de Setembro de 2011, inclui várias disposições relacionadas com a matéria aqui em análise, nomeadamente a *Rule* 8 (*Disclosure of dealings and positions*), a *Rule* 19 (*Conduct during the offer: information*), a *Rule* 21 (*Restrictions on frustrating action* – 21.1: *When shareholders' consent is required*) e a *Rule* 23 (*General obligations as to information*) – ver também o seu *Appendix* 3 (*Directors' responsibilities and conflicts of interest*).

Relativamente a outros EM, na Alemanha encontra-se em vigor o *Deutscher Corporate Governance Kodex* (de Junho de 2010, alterado em Maio de 2012), o qual veio substituir o Código *Cromme* (2002), e onde se combina algumas disposições legais com recomendações genéricas sobre o governo das sociedades. Sobre a evolução do sistema alemão v. PAULO CÂMARA, *Códigos de Governo...* cit., p. 72 e SOFIA RIBEIRO BRANCO, *Direito dos Accionistas à Informação – O Mesmo Direito Vinte Anos Depois?*, Almedina, Dezembro de 2008, pp. 56-58. Em França é de sublinhar o Relatório *Viénot I* (1995) e *II* (1999) que formulou algumas recomendações destinadas a melhorar o funcionamento do conselho de administração, mas partindo de uma perspectiva institucionalista, dando ênfase aos interesses dos *stakeholders*, ao contrário do direito anglo-saxónico que adopta uma perspectiva contratualista ao dar prevalência aos interesses dos accionistas. De seguida surgiu o Relatório *Button* em 2002 na sequência do escândalo *Enron*, com preocupações de uma auditoria transparente. Em Dezembro de 2008 foi publicado o *Code de Gouvernement d'Entreprise des Sociétés Cotées* (alterado em 20.04.2010) e encontram-se em vigor as *Recommandations sur le gouvernement d'entreprise* publicadas em Janeiro de 2010 (e revistas em 31.03.2011). Já em Espanha foram publicados os Códigos *Olivencia* em 1998 e o Relatório *Aldama* em 2003, sendo que actualmente se encontra em vigor o *Código Unificado de Buen Gobierno Corporativo*, aprovado pelo Conselho da CNMV em Maio de 2006 ("*Código Unificado*") – todos estes diplomas *supra* mencionados encontram-se disponíveis para consulta em http://www.ecgi.org. Ainda sobre os desenvolvimentos ocorridos nas nomeadamente no sentido de uma maior intervenção do legislador ou de uma maior autonomia societária e de uma natureza recomendatória mais flexível e constitui um tema aberto em constante debate e evolução, o qual vem retirando diversos ensinamentos das várias experiências internacionais[17], assumindo aqui especial relevo o papel dos investidores institucionais enquanto líderes e principais promotores do movimento internacional de *corporate governance*.

Por fim, importa proferir uma breve palavra sobre qual o lugar do *corporate governance* no sistema das fontes de direito[18]. O governo das sociedades vai buscar a sua fonte ao direito das sociedades (CSC) e ao direito dos valores mobiliários (CódVM): do primeiro constam diversas disposições relacionadas com a direcção e o controlo das sociedades, tais como o exercício do direito de voto, a organização e funcionamento do órgão de administração, o órgão de fiscalização, etc., residindo a questão fulcral do governo de sociedades na maximização do desempenho dos administradores na prossecução dos interesses dos accionistas e da sociedade[19].

Por outro lado, o direito dos valores mobiliários, mais concretamente entre nós, o CódVM, contém várias disposições que versam sobre as sociedades abertas: deveres de informação (participações qualificadas), deliberações sociais e protecção do investidor, princípio de igualdade de tratamento (dever de lançamento de OPA) e a regra de não frustração da OPA. Sobre a relação entre o CSC e o CódVM Sofia Ribeiro Branco conclui que *"no CSC encontramos normas essencialmente direccionadas para o desenvolvimento e regulação das relações inter--societárias, ao passo que no CVM encontramos uma perspectiva externa, claramente direccionada para o relacionamento da sociedade com o exterior"*[20], ou seja, com o mercado.

A título de exemplo, e tendo em conta o nosso objecto de estudo, o art. 182º CódVM limita os poderes do órgão de administração da sociedade visada no decurso de uma OPA, designadamente, aqueles que, em suma, não se reconduzam à gestão normal da sociedade e que possam frustrar o êxito da oferta.

últimas décadas (até ao ano de 2006) nos países europeus e respectivas iniciativas da U.E. v. *Livro Branco sobre Corporate Governance em Portugal*, pp. 31-57.

[17] Cfr. Paulo Câmara, "*O Governo das Sociedades em Portugal: Uma Introdução*", Cadernos MVM, nº 12 (Dezembro 2001), pp. 46-55.

[18] Paulo Câmara, *O Governo das Sociedades em Portugal...* cit., pp. 45ss.

[19] O art. 72º/1 CSC prescreve a responsabilidade de membros da administração para com a sociedade em caso de incumprimento de deveres legais ou contratuais, presumindo-se a culpa se a sua actuação for ilícita. De acordo com Paulo Câmara, *O Governo das Sociedades em Portugal...* cit., p. 48, o problema mais grave reside na *"... inexistência de uma cultura de responsabilidade dos administradores..."*, o que *" ...pode ser documentado pela escassez de sentenças condenatórias obtidas em tribunal contra titulares de órgão de administração"*.

[20] Cfr. ob. cit., p. 53.

I. CORPORATE GOVERNANCE

Ainda neste contexto, devemos sublinhar também os Regulamentos da CMVM, em particular, entre outros, os Regulamentos nº 3/2006 (*Ofertas e Emitentes*), nº 5/2008 (*Deveres de informação*)[21] e nº 1/2010 (*Governo das Sociedades Cotadas*)[22], bem como o CódGS[23] dirigido às sociedades com acções cotadas em bolsa e aos investidores institucionais, com carácter voluntário e baseado no princípio

---

[21] Alterado pelo Regulamento nº 5/2010 (*Dever de Divulgação de Posições Económicas Longas Relativas a Acções*).

[22] Todos disponíveis para consulta em *http://www.cmvm.pt*.

[23] De salientar que o CódGS (de Janeiro de 2010) veio consolidar as anteriores Recomendações da CMVM sobre a matéria, bem como reflectiu o novo quadro normativo dos novos modelos de governo das sociedades anónimas introduzido pelo DL nº 76-A/2006, de 29 de Março. Sobre esta matéria v. PAULO CÂMARA, "*Os Modelos de Governo das Sociedades Anónimas*", in *Reforma do Código das Sociedades*, IDET, Colóquios nº 3, Almedina, 2007, pp. 179-242, bem como GABRIELA FIGUEIREDO DIAS/ANA BEBIANO/LUÍS FILIPE CALDAS/MIGUEL PURO CORREIA, "*Corporate Governance, Administração, Fiscalização de Sociedades e Responsabilidade Civil*", in Corporate Governance – Reflexões I, Comissão Jurídica do IPCG, 2007, pp. 31-71 (34ss.), disponível em *http://www.cgov.pt*.

O mencionado Regulamento nº 1/2010 (que revogou o Regulamento nº 1/2007), teve como finalidade principal, por um lado alterar o conteúdo da informação relativa ao governo das sociedades (nomeadamente, em matéria de auditoria, independência e política de remuneração dos membros do órgão de administração – com a consequente revisão do CódGS), bem como consagrar a possibilidade de as sociedades com acções admitidas à negociação em mercado regulamentado e sujeitas à lei portuguesa poderem optar por adoptar um código de governo das sociedades diverso do divulgado pela CMVM (como por exemplo, o *Código de Governo das Sociedades IPCG*), desde que o mesmo obedeça a princípios e consagre práticas de governo societário que assegurem um nível de transparência, equidade e protecção dos interesses dos accionistas equivalentes ao da CMVM, e devendo essa decisão ser fundamentada e previamente comunicada à CMVM. Importa aqui sublinhar o disposto no art. 245º-A/1n) e p) CódVM que obriga as sociedades a incluir no seu relatório anual sobre o governo das sociedades uma declaração sobre o acolhimento, ou não, do CódGS ou outro equivalente, bem como as razões sobre essa eventual não adesão e o local onde podem ser consultados esses diplomas.

A respeito das primeiras Recomendações da CMVM sobre o governo das sociedades (1999), devemos salientar que as mesmas conheceram uma evolução significativa desde então: se numa primeira fase limitavam-se a recomendar a divulgação sobre o seu cumprimento, já o Regulamento nº 7/2001 da CMVM veio obrigar as sociedades emitentes de acções admitidas à negociação em mercado regulamentado à divulgação anual de informação sobre diversos aspectos ligados ao governo societário, designadamente, aquela informação relativa ao cumprimento destas recomendações ou ao seu não cumprimento e respectiva fundamentação (filosofia *comply or explain*). Em 2003, aquele Regulamento foi actualizado, de modo a tornar mais completo o relatório anual sobre o governo das sociedades. De salientar que aquelas mesmas Recomendações (hoje condensadas no CódGS) têm conhecido um grau crescente de cumprimento por parte das sociedades portuguesas e continuam em aberto sujeitas a uma constante revisão.

Por fim, importa também sublinhar que, embora o centro do problema se prenda com o governo das sociedades emitentes de acções admitidas à negociação em mercado regulamentado (situado ou a funcionar em Portugal), estas Recomendações CMVM (tal como os referidos Princípios OCDE) podem também ser seguidos por sociedades não cotadas, na medida em que sejam apli-

"*comply or explain*", sendo de destacar a Recomendação I.6. (*Medidas Relativas ao Controlo das Sociedades*) para o nosso objecto de estudo. Tanto o Regulamento nº 1/2010 como o CódGS prevêem a inclusão de administradores independentes de modo a maximizar a prossecução dos interesses dos accionistas e da sociedade.

Em conclusão, e citando PAULO CÂMARA, "*Apesar de germinada e difundida a partir de ordenamentos com uma cultura jurídica e um sistema societário diferentes do nosso, há que reconhecer que a temática do governo das sociedades também se ajusta ao sistema português*"[24]. Deste modo o governo das sociedades cotadas surge-nos assim como um sistema ou corpo de normas que tem o seu fundamento não só no direito das sociedades ao regulamentar as relações internas entre os vários intervenientes no seio de uma sociedade (dimensão interna), mas igualmente noutras normas, práticas e estruturas de mercado relativas à sua dimensão externa, onde se salientam o papel de relevo desempenhado pelos investidores institucionais, o mercado do controlo societário e os deveres de informação, matérias todas elas reguladas pelo direito dos valores mobiliários.

2. Importância Crescente

De acordo com o Princípio OCDE I.A. "*O enquadramento do governo das sociedades deve ser desenvolvido tendo em vista o respectivo impacto sobre o desempenho económico em geral, a integridade do mercado, os incentivos que cria para os intervenientes no mercado e a promoção de mercados transparentes e eficientes*".

Hoje é universalmente aceite o papel de relevo que o mercado de valores mobiliários desempenha no desenvolvimento da economia, como factor fundamental de uma mais eficiente afectação de recursos. Na perspectiva das sociedades, aquele mercado permite o acesso a instrumentos de financiamento alternativos, a repartição dos riscos e a valorização dos seus negócios. Na perspectiva dos investidores, o mesmo mercado representa uma alternativa de investimento e permite diversificar o risco.

Ora, um mercado de valores mobiliários eficiente é aquele no qual o preço dos títulos reflecte (a) informação disponível. Ao legislador compete criar as condições e os mecanismos legais para que as autoridades de supervisão possam verificar, e controlar, o eficiente funcionamento do mercado. Por um lado, a informação deve ser suficiente, oportuna, de qualidade e fácil acesso para deste modo habilitar os investidores a tomar uma decisão de investimento ou de desinvestimento correcta; por outro, deve ser assegurada a regularidade e a

---

cáveis, ou seja, poderão funcionar como uma ferramenta útil para o melhor governo de sociedades não cotadas.

[24] Cfr. *O Governo das Sociedades em Portugal*... cit., p. 53.

transparência do funcionamento dos mercados, a consistência e a estabilidade dos preços que nele se formam e o próprio controlo das transacções realizadas nos mercados.

Estreitamente relacionado com o tema objecto do presente estudo – a limitação dos poderes da administração de uma sociedade alvo de uma OPA – o governo das sociedades cotadas obriga à informação, por parte daquela administração, de factos relevantes no decurso da oferta. Interessa ao mercado, em última análise, conhecer a situação actual e o valor da sociedade a cada momento. Esse conhecimento só pode advir da divulgação de informação ao mercado não só relativamente às práticas que cada sociedade segue quanto à gestão e controlo (*corporate governance*), mas também em relação a todo e qualquer facto que tenha efeitos sobre a vida e o valor da sociedade (factos relevantes). Assim, da perspectiva dos accionistas da sociedade visada e do próprio mercado, a informação é o meio por excelência para controlar o governo e, desta forma, o próprio desempenho daquela sociedade. Em suma, uma divulgação adequada de informação é parte essencial da direcção e controlo das sociedades na medida em que consubstancia os direitos dos accionistas, bem como constitui um mecanismo importante e eficaz para incentivar os gestores a melhor gerir as sociedades.

Nos finais do século passado o governo das sociedades assumiu uma importância relevante na economia e nos mercados de capitais da U.E. Com a adopção da moeda única, a livre circulação de capitais, bens, serviços e pessoas, a crescente pressão competitiva de um mercado cada vez mais global, a chegada de novas tecnologias, a privatização de muitas empresas do Estado, a crescente difusão das participações accionistas e a grande actividade de fusões transfronteiriças, assistimos a um crescente interesse na avaliação das práticas de governo societário no seio dos EM e nas eventuais barreiras ao desenvolvimento de um mercado único de capitais[25].

---

[25] De acordo com JORGE RODRIGUES, ob. cit., pp. 31-32, vários factores contribuíram no final do século XX para que o governo das sociedades assumisse uma maior importância: 1) a vaga mundial de privatizações; 2) a crescente importância dos fundos de pensões e das poupanças privadas; 3) a vaga de *takeovers* hostis; 4) a desregulamentação e integração dos mercados de capitais; 5) a crise asiática que projectou o governo das sociedades para os mercados emergentes; e 6) a série de escândalos ocorridos nos EUA e na Europa.
Ainda sobre a crescente importância da temática do *corporate* governance, v. PEDRO MAIA, ob. cit., Parte II – Capítulo VII, justificando que "*O renascimento do interesse sobre a corporate governance teve, nos anos 70, duas causas directas: por um lado, um crescente mal-estar social e político nos Estados Unidos, gerado nos anos 60, que se repercutiu numa visão pública muito negativa das grandes sociedades; por outro lado, uma série de escândalos respeitantes a pagamentos indevidos efectuados pelos managers das grandes sociedades*".

Face ao fenómeno da larga dispersão do capital, o governo das sociedades assume actualmente relevância crescente numa sociedade na qual se verifica um maior distanciamento entre quem é detentor do capital social e aqueles que gerem a sociedade. Ou seja, assiste-se hoje a uma nítida separação entre a gestão e a propriedade societária, o que pode levar a determinados riscos segundo a mencionada teoria da agência (a desenvolver no Ponto seguinte a propósito da *ratio* do *corporate governance*).

A esta realidade da separação entre propriedade e controlo acresce que os accionistas exerciam tradicionalmente a sua influência através da participação física nas AG, participação esta que tem vindo a cair em desuso. Face à crescente complexidade e urgência das decisões a adoptar verificou-se que o centro decisório por excelência passou a ser o órgão de administração em detrimento da AG, órgão soberano até então da sociedade. Também é verdade que após larga dispersão do capital das sociedades, um pequeno grupo de accionistas detentores do controlo da sociedade passou a nomear membros da sua confiança para o órgão de administração. Assistimos, assim, no século passado a um crescente absentismo accionista, com uma considerável diminuição da presença física nas AG por parte dos accionistas dispersos, tendo este órgão colegial vindo a perder o seu papel de relevo enquanto órgão soberano da sociedade, na qual os accionistas se faziam ouvir e onde podiam exercer o seu direito de voto.

Entre os factores mais importantes que contribuíram para este fenómeno absentista, podemos destacar o facto de os estatutos da sociedade muitas vezes exigirem um número mínimo de acções para poder participar na AG, assim como os custos associados a essa participação e a consciência do reduzido peso que o voto de cada um representava na formulação da vontade social no seio de um universo tão disperso. Daqui resultou então a necessidade da implementação de mecanismos de *corporate governance* destinados a controlar a actuação dos membros do órgão de administração em nome da defesa dos interesses dos accionistas[26].

---

[26] Neste contexto temos de sublinhar que uma das formas de combater este fenómeno de distanciamento, consubstanciou-se na utilização das novas tecnologias electrónicas (Internet), tal como veio a ser previsto pelo legislador comunitário na Directiva 2007/36/CE do PE e do Conselho, de 11 de Julho de 2007, relativa ao exercício de certos direitos dos accionistas de sociedades cotadas (JO L 184/17, de 14.07.2007) – também designada por *Directiva relativa ao exercício de certos direitos dos accionistas*. Este diploma comunitário instituiu a votação por procuração e por correspondência, bem como a participação em AG por meios electrónicos, tudo com vista a combater o tão falado crescente absentismo accionista (v. arts 377º, 380º/1 e 384º/9 do CSC). Sobre esta matéria v. "*CMVM, Transposição da Directiva dos Direitos dos Accionistas e alterações ao CSC – Processo de Consulta pública nº 10/2008*", in *Revista do Direito das Sociedades*, Ano 1 (2009) – Número 2, pp. 483-545, bem como

I. CORPORATE GOVERNANCE

Questão paralela, mas directamente relacionada com a necessidade de uma maior participação accionista na AG, diz respeito ao enfraquecimento e esvaziamento das competências deste órgão em matéria de gestão da sociedade, entretanto verificados no decurso do século XX face à abertura ao grande público do capital das sociedades anónimas, as quais passaram a ser geridas por equipas de profissionais com o consequente distanciamento por parte dos accionistas da vida/gestão da sociedade. Ou seja, este enfraquecimento do papel da AG afastou os accionistas da gestão da sociedade, pelo que torna-se hoje essencial facilitar e motivar a participação daqueles na AG, bem como salvaguardar o seu direito à informação e controlar a actividade dos administradores, cabendo então aqui um papel decisivo ao movimento de *corporate governance*[27].

EILÍS FERRAN, "*The Role of the Shareholder in Internal Corporate Governance: Shareholder Information, Communication and Decision-Making*, in FERRARINI/HOPT/WINTER/WYMEERSCH (org.), *Reforming Company and Takeover Law in* Europe, Oxford University Press, 2004, pp. 417-454.
Por sua vez PEDRO MAIA, ob. cit. (nota 1645), aponta várias razões para esta "*apatia racional*" que justifica o absentismo na AG, razões, essas, que se acentuam com a dispersão do capital: (i) a *convicção subjectiva* de cada accionista de que o seu voto não interferirá no sentido da deliberação; (ii) a *ponderação objectiva* entre os custos (de participação e informação) inerentes ao exercício do voto e o ganho que daí poderá resultar e (iii) o juízo acerca do comportamento dos restantes accionistas. Sobre a importância do *voto fora da assembleia* como meio de combater este absentismo accionista v. do mesmo Autor, *idem, Parte II – Capítulo X, Ponto 1*. Ainda sobre o fenómeno da decadência da função da AG como órgão soberano e o absentismo accionista FREDERICO FLECHOSO, "*El Gobierno de las Sociedades Cotizadas Y Su Control*", Centro de Documentación Bancaria y Bursátil, Madrid 1996, pp. 103ss., avança vários factores: a) a limitação estatutária do direito de assistência, b) o custo de assistência e a ausência do voto por correspondência, c) a consciência do voto não ser decisivo e d) a carência de novidades na AG. Sobre a problemática do activismo accionista através da participação em AG v. C. VAN DER ELST, *Revisiting shareholder activism at AGMs: Voting determinants of large and small shareholders*, ECGI Finance Working Paper Nº 311/2011, disponível em http://www.ecgi.org. O Livro Verde intitulado "*O quadro da U.E. do governo das sociedades*" [Bruxelas, 05.04.2011, COM (2011) 164 final] veio precisamente defender a necessidade de melhorar a participação dos accionistas nas questões de governo das sociedades, nomeadamente, ao encorajar o seu interesse por um rendimento sustentável e pelo desempenho a longo prazo, aumentando a protecção dos accionistas minoritários face aos maioritários e postulando, ou pelo menos questionando, a necessidade de identificar os accionistas de modo a obter uma melhor visibilidade perante os emitentes.
[27] Todavia, não nos podemos esquecer que embora a gestão da sociedade caiba ao órgão de administração ele estará sempre subordinado às deliberações dos accionistas, nos termos do art. 405º/1 do nosso CSC.
Sobre esta matéria v. SOFIA RIBEIRO BRANCO, ob. cit., pp. 30-41, onde a Autora refere que parte da doutrina questiona se "*Não serão as Assembleias Gerais novos lugares de poder?*" face ao crescente papel dos investidores institucionais, desenvolvendo em seguida o tema da mudança do centro de gravidade da AG para o conselho de administração, entretanto designada por *revolução dos administradores*.

Por outro lado, a crescente importância deste movimento resulta também do facto de ele representar um factor decisivo de concorrência. De modo a melhor compreendermos a importância desta temática, devemos destacar vários estudos que demonstram que os investidores institucionais estariam dispostos a pagar um prémio por uma sociedade com um governo societário eficiente: de 18% nos EUA e UK, de 22 % em Itália e de 23 % no Brasil (MCKINSEY 2000)[28]. Apurou-se então que os investidores pagariam entre 18% e 28% a mais por acções de sociedades que adoptam melhores práticas de administração e maior transparência.

Em Portugal um estudo de CARLOS F. ALVES/VICTOR MENDES (2001[29]) veio demonstrar a correlação positiva entre o desempenho das sociedades e o seu grau de cumprimento em relação às Recomendações da CMVM sobre organização e o funcionamento do órgão executivo da sociedade. Tudo isto tem conduzido as sociedades cotadas a terem uma maior atenção e cuidado no que respeita ao seu governo, dedicando mais tempo na explicação das suas opções ao mercado, a um esforço crescente para adoptarem os códigos de governo vigentes e a um maior activismo na reflexão sobre o bom governo societário, com especial destaque para o actual papel dos investidores institucionais[30].

---

[28] Em Junho de 2000, a Mckinsey & Co, em parceria com o Banco Mundial conduziu uma pesquisa (*"Investors Opinion Survey"*) junto a investidores, representando um total de carteira superior a US$ 1.650 biliões, destinada a detectar e medir eventuais acréscimos de valor às companhias que adoptassem boas práticas de *corporate governance* (MCKINSEY 2000). A mesma pesquisa concluiu que os direitos dos accionistas eram classificados como a questão mais importante do governo das sociedades da América Latina, tendo a maioria dos investidores considerado mais importantes as práticas de conselho de administração que a performance financeira e, face aos limitados e deficitários relatórios financeiros, dado especial ênfase às boas práticas de governo societário.

[29] Cfr. *As Recomendações da CMVM Relativas ao Corporate Governance e a Performance das Sociedades*, Cadernos MVM, nº 12 (Dezembro 2001), pp. 57-88.

[30] Na mesma linha, TIAGO R. DUARTE conclui que as sociedades com melhor governo societário são as que apresentam melhor desempenho. No entanto, chama igualmente a atenção para o facto de estes resultados carecerem de confirmação futura, uma vez que o nosso mercado de capitais tem reduzida liquidez ao contrário do mercado norte-americano e que a métrica utilizada descura os interesses das outras partes relevantes (*stakeholders*) – cfr. *O Governo das Sociedades (Corporate Governance) – Análise do Desempenho das Sociedades Cotadas em Bolsa Respondentes ao 4º Inquérito da CMVM sobre Práticas Relativas ao Governo das Sociedades*, Dissertação de Mestrado em Gestão/MBA (não publicada), Universidade Técnica de Lisboa – ISEG, 2007, pp. 97-98 –, tendo o Autor tomado como referência, em termos empíricos, o trabalho publicado por MACAVOY/MILLSTEN (2003). No que diz respeito à possível relação entre a RSE e a *performance* ou o desempenho empresarial económico-financeiro, os resultados obtidos são contraditórios: uns afirmam que a relação é positiva – *vide*, por todos, ALVES MONTEIRO, ob. cit., p. 69, que estabelece um nexo de causalidade –, outros que é negativa, outros ainda que a mesma é inexistente ou neutra – sobre esta matéria v.

I. CORPORATE GOVERNANCE

Verificamos, portanto, que as regras do governo societário constituem factor de distinção entre sociedades concorrentes, na medida em que os investidores tendem a dar preferência a sociedades com um governo societário eficiente ou mais transparente. Neste contexto, tem-se assistido a uma adesão crescente às regras de governo societário por parte das sociedades cotadas, cientes da sua importância no restabelecimento da confiança no mercado. Tal também é verdade, em particular, no que respeita ao cumprimento das recomendações referentes ao funcionamento das AG, designadamente, aquelas relativas ao controlo societário, as quais são igualmente decisivas na criação das condições essenciais para a participação dos accionistas na vida societária, tendo em conta o princípio da igualdade de tratamento dos accionistas e na prevenção de assimetrias no acesso à informação por parte dos investidores[31].

Tal fenómeno de adesão é demonstrado pelos diversos inquéritos levados a cabo pela CMVM sobre Práticas Relativas ao Governo das Sociedades Cotadas[32], tendo inclusive o grau de cumprimento médio das Recomendações da CMVM melhorado significativamente, aumentando de 73% em 2008 para 80% em 2009[33].

Em jeito de conclusão, pela evolução verificada nos últimos anos quanto ao grau médio de cumprimento destas Recomendações os emitentes portugueses têm-se esforçado no sentido de adequarem as suas estruturas de governo da sociedade às melhores práticas internacionais. Uma maior exigência de informação tem-se revelado profícua pois tem sensibilizado grande parte dos emitentes para a adopção de boas práticas de *corporate governance* beneficiando o mercado bolsista com a introdução de maior rigor, transparência e credibilidade.

Assistimos, assim, a um crescente relevo da informação sobre o governo societário, devendo uma política adequada de *corporate governance* garantir a transparência, assegurar a defesa dos accionistas e dos credores, responsabilizar os gestores pelo incumprimento de objectivos e pelas violações legais, não impedir a maximização da performance, ser conforme aos *standards* internacionais e ajustada à realidade do país em causa, surgindo, portanto, o governo societário como factor de segurança, de confiança e de concorrência. Em suma, aquele

---

Mário Marques/Cláudia Teixeira, "*A Responsabilidade Social das Empresas e o Desempenho Organizacional*", Revista de Estudos Politécnicos, 2008, Vol. VI, Nº 10, pp. 149-164 (161).

[31] Sobre a questão das assimetrias de informação no mercado de capitais, v. Leland/Pyle, *Information Asymmetries, Financial Structure, and Financial Intermediation*, in *Financial Markets and Incomplete Information*, R&L Pub., Londres, 1989 e Mafalda Gouveia Marques/Mário Freire, "*A Informação no Mercado de Capitais*", Cadernos MVM, nº 3 (Segundo Semestre 1998), pp. 111-123.
[32] Disponíveis para consulta em http://www.cmvm.pt.
[33] Cfr. *Relatório Anual sobre o Governo das Sociedades Cotadas em Portugal (2011)*, relativo ao ano de 2009, p. 65.

será mais eficaz se acautelar, antes de mais, um tratamento igualitário para os accionistas, a responsabilização dos administradores, a transparência da estrutura accionista, do governo e da *performance* societários, não descurando a responsabilidade da própria sociedade[34].

Facilmente podemos compreender que o valor de cotação de uma sociedade reflecte a qualidade da sua gestão, pelo que o mercado é sensível ao modo como são governadas, e controladas, as sociedades. A transparência de funcionamento e a efectividade do controlo do exercício do poder têm como pressuposto fundamental a divulgação da informação sobre os aspectos essenciais do governo e da actividade societária, pois só desse modo será possível afastar as assimetrias no acesso à informação e garantir um exercício informado dos direitos dos accionistas[35].

Um bom[36] governo societário traz mais confiança, o que por si só acrescenta valor à sociedade, valorizando as respectivas acções no mercado. Assim, por exemplo, mais e melhor informação, uma administração mais independente, trazem consigo uma maior confiança dos investidores e do mercado naquela sociedade e, consequentemente, a correspondente valorização.

Daqui resulta que um bom governo societário arrasta consigo claras vantagens competitivas. Com o decorrer do tempo assistir-se-á a uma maior assimilação destes valores por parte dos investidores, o que certamente fará aumentar o intervalo de valorização entre sociedades bem e mal governadas. Os investidores estarão dispostos a investir preferencialmente nas sociedades que adoptem boas práticas de governo, pelo que aquelas deverão prestar uma maior atenção e cuidado no que respeita ao seu governo e dedicar mais tempo

---

[34] No mesmo sentido v. Princípios OCDE e *Comparative Study*.

[35] A este respeito o Princípio OCDE III.8. estipula que uma sociedade deve divulgar as estruturas e políticas de governo, e designadamente o conteúdo de qualquer código ou política de governo da sociedade e o processo para a sua implementação. Assim, as sociedades devem comunicar as suas práticas de governo da sociedade, tal como acontece entre nós com o Relatório sobre o Governo da Sociedade (cfr. art. 2º/1 do Regulamento nº 1/2010, Anexo 1), sendo que essa divulgação, designadamente, a distribuição de poderes entre accionistas, gestores e membros do órgão de administração, é importante para a avaliação desse mesmo governo.

[36] Não nos podemos esquecer de que um bom governo societário pode ser olhado sobre diferentes perspectivas: se para os investidores trata-se mais de uma questão de direitos dos accionistas e da eficiência do funcionamento do órgão de administração, já para a entidade supervisora importará essencialmente prevenir casos de fraude, tais como a manipulação de mercado e o abuso de informação privilegiada.

Ainda sobre a importância da informação no mercado de capitais v. PAULO CÂMARA, "*Os Deveres de Informação e a Formação de Preços no Mercado de Valores Mobiliários*", Cadernos MVM, nº 2 (Primeiro Semestre 1998), pp. 79-94, bem como OSÓRIO DE CASTRO, "*A Informação no Direito do Mercado dos Valores Mobiliários*", in AAVV, Direito dos Valores Mobiliários, Lex, Lisboa, 1997, pp. 333-347.

I. CORPORATE GOVERNANCE

na explicação ao mercado das suas opções. Facilmente se compreende que o governo societário não implica somente cumprimento (*compliance/conformance*), mas também diz respeito a desempenho (*performance*).

Actualmente as entidades responsáveis estão agora mais cientes da importância do contributo do bom governo das sociedades para a estabilidade dos mercados de capitais, para o investimento e para o crescimento económico, e as sociedades, por sua vez, percebem hoje melhor em que medida esse "bom governo" contribui para a sua competitividade. Neste sentido, os investidores institucionais têm vindo a desempenhar um papel de relevo enquanto garantes das boas práticas de governo societário, vendo, assim, valorizados os seus investimentos.

Mais acresce que o interesse pelo *corporate governance* ultrapassa o mero interesse dos accionistas na performance das sociedades. Uma vez que estas desempenham um decisivo papel na economia, sendo crescente a confiança depositada no sector privado enquanto gestor das nossas poupanças e garante das nossas reformas, "*o bom governo das sociedades afigura-se importante para um número cada vez maior e mais diversificado de camadas da população*"[37].

Daqui podemos concluir que uma boa direcção e controlo empresarial promovem a valorização accionista, melhor dizendo, um eficiente governo societário que represente um decisivo instrumento de competitividade das sociedades no contexto da crescente globalização dos mercados.

Assim, o *corporate governance* constitui um elemento essencial de eficiência na gestão empresarial, uma vez que responsabiliza a administração, orientando-a para a criação de valor na sociedade ao controlar o seu desempenho, reforçando a protecção dos investidores, atraindo novos investidores e melhorando a eficiência e a transparência das sociedades nos mercados. Verificamos, pois, que o *corporate governance* postula a adopção de determinados padrões de comportamento na gestão empresarial – tais como o rigor contabilístico, códigos de conduta claros e objectivos e práticas de comunicação mais elaboradas –,

---

[37] Cfr. Secretário-Geral da OCDE (DONALD JOHNSTON), Nota Prévia aos Princípios OCDE, p. 3. Tal como vimos atrás a OCDE desenvolveu uma lista de Princípios de *corporate governance* e promove periodicamente, em diversos países, o debate e a avaliação do desenvolvimento do governo das sociedades. Também lançou, conjuntamente com o Banco Mundial, em Setembro de 1999, o "*Global Corporate Governance Forum*", cujo objectivo foi dar abrangência, importância e visibilidade mundial ao tema. Quer o Banco Mundial, quer o FMI consideram a adopção de boas práticas de *corporate governance* como parte da recuperação dos mercados mundiais, abatidos por sucessivas crises nos seus mercados de capitais, tendo surgido, praticamente em todos os países, instituições dedicadas a promover debates em torno desta matéria. Ainda sobre a importância desta temática v. ADRIAN DAVIES, *Corporate Governance – Boas Práticas de Governo das Sociedades*, 1ª edição, Monitor, Lisboa 2006, pp. 5ss.

daí resultando administrações mais eficientes, que criam e acrescentam valor, contribuindo para uma modernização sustentável e para o bom desempenho, inovação e competitividade global das sociedades. De modo a acautelar os interesses de todos os accionistas, é conveniente o controlo do comportamento dos gestores, através da adopção de regras de governo societário, subordinando os interesses dos gestores aos interesses dos accionistas, levando em linha de conta igualmente outros, tais como os interesses dos trabalhadores, fornecedores, credores e público em geral. Ao alinhar ou aproximar os interesses entre gestores e accionistas, o governo societário visa promover a confiança e a segurança dos investidores e do mercado, fomentando, deste modo, a concorrência entre as sociedades cotadas e entre mercados.

De forma a melhor compreendermos a importância deste movimento, basta olharmos para as diversas intervenções nesta matéria, que surgiram como resposta a situações de crise de confiança no mercado, como por exemplo o Código inglês *Cadbury* de 1992 em resposta ao escândalo societário do BCCI e do *Mirror Group* e a Lei norte-americana *Sarbanes-Oxley* de 2002[38] em resposta aos escândalos financeiros da *Enron* e da *Worldcom*, etc.

A par do movimento de codificação de normas recomendatórias, de natureza voluntária (códigos de boa conduta e auto-regulação)[39], "*Os Princípios*

---

[38] O "*Sarbanes Oxley Act*" 2002 (SOX) foi publicado e promulgado, com força legal, em 30 de Julho de 2002 pelo Presidente dos EUA, tendo sido promovido pelos Congressistas *Sarbanes* e *Oxley*. Sobre esta lei e seus desenvolvimentos no sistema norte-americano v. GARY BROWN "*Changing Models in Corporate Governance – Implications of the US Sarbanes-Oxley Act*", in HOPT/WYMEERSCH/KANDA/BAUM (org.), *Corporate Governance in Context – Corporations, States, and Markets in Europe, Japan, and the US*, Oxford University Press, 2005, pp. 143-162, bem como ANTÓNIO MENEZES CORDEIRO, "*A crise planetária de 2007/2010 e o governo das sociedades*", in *Revista do Direito das Sociedades*, Ano 1 (2009) – Número 2, Almedina, pp. 263-286. Sobre a necessidade de reavaliação da SOX, v. DONALD LANGEVOORT, "*Sarbanes-Oxley, Global Competitiveness and the Future of U.S. Securities Regulation*", in Direito dos Valores Mobiliários, Vol. VIII (2008), Coimbra Editora, pp. 183-200.

[39] Tal consistiu num movimento de *soft law* e na adopção de diversos códigos de boas práticas de corporate governance, entre os quais salientamos os vários Relatórios de Grupos de Peritos (*Cadbury, Viénot, Olivencia, Winter*, etc.), as várias recomendações emitidas pelas entidades de supervisão dos vários EM (entre nós as Recomendações da CMVM sobre o governo das sociedades cotadas, hoje CódGS) e os códigos de conduta emitidos por associações profissionais ("*best practices codes*" ou "*codes of good governance*"). Na mesma linha, v. também o *Anteprojecto de Código de Bom Governo das Sociedades do IPCG*, Recomendações *1.3.1* e *1.3.4*.

Estes códigos de boa conduta (ou bom governo) tiveram, assim, a sua origem em associações profissionais ou entidades de supervisão e são desprovidos de coercibilidade, limitando-se a prever comportamentos desejáveis, não exprimindo comandos imperativos. Embora não sendo vinculativos por falta de autoridade pública, tal não significa que os mesmos sejam desprovidos de força e de eficácia jurídica. Apesar de o seu cumprimento ser meramente voluntário, a reputação e as forças do mercado, conjuntamente com uma exigente divulgação de informação, podem resultar

I. CORPORATE GOVERNANCE

da OCDE sobre o Governo das Sociedades" de 1999 (em resposta à crise asiática de 1997-1998) foram revistos em 2004[40] visando contribuir para a estabilidade dos mercados financeiros. Por outro lado, a Comissão Europeia publicou o *supra* mencionado *Plano de Acção*[41] (enquanto resposta ao *Relatório Winter*

numa forte adesão, dependendo do estatuto da autoridade emitente desse diploma e do grau de informação facultado ao mercado quanto ao seu cumprimento.
Têm uma natureza bastante flexível, na medida em que são alterados periodicamente, visando essencialmente melhorar a performance e a competitividade das sociedades, facilitar o acesso ao capital e melhorar a qualidade da informação e dos direitos dos accionistas, maximizando, deste modo, o valor das suas participações (*shareholder value*) – tendo surgido na sequência de um importante relatório da OCDE intitulado *"Corporate Governance: Improving Competitiveness and Access to Capital in Global Markets"* (Relatório Millstein).
Importa sublinhar que a maioria destes códigos nacionais recomendam que as sociedades divulguem as suas práticas de governo societário, bem como o grau de adesão às suas recomendações, de modo a providenciar a informação adequada ao mercado e, assim, permitir aos investidores uma mais correcta avaliação das práticas de governo aquando da tomada de decisões. Em certa medida o mercado funciona como um factor de encorajamento do cumprimento destes "códigos", pois as sociedades menos transparentes tornar-se-ão menos atractivas para os investidores. Assim, estes diplomas prevêem um requisito vinculativo de divulgação de informação de modo a encorajar o seu cumprimento, vulgarmente associado às normas de admissão ao mercado: ou seja, as sociedades cotadas são obrigadas a divulgar quando observam essas recomendações e a justificar os seus desvios (*"comply or explain"*), pelo que a publicidade apresenta aqui um efeito coercivo. Ou seja, este sistema de *soft law* baseia-se essencialmente neste princípio baseado no dever de informar sobre o grau de cumprimento das recomendações e de fundamentar o seu não cumprimento, melhor dizendo: *"disclose if you comply with the code, or explain why you don't"* – cfr. PAULO CÂMARA, *Códigos de Governo...* cit., p. 81. Temos assim que cada sociedade deverá indicar explicitamente as razões da não aplicação da recomendação em causa, bem como dar a conhecer aos seus accionistas a solução alternativa adoptada para assegurar a prossecução dos fins que se pretendem atingir. Tudo isto de modo a adequar as especificidades de cada sociedade.

[40] Em 2002 os países membros da OCDE solicitaram a sua revisão de modo a dar resposta aos desenvolvimentos entretanto ocorridos nesta área, o que acabou por suceder em Abril de 2004, após um amplo processo de consulta pública. Esta mesma consulta envolveu participantes de Governos dos países da OCDE e de outros países, representantes de organizações da indústria, associações profissionais, sindicatos, organizações civis e outras instituições internacionais. Sobre a evolução das duas gerações destes Princípios, 1999 e 2004, v. ANTÓNIO PEDRO FERREIRA, *O Governo das Sociedades e a Supervisão Bancária – Interacções e Complementaridades, Quid Juris,* 2009, pp. 20-32.
Os mesmos princípios visam assegurar um enquadramento eficaz do governo das sociedades e abrangem as matérias mais diversas tais como os direitos dos accionistas e funções fundamentais de exercício desses direitos, o tratamento equitativo dos accionistas e o papel dos outros sujeitos com interesses relevantes, a divulgação de informação e transparência e as responsabilidades do órgão de administração.
[41] Este *Plano de Acção* visou modernizar o direito das sociedades e aperfeiçoar o governo das sociedades na U.E., do qual constavam as seguintes propostas: (i) reforçar a divulgação de informação através de uma declaração anual sobre o governo das sociedades; (ii) reforçar os direitos

II⁴²) onde preconizou a auto-regulamentação mitigada, visando fomentar a confiança dos mercados de capitais, reforçar os direitos dos accionistas e pro-

dos accionistas das sociedades cotadas, nomeadamente, no que respeita ao acesso à informação (por exemplo, votar sem estar presente e participar na AG através de meios electrónicos); (iii) instituir uma verdadeira *democracia dos accionistas* na U.E. através do princípio uma acção/um voto (proporcionalidade entre capital social e controlo); e (iv) modernizar a estrutura do conselho de administração no que respeita às decisões em relação às quais possam surgir conflitos de interesses para os administradores executivos (maior intervenção de administradores não executivos independentes).

Em Maio de 2006 a Comissão publicou um Relatório sobre as prioridades futuras nesta matéria – *"Consultation and Hearing on Future Priorities for the Action Plan for Company Law and Corporate Governance in the European Union – Summary Report"*, Direcção-Geral do Mercado Interno e dos Serviços, Maio de 2006, disponível em http://ec.europa.eu. (daqui em diante somente designado por *Relatório da Consulta sobre Plano de Acção*), onde a maioria dos inquiridos defendia a implementação do princípio "uma acção/um voto" e uma maior transparência quanto às políticas de voto dos investidores institucionais.

Sobre os posteriores desenvolvimentos do governo societário europeu, designadamente quanto ao *Plano de Acção* e ao papel da Comissão, KLAUS HOPT foi muito crítico no decurso de uma conferência proferida na FDUC em Abril de 2008 – cfr. *"Desenvolvimentos Recentes da Corporate Governance na Europa, Perspectivas para o Futuro"*, IDET, Miscelâneas Nº 5, Almedina 2008, pp. 10-39 (12) –, ao sublinhar o carácter hesitante do Comissário *McCREEVY* que vinha diferindo várias medidas previstas naquele Plano e que deviam à data já estar implementadas. O mesmo Autor questionava, ainda, se esta tomada de posição por parte da Comissão resultava de uma convicção em favor de mercados livres sem regulação (ao que ele se opunha) ou se aquele órgão estava hesitante apenas por razões políticas. Para um comentário mais detalhado sobre o *Plano de Acção* e seus desenvolvimentos, v. dois artigos de KLAUS HOPT intitulados *European Company Law and Corporate Governance: Where Does the Action Plan of the European Commission Lead?*, ECGI Law Working Paper Nº 52/2005 e *The European Company Law Action Plan Revisited: An Introduction*, ECGI Law Working Paper Nº 140/2010 (ambos disponíveis em http://www.ecgi.org). Entre nós v. JOÃO SOARES DA SILVA, *"O Action Plan da Comissão Europeia e o Contexto da Corporate Governance no Início do Séc. XXI"*, Cadernos MVM, nº 18 (Agosto de 2003), pp. 72-80.

⁴² Relatório do Grupo de Alto Nível de Peritos no domínio do direito das sociedades, nomeado pelo Comissário BOLKESTEIN e presidido por JAAP WINTER, intitulado *"Um Quadro Regulamentar Moderno para o Direito das Sociedades na Europa"*, Bruxelas, de 04.11.2002, destinado a rever uma série de temas relativos ao governo das sociedades, no seguimento do Concelho ECOFIN de Oviedo de Abril de 2002, e que recomendou a adopção, pela Comissão, de um plano de acção sobre o direito europeu das sociedades. Em resposta a Comissão viria a emitir, em Maio de 2003, o mencionado *Plano de Acção*.

Aquele mesmo Grupo de Alto Nível de peritos no domínio do direito das sociedades (*High Level Group of Company law Experts*) foi criado em Setembro de 2001 com vista à elaboração de um moderno corpo legislativo de direito societário europeu, tendo em Janeiro de 2002 apresentado um primeiro relatório relativo às OPA e à "13ª Directiva", intitulado *"Report of The High Level Group of Company Law Experts in Issues Related to Takeover Bids"*, Bruxelas, 10 Janeiro 2002, também vulgarmente conhecido por *Relatório Winter I*.

I. CORPORATE GOVERNANCE

mover a eficiência e a competitividade das sociedades. Por fim, verificou-se igualmente uma reforma legislativa no mercado de capitais europeu[43].

Todas estas acções visaram dar uma resposta adequada no que toca ao reforço da credibilidade da informação financeira e à eficiência do sistema de fiscalização das sociedades cotadas. Nesta medida, a informação vai reforçar a eficácia do cumprimento das regras de *corporate governance* e funcionar como meio de pressão social do mercado (através da publicidade) tendente a afinar os comportamentos[44].

Uma breve palavra ainda para sublinhar que a recente crise dos mercados financeiros iniciada em 2007-2008[45] veio reforçar o papel desempenhado pelo

---

[43] Entre outras, destacam-se: a *Directiva da Transparência* (Directiva 2004/109/CE, do PE e do Conselho, de 15 de Dezembro de 2004, relativa à harmonização dos requisitos de transparência no que se refere às informações respeitantes aos emitentes cujos valores mobiliários estão admitidos à negociação num mercado regulamentado e que altera a Directiva 2001/34/CE, publicada no JO L 390, de 31.12.2004, pp. 38-57), a *Directiva sobre Contas Anuais e Consolidadas* (Directiva 2006//46/CE do PE e do Conselho, de 14 de Junho de 2006, publicada no JO L 224/1, de 16.08.2006), a *Directiva relativa ao exercício de certos direitos dos accionistas* (*supra* mencionada) e a *Directiva sobre Auditoria* (Directiva 2006/43/CE do PE e do Conselho, de 17 de Maio de 2006, publicada no JO L 157, de 09.06.2006), bem como duas Recomendações relativas à independência e remuneração dos administradores (*infra* analisadas). Outros diplomas entretanto aprovados já estavam àquela data em andamento, destacando-se a *Directiva sobre Prospectos* – Directiva 2003/71/CE do PE e do Conselho, de 4 de Novembro de 2003 relativa ao Prospecto a publicar em caso de oferta pública de valores mobiliários ou da sua admissão à negociação e que altera a Directiva 2001/34/CE (publicada no JO L 345, de 31.12.2003), a *Directiva sobre Abuso de Mercado* – Directiva 2003/6/CE do PE e do Conselho, de 28 de Janeiro de 2003 relativa ao abuso de informação privilegiada e à manipulação de mercado (publicada no JO L 96, de 12.04.2003 e tratada por FREDERICO COSTA PINTO, *O Novo Regime dos crimes e contra-ordenações do Código dos Valores Mobiliários*, Estudos sobre o Mercado dos Valores Mobiliários, Almedina, 2000), e a *Directiva sobre Mercados de Instrumentos Financeiros* (DMIF) – Directiva 2004/39/CE do PE e do Conselho, de 21 de Abril de 2004 relativa aos mercados de instrumentos financeiros (publicada no JO L 145, de 30.04.2004).

[44] Nas palavras de PAULO CÂMARA "*os códigos partem do reconhecimento implícito ou explícito das imperfeições do mercado e dos seus agentes – assimetria de informação, conflitos de interesses, entre outros – mas servem-se do mercado para melhorar as práticas das sociedades cotadas em bolsa e dos titulares dos seus órgãos*" – cfr. *Códigos de Governo...* cit., p. 82.

Já ANTÓNIO BORGES quando questionado sobre os problemas do Millenium BCP que escaparam aos supervisores de forma atempada respondeu que "*... o caso do BCP mostra a importância do governo das empresas, do corporate governance. Mesmo as empresas supostamente mais bem geridas, com gestores com mais autoridade e mais prestígio precisam que haja responsabilização perante os accionistas. Quando isso falha, os problemas surgem*" – cfr. entrevista ao Jornal Público em 30.03. 2008.

[45] Esta crise com origem nos EUA veio novamente demonstrar as insuficiências do sistema de governo societário e reclamar novas intervenções do legislador. Para uma melhor compreensão da origem da actual crise financeira v. ANTÓNIO MENEZES CORDEIRO, *A Crise Planetária...* cit., pp. 267-273, bem como A. PACCES, *Uncertainty and the Financial Crisis*, ECGI Law Working Paper Nº 159/2010 (disponível em <u>http://www.ecgi.org</u>). V. igualmente PAULO CÂMARA, "*Medidas Regula-*

45

tórias Adoptadas em Resposta à Crise Financeira: um Exame Crítico", in Direito dos Valores Mobiliários, Vol. IX (2009), Coimbra Editora, pp. 71-113.
Na sequência desta crise financeira foi publicado o Relatório Larosière – *The High-Level Group on Financial Supervision in the EU, Report Chaired by Jacques de Larosière*, de 25.02.2009 (disponível em http://ec.europa.eu), o qual concluiu que a supervisão do sistema financeiro na U.E. teria de ser alterada e envolver uma maior cooperação entre as entidades competentes, tendo entretanto sido criadas várias novas entidades comunitárias de regulação financeira com vista a reforçar a supervisão financeira na Europa. V. também o Livro Verde intitulado *"O governo das sociedades nas instituições financeiras e as políticas de remuneração"* – Bruxelas, 02.06.2010 [COM (2010) 284 final]. Por seu lado, nos EUA foi aprovado, em 2010, o *Plano Obama* de reforma do sistema de regulação bancária com vista a obter um maior controlo sobre os riscos assumidos pelas instituições financeiras norte-americanas.
Não nos podemos esquecer que os escândalos financeiros dos anos 90 resultaram essencialmente da ineficiência dos sistemas de controlo, direcção e governo das sociedades – ou seja, foram escândalos directamente relacionados com as práticas de *corporate governance* – ao passo que a presente crise financeira teve a sua origem nas instituições financeiras e está mais relacionada com questões de política monetária e com exageros cometidos no mercado *subprime* que originaram a bolha do mercado imobiliário norte-americano (a qual rapidamente se propagou para outros mercados). A este respeito PAULO CÂMARA, *"Conflito de Interesses no Direito Financeiro e Societário – Um Retrato Anatómico"*, in AAVV, pp. 9-74 (14-15), salienta uma diferença fundamental: *"os gatekeepers mais sujeitos a crítica foram, nesse período, sobretudo os auditores e os analistas, ao passo que com a presente crise o enfoque deslocou-se para as sociedades de notação de risco e os profissionais das instituições financeiras"*.
Sobre esta matéria v. ainda PETER MÜLBERT, *"Corporate Governance of Banks"*, in Direito dos Valores Mobiliários, Vol. X (2011), Coimbra Editora, pp. 503-535.
Sobre a problemática do eventual falhanço das normas de *corporate governance* na actual crise financeira v. ERKENS/HUNG/MATOS, *Corporate Governance in the 2007-2008 Financial Crises: Evidence from the Financial Institutions Worldwide*, 2009, ECGI Finance Working Paper Nº 249/2009, bem como BRIAN CHEFFINS, *Did Corporate Governance "Fail" During the 2008 Stock Market Meltdown? The Case of the S&P 500*, ECGI Law Working Paper Nº 124/2009, ambos disponíveis em http://www.ecgi.org.
Outros Autores vieram também questionar a eficácia da *self-regulation* e do seu princípio *comply or explain* enquanto vector decisivo na regulação do governo das sociedades, reportando especificamente ao mercado italiano – cfr. BIANCHI/ CIAVARELLA/NOVEMBRE/SIGNORETTI *Comply or Explain? Investor protection through Corporate Governance Codes*, ECGI Finance Working Paper Nº 278/2010 (disponível em http://www.ecgi.org).
Em sentido contrário foi publicado em 2009 um estudo encomendado pela Comissão intitulado *Study on Monitoring and Enforcement Practices in Corporate Governance in the Member States*, RiskMetrics Group, de 23.09.2009 (disponível em http://ec.europa.eu), o qual concluiu que aquele mesmo princípio, cuja implementação apresenta certas deficiências, não deveria ser abandonado mas sim reforçado, sendo para tal necessário reforçar o papel do mercado e dos auditores (através de um sistema de relatórios de controlo da qualidade de informação divulgada), bem como desenvolvendo um regime de *"comply or explain"* específico para os investidores institucionais (p. 18). Mais tarde o *supra* mencionado Livro Verde sobre o Governo das Sociedades publicado em Abril de 2011 viria a postular requisitos mais exigentes no que se refere à informação a prestar (quanto à justificação e à solução aplicada) pelas sociedades que se desviam das recomendações, assim como um maior controlo externo da qualidade da informação (das explicações prestadas). V. ainda *European Corporate Governance Report 2011*, Heidrick & Struggles.

I. CORPORATE GOVERNANCE

corporate governance ao exigir novos mecanismos de controlo com vista a evitar abusos no futuro e a devolver a confiança aos investidores e ao mercado, assistindo-se, então, a uma cada vez maior intervenção reguladora nestas matérias no sentido de proporcionar um maior controlo sobre a gestão[46].

Por fim, o *supra* mencionado *Plano de Acção 2012* apresentado recentemente pela Comissão sobre direito societário europeu e *corporate governance* identifica três principais linhas de acção: i) uma maior transparência do governo das sociedades cotadas e das respectivas estruturas accionistas, bem como das políticas de voto dos investidores institucionais; ii) um maior envolvimento dos accionistas em matéria de governo da sociedades, proporcionando-lhes uma melhor supervisão da política de remuneração e das transacções com partes relacionadas e, por outro lado, impondo obrigações acrescidas aos investidores institucionais e aos gerentes de activos; e por fim iii) apoio ao crescimento e competitividade das sociedades europeias, simplificando as operações transfronteiriças, em particular no caso das pequenas e médias empresas[47].

---

[46] Sobre a problemática da reforma do sistema nacional de supervisão financeira como resposta à actual crise financeira, v. SOFIA NASCIMENTO RODRIGUES, "*A Reforma do Sistema Português de Supervisão Financeira*", in Direito dos Valores Mobiliários, Vol. X (2011), Coimbra Editora, pp. 537-565. Ainda sobre a supervisão do nosso mercado de valores mobiliários v. PAULO CÂMARA "*Supervisão e Regulação do Mercado de Valores Mobiliários*", in Direito dos Valores Mobiliários, Vol. VIII (2008), Coimbra Editora, pp. 39-64. Relativamente à criação de uma autoridade federal de supervisão que substitua a actual estrutura descentralizada das várias entidades nacionais, o mesmo Autor mostrou-se provisoriamente céptico, desde logo, porque esta última "*convive melhor com a harmonização imperfeita em muitos domínios jurídicos*", bem como em nome dos princípios da proporcionalidade e da subsidiariedade (62-63). A este respeito outros Autores lembram que "*Member states will have the option to delegate the supervision of banks that pose EU-wide prudential risks to the ECB*" – cfr. HERTIG//RUBBEN LEE/McCAHERY, *Empowering the ECB to Supervise Banks: A Choise-Based Approach*, ECGI Finance Working Paper Nº 262/2009, p. 43 (disponível em *http://www.ecgi.org*).

[47] De entre as principais medidas propostas pela Comissão para 2013 destacam-se: a) Reforço dos requisitos de divulgação sobre as políticas de diversidade na composição do órgão de administração e de gestão de riscos, a implementar através da introdução de alterações na Quarta Directiva 78/660/CEE do Conselho, de 25 de Julho de 1978, relativa às contas anuais de certas formas de sociedades; b) Possível adopção de uma Recomendação para melhorar a qualidade dos relatórios de governo, em particular no que respeita ao exercício do "*explain*"; c) Reforma legislativa do direito dos valores mobiliários no sentido de melhorar a visibilidade da estrutura accionista das sociedades europeias; d) Alteração da *Directiva dos Direitos dos Accionistas*, no que respeita a uma melhor divulgação das políticas e registos de voto dos investidores institucionais, bem como das políticas de remuneração, garantindo aos accionistas o direito de votar estas últimas; e) Revisão da Directiva sobre Fusões Transfronteiriças, etc.

3. *Ratio*: Propriedade *versus* Controlo e a Teoria da Agência

Vimos atrás que a divulgação de informação surge como pressuposto fundamental para o controlo do exercício do poder bem como instrumento regulador, na medida em que permite ao mercado avaliar da bondade das opções da sociedade em termos da sua governação, sendo certo que os investidores serão encorajados a investir nas sociedades com melhores práticas societárias e as cotações destas tenderão a valorizar-se.

O *corporate governance* resulta portanto da conjugação de vários factores, designadamente, da larga dispersão do capital, da separação entre propriedade e gestão (controlo) da sociedade e da consequente necessidade de alinhamento destes interesses, tratando em especial as relações de tipo principal--agente entre accionistas e gestores (relação de agência)[48].

Verificamos deste modo que a *ratio* do *corporate governance* reside na tentativa de resolver o chamado conflito de agência, resultante do fenómeno da separação entre a propriedade e o controlo/gestão. O *principal* (accionista) delega ao *agente* (gestor) o poder de decisão sobre a sua propriedade, donde resultam os chamados conflitos de agência, pois os interesses daquele que administra a propriedade nem sempre estão alinhados com os do seu titular. Neste sentido o *corporate governance* procura criar mecanismos eficientes (sistemas de controlo e incentivos) para garantir que o comportamento dos executivos esteja alinhado com o interesse dos accionistas[49]. Por sua vez, nos sistemas de estrutura accionista concentrada a *ratio* centra-se na resolução dos potenciais conflitos entre os accionistas maioritários e os minoritários.

Assim sendo, a separação entre a propriedade e a gestão societária resultou essencialmente da larga dispersão do capital das grandes sociedades cotadas e de uma cada vez maior especialização das tarefas de gestão, dispondo hoje os administradores de uma grande discricionariedade de actuação no exercício da sua tarefa de gestão da sociedade, e aos quais são atribuídas funções cada vez mais complexas, factores estes que contribuíram para um crescente distancia-

---

[48] Para uma análise mais cuidada da teoria da agência v. PEDRO MAIA, ob. cit., *Parte II – Capítulo VIII*. Por agora devemos relembrar – tal como o fizemos anteriormente, JOÃO CUNHA VAZ, *As OPA na União Europeia face ao Novo Código dos Valores Mobiliários*, Almedina, 2000, nota 35 – que obviamente não nos queremos aqui reportar ao *contrato de agência*, regulado na nossa ordem jurídica pelo Decreto-Lei nº 178/86, de 3 de Julho (alterado pelo Decreto-Lei nº 118/93, de 13 de Abril), e tratado por A. PINTO MONTEIRO, *Contrato de Agência – Anotação*, 7ª edição, Almedina, 2010.

[49] Não podemos no entanto deixar de referir que recentemente alguns Autores vieram questionar o princípio da separação entre a propriedade e o controlo instituído por BERLE/MEANS do qual resultou a teoria da agência – cfr. BRIAN CHEFFINS/STEVEN BANK, *Is Berle and Means a Myth*, ECGI Law Working Paper Nº 121/2009 (disponível em *http://www.ecgi.org*) – tendo os mesmos concluído pela sua validade e actualidade.

mento entre os accionistas (incapazes de gerir a sua sociedade) e os seus agentes, ou seja, os membros do órgão de administração, por sua vez cada vez mais profissionalizados nessa mesma tarefa de gestão.

Por outro lado, para além de serem incapazes de gerir a sua sociedade e de terem de delegar o seu poder num determinado órgão de administração, os accionistas, "donos" de sociedades com o capital largamente disperso, vêm sentido uma cada vez maior dificuldade em controlar a actuação por parte dos seus agentes, na medida em que não dispõem da informação nem da formação essencial para exercer adequadamente a monitorização do comportamento dos administradores, a qual por sua vez implica elevados custos.

Nesta linha de raciocínio, alguma doutrina[50] vem apontando vários factores que dificultam o alinhamento dos interesses envolvidos, nomeadamente: a complexidade das decisões em causa e os custos elevados na sua monitorização, o acesso privilegiado à informação por parte dos gestores e as dificuldades técnicas na sua interpretação, tornando-se muitas vezes difícil avaliar uma boa gestão no sentido da maximização do valor da sociedade.

Deste modo verificou-se no seio das sociedades abertas uma clara dicotomia entre, por um lado, os accionistas, associados ao capital e que assumem os riscos e, por outro, os membros da administração, associados à gestão e que tomam as decisões. Verifica-se então uma divergência de interesses entre ambos, um notório conflito de interesses, sendo que os segundos tenderão a utilizar a liberdade de que dispõem para tomar decisões no seu próprio interesse, nomeadamente: (i) podem atribuir-se compensações financeiras injustificadas ou gastarem em excesso; (ii) podem negociar em proveito próprio, designadamente, obtendo vantagens financeiras pessoais, concretizando negócios que os perpetuem no poder, assumindo excessivos riscos para os accionistas ou maximizando os resultados a curto prazo em prejuízo da *performance* a longo prazo; e (iii) podem actuar de forma incompetente (embora honestamente) sem o

---

[50] V., entre outros, PEDRO VERGA MATOS, "*A Relação entre os Accionistas e os Gestores de Sociedades Cotadas: Alguns Problemas e Soluções*", Cadernos MVM, nº 33 (Agosto 2009), pp. 92-104, que chama a atenção para o facto de existirem nas sociedades cotadas determinados deveres de informação mais apertados e um conjunto de documentos elaborados por analistas independentes destinados a facilitar a vida aos pequenos accionistas no acompanhamento do desempenho da sociedade e da sua administração.
Sobre a teoria da agência v. igualmente JOÃO SOUSA GIÃO "*Conflitos de Interesses entre Administradores e os Accionistas na Sociedade Anónima: Os Negócios com a Sociedade e a Remuneração dos Administradores*", in AAVV, *Conflito de Interesses no Direito Societário e Financeiro – Um Balanço a Partir da Crise Financeira*, Almedina, 2010, pp. 215-291 (223ss.).

mínimo controlo por parte dos accionistas, não sendo, portanto, questionada a sua manutenção[51].

Na prática verificam-se assimetrias de informação, uma vez que a informação proporcionada pelas sociedades cotadas ao mercado e aos seus accionistas é insuficiente. Nas sociedades com capital disperso, os accionistas não estão em condições de controlar de perto a gestão, suas estratégias e respectiva *performance* devido à falta de informação e de meios para tal. Um bom governo societário visa proteger os interesses dos accionistas desinformados enquanto "principais" face aos gestores (administradores executivos) devidamente informados enquanto "agentes" através de um apertado controlo da gestão[52].

O mesmo se verifica nas sociedades controladas por accionistas maioritários (que controlam a gestão), cujos interesses conflituam com os dos accionistas minoritários, os quais se vêem desprovidos de adequada informação, cabendo então mais uma vez aos administradores independentes um papel decisivo em zelar pelos seus interesses. Verifica-se assim que o governo das sociedades regula também as relações entre accionistas dominantes e accionistas minoritários e respectivos conflitos de interesses[53], bem como em alguns países (caso

---

[51] Cfr. CARLOS F. ALVES, *Os Investidores Institucionais e o Governo das Sociedades: Disponibilidade, Condicionantes e Implicações*, Almedina, Junho de 2005, p. 23 (nota 7). Sobre a tipificação dos conflitos de interesses entre accionistas e gestores v. igualmente JORGE RODRIGUES, ob. cit., p. 59.
Neste contexto, o *Anteprojecto de Código de Bom Governo das Sociedades do IPCG* dispunha no seu *Princípio III.4 Conflito de Interesses* que "*Os administradores não executivos devem prosseguir o objectivo de defender os interesses de todos os accionistas da sociedade, não devendo actuar de modo a dar primazia ao seu interesse pessoal, ao interesse de qualquer outro administrador, de uma parte dos accionistas ou de terceiros, fazer sua qualquer oportunidade de negócio da sociedade, exercer actividades concorrentes, nem receber de terceiros, no âmbito da sua actuação, qualquer tipo de benefícios para si ou para outrem, nem proporcionar a terceiro qualquer benefício ilícito ou injustificado*" (o mesmo valendo para os executivos, cfr. *Princípio IV.4*).
Importa, no entanto, sublinhar que este *Anteprojecto* constituiu a primeira iniciativa privada na área das recomendações do governo das sociedades – no seguimento do disposto no art. 1º/1 do Regulamento da CMVM nº 1/2010 –, não tendo sido aprovado pelos respectivos Associados na AG de 29 de Janeiro de 2010. Entretanto, em Janeiro último, foi apresentada uma nova versão: o *Código de Governo das Sociedades IPCG* – cfr. Princípio I.4 (*Conflitos de interesses*) "*Devem existir mecanismos para prevenir a existência de conflitos de interesses, actuais ou potenciais, entre os membros de órgãos ou comissões societárias e a sociedade. O membro em conflito não deve interferir no processo de decisão*".
[52] Por exemplo, através de medidas que promovam a sua participação em AG ou através da inclusão de administradores independentes (não associados a grupos de interesses específicos). De acordo com KLAUS GUGLER, "*Corporate Governance and Economic Performance*", Oxford University Press 2001, p. 205, os accionistas dispersos têm pouco incentivo e capacidade para supervisionar a gestão da sociedade, pelo que tal tarefa deve ser deixada a cargo do mercado (OPA), do órgão de administração e da aplicação de contratos eficazes.
[53] Sobre a problemática dos conflitos de interesses entre o accionista maioritário e os restantes accionistas v. JOSÉ FERREIRA GOMES, "*Conflitos de Interesses entre accionistas nos negócios celebrados entre a sociedade anónima e o seu accionista controlador*", in AAVV, *Conflito de Interesses... cit.*, pp. 75-213,

da Alemanha) a protecção dos direitos dos trabalhadores, independentemente da sua participação no capital da sociedade. Importa, pois, levar também em linha de conta outros interesses legítimos: trabalhadores, credores, fornecedores, clientes, Estado e comunidade local (*stakeholders*), sendo necessária a articulação e protecção de uma multiplicidade de objectivos. A resolução destes potenciais conflitos de interesses trará consigo certamente uma maior eficiência na afectação dos recursos. Temos, pois, o problema do governo societário, o qual pretende assegurar que a sociedade seja dirigida e controlada no interesse dos accionistas ou dos *stakeholders* (consoante a concepção dominante), proporcionando, para tal, que eles tenham acesso a toda a informação relevante e que possam exercer influência e controlo sobre a gestão diária da sociedade, através de regras de governo internas e de controlo externo (mediante imposições legais e regulamentares).

Deste modo, o desalinhamento de interesses só é possível pela existência de assimetrias de informação entre os gestores/agentes (mais bem informados) e os accionistas/principais (menos bem informados) resultantes da forte dispersão do capital, o mesmo sucedendo nas sociedades com o capital concentrado, nas quais o accionista de controlo (mais bem informado) tende a prejudicar os interesses dos minoritários (bem menos informados).

Assim, da separação entre propriedade e controlo resulta que os gestores dispõem de muito mais informação que qualquer accionista (assimetrias de informação), o que por sua vez tem como consequência os denominados custos de agência: (i) os custos de monitorização suportados pelo principal para controlar/fiscalizar o agente (*monitoring costs*); (ii) os custos realizados pelo agente para assegurar ao principal que a gestão se subordinará aos seus interesses, ou seja, que este não actuará de forma prejudicial ou, se assim for, terá de compensá-lo (*bonding costs*); e (iii) os custos residuais decorrentes das decisões contrárias aos interesses dos principais que não puderem ser evitadas na sua totalidade, ou seja, que resultem da diferença entre a decisão tomada pelo agente e aquela que seria maximizadora do bem-estar do principal (*residual costs*)[54].

---

segundo o qual *"Este conflito de interesses traduz-se na extracção de benefícios privados pelo sócio controlador, i.e., na obtenção de vantagens que não são partilhadas com os demais sócios na proporção das suas participações sociais"* (p. 81).

[54] Cfr. M. Jensen/W. Meckling *"The Theory of the Firm: Managerial Behavior, Agency Costs and Ownership Structure"*, Journal of Financial Economics, Vol. 3, nº 4, 1976, pp. 305-360, disponível para consulta em http://www.ssrn.com.
Para Pedro Verga Matos, ob. cit., p. 94 (nota 3), estes custos de agência podem dividir-se em duas categorias: (i) os custos decorrentes do desvio do comportamento do agente face aos interesses do principal e (ii) os custos em que o principal tem de incorrer para minimizar a possibilidade de ocorrência dos custos do primeiro tipo.

Verifica-se, portanto, que a informação facultada aos "donos" da sociedade não é mesma que aquela que está ao dispor dos membros do órgão de administração, muito mais informados sobre os problemas daquela, resultando daqui problemas de agência relacionados com a dificuldade que os primeiros têm em garantir que os segundos ajam de acordo com a maximização de valor para os accionistas e não sigam os seus interesses pessoais. Estes problemas de agência têm portanto de ser solucionados por mecanismos de governo societário capazes de alinhar os referidos interesses, face à insuficiência dos mecanismos contratuais para tal efeito[55].

Deste modo, face à separação entre a propriedade da sociedade e o controlo da sua gestão e de modo a evitar conflitos de interesses, importa criar mecanismos de incentivo ao alinhamento dos interesses envolvidos e de controlo desses conflitos. Para fazer face ou minimizar os mencionados custos de agência surgiram vários mecanismos de *corporate governance* complementares, incluindo as OPA hostis e o mercado do controlo societário, o activismo dos investidores institucionais, a concentração da propriedade accionista, regras rigorosas relativas à apresentação de relatórios, a transparência e qualidade da informação, a prestação de contas (*accountability*), sistemas de remuneração dos gestores e planos de *stock-options*, deveres fiduciários específicos, estruturas de controlo e supervisão do CA, o mercado de trabalho dos administradores, códigos de boas práticas de *corporate governance*, a monitorização por parte dos credores, entre outros[56].

Perante o mencionado problema de agência, todos estes mecanismos consubstanciam meios de acção dos accionistas enquanto *principais* sobre os administradores ou gestores enquanto *agentes* destinados a reduzir as assimetrias de informação e a dirimir os conflitos de interesses daí resultantes.

Contudo, importa sublinhar que estes mecanismos comportam não só instrumentos destinados a fiscalizar e controlar a actuação dos membros da administração, mas também todos aqueles meios que garantem uma elevada *performance* e uma distribuição equitativa dos resultados, tal como resulta desde logo da própria definição de *corporate governance supra* mencionada da autoria da OCDE: "*O governo das sociedades estabelece também a estrutura através da qual são*

---

[55] Segundo tradução de ANTÓNIO PEDRO FERREIRA, ob. cit., p. 17, "*Relevam, assim, as questões relacionadas com a assimetria de informação, a concorrência imperfeita e a natureza incompleta dos contratos*" – citando F. RABELO/F. VASCONCELOS, *Corporate Governance in Brazil*, Journal of Business Ethics, Vol. 37, Nº 3, 2002, pp. 321-335 (322).

[56] A título de exemplo, para melhor compreendermos a *ratio* do *corporate governance*, não será difícil concluir que um bom sistema de *corporate governance* envolverá certamente a existência de um número considerável de administradores independentes e uma apertada avaliação (controlo) dos administradores executivos.

I. CORPORATE GOVERNANCE

fixados os objectivos da empresa e são determinados e controlados os meios para alcançar esses objectivos".

Um bom governo societário proporciona aos accionistas a efectiva monitorização da gestão da sociedade, sendo que as principais ferramentas que asseguram essa monitorização residem nos órgãos de avaliação e de fiscalização do desempenho dos administradores – que variam de acordo com o modelo de governo adoptado (clássico, anglo-saxónico ou dualista)[57] –, e ainda na nomeação de administradores não-executivos independentes, todos factores decisivos na resolução dos conflitos de agência e no garante da defesa dos interesses dos accionistas. Assim, por exemplo ao órgão de administração caberá (em representação dos accionistas) estabelecer a estratégia da sociedade, devendo igualmente caber à AG fiscalizar e avaliar o desempenho da gestão e evitar abusos de poder, quer por parte do accionista maioritário sobre os minoritários, quer por parte dos administradores sobre os accionistas[58].

Daqui podemos concluir que a arte do governo societário reside em alcançar o equilíbrio certo entre os relevantes interesses envolvidos, em minimizar

---

[57] Relativamente ao governo/administração, a Comissão entendeu (no *Plano de Acção*) que as sociedades cotadas da U.E. deverão ter o direito de optar pela respectiva estrutura: unitária (com administradores executivos e não executivos) ou dualista (com um órgão de direcção e um outro de fiscalização), tal como foi estabelecido no Regulamento relativo ao Estatuto da Sociedade Europeia – Regulamento (CE) nº 2157/2001 do Conselho, de 8.10.2001, alterado pelo Regulamento (CE) nº 885/2004 do Conselho, de 26 de Abril de 2004 (JO L 168, de 01.05.2004). Nos sistemas dualistas, as funções de supervisão e de gestão são atribuídas a dois órgãos diferentes: um *órgão de supervisão* (conselho geral) e um *órgão de gestão* (direcção), composto integralmente por administradores executivos. De acordo com a Comissão nenhum destes modelos é intrinsecamente superior em relação ao outro, apresentando ambos específicas vantagens e desvantagens.
O nosso legislador viria, através do DL nº 76-A/2006, de 29 de Março, a prever 3 modelos de governação societária na norma do art. 278º/1 CSC: a) modelo clássico ou tradicional, composto por CA e conselho fiscal (ou fiscal único); b) modelo anglo-saxónico, composto por um CA, que compreende uma comissão de auditoria, e um ROC; e c) modelo dualista, que inclui CA executivo, CGS e ROC.
Sobre os vários modelos de governo adoptados pelo nosso CSC v. PAULO CÂMARA/GABRIELA FIGUEIREDO DIAS, "O Governo das Sociedades Anónimas", in AAVV, *O Governo das Organizações – A vocação universal do corporate governance*, Almedina, 2011, pp. 43-94 (73ss.), PAULO CÂMARA, "O Governo das Sociedades e a Reforma do Código das Sociedades Comerciais", in AAVV, Código das Sociedades Comerciais e Governo das Sociedades, Almedina, 2008, pp. 9-141 (66ss.) e JOÃO CALVÃO DDA SILVA *"Responsabilidade Civil dos Administradores não executivos da Comissão de Auditoria e do Conselho Geral de Supervisão"*, in Jornadas em Homenagem ao Professor Doutor Raúl Ventura, A Reforma do CSC, Almedina 2007, pp. 103-150 (104ss.).
[58] Sobre a temática dos mecanismos/sistemas de *corporate governance* v. CARLOS F. ALVES, *Os Investidores Institucionais...* cit., pp. 27ss. e mais recentemente *"Uma Perspectiva Económica sobre as (Novas) Regras de Corporate Governance do Código das Sociedades Comerciais"*, in *Jornadas em Homenagem ao Professor Doutor Raúl Ventura, A Reforma do CSC*, Almedina 2007, pp. 173-195 (185ss.).

os conflitos de interesses e em salvaguardar os interesses da sociedade. Um sistema eficaz de governo das sociedades – com menos assimetrias de informação – contribui para alcançar o grau de confiança necessário ao funcionamento adequado de uma economia de mercado, daí resultando custos inferiores na captação de capitais, o que por sua vez vem incentivar as sociedades a usarem os recursos de forma mais eficaz, viabilizando assim um crescimento sustentável. Acresce que os investidores preferem tendencialmente as sociedades com um governo societário eficiente, sendo portanto este também um factor de distinção ou concorrência entre as sociedades.

Por fim, importa igualmente sublinhar que a separação entre propriedade e controlo pode também apresentar vantagens para ambas as partes: se por um lado, permite aos accionistas, que não disponham de tempo e de formação na área da gestão, participar nos lucros da actividade da sociedade, por outro, permite que profissionais da gestão possam concretizar projectos viáveis. Para além disso a dispersão do capital permite a repartição dos riscos inerentes à actividade empresarial, permitindo o desenvolvimento dos mercados de capitais e a consequente redução dos custos de financiamento[59].

4. Diferentes Sistemas

Tal como vimos antes, o governo das sociedades tem como principais objectivos tutelar os direitos dos accionistas e das outras partes interessadas (*stakeholders*), promover a eficiência e a competitividade das sociedades e fomentar a confiança nos mercados de capitais, a estabilidade financeira e o crescimento económico. Surge portanto como factor de segurança e confiança bem como factor de competitividade, ou seja, de distinção entre as várias sociedades. Os meios para alcançá-los são portanto as sociedades tendo a sua origem no problema da separação entre a propriedade e a gestão, o qual exige mecanismos de fiscalização e controlo. Um maior controlo e um mais activo *monitoring* terão certamente potenciais ganhos em termos de *performance*.

De modo a melhor determinarmos o fim e a natureza do governo das sociedades (na perspectiva de aquisição do controlo), importa também perceber que existem vários sistemas (modelos) de *corporate governance* que reflectem diferentes concepções e perspectivas societárias, bem como diferentes estruturas accionistas, embora actualmente se verifique uma tendência de convergência internacional (tal como veremos mais à frente).

Em primeiro lugar, temos as sociedades com o capital mais disperso[60], que têm (ou podem ter) milhares de accionistas e onde nenhum deles assume um

---

[59] Cfr. CARLOS F. ALVES, *Os Investidores Institucionais...* cit., pp. 22-23.

[60] O CódVM prevê nos termos do art. 229º/1 que só podem ser admitidas à negociação acções em relação às quais se verifique, até ao momento da admissão, um grau adequado de dispersão pelo

papel de relevo. A gestão quotidiana da sociedade é entregue aos administradores executivos, escolhidos pelas suas qualidades profissionais e não pela titularidade de acções da sociedade, pelo que existe uma total separação entre propriedade e controlo/gestão. Entre as vantagens deste tipo de sociedades são de salientar uma acentuada pulverização do risco e uma elevada angariação de capital, o que promove, por sua vez, o desenvolvimento do mercado de capitais ao induzir a uma redução do custo do capital.

Entre os principais problemas destas sociedades destacam-se o facto de a administração gozar de grande liberdade, sendo difícil o seu controlo por parte dos accionistas em resultado da larga dispersão do capital. Daqui resultam os "custos de agência" que advêm da circunstância de os gestores disporem de muito mais informação que qualquer outra pessoa (assimetrias de informação), agindo por vezes em proveito próprio em detrimento dos interesses da sociedade e dos seus accionistas. Tornam-se, então, decisivos os mecanismos de fiscalização e controlo de administração, e da eficácia destes depende a confiança dos investidores e, por consequência, o custo e a disponibilidade do financiamento.

Aqui se enquadra o modelo/sistema anglo-saxónico (*managerial capitalism*), no qual cabe um papel determinante aos investidores institucionais e onde os mercados têm maior dimensão e dispõem de maior liquidez. O problema principal consiste na protecção dos accionistas face aos amplos poderes dos gestores. Os accionistas vêem-se confrontados com gestores cujos poderes estão fortalecidos (*weak owners and strong managers*), devendo o governo societário concentrar-se neste poderes contrapostos, num independente controlo e supervisão, e numa avaliação crítica dos contratos, sendo que o sistema de remunerações variáveis desempenha um papel decisivo no alinhamento dos interesses entre administradores e accionistas[61].

Em segundo lugar, as sociedades com accionistas maioritários (outras sociedades, famílias e o Estado) apresentam o seu capital mais concentrado, sendo as equipas de gestão integradas por aqueles accionistas ou por pessoas da sua

---

público (cfr. alínea a)): numa proporção de, pelo menos, 25% do capital social subscrito representado por essa categoria de acções, ou quando esteja assegurado um funcionamento regular do mercado com uma percentagem mais baixa (cfr. nº 2). Contudo, somos da opinião que este limiar fica aquém do necessário para eliminar o risco que as participações cruzadas podem representar enquanto obstáculo ao sucesso de uma OPA. Em nosso entender, seria desejável, pelo menos, um mínimo de 33,33%+1, necessário para a formação de uma minoria de bloqueio em sede de AG.

[61] Por outro lado, nos EUA funciona um mercado eficiente de controlo societário, onde os *takeovers* são frequentes e penalizam administrações incompetentes, exercendo este mecanismo um efeito disciplinador da gestão, ao redistribuir recursos das equipas de gestores menos capazes para as equipas mais competentes (matéria tratada no Capítulo seguinte).

confiança que possuam um poder efectivo, pelo que o risco de expropriação daqueles accionistas é muito reduzido. Todavia, o principal problema reside agora na relação entre accionistas maioritários e minoritários e na sua eventual exploração, nomeadamente, através do cruzamento de participações, de várias classes de acções ou de cláusulas estatutárias (limitação dos direitos de voto)[62]. A preocupação determinante do governo societário consiste agora na protecção dos minoritários (que dispõem à partida de menos informação) através de mecanismos de fiscalização e de controlo da actuação dos maioritários.

Esta estrutura accionista predomina no modelo/sistema europeu continental (e Japão), no qual o capital está concentrado nas mãos de bancos, de outras sociedades e de famílias e onde os mercados têm menor dimensão e dispõem de menor liquidez. Aqui o problema principal reside na protecção dos accionistas minoritários e no controlo do poder dos accionistas preponderantes, os quais controlam a gestão e definem a política estratégica da sociedade, ocupando frequentemente um lugar no órgão de administração ou elegendo pessoas da sua confiança. Assim, face à existência de um accionista de referência assistimos aqui a um monitoramento da gestão, focalizando-se o governo societário na protecção dos accionistas minoritários e na prevenção de conflitos de interesses entre estes e os *blockholders* (dominantes)[63].

---

[62] Os acordos parassociais poderão constituir um instrumento utilizado para permitir o controlo efectivo da sociedade a accionistas não maioritários, como por exemplo, através da atribuição àqueles de direitos de preferência na aquisição de acções da sociedade ou através de acordos de voto.
A este respeito refira-se que a OCDE desde logo recomenda que devem ser divulgadas as formas de estruturação do capital social ou a celebração de quaisquer acordos que permitam a determinados accionistas obter um grau de controlo desproporcionado em relação à sua participação accionista (direitos especiais – Princípio II.D.). Em anotação ao mesmo Princípio OCDE, p. 36, *"As estruturas piramidais, as participações cruzadas e as acções com direitos de voto limitados ou múltiplos podem ser usadas para diminuir a capacidade de os accionistas não dominantes influenciarem o rumo da sociedade"*. Para este efeito, importa sublinhar que o legislador nacional obriga à inclusão de toda esta informação no Relatório sobre o Governo da Sociedade – cfr. Regulamento CMVM nº 1/2010, Anexo 1, Capítulo III.
[63] Para uma análise do modelo dominante na Europa continental v. EDDY WYMEERSCH, *"A Status Report on Corporate Governance Rules and Practices in Some Continental European States"*, in HOPT/ /KANDA/ROE/WYMEERSCH/PRIGGE (org.), *Comparative Corporate Governance – The State of The Art and Emerging Research*, Oxford University Press, 1998, pp. 1045-1210.
Por sua vez, a Alemanha aparece como um caso particular, onde a estrutura da propriedade determina a estratégia da sociedade, os accionistas detêm posições relevantes e controlam a gestão, existem reduzidas operações de fusão e aquisição (M&A), abundam mecanismos de defesa anti-OPA (que impedem o funcionamento do mercado do controlo societário e o seu efeito disciplinador), a remuneração dos administradores tem uma maior componente fixa, as instituições financeiras assumem um papel preponderante, actuando, enquanto accionistas dominantes, como guardiãs

Importa sublinhar a existência de diversos pontos de divergência[64] entre os vários sistemas. Assim, consoante a estrutura accionista de uma sociedade, assim variam as prioridades de governo societário: em sistemas com o capital largamente disperso (com uma clara separação entre a propriedade e o controlo), onde o mercado tem uma maior liquidez e os accionistas perdem o controlo sobre a vida da sociedade (Reino Unido, por exemplo), verifica-se um latente conflito de interesses entre os accionistas e a administração, assentando a prioridade na distinção entre a administração e a gestão da sociedade – no sentido de assegurar que a primeira exerça um efectivo controlo sobre a segunda e que os accionistas tenham um activa participação na vida da sociedade (controlo da actividade de gestão).

Já em sistemas onde o capital se encontra mais concentrado, predominando accionistas maioritários, com menor dispersão do capital e onde a separação entre a propriedade e o controlo não é tão nítida (países da Europa Mediterrânica), existindo um latente conflito de interesses entre os accionistas maioritários e os minoritários, a prioridade do governo societário vai no sentido de assegurar um tratamento equitativo entre todos os accionistas, protegendo os minoritários (controlo dos poderes dos maioritários).

Embora a presença de um accionista dominante possa contribuir para minimizar os problemas de representação através de uma fiscalização mais rigorosa da actividade dos gestores, podem-se verificar abusos sobre os outros accionistas, os minoritários[65], designadamente, quando os accionistas dominantes exercem uma influência desproporcional relativamente ao número de acções que detêm (através de estruturas piramidais ou direitos de voto múltiplo, por exemplo)[66]. Assim sendo, é essencial para a protecção destes accionistas, en-

---

do bom governo societário e onde vigora um sistema de co-gestão (participação dos trabalhadores nos órgãos de fiscalização).
O reduzido volume de OPA nos Países da Europa continental vem documentado em diversas fontes – v. entre outros, CARLOS F. ALVES, *Os Investidores Institucionais...* cit., p. 32 (nota 38). Sobre o caso particular do sistema Alemão, já nos debruçámos anteriormente – cfr. JOÃO CUNHA VAZ, ob. cit., pp. 127ss.

[64] Entre outros pontos de convergência/divergência destes dois sistemas, importa assinalar os direitos de participação dos accionistas, a estrutura da administração (unitária/dualista), a independência do órgão de fiscalização, a delegação de poderes em comités/comissões executivas independentes e a divulgação de informação, todos elementos diferenciadores entre os referidos sistemas.

[65] Como exemplos deste tipo de abusos temos a atribuição de elevados salários e bónus, a realização de transacções indevidas com partes relacionadas, alterações à estruturação do capital social através da emissão especial de acções que favoreçam o accionista dominante, etc.

[66] Nestes casos as estruturas do capital social não respeitam o princípio uma acção/um voto. Outro exemplo consiste na emissão de acções preferenciais que conferem o direito a dividendos prioritários, mas destituídas do direito de voto.

tre outros, a definição clara de um dever de lealdade dos membros do órgão de administração para com a sociedade e todos os seus accionistas, bem como a existência de elevados *standards* de informação e de maiorias qualificadas para determinadas decisões dos accionistas.

No que à concepção societária diz respeito, temos assim que no modelo anglo-saxónico os interesses dos accionistas confundem-se com o interesse fundamental da sociedade: *shareholder value = goal of the firm and duty of company director*, no qual as relações são mais curtas e flexíveis (contratos de trabalho e de gestão), as estruturas accionistas são mais voláteis e onde o principal objectivo da sociedade reside na maximização do valor accionista (*shareholder wealth maximisation*) e onde o mercado de capitais surge como principal fonte de financiamento. Já no modelo continental prevalecem as relações de longo prazo (accionistas de referência ou *blockholders* e uma administração mais estável), apresentando este modelo como principal vantagem o facto de existir um maior controlo da gestão.

Deste modo facilmente se percebe que estes diversos sistemas reflectem diferentes concepções de sociedade, nomeadamente, o primeiro dá prevalência ao accionista (enquanto detentor do capital) e ao seu objectivo em conseguir a maximização do seu valor; já no segundo outros interesses legítimos são igualmente levados em linha de conta, tais como os dos trabalhadores, credores, fornecedores, clientes e comunidade local (*stakeholders*).

Em termos de crítica e de síntese, M. JENSEN entende que não faz muito sentido discutir qual a melhor concepção societária, *value maximization theory* ou *stakeholder theory*, na medida em que se optarmos por esta última teremos de nos deparar com conflitos e ineficiências na gestão e, portanto, com sociedades menos competitivas; mas por outro lado, para maximizar o valor da sociedade os gestores necessitam da cooperação de todos os intervenientes com interesses legítimos na sociedade. Deste modo, o Autor defende que a maximização do valor deve ser o objectivo único dos gestores, uma vez que apenas desta forma será possível atingir o bem estar social, concluindo que a defesa dos interesses dos *stakeholders* exige, portanto, a perspectiva da maximização do valor[67].

Facilmente concluímos que ambos os modelos/sistemas de *corporate governance* apresentam diversas vantagens comparativas não sendo por vezes o mais adequado escolher qualquer um deles em detrimento do outro, devendo sim, antes de mais, olhar para o tipo de sociedade em causa e para os respectivos meio e mercado envolventes. Todavia, nunca devemos descurar o interesse pri-

---

[67] Cfr. tradução de CARLOS F. ALVES, *Os Investidores Institucionais...* cit., p. 37 (nota 19), citando M. JENSEN *"Value Maximization, Stakeholder Theory, and the Corporate Objective Function"*, in European Financial Management, Vol. 7, Nº 3, pp. 297-317, disponível em http://www.ssrn.com.

mordial dos accionistas: a maximização do valor da sociedade. Temos, portanto, que a diversidade de regimes jurídicos contribui para explicar a diversidade de estruturas accionistas e de mecanismos de protecção dos interesses dos investidores que existem na Europa continental e no mundo anglo-saxónico[68].

Sucede que actualmente vimos assistindo a uma crescente convergência internacional destes sistemas de direcção e de controlo das sociedades, para a qual muito tem contribuído o papel pró-activo por parte dos grandes investidores institucionais internacionais.

5. Convergência Internacional

De modo a obtermos um enquadramento mais completo da temática do *corporate governance*, resta-nos analisar uma importante tendência actual a que vimos assistindo neste domínio e que diz respeito à crescente convergência internacional dos modelos/sistemas de direcção e de controlo das sociedades atrás mencionados, assim como das respectivas normas e práticas no seio da U.E.

A este respeito, MELVIN A. EISENBERG avançava com duas hipóteses: de um lado, o Modelo de Selecção Natural, no qual existe uma adaptação ao melhor sistema em nome de uma maior competitividade, ou seja, na linha de um *Darwinismo* normativo as normas mais eficientes tendem a substituir as menos eficientes. Do outro, temos o Modelo de *Path Dependence* onde existem barreiras à mudança, em benefício de determinados agentes económicos adversos à mesma e à perda de benefícios, vantagens compensatórias, práticas complementares, dificuldade em provar que um sistema é melhor que o outro e culturas diferentes[69].

Apesar de ambos os modelos apresentarem vantagens comparativas, também é certo que os mesmos perdem validade se levados até às últimas consequências, pelo que, parte da doutrina vem considerando como razoável a ten-

---

[68] Sobre os diferentes modelos de *corporate governance* na U.E. v. ADAMS/LICHT/SAGIV, *Shareholders and Stakeholders: How do Directors Decide?*, ECGI Finance Working Paper Nº 276/2010 e KLAUS HOPT/P. LEYENS, *Board Models in Europe. Recent Developments of Internal Corporate Governance Structures in Germany, the United Kingdom, France, and Italy*, ECGI Law Working Paper Nº 18/2004 (ambos disponíveis em http://www.ecgi.org).

[69] Cfr. "*Perspectivas de Convergência Global dos Sistemas de Direcção e Controlo das Sociedades*, Cadernos MVM, nº 5 (Agosto 1999), pp. 107ss. O mesmo Autor sublinhava ainda que face às vantagens do sistema de mercado, era pouco provável que este convergisse com os sistemas de núcleo duro mais concentrado, sendo de esperar antes o inverso, embora estes últimos apresentem também algumas vantagens, designadamente: menores custos de representação – uma vez que o accionista de controlo tem maior incentivo e capacidade para supervisionar a gestão sem exigir contrapartidas – e uma perspectiva de gestão de longo prazo, ao contrário das sociedades inseridas num sistema de mercado onde existem maiores assimetrias de informação.

dência actual que caminha no sentido de uma maior convergência da direcção e controlo societário a nível global[70].

No que diz respeito aos vários modelos de *corporate governance*, embora não nos pareça plausível uma completa convergência, dado que nenhum deles nos surge como ideal, face ao actual processo de globalização e à consequente competitividade crescente, haverá uma necessária aproximação no sentido do modelo anglo-saxónico, não por este ser superior, mas sim por ser mais flexível e, como tal, menos vulnerável à concorrência.

Todavia, e uma vez que nenhum dos modelos de governo é perfeito, faz sentido que ambos aproveitem as melhores práticas de cada um na construção de um modelo híbrido[71], no qual coexistam elementos dos vários sistemas, nomeadamente, a disciplina de mercado, a regulamentação societária e a vigilância por parte dos *stakeholders*, entre outros.

Um exemplo objectivo desta convergência reside na regulamentação das OPA a nível europeu, a qual adoptou diversas normas provenientes do sistema anglo-saxónico, tais como a regra da OPA obrigatória e a *squeeze-out rule* (direito de aquisição potestativa), mas sem descurar as tradições dos sistemas da Europa continental, ao permitir a adopção, por parte da administração da sociedade visada, de medidas defensivas no decurso de uma OPA.

Mais importante e a par da questão da convergência dos diferentes modelos, devemos igualmente ter em conta o alinhamento verificado nos últimos

---

[70] Parte da doutrina acredita que apesar de existirem fortes indícios de uma crescente convergência, tal não significa, no entanto, que os regimes de *corporate governance* convirjam no sentido de um único sistema – v. GOERGEN/MARTYNOVA/RENNEBOOG, "*Corporate Governance Convergence: Evidence from takeover regulation*", ECGI Law Working Paper Nº 33/2005, pp. 3-6. Dois destes Autores, MARTYNOVA/RENNEBOOG, *The Performance of the European Market for Corporate Control: Evidence from the 5th Takeover Wave*, ECGI Finance Working Paper Nº 135/2006, p. 29, viriam mais tarde a reforçar esta ideia ao afirmar que, embora se caminhe para um governo das sociedades mais centrado nos direitos dos accionistas (modelo anglo-saxónico), todavia, as normas relativas à distribuição de poderes entre administração e accionistas ainda variam muito no seio da U.E., pelo que, apesar de algumas evidências de convergência no sentido do primado da decisão dos accionistas, estamos longe ainda de assistir a um único modelo de governo societário na Europa (ambos os artigos estão disponíveis em http://www.ecgi.org).

[71] No mesmo sentido JORGE RODRIGUES, ob. cit., p. 218, conclui pela complementaridade dos vários sistemas de governo, embora aceite que haja uma tendência de aproximação com respeito pelas suas especificidades. Ainda sobre este tema da convergência internacional dos diferentes modelos v. DENNIS MUELLER, "*The Economics and Politics of Corporate Governance in the European Union*", in FERRARINI/WYMEERSCH (org.), *Investor Protection In Europe – Corporate Law Making, The MiFID and Beyond*, Oxford University Press, 2006, pp. 3-29 (21-25) e EDDY WYMEERSCH, "*Convergence or Divergence in Corporate Governance Patterns in Western Europe*", in MCCAHERY/MOERLAND/RAAIJMAKERS/RENNEBOOG (org.), ob. cit., pp. 230-247.

anos no que respeita às boas práticas de *corporate governance* no seio da U.E., questões, estas, aliás, que andam interligadas entre si.

Tal como *supra* mencionado, existem no seio da U.E. diferentes sistemas/ /modelos de governo das sociedades, os quais são reflexo de culturas e tradições societárias distintas[72] com diferentes concepções e regimes jurídicos, os quais, por sua vez, servem diferentes propósitos económicos e políticos. Face aos diversos tipos de sociedade – com diferentes estruturas accionistas e em diferentes fazes de maturação, e onde cabe um diferente papel aos *stakeholders* – pode-se tornar mais difícil alcançar uma verdadeira harmonização do governo societário[73].

Neste campo, também, os Princípios OCDE reconhecem que não existe um modelo único de um são governo societário, mas sim elementos comuns subjacentes a um bom *corporate governance*[74], no seguimento do princípio *"one size does not fit all"*.

Não subsistem, portanto, quaisquer dúvidas de que o debate sobre o governo das sociedades tem vindo a tornar-se cada vez mais intenso, tendo entretanto sido adoptados inúmeros códigos sobre a matéria relevantes para a U.E. Sucede que a existência de disparidades no domínio do *corporate governance* poderia acarretar insegurança e custos, bem como criar distorções da concorrência e levantar obstáculos ao correcto funcionamento do mercado financeiro europeu.

Contudo, um primeiro estudo efectuado sobre os principais códigos de governo – o *supra* mencionado *Comparative Study* – concluiu, em 2002, que a U.E. não deveria consagrar tempo nem recursos à elaboração de um código único europeu neste domínio, devendo a Comissão centrar os seus esforços em reduzir os entraves jurídicos e regulamentares à participação dos accionis-

---

[72] Desde logo, o papel que os trabalhadores desempenham na vida societária e a questão da sua representação (co-determinação) nos órgãos societários constitui uma diferença essencial no que respeita às práticas de governo das sociedades no seio dos EM. Um bom exemplo destas diferentes práticas societárias reflectiu-se na forte resistência, por parte do Reino Unido, de que foi alvo a norma que obriga à informação e consulta dos representantes dos trabalhadores no decurso de uma OPA (art. 14º da *Directiva das OPA*). Todavia, e após a aquisição da *Cadbury* pela *Kraft Foods*, o *City Code* na sua 10ª edição (Setembro de 2011) viria a alterar a *Rule* 25.2 (*Views of the offeree board on the offer, including the offeror's plans for the company and its employees*), sublinhando que outros factores, para além do preço, devem ser tomados em consideração, tais como os direitos dos trabalhadores, aquando da apreciação do mérito da oferta.

[73] Também o Relatório Preda (Código de Conduta italiano relativo ao governo das sociedades de 1999) no seu § 2 assumia que o *corporate governance* era o resultado de normas, tradições e padrões de comportamento desenvolvidos por cada sistema económico-social, não se baseando certamente num único modelo que possa ser exportado e imitado para todos os mercados. Actualmente em Itália encontra-se em vigor o *Codice di Autodisciplina*, de 2006 (entretanto alterado em 2010).

[74] V. Preâmbulo § 7.

tas na votação transfronteiriça (barreiras de participação), bem como os obstáculos que impedem os accionistas de avaliarem a gestão societária (barreiras de informação)[75].

De seguida o *Relatório Winter II* convergiu no mesmo sentido, ou seja, que um código único europeu relativo ao governo de sociedades era demasiado prematuro face às divergentes práticas existentes no seio dos diferentes EM e que os referidos Princípios OCDE já consagravam os grandes princípios comuns nesta matéria[76]. Mais concluiu que a U.E. deveria limitar-se a coordenar os diversos esforços nacionais – designadamente, no que toca à elaboração dos respectivos códigos, bem como aos respectivos mecanismos de supervisão, de modo a obter uma maior convergência nesta matéria – devendo caber um papel decisivo ao mercado e aos seus participantes na tarefa de identificar o bom governo e competindo à U.E. e aos EM a supervisão da sua aplicação. Por último, considerou como benéfica a concorrência de diferentes soluções, sendo, então, prematuro optar por um modelo em detrimento de outros.

Nesta linha de raciocínio a Comissão (no *Plano de Acção*) veio reiterar de igual modo a necessidade da U.E. coordenar activamente os esforços dos EM com vista a reforçar o governo das sociedades através do seu direito das sociedades, da sua legislação sobre valores mobiliários, das regras em matéria de cotação nas bolsas de valores, de códigos ou de qualquer outra forma[77]. Cada EM deveria também designar o código de governo das sociedades aplicável, na base do princípio *comply or explain*[78], sendo decisivo um permanente debate

---

[75] V. *Plano de Acção*, p. 15. O mesmo *Comparative Study* (p. 7) concluía ainda que as diferentes práticas europeias de governo societário resultavam mais das diferentes legislações societárias e dos mercados de capitais do que propriamente das diferentes recomendações /códigos de conduta existentes, os quais acabariam por funcionar como um elemento de convergência das práticas de governo societário, não constituindo, assim, um obstáculo ao mercado único de capitais. Pelo que importava, sim, harmonizar o direito das sociedades e a regulamentação dos mercados de valores mobiliários e não tanto os códigos de governo, baseados na filosofia *comply or explain* e na divulgação de informação conjugada com a pressão exercida pelo mercado. Por fim, concluía também que a procura de harmonização de todos os elementos de um código europeu único exigiria longos anos e não seria exequível num razoável período de tempo.

[76] V. *Relatório Winter II*, pp. 72ss.

[77] A Comissão concentrou os seus esforços nas divergências societárias, em particular, na abolição das barreiras legais respeitantes à participação dos accionistas na vida societária e à divulgação de informação, tendo, para o efeito, adoptado uma série de Directivas e Recomendações (*supra* mencionadas).

[78] Cfr. *Plano de Acção*, p. 26. Para o efeito, e de modo a garantir a sua aplicação coerente, foi criado o Fórum Europeu sobre o governo das sociedades, responsável por promover a coordenação e a convergência dos códigos nacionais (a reunir uma ou duas vezes por ano), presidido pela Comissão e composto por representantes dos EM, das autoridades europeias de regulamentação,

I. CORPORATE GOVERNANCE

transatlântico com as autoridades dos EUA de modo a alcançar entendimento comum sobre as práticas de governo societário.

Antes de tomarmos posição sobre a presente matéria, vejamos ainda algumas das posições doutrinárias: PAULO CÂMARA[79] adopta uma perspectiva tripartida sobre o problema, no sentido de que devemos começar por *apurar se existem indícios de convergência no passado*, para em seguida *tomar posição sobre se é desejável que venha a existir (mais) convergência no futuro* e, por fim, *perscrutar indícios de que se venha a verificar uma maior convergência no futuro*[80].

Por sua vez, VAN DEN BERGHE considera que a solução passaria por aplicar diferentes remédios a diferentes problemas, isto é, as regras de governo societário devem ser flexíveis de modo a poderem dar resposta a diversas circunstâncias e necessidades e a escolha certa passaria pela aplicação de princípios gerais comuns, por um lado, e de regras detalhadas flexíveis, por outro, combinando, assim, elementos de convergência – em termos de um mercado de capitais global – com importantes distinções de acordo com o tipo de sociedade em causa[81]. A mesma Autora viria a defender mais tarde em 2006[82] a concorrência e o reconhecimento mútuo entre os diversos sistemas de *corporate governance* no contexto de uma mínima harmonização europeia, em vez de impor um único

---

emitentes e investidores, bem como outros operadores do mercado e pessoas oriundas de meios académicos.

[79] V. *Códigos de Governo...* cit., pp. 86ss.

[80] Segundo PAULO CÂMARA, *idem*, p. 89, existem vários indícios de uma maior convergência futura, nomeadamente: a reposta legislativa norte-americana aos escândalos então verificados através da lei *Sarbanes-Oxley*, aplicável a todas as sociedades cotadas naquele país – embora sujeitas a lei pessoal estrangeira – parece demonstrar uma tendência no sentido de uma maior intervenção legislativa e, assim, de uma maior convergência futura. Nesta mesma linha de raciocínio, valem de igual modo como sinais de convergência as diversas Directivas entretanto adoptadas (e *supra* mencionadas) em resposta aos escândalos financeiros europeus, entre elas, a *Directiva sobre Contas Anuais e Consolidadas*.

O mesmo Autor também concluiu que é mais provável um ciclo da renovação de níveis de regulação no que respeita ao governo das sociedades em três fases: (i) primeiro, a substituição de normas de códigos de governo por normas injuntivas; (ii) depois o abandono de soluções recomendatórias não acolhidas socialmente; (iii) e por fim, o acolhimento de novos temas e novas soluções a servir de normas de códigos de governo.

[81] Cfr. ob. cit., pp. 172ss. Relativamente ao desenvolvimento de um modelo futuro de governo societário, esta Autora propõe três vias (*"a three-tier track"*): (i) as sociedades "autónomas" tenderão a convergir no sentido do modelo de mercado (*market-oriented model*); (ii) para as sociedades cotadas com uma estrutura accionista concentrada (accionistas maioritários) propõe o desenvolvimento de um modelo autónomo de governo (*as a "true hybrid system"*); (iii) para todas as outras sociedades e organizações propõe a aplicação da teoria da divergência, tendo em conta o tipo da sociedade em causa e não apenas assente em critérios geográficos.

[82] Cfr. *Relatório da Consulta sobre Plano de Acção*, p. 31.

sistema, chamando no entanto a atenção para a necessidade de um qualquer supervisão dos sistemas de *self-regulation*[83].

Por agora resta-nos proferir uma breve palavra crítica relativamente a uma convergência futura. Neste momento, quase uma década depois do *Plano de Acção*, levanta-se-nos uma questão: podemos igualmente concluir ser prematuro optar-se pela tese da divergência ou da convergência no que respeita aos modelos de *corporate governance* atrás referidos? Entendemos que sim pois, tal como vimos atrás, ambos os modelos são válidos, e cada vez mais faz sentido falarmos num modelo híbrido, o qual deverá, no entanto, ser enquadrado num diploma único. Embora nos pareça adequada numa primeira fase – a qual certamente já terá expirado em nosso entender – a referida coordenação dos diferentes esforços nacionais nesta matéria, a mesma não nos parece suficiente, pecando por defeito. Aquela coordenação deverá ter uma natureza preliminar mas não deve servir como resultado final. Devemos ir mais longe, parecendo-nos mais adequado a aprovação de um *"Código Europeu"* constituído por princípios gerais relativos às boas práticas de governo societário, que acomodem as diferentes tradições e práticas societárias e de governo, determinados após uma intensa consulta dos vários EM e dos representantes dos principais interessados (intervenientes no mercado), sem descurar o debate transatlântico com as entidades norte-americanas.

A este respeito poder-se-á dizer que os mesmos argumentos favoráveis à adopção de códigos nacionais apresentados pelo mencionado *Comparative Study* (cfr. p. 6) também se podem aplicar aqui, ou seja, a adopção de um *"Código Europeu"* neste domínio poderia trazer consigo uma série de vantagens:

(i) Como estímulo na discussão e na adopção do bom governo societário (factor de convergência), ajudando a fundamentar e a explicar certos requisitos e práticas societárias;

(ii) Como *benchmark* ou referência na avaliação do desempenho dos órgãos de administração, acompanhando a alteração entretanto verificada do direito das sociedades: na abolição das barreiras de participação e de informação dos accionistas;

---

[83] Também MCCAHERY/VERMEULEN, *"Corporate Governance Crises and Related Party Transactions: A Post-Parmalat Agenda"*, in HOPT/WYMEERSCH/KANDA/BAUM (org.), ob. cit., pp. 215-245 (245) defendem que um único sistema legal aplicável a todas as sociedades é difícil de alcançar, devendo as normas societárias ser flexíveis na medida do possível. Estas poderão igualmente ser auxiliadas por princípios orientadores destinados a dar soluções complementares aos problemas de governo societário e ajudar a interpretar e implementar as respectivas boas práticas.

(iii) Como diploma flexível e evolutivo seria consonante com o movimento de *corporate governance* (em constante mutação), bem como um teste para futuras normas legais e como factor de interpretação das existentes[84].

(iv) Como factor de eliminação das distorções da concorrência (*level playing field*), de fácil implementação dada a proximidade existente nesta matéria no seio da U.E.;

(v) Estaria respeitado o princípio da subsidiariedade (art. 5º/2 TUE)[85] uma vez que a U.E. apenas interviria se e na medida em que os referidos objectivos desse *Código* não pudessem ser suficientemente alcançados pelos vários EM em virtude da dimensão e dos efeitos da acção proposta[86];

(vi) Estaria também salvaguardado o princípio da proporcionalidade (art. 5º/4 TUE) pois, ao limitar-se a prescrever princípios gerais, o presente *Código* não excederia o necessário para alcançar o objectivo de harmonização mínima a que se propõe;

(vii) Afastaria o problema da aproximação/convergência europeia a diferentes velocidades ao modelo norte-americano[87] e iria ao encontro do actual movimento de convergência internacional neste domínio[88];

---

[84] PAULO CÂMARA, *Códigos de Governo...* cit., pp. 78-80.

[85] Este princípio funciona enquanto critério orientador da repartição do exercício das competências entre os EM e a U.E., de acordo com o qual a U.E., nos domínios que não sejam da sua competência exclusiva, somente deve intervir nos casos em que os objectivos propostos não possam ser suficientemente alcançados pelos EM.
De acordo com o art. 5º/1 TUE a delimitação das competências da U.E. rege-se pelo princípio da atribuição, segundo o qual a U.E. actua unicamente dentro dos limites das competências que os EM lhe tenham atribuído nos Tratados para alcançar os objectivos por eles fixados, pertencendo aos EM as competências não atribuídas (cfr. nº 2). Já o exercício das competências da U.E. rege-se pelos princípios da subsidiariedade e da proporcionalidade. Para um desenvolvimento destes princípios como limites da harmonização do direito das sociedades v. THOMAS PAPADOPOULOS, *EU Law and Harmonization of Takeovers in the Internal Market*, Wolters Kluwer, 2010, pp. 47ss. V. também M. GORJÃO-HENRIQUES, *Direito da União – História, Direito, Cidadania, Mercado Interno e Concorrência*, 6ª edição, Almedina, 2010, pp. 383ss.

[86] Ou seja, os objectivos deste *Código* – definir os princípios orientadores do governo das sociedades e garantir um nível de protecção adequado aos accionistas no seio da U.E. – não podem ser suficientemente alcançados pelos EM devido à necessidade de transparência e de segurança jurídica sempre que estejam em causa operações transfronteiriças, e os quais somente podem ser alcançados e assegurados ao nível comunitário através de uma harmonização mínima nesta matéria.

[87] Esta aproximação ao modelo norte-americano a diferentes velocidades por parte dos diversos sistemas europeus tem provocado um certo paradoxo: se por um lado assistimos a uma crescente convergência no sentido daquele modelo (aproximação transatlântica), já no seio da U.E. as divergências acentuam-se face aos diferentes ritmos dessa aproximação.

[88] Tal como acontece com os Princípios da *Commonwealth Association for Corporate Governance* (CACG): *"CACG Guidelines – Principles for Corporate Governance in the Commonwealth – Towards global competitiveness and economic accountability"* (disponíveis em http://www.ecgi.org) e os Princípios

(viii) Uma vez verificada uma considerável harmonização no domínio do direito das sociedades[89] e face às resistências e hesitações ocorridas quanto a uma adicional harmonização neste domínio (*infra* mencionadas no Capítulo seguinte), seria mais razoável e adequado aprovar, desde logo, um diploma uropeu sobre o *corporate governance*;

(ix) Por último, esta codificação europeia das boas práticas de *corporate governance* poderia, face à actual crise económico-financeira, funcionar como um sinal claro da necessidade de uma maior regulamentação do mercado, essencial para devolver a segurança e a confiança aos investidores[90].

Todavia, não nos podemos esquecer que a adopção de um *"Código Europeu"* poderá igualmente levantar uma série de problemas, ou até apresentar algumas desvantagens:

(i) Em primeiro lugar, poderia levantar algumas dificuldades de aplicação face (a) às divergências societárias na U.E. e (b) às diferentes condições socio--económicas dos vários EM, as quais determinam diferentes questões de *corporate governance*. Tal como a Comissão já argumentou, a diversidade de regulamentações e de práticas existentes nos EM no que ao governo das sociedades diz respeito não desaconselhará a elaboração de um código único sobre esta matéria aplicável às sociedades cotadas dos EM?

(ii) Em segundo lugar, pode-se sempre contra-argumentar que mais importante do que alcançar um modelo único será antes de mais a adopção de mecanismos que em cada ambiente específico resolvam eficazmente os conflitos de interesses existentes no seio de cada tipo de sociedade;

---

da *International Corporate Governance Network* (ICGN): *"Global Corporate Governance Principles"* (disponíveis em *http://www.icgn.org*).
A internacionalização dos mercados de capitais e a sua cada vez maior globalização tendem a aproximar e a convergir as práticas do governo societário: se por um lado, o papel crescente dos investidores institucionais tem vindo a proporcionar uma constante exportação das melhores práticas internacionais de *corporate governance*, por outro, constatamos uma cada vez maior admissão aos mercados accionistas dos EUA por parte de sociedades europeias, obrigadas a aderir às regras aí vigentes.
[89] Com a aprovação de várias Directivas *supra* referidas, entre elas, as Directivas sobre *Contas Anuais e Consolidadas, Auditoria, Transparência, OPA* e *a Relativa ao exercício de certos direitos dos accionistas*.
[90] Para analisar o *international code movement (soft law)* e os *prós e contras* da *self-regulation* v. KLAUS HOPT, *Comparative Company Law*, ECGI Law Working Paper Nº 77/2006, p. 1182-1184 (disponível em *http://www.ecgi.org*). V. também ROBERTA KARMEL, *"Self-regulation and the future of Securities Law"*, in Direito dos Valores Mobiliários, Vol. X (2011), Coimbra Editora, pp. 567-592 (582ss.).

(iii) Depois, um código de conduta assentaria sobretudo no princípio "*comply or explain*", não contemplando penalidades (ao contrário do sistema legal) e podendo revelar-se insuficiente a divulgação de informação[91].

(iv) Também os Princípios OCDE poderiam tornar desnecessária qualquer codificação adicional desta matéria, a não ser que daqueles princípios gerais se extraísse a base para um futuro Regulamento Comunitário, com aplicação directa na U.E.;

(v) Por fim, tal como concluiu o *Comparative Study*, não é a existência de diferenças nos códigos de governo europeus, dada a sua fraca expressão, que conduz aos entraves de integração do mercado interno europeu, mas sim as disparidades existentes na área do direito das sociedades.

Resumindo e concluindo, e uma vez ponderados os *prós* e *contras* relativos à aprovação de um "*Código Europeu*" *de corporate governance*, é nosso entendimento ser necessário implementar uma harmonização mínima dos princípios comuns sobre a matéria (através de recomendações objecto de cumprimento voluntário) de modo a alcançarmos um *european playing field*, os quais permitam uma maior responsabilidade das partes intervenientes (um comportamento empresarial ético)[92], uma maior transparência das práticas de governo e uma maior convergência dos *standards* no que respeita à divulgação de informação[93]. A sua

---

[91] Também PAULO CÂMARA, *Códigos de Governo*... cit., p. 84, considera que a principal crítica do *soft law* reside no facto de a sua adesão, porque voluntária, não ser total, por ser desprovido de uma sanção jurídica, daí resultando uma aplicação não simétrica para todos, aplicação, essa, que muitas vezes se reduz a uma mera questão mecânica de *box-ticking exercise*, podendo funcionar esses códigos como um mero instrumento de marketing e trazendo consigo menos certeza jurídica. Por sua vez, MAASSEN/VAN DEN BOSCH/VOLBERDA, "*The importance of disclosure in Corporate Governance self-regulation across Europe: A review of the Winter Report and the EU Plan*", International Journal of Disclosure and Governance, Vol. 1, Nº 2 (2004), pp. 146-159, questionam a eficácia da *self-regulation* no que respeita às práticas de divulgação de informação.

[92] Acresce que a conformidade com a lei não é suficiente, pois o governo societário diz igualmente respeito a *performance*, o que exigirá uma diferente atitude e comportamento por parte dos líderes empresariais: mais transparência e informação sobre a *performance* societária e uma maior exigência no que respeita ao profissionalismo dos membros do órgão de administração, aos quais, aliás, se deverá exigir no futuro uma maior co-responsabilidade. Igualmente ANTÓNIO MENESES CORDEIRO advoga um novo governo das sociedades baseado "*na colegiabilidade das administrações e na corresponsabilização de todos os envolvidos*" – cfr. *A Crise Planetária*... cit., p. 286.

[93] Uma questão diferente é levantada por JOSÉ NUNES PEREIRA, "*Quinze Anos de Codificação Mobiliária em Portugal*", in Direito dos Valores Mobiliários, Vol. VIII (2008), Coimbra Editora, pp. 265-317 no sentido de "*saber se se caminha para um código europeu ou para uma lei europeia de valores mobiliários*". Este Autor conclui que, embora "*uma iniciativa no sentido de reunir numa só colectânea os direitos de valores mobiliários dos vários Estados da União... facilitaria o acesso dos interessados ao conhecimento dos direitos aplicáveis (incluindo as disposições regulamentares)*", no entanto, verifica-se uma tendência no

natureza terá de ser flexível e aberta de forma a abarcar diversos regimes e tradições societárias, deixando margem de manobra aos EM na sua implementação em diferentes tipos de sociedade (com problemas específicos). Para que tudo isto seja possível deverão continuar a assentar na filosofia *comply or explain*, ficando sujeitas à avaliação e penalização por parte do mercado e dos investidores institucionais as sociedades que não fundamentem devidamente os seus desvios ou não adoptem medidas equivalentes.

Muitas vezes estas normas com natureza meramente recomendatória podem ser tão eficazes como as normas legais, e por vezes ainda mais eficazes, dada a sua adesão ser voluntária e não obrigatória, como tem acontecido entre nós com o CódGS baseado na filosofia *comply or explain*, dotado de uma larga flexibilidade que lhe permite adaptar-se à evolução constante das circunstâncias do mercado, bem como às especificidades de cada sociedade e respectivas prioridades[94].

---

sentido, não tanto da criação de códigos ou leis gerais europeias, mas sim da convergência dos vários regimes de valores mobiliários *"como consequência, tanto da acção harmonizadora da União, como da força de emulação entre as regulações nacionais"* (315-317).

[94] Este mesmo princípio foi adoptado pela quase totalidade dos actuais códigos de bom governo e entretanto consagrado na mencionada Directiva 2006/46/CE: *Disclosure on a "comply or explain" basis*. Entre nós o CódGS comporta uma série de Recomendações, sujeitas ao princípio *"comply or explain"*, segundo o qual cada sociedade tem de fundamentar adequadamente as razões de um eventual não cumprimento, devendo então os accionistas avaliar da bondade das respectivas opções, cabendo, para este efeito, à CMVM verificar se as sociedades cumprem aquelas Recomendações ou avaliar as explicações apresentadas pelo não cumprimento e a demonstração da adequação da solução alternativa adoptada por cada sociedade. Deste modo, embora as sociedades não estejam vinculadas a adoptar as boas práticas de governo societário, estão, no entanto, vinculadas a explicar as razões da sua não aplicação – cfr. Ponto 0.4 (Capítulo 0) do Anexo 1 ao Regulamento nº 1/2010.

De acordo com a CMVM *"O incumprimento do dever de explicar a não adopção da recomendação pode ser decomposto em três subtipos diversos. 1. Pode a sociedade nada dizer sobre as razões para a não adopção das recomendações. 2. Pode a sociedade munir-se de razões que não constituem uma explicação para a não adopção. 3. Pode a sociedade não dar qualquer explicação por não reconhecer a recomendação como não adoptada"* – cfr. *Relatório de Avaliação do Cumprimento do CódGS da* CMVM (2010) e relativo a 2008, p. 31.

Esta prestação de informação apresenta-se como uma forma de combinar um código voluntário com normas injuntivas relativas ao seu cumprimento. Deste modo a informação surge-nos como instrumento regulador e como meio de pressão social do mercado através da publicação, sendo que o mercado irá avaliar da bondade das opções seguidas pelas sociedades em termos de governação. A sua adesão é voluntária, mas a pressão social leva as sociedades abertas a aderir e a cumprir estes códigos de governo. Entre os factores que contribuem para esta adesão voluntária, destacam-se (i) a reputação das sociedades e dos profissionais, (ii) a competitividade empresarial, (iii) o papel crescente dos investidores institucionais, (iv) a ética empresarial/cidadania económica e (v) a *moral suasion* induzida pelas bolsas ou pelas entidades de supervisão – cfr. Paulo Câmara, *Códigos de*

Chegados aqui, e de modo a melhor compreendermos a opção legislativa em torno da existência de um futuro diploma sobre *corporate governance*, importa levantar uma outra questão: qual deverá ser a abordagem europeia mais eficiente, intervenção legislativa *versus* autonomia societária (*soft law*)[95]? Ou seja, em nome do regular funcionamento do mercado e da certeza jurídica, existe ou não a necessidade de uma maior intervenção legislativa ou regulamentação do *corporate governance*[96]?

Em nosso entender, a política legislativa europeia quanto a esta matéria deve assentar numa auto-regulamentação mitigada ou ponderada por normas legais, como acontece entre nós com as normas do direito das sociedades e dos valores mobiliários, essenciais para garantir uma maior confiança/segurança

---

Governo... cit., p. 85. Sobre a natureza destes diplomas e sua adesão voluntária v. mais em detalhe o *Comparative Study*, pp. 68-73.

Ainda relativamente aos mecanismos de execução e de cumprimento dos códigos *soft law* de bom governo, não nos podemos esquecer que *"one size does not fit all"* no que respeita às práticas de governo societário, uma vez que a sua aplicação varia de acordo com as características específicas de cada sociedade, nomeadamente, entre outros factores, a sua dimensão e organização, a sua estrutura accionista, o respectivo ciclo de vida. A este respeito FERNANDO SILVA *"Códigos de Governo Societário: Does One fit All"*, Cadernos MVM, nº 33 (Agosto 2009), pp. 40-71 (43 e 65), concluía que o princípio *"one size fits all"*, ao contrário do que se verificava na maioria dos EM, não se aplicava às sociedades cotadas nacionais, uma vez que as Recomendações da CMVM (em vigor em 2009) permitiam que na sua aplicação se atendessem às especificidades de cada sociedade, designadamente, a dimensão, o tipo de sociedade, o grau de concentração do capital, deixando margem para aquelas se desviarem através da aplicação do mencionado princípio *comply or explain*, raciocínio, este, que continua actualmente válido, em nosso entender, relativamente ao CódGS. Sobre a implementação do *soft law* v. EDDY WYMEERSCH, *"How Can Corporate Governance Codes Be Implemented"*, in FERRARINI/WYMEERSCH (org.), ob. cit., pp. 143-160, e *"Implementation of the Corporate Governance Codes"*, in HOPT/WYMEERSCH/ KANDA/BAUM (org.), ob. cit., pp. 403-419, bem como o *supra* mencionado Livro Verde sobre o Governo das Sociedades publicado em Abril de 2011.

[95] Sobre o enquadramento do governo das sociedades v. Princípios OCDE, anotação ao Princípio I, p. 29 e anotação ao Princípio I.B., pp. 30-31.

[96] Também a doutrina vem questionando qual será a política legislativa mais adequada à regulamentação do governo das sociedades? De um lado os códigos legislativos enquanto diplomas legais, com autoridade pública, que obedecem a critérios científicos, ordenados de modo sistemático, sintético e unitário, providos de sanções legais (com força coerciva) e com carácter estável. Do outro, a *self-regulation*, ou melhor, os códigos de bom governo dotados de normas sociais (não jurídicas) que influenciam a direcção e o controlo das sociedades, ao motivarem os titulares de órgãos sociais e os accionistas na condução da vida da sociedade. Temos portanto de optar entre diplomas de iniciativa pública (dominantes na Europa continental) e diplomas de iniciativa privada, tal como sucede com a auto-regulação no Reino Unido, por exemplo – v PAULO CÂMARA, *O Governo das Sociedades em Portugal...* cit., p. 54. Do mesmo Autor v., igualmente, *Códigos de Governo...* cit., pp. 76ss.

aos investidores e ao mercado[97]. Será, então, necessário alcançar o adequado equilíbrio entre os dois sistemas[98], sendo preferível uma flexível regulamentação ou mesmo uma auto-regulação (*soft law* – código europeu de boa conduta) a par de uma mais apertada supervisão (*monitoring*).

6. Crescente Activismo Accionista: Investidores Institucionais

Um dos factores mais decisivos para o fenómeno de convergência internacional reside no crescente papel activista por parte dos investidores institucionais internacionais. A própria globalização do activismo accionista traz consigo uma maior convergência e aproximação dos vários modelos, na medida em que estes investidores têm

---

[97] Nesta linha de raciocínio ANTÓNIO MENEZES CORDEIRO defende uma nova regulação global e uma supervisão mundial passando por acordos entre as diversas instituições mundiais de forma a coordenar essa mesma supervisão, concluindo que "*a mera soft law é insuficiente. Atendendo às especificidades de cada caso, há que prever regras claras e sancionáveis*" – cfr. *A Crise Planetária...* cit., pp. 284 e 286, respectivamente. Para uma perspectiva do possível *trade-off* entre a estabilidade e a inovação relativamente à produção de normas legais sobre a matéria do *corporate governance* v. S. DEAKIN/F. CARVALHO, *System and Evolution in Corporate Governance*, ECGI Law Working Paper Nº 150/2010 (disponível em http://www.ecgi.org).

A este respeito já em 2000 PAULO CÂMARA, *Códigos de Governo...* cit., p. 85, também defendia que o sistema regulação mais adequado em termos de política legislativa no que respeita ao governo das sociedades deverá sempre conjugar normas imperativas com códigos voluntários de governo. E em relação à avaliação da eficácia destes últimos, defendia ser necessário proceder a uma cuidada ponderação entre os respectivos objectivos prosseguidos e os resultados obtidos, sendo para tal essencial avaliar a cada momento o seu grau de cumprimento. O mesmo Autor viria mais tarde – cfr. *Conflito de Interesses...* cit., p. 71 – a concluir, e bem em nosso entender, que a auto-regulação pode sempre desempenhar um papel complementar de relevo na regulação dos conflitos de interesses, mas com "*uma função duplamente limitada*": quer pelo seu carácter subsidiário relativamente às normas legislativas, quer pelo seu carácter precário, devidamente demonstrado pela recente crise financeira.

Também COUTINHO DE ABREU, *Governação...* cit., pp. 31-33, aborda a questão das opções político-jurídicas, sublinhando a necessidade de uma mudança no sentido de uma mais apertada regulamentação (imperativa) para as sociedades abertas.

[98] Tal como veremos mais à frente, o mesmo equilíbrio entre os dois sistemas deve ser alcançado no que respeita à regulamentação das OPA. No decurso de uma oferta importa alcançar o equilíbrio entre uma regulamentação orientada para a protecção legal dos direitos de propriedade dos accionistas, enquanto interesses primordiais a acautelar e uma maior auto-regulação das sociedades cotadas. Temos assim uma dupla dimensão: uma relativa ao exercício da liberdade dos accionistas e outra relativa à auto-regulação das sociedades na hora de decidir e aplicar as suas estratégias (e de organizar o seu governo societário). Eis, portanto, o princípio da transparência, devidamente equilibrado com os princípios da lealdade e da diligência. A transparência (dever de informar) é insuficiente para proteger os investidores, pelo que, em nome da segurança, surgem os deveres legais de lealdade e de diligência (responsabilidade dos administradores) que vêm dar resposta à resolução dos diferentes conflitos de interesses, face à insuficiência dos mecanismos do mercado.

vindo a exercer uma cada vez maior pressão no sentido dum mais apertado controlo da gestão, ao exigir uma crescente independência e transparência.

Verificamos, assim, que muito têm contribuído os investidores institucionais, enquanto principais interessados nos mercados de capitais, actuando como factor de pressão no sentido de obter novos e mais adequados mecanismos de controlo e de governo societário[99].

Face aos sucessivos falhanços dos tradicionais mecanismos de *corporate governance* no alinhamento de interesses no seio da sociedade e na maximização da *performance*, a doutrina e os legisladores têm-se esforçado no sentido de encontrar novos mecanismos de governo mais eficientes ou novas formas de melhorar a eficácia daqueles instrumentos mais antigos[100].

Desde logo, um mecanismo alternativo de controlo e governo societário diz respeito ao crescente activismo accionista, em especial por parte dos investidores institucionais, o qual assume particular importância no actual movimento de *corporate governance* e que visa conferir uma maior protecção aos interesses dos accionistas (e das outras partes interessadas) perante o poder arbitrário dos gestores, permitindo, assim, um controlo mais efectivo da administração[101].

---

[99] PEDRO MAIA, ob. cit., *Parte II – Capítulo VII*, sublinha *"por um lado, que são os interesses específicos dos investidores institucionais que determinam o conteúdo da corporate governance; por outro lado, que a globalização deste movimento (que aqui significa universalização e standardização) constitui um fim em si mesmo para esses investidores e, genericamente, para os mercados de capitais. Assim se explica – e só assim se pode explicar – que em ordens jurídicas tão diferentes, com sociedades dotadas de estruturas accionistas tão diversas, se tenham formado "códigos de corporate governance" idênticos: é que existe um factor comum a todos os ordenamentos jurídicos que é o dos interesses dos investidores institucionais no mercado de capitais"*. Este constitui sem dúvida, em nosso entender, um factor decisivo no sentido de um futuro *Código Europeu de Corporate Governance*.

[100] Para alguma doutrina – v. Marco Becht, *Reciprocity in Takeovers*, ECGI Law Working Paper Nº 14/2003, p. 13 (disponível em *http://www.ecgi.org*) – ainda está por provar que a figura dos administradores independentes, a *litigation*, o activismo accionista e as ofertas hostis possam ultrapassar os problemas de governo societário decorrentes da separação entre propriedade e controlo característica das sociedades com o capital largamente disperso, bem como possam substituir o tradicional *blockholders monitoring* assente no controlo por parte de accionistas maioritários.

[101] Este tipo de accionista corresponde ao investidor profissional, que investe num *portfolio* de títulos (instituições financeiras bancárias, etc.) e que corresponde no nosso CódVM aos *Investidores Qualificados* (art. 30º). V. SOFIA RIBEIRO BRANCO, ob. cit., p. 70.
Para um estudo mais detalhado sobre o papel crescente destes investidores, v. PEDRO MAIA, ob. cit., *Parte II – Capítulo VII*, CARLOS F. ALVES, *Os Investidores Intitucionais...* cit., p. 16, para quem estes correspondem às instituições que empregam profissionais para gerir dinheiro em benefício de outros (indivíduos ou instituições), bem como ISABEL ALEXANDRE, *"Investidor Institucional, Não Investidor Institucional Equiparado e Investedor Comum"*, in Direito dos Valores Mobiliários, Vol. V (2004), Coimbra Editora, pp. 9-27.
Na literatura estrangeira sobre esta matéria v. AGGARWAL/EREL/FERREIRA/MATOS *"Does Governance Travel Around the World? Evidence from Institutional Investors"*, ECGI Finance Working Paper

Face à separação entre a propriedade e o controlo societário, com os inerentes custos de agência daí decorrentes, e dada a ineficácia de alguns dos tradicionais instrumentos de *corporate governance*, temos vindo a assistir a um maior empenhamento por parte de alguns dos accionistas na vida da sociedade. Assistimos, portanto, a um crescente activismo por parte dos investidores institucionais, resultado das lacunas/limitações do sistema de *corporate governance*, entretanto identificadas com os vários escândalos financeiros dos finais dos anos 90 e com a crise económico-financeira que actualmente nos afecta, nomeadamente: o mercado do controlo societário, o sistema remuneratório, a auditoria externa pelo mercado, a independência dos administradores externos, a influência dos accionistas de controlo e a insuficiente regulação/supervisão.

Por outro lado, verificamos que muitas vezes os pequenos accionistas não dispõem dos meios económicos, de formação e de informação adequados para controlar a gestão da sociedade, pelo que os investidores institucionais, dispondo de condições mais adequadas para o efeito, têm vindo a desempenhar um papel cada vez mais importante no controlo do governo societário, face ao crescente activismo enquanto accionistas. Estes vêm assumindo um maior relevo nos mercados de capitais, ao adquirir participações sociais significativas nas sociedades cotadas, pelo que se encontram numa posição privilegiada para fiscalizar a respectiva gestão, isto é, desempenhando uma participação activa no monitoramento activo e passivo dos gestores.

Este fenómeno surgiu a par da globalização dos mercados financeiros (finais do século passado), o qual trouxe consigo o capitalismo institucional associado às instituições financeiras que agora são accionistas das grandes sociedades, onde exercem os seus direitos nessa qualidade, enquanto investidores institucionais[102].

Nº 267/2010 (disponível em *http://www.ecgi.org*), bem como Roberta Romano "*Less is More: Making Institutional Investor Activism a Valuable Mechanism of Corporate Governance*", in McCahery/Moerland/Raaijmakers/Renneboog (org.), ob. cit., pp. 507-566.

102 Quanto à origem do fenómeno do activismo accionista, este movimento teve particular incidência no Reino Unido e nos EUA onde prevalecia o primado da supremacia dos accionistas enquanto princípio dominante do governo das sociedades. Para tal contribuíram dois factores: o crescente papel dos investidores institucionais enquanto titulares de participações accionistas e a ocorrência em larga escala de OPA hostis nos anos 80. Assim, por um lado fundos de pensões, empresas seguradoras e fundos de investimento tornaram-se accionistas em larga escala face a movimentos de privatização, à introdução de incentivos fiscais e à abolição de restrições legais ao seu investimento. Por outro lado, verificou-se igualmente um grande aumento das transacções nos mercados de capitais, passando os investidores institucionais a ser os maiores accionistas das grandes sociedades cotadas.

I. CORPORATE GOVERNANCE

A crescente vaga de aquisições hostis tornou o controlo societário e os gestores mais contestáveis e exigiu mais informação disponível relativa ao governo societário e à performance, nomeadamente, no que respeita às políticas de voto dos fundos de pensões. Assistimos, igualmente, a uma maior comunicação entre os investidores institucionais e os outros accionistas e uma mais fácil participação destes na vida societária, agora possível através dos novos meios electrónicos[103]

A isto acresce que estes mesmos investidores institucionais desempenham um papel importante na protecção dos pequenos accionistas face aos accionistas dominantes, pelo que assistimos a um cada vez maior reforço da intervenção daqueles investidores nas sociedades por si participadas. Os accionistas minoritários, incapazes de fazerem frente aos detentores do controlo, têm vindo a associar-se e a emitir procurações em nome de terceiros com o objectivo de constituírem grupos de pressão, de influenciarem o governo das sociedades e de controlarem a sua gestão.

O papel conferido aos investidores institucionais em mercados de valores mobiliários (designadamente, sociedades gestoras de fundos de investimento, sociedades gestoras de fundos de pensões e sociedades gestoras de patrimónios, "*hedge funds*"[104]) tem vindo a acentuar-se, sendo que a diligência, por parte

---

Estes desenvolvimentos tiveram os seus reflexos no governo das sociedades daqueles dois países. Verificou-se uma viragem no sentido de uma procura de resultados elevados no curto prazo. Assistiu-se também a uma crescente desregulamentação dos mercados financeiros e a uma maior concorrência, tornando-se os investimentos de elevado risco um grande atractivo para os bancos e para os investidores institucionais. Foi neste contexto que surgiu o referido elevado volume de OPA hostis nas quais as instituições financeiras tiveram um papel preponderante e que resultou num activo mercado do controlo societário onde as sociedades com excessivos *cash flows* se tornavam alvos preferenciais e os oferentes acabavam largamente endividados. Para um maior desenvolvimento da génese deste fenómeno activista, v. PEDRO MAIA, ob. cit., *Parte II – Capítulo VII*.
[103] A título de exemplo, a votação em AG por meios electrónicos, entretanto prevista na mencionada *Directiva relativa ao exercício de certos direitos dos accionistas* (2007/36/CE).
[104] Sobre a importância crescente dos "*hedge funds*" no governo das sociedades, José Engrácia Antunes, "*Os «Hedge Funds» e o Governo das Sociedades*", in Direito dos Valores Mobiliários, Vol. IX (2009), Coimbra Editora, pp. 9-70, sublinha que os mesmos criaram "*um novo estilo de activismo accionista*" e se transformaram num dos actuais investidores institucionais de maior relevo (p. 41), representando "*uma oportunidade para reunificar propriedade e controlo no seio societário*" na medida em que tendem a comportar-se nas sociedades participadas como seus verdadeiros "proprietários" (p. 60). Todavia, o mesmo Autor chama igualmente a atenção para o facto de os "*hegde funds*" serem fonte de potenciais conflitos de interesses com as sociedades participadas, quer ao nível da AG (voto abusivo, voto concertado e voto vazio), quer ao nível da administração (pressão para uma gestão de curto-prazo) – cfr. pp. 65ss. Na literatura estrangeira v. MARCO BECHT/FRANKS/GRANT, *Hedge Fund Activism in Europe*, ECGI Finance Working Paper Nº 283/2010, disponível em http://www.ecgi.org.

destes, na gestão das participações societárias que lhes estão confiadas é decisiva para o desempenho das sociedades cotadas[105].

Actualmente os investidores institucionais assumem um papel decisivo no movimento de *corporate governance*, estando dispostos a votar contra propostas da administração e a favor das propostas dos outros accionistas, bem como a vender as suas posições quando surgem ofertas de compra favoráveis, pressionando, deste modo, a administração para que esta adopte certas medidas e intervenha para conseguir mudanças ao nível dos quadros dirigentes. Nos mercados dominados por este tipo de investidores, estes têm a possibilidade de escolher entre uma estratégia de saída (*exit*) – vendendo as suas acções das sociedades cuja gestão não lhes agrada[106] – ou uma estratégia de expressão (*voice*) – optando por influenciar essa gestão ou até substituí-la. Tudo isto, em particular, nos mercados financeiros com uma estrutura accionista dispersa e com maior liquidez.

Temos, portanto, que o activismo accionista surge-nos como uma forma de controlo da actividade das sociedades por parte deste tipo de investidores, os quais, no entanto, não se centram somente nos problemas de *corporate governance*, preocupando-se igualmente em valorizar o seu investimento[107].

No que às várias formas de activismo diz respeito, os investidores institucionais têm uma cada vez maior participação em sede de AG (apresentando propostas), exercendo pressão perante as autoridades responsáveis pelo quadro jurídico-legal, mantendo contactos directos com o CA, aconselhando o investimento em sociedades com melhores práticas de governo e publicando "listas negras" das sociedades que não respeitam os princípios de *corporate governance*.

---

[105] Verificamos, portanto, um crescente activismo accionista por parte destes investidores, detentores de largas participações sociais: "*A eficácia e credibilidade de todo o sistema de governo das sociedades e de supervisão das empresas irá, por conseguinte, depender, em grande medida, de investidores institucionais que possam exercer, com conhecimento de causa, os seus direitos de accionistas e desempenhar efectivamente as suas funções nas empresas em que investem* – cfr. Princípios OCDE, p. 38.
De entre os casos mais conhecidos de acompanhamento da vida societária por parte dos investidores institucionais temos os fundos de pensões norte-americanos *CalPERS*, *Teachers Insurance and Annuity Association-College Retirement Equities Fund (TIAA-CREF)* e a *Hermes UK Focus Fund* (HUKFF).
[106] Todavia, na prática e face a maus desempenhos financeiros, tenderá a haver uma grande oferta desses títulos no mercado, pelo que eles poderão ter de manter a sua participação, na medida em que se decidirem vender tal resultará necessariamente numa queda do respectivo valor de cotação (com a consequente realização de menos-valias).
[107] No mesmo sentido JORGE RODRIGUES, ob. cit., p. 160-161, afirma que o activismo accionista "*não consiste apenas na reacção a problemas de governo das sociedades, mas é uma estratégia activa daqueles que escolhem ficar e valorizar seu património*".

Por outro lado, e ainda sobre as diversas formas de activismo, temos a dizer que, se no início os investidores institucionais intervinham através da sua participação em AG e em reuniões com a administração, actualmente têm vindo a assumir uma maior responsabilidade enquanto administradores não-executivos, o que num mercado accionista disperso os aproxima mais dos accionistas de controlo (*blockholding*), fomentando, desta forma, um maior intervencionismo no sentido de um bom governo societário (*more active monitoring*) e, em consequência, de uma melhor *performance*[108].

Todavia, verificamos mais recentemente que alguns Autores têm contestado a sua vocação e capacidade enquanto *monitors* da actuação da gestão da sociedade, questionando a disponibilidade destes investidores para o *"corporate governance activism"* (com vista a reforçar o controlo da gestão nas sociedades cotadas) e chamando a atenção para o facto de estes nem sempre estarem motivados para influenciar as sociedades em que participam, chegando mesmo a perguntar se "... *estarão disponíveis para exercer este papel, a que preço, e com que qualidade e eficácia*"[109].

Ou seja, alguma doutrina interroga-se sobre se a intervenção destes investidores no governo das sociedades é compatível com a sua vocação e os seus objectivos, tanto mais que eles actuam em representação dos seus clientes (os investidores beneficiários dos fundos), os quais lhes exigem a maximização do valor do seu investimento a curto prazo, contrária, portanto, a uma perspectiva fiel ao *bom corporate* governance, isto é, de longo prazo na gestão das suas participações (perspectiva accionista)[110].

---

[108] De acordo com CARLOS F. ALVES, *Os Investidores Institucionais...* cit., p. 51, *"É nesta lógica que se insere o "activismo dos accionistas", isto é, as acções que visam influenciar as decisões dos gestores da empresas, seja pela apresentação de propostas de decisão em assembleia geral, seja por negociação privada dos accionistas com os administradores"*. No mesmo sentido JORGE RODRIGUES, ob. cit., p. 159, afirma que *"Um accionista é considerado activista, quando o mesmo tenta exercer a sua soberania sobre a empresa, tal como estabelecido na lei, mas cujo direito lhe é confiscado pela tecnocracia da gestão. A sua oposição a essa limitação imposta pela tecnocracia da gestão é efectuada por instituições – investidores institucionais – que lhe permitem legitimar e controlar o poder dos gestores"*.

[109] CARLOS F. ALVES, *Os Investidores Institucionais...* cit., p. 54. O mesmo Autor já se pronunciara sobre esta questão em 2000: *"Deverão os investigadores institucionais envolver-se no governo das sociedades?"*, Cadernos MVM, nº 8 (Agosto 2000), pp. 93-123.

[110] *Idem*, p. 55. A este respeito CARLOS F. ALVES questiona sobre a motivação, a capacidade e a liberdade de escolha dos investidores institucionais enquanto garantes de um bom governo das sociedades, afirmando que vários estudos vêm demonstrando uma reduzida evidência de activismo por parte destes investidores, assumindo a maior parte deles uma atitude passiva. Em relação à sua participação em AG estes tendem a votar mais favoravelmente as propostas dos gestores do que as contestatárias, embora alguns Autores evidenciem que certos investidores (menos sujeitos a conflitos de interesses) tendem a votar contra propostas de introdução de medidas defensivas anti-OPA. Por outro lado, têm alguma dificuldade em aprovar as suas propostas em sede de AG e

Na mesma linha de raciocínio, verifica-se que estes investidores agem por conta dos seus clientes, surgindo também aqui um problema de agência: actuam enquanto agentes em representação dos seus clientes (principais), razão pela qual os investidores institucionais necessitam eles próprios de uma qualquer supervisão, podendo os *media* assumir aqui um papel decisivo enquanto *monitoring monitors*. Assim, estes investidores necessitam de um qualquer tipo de controlo/supervisão (*monitoring*) – deparando-se com problemas de agência – uma vez que também podem retirar benefícios privados da sua qualidade de agente, sendo então essencial alinhar os respectivos interesses[111].

Neste contexto, de entre as novas recomendações incluídas na versão de 2004 dos Princípios OCDE destaca-se aquela que estipula que os investidores institucionais (enquanto entidades fiduciárias) devem passar a divulgar as respectivas políticas de governo das sociedades, a forma como decidem exercer os direitos de voto de que são titulares e o modo como gerem os conflitos de interesses que possam determinar o exercício do seu direito de voto (II.F. §1 e §2)[112].

Em suma, não podemos discordar de certos Autores[113] que concluem que os grandes investidores institucionais internacionais exportam boas práticas de *corporate governance*, em particular quando são originários de países onde existe uma adequada protecção accionista, desempenhando, deste modo, um importante papel enquanto mecanismo disciplinador de administrações menos eficientes. Por outro lado, esses mesmos Autores concluem que o crescente investimento institucional internacional tem trazido consigo um incremento

---

não são visíveis efeitos positivos a longo prazo da actividade activista em termos de aumento de valor da empresa (pp. 65ss.).

[111] Na mesma linha de raciocínio, Pedro Maia, ob. cit., *Parte II – Capítulo IX – Ponto 2*.

[112] Mais acresce, que temos de ter em atenção que a cooperação entre investidores institucionais pode igualmente ser usada para manipular os mercados, para obter o controlo de uma sociedade sem estar sujeito à regulamentação das OPA, ou mesmo para contornar a legislação da concorrência. Daí que alguns EM tenham limitado ou proibido os investidores institucionais de cooperarem na sua estratégia de voto (cfr. anotação ao Princípio OCDE II.G., p. 40). No mesmo sentido a 11ª Recomendação da CMVM sobre o Governo das Sociedades Cotadas (na sua versão de Novembro de 2005) dispunha que os investidores institucionais deviam ter em consideração as suas responsabilidades ao nível de uma utilização diligente, eficiente e crítica dos direitos inerentes aos valores mobiliários de que fossem titulares ou cuja gestão se lhes encontrasse confiada, nomeadamente quanto aos direitos de informação e de voto.

O actual CódGS, bem como o muito recente *Código de Governo das Sociedades IPCG*, não fazem qualquer referência aos Investidores Institucionais – os quais nos surgem agora como *Investidores Qualificados* nos termos do art. 30º CódVM. Já o *Anteprojecto de Código de Bom Governo das Sociedades do IPCG – Princípio VII.1 (Actuação dos Accionistas)* e *Recomendações VII.1.1, VII.1.2 e VII.1.3* – fazia referência expressa à actuação deste tipo de investidores.

[113] Cfr. AGGARWAL/EREL/FERREIRA/MATOS, ob. cit., pp. 36-37.

na valorização das sociedades, afectando não só aqueles mecanismos mas também a cotação das acções e as decisões do órgão de administração, em relação aos quais permanecem independentes. O crescente activismo e *monitoring* por parte daqueles investidores têm promovido boas práticas de governo societário pelo mundo e incrementado, assim, a *performance* societária.

Por sua vez, PEDRO MAIA, defende que "*o movimento de corporate governance promove o poder directo dos accionistas*", concluindo, no entanto, pela existência de um *novo paradigma de sociedade anónima (alteração estrutural do seu regime)*, na medida em que a expressão "activismo dos accionistas" se traduz em promover o activismo de certos accionistas: os investidores institucionais que olham o bom desempenho da sociedade no mercado de capitais como um fim em si mesmo, portanto, com interesses diferentes do tradicional accionista empresário[114].

Por fim, uma breve nota para sublinhar que estes investidores desempenharam num primeiro momento um papel primordial na promoção do mercado do controlo societário (do qual falaremos no Capítulo seguinte), ao exercer forte pressão sobre a *performance* das administrações através da sua estratégia de saída (*exit*) na venda das respectivas participações em sociedades cuja gestão não lhes agradava. Já num segundo momento, face à dificuldade de uma oportuna saída, os mesmos viram-se mais para dentro da sociedade assumindo uma estratégia de expressão (*voice*) optando por influenciar essa gestão e pressionando no sentido de um bom governo societário.

Finda a análise do tema introdutório do *corporate governance*, passamos de seguida à tão requisitada harmonização do direito das sociedades. Nesta enquadra-se o tema do presente trabalho, as ofertas públicas de aquisição, pano de fundo da nossa principal temática: a regra de não frustração da OPA (ou *non-frustration rule*).

---

[114] Cfr. ob. cit., *Conclusão*. Este Autor acrescenta que "*o sistema de «boa» corporate governance, de avaliação e de notação das sociedades segundo determinados rankings – elaborados, convém não esquecer, por entidades que congregam investidores institucionais – colocam as administrações perante a real obrigação de seguirem as orientações gerais de tais investidores, por aumentarem, enormemente, o chamado «custo de embaraço»*", chamando a atenção para o facto de as sociedades se verem obrigadas a seguir tais orientações, sob pena de verem cair o valor de cotação das suas acções, concluindo que "*o cumprimento dos «códigos de boa conduta» não é juridicamente imperativo, mas é economicamente obrigatório*".

Capítulo II
O Direito Europeu das Sociedades e das OPA

1. A Futura Harmonização do Direito Europeu das Sociedades

Importa agora olharmos a questão da futura harmonização europeia do direito das sociedades, largamente referida no Capítulo anterior no contexto do *Comparative Study* e do *Plano de Acção* a propósito da convergência internacional das práticas de *corporate governance*.

Começando por analisar a dimensão comunitária do direito das sociedades, deveremos antes de mais ter em linha de conta a base legal da maioria das iniciativas adoptadas neste domínio, prevista na norma do art. 50º/2g) do TFUE (ex-art. 44º/2g) TUE), que dispõe o seguinte: as instituições europeias devem assegurar a liberdade de estabelecimento *"coordenando as garantias que, para protecção dos interesses dos sócios e de terceiros, são exigidas nos Estados-Membros às sociedades, na acepção do segundo parágrafo do art. 54º, na medida em que tal seja necessário, e a fim de tornar equivalentes essas garantias"*[115]. Esta norma visa, por um lado, harmonizar os requisitos mínimos da liberdade de estabelecimento e, por outro, garantir a segurança jurídica das operações intracomunitárias ao exigir garantias comuns que fomentem a confiança nas relações económicas transfronteiriças[116].

---

[115] Sobre esta matéria v. João Cunha Vaz, ob. cit., pp. 39-43. Na literatura estrangeira v., entre outros, Thomas Papadopoulos, ob. cit., pp. 13ss., Jaap Winter, *"EU Company Law at the Cross-Roads"*, in Ferrarini/Hopt/Winter/Wymeersch (org.), ob. cit., pp. 3-20, e Eddy Wymeersch, *"About Techniques of Regulating Companies in the European Union"* in Ferrarini/Hopt/Winter//Wymeersch (org.), ob. cit., pp. 145-182.
[116] Ao longo dos anos foi adoptada uma série de iniciativas com vista à harmonização do direito europeu das sociedades, cuja evolução e Directivas entretanto adoptadas são tratadas por

Em 2003 a Comissão (*Plano de Acção*) entendeu por conveniente dar um novo impulso na harmonização do direito europeu das sociedades através da adopção de algumas iniciativas neste domínio, apontando diversas razões para o efeito: (i) tirar partido do mercado interno e facilitar a liberdade de estabelecimento; (ii) integrar os mercados de capitais; (iii) maximizar os benefícios decorrentes das novas tecnologias de comunicação; (iv) reexaminar o âmbito do direito das sociedades na U.E., face à adesão de novos EM; e (v) responder aos recentes escândalos financeiros e restabelecer o clima de confiança[117].

De entre os principais objectivos políticos das futuras intervenções a nível da U.E. no domínio do direito das sociedades[118], a Comissão destacava dois:

O primeiro dizia respeito ao *supra* mencionado reforço dos direitos dos accionistas e à protecção de terceiros, de modo a garantir um elevado grau de confiança nas relações comerciais e assim permitir uma maior eficiência e competitividade das sociedades, tendo já, para o efeito, a Comissão adoptado uma série de medidas destinadas a clarificar as responsabilidades dos gestores e a exigir uma divulgação de informação mais pormenorizada para as sociedades cotadas[119].

O segundo objectivo político dessa intervenção consistia em fomentar a eficiência e a competitividade das sociedades, sendo para tal necessário um adequado equilíbrio entre as acções a nível da U.E. e as acções a nível nacional. Neste contexto, a Comissão considerava, à data, que algumas regras do direito das

---

ANTÓNIO MENEZES CORDEIRO, *Direito Europeu das Sociedades*, Almedina, 2005, Parte III, e *"A Evolução do Direito Europeu das Sociedades"*, ROA 66, 2006, Vol. I, pp. 87-118.

Já na literatura estrangeira, v. GISBERT WOLFF, *"The Commission's Programme for Company Law Harmonization: The Winding Road to a Uniform European Company Law?"*, in MADS ANDENAS//KENYON-SLADE (org.), *EC Financial Market Regulation and Company Law*, Sweet & Maxwell, Londres, 1993, pp. 19-41 e BUXBAUM/KLAUS HOPT, *Legal Harmonization and the Business Enterprise – Corporate and Capital Market Harmonization Policy in Europe and in the USA*, IUE, Florença, 1988.

[117] Cfr. *Plano de Acção*, pp. 7-9. Em suma, todos estes factores reivindicavam (em 2003) por novas intervenções legislativas na área do direito das sociedades, tendo em conta que os investidores exigiam uma maior transparência e uma melhor informação, de modo a poderem exercer uma maior influência sobre as sociedades, as quais vinham sendo alvo de abusos por parte dos gestores.

[118] V. *idem*, pp. 9ss. O *Plano de Acção* (parte integrante da mencionada Comunicação de 2003) abrangeu ainda, para além, do governo das sociedades, outros temas, tais como: a manutenção e alteração do capital, os grupos e pirâmides, a reestruturação e mobilidade das sociedades, a Sociedade Europeia Fechada, a Sociedade Cooperativa Europeia e outras formas jurídicas de sociedades da U.E. e, ainda, o reforço da transparência das formas jurídicas nacionais de sociedades.

[119] Entre essas medidas, destacamos as Directivas das *Contas Anuais e Consolidadas, da Auditoria, da Transparência* e *a Relativa ao exercício de certos direitos dos accionistas*.

II. O DIREITO EUROPEU DAS SOCIEDADES E DAS OPA

sociedades poderiam ser abordadas de forma mais adequada pelos EM, permitindo assim um certo grau de concorrência entre as regras nacionais[120].

Na linha deste segundo objectivo, e tendo em consideração os princípios da subsidiariedade e da proporcionalidade, deveria ser assegurada a maior flexibilidade possível às sociedades quando os sistemas nacionais fossem considerados equivalentes[121]. Desde Maastricht que o legislador comunitário societário optara por uma nova abordagem ao ter em maior consideração as regras nacionais, deixando então aos EM maior margem de manobra na escolha das medidas adequadas para atingir os objectivos fixados pelos Tratados. Tal fenómeno foi bem visível desde logo na *Directiva das OPA*, classificada como "*directiva-quadro*", na medida em que os EM dispunham de alguma liberdade na definição do respectivo regime nacional, seguindo, assim, o princípio da subsidiariedade de modo a ultrapassar as divergências então existentes entre os vários EM[122].

Entretanto, e tal como já referimos antes, o *Plano de Acção* foi reavaliado pela Comissão em 2005, tendo resultado do *Relatório da Consulta sobre Plano de Acção* uma nova agenda para a evolução do direito europeu das sociedades: (i) Simplificar a regulamentação em vigor; (ii) Avaliar o seu impacto e determinar quais os instrumentos legislativos mais apropriados; e (iii) Avaliar em que medida um direito uniforme ou soluções alternativas podem melhor servir os propósitos da U.E. neste domínio.

(i) Em primeiro lugar, pretendeu-se simplificar as leis existentes face ao excesso de legislação societária em vigor na U.E.: para tal, o Comissário *McCREEVY* anunciou[123] que em 2007 haveria novas medidas com vista à sim-

---

[120] Para a prossecução destes dois objectivos políticos enunciados, a Comissão (*Plano de Acção*, p. 5.) enumerou uma série de critérios orientadores das futuras iniciativas regulamentares: a) Princípios da subsidiariedade e da proporcionalidade e a diversidade das inúmeras abordagens diferentes dos EM; b) Aplicação flexível, mas norteada por princípios firmes; c) Dever de contribuir para influenciar a evolução da regulamentação a nível internacional e d) Consulta de peritos (designadamente, representantes dos EM, das sociedades e dos meios académicos) – já o *Relatório Winter II*, p. 32, alertara para a importância da prévia consulta de todas as partes interessadas envolvidas nesta matéria.
[121] Cfr. *Plano de Acção*, p. 12.
[122] O *Relatório Winter II* (p. 31), por seu turno, concluíra que as Directivas se tornavam demasiado inflexíveis e pouco adaptáveis face à rápida e crescente evolução da realidade societária, sendo mais difícil a sua alteração após implementação nos diversos EM, acrescentando que a legislação primária pode oferecer maior legitimidade e segurança jurídica, mas peca por falta de flexibilidade, tão necessária numa área como a do direito das sociedades. Um outro requisito fora apontado pelo *Relatório Winter II* na elaboração/construção do moderno direito das sociedades: a divulgação de informação, essencial para um maior controlo por parte dos accionistas e intervenientes no mercado.
[123] Comissário então responsável pelo Mercado Interno, no seu discurso perante o PE, em 21.11.2006 – Cfr. CHARLIE McCREEVY *speaks to the European Parliament JURI Committee (Committee on Legal Affairs)*, p. 3, disponível em *http://ec.europa.eu*.

plificação do direito das sociedades. Também a Comissão na sua Comunicação de Outubro de 2005[124] havia anunciado, para 2006/2007, a codificação completa ou a reformulação de todas as Directivas relativas ao direito das sociedades (o que acabou por não se verificar)[125]. Mais concretamente, propunha um programa de simplificação da regulamentação que incidisse em determinados domínios-chave para a competitividade das sociedades, tais como o direito das sociedades, designadamente, através da *revogação*, da *codificação* (facilitando a transparência e o cumprimento da legislação vigente), da *reformulação* (quadro normativo mais claro e simplificado), da *modificação da estratégia reguladora* (redução da intervenção dos poderes públicos) e de um *maior recurso às tecnologias da informação*[126].

Ainda quanto à simplificação da regulamentação societária KLAUS HOPT no *Relatório da Consulta sobre o Plano de Acção* salientava a importância da "*harmo-*

---

[124] Cfr. Comunicação da Comissão ao PE, ao Conselho, ao Comité Económico e Social Europeu e ao Comité das Regiões, de 25 de Outubro de 2005, intitulada *"Aplicar o Programa Comunitário de Lisboa: Estratégia de simplificação do quadro regulador"*, [COM (2005) 535], a qual se insere no quadro do Acordo Interinstitucional «Legislar melhor» (JO C 321/1, de 31.12.2003). Logo de seguida, a Consulta de Dezembro de 2005 (que antecedeu o *Relatório da Consulta sobre Plano de Acção*) veio questionar em que medida era necessária uma simplificação e modernização do direito das sociedades em nome de uma maior eficiência na sua aplicação.

[125] A Comissão decidiu, ainda, retirar quatro propostas no domínio do direito das sociedades relativas ao Regulamento sobre o estatuto da associação europeia, ao Regulamento sobre o estatuto da mutualidade europeia e as Directivas conexas sobre a participação dos trabalhadores. O PE viria mais tarde a lamentar esta decisão da Comissão em retirar aquelas propostas – cfr. Resolução legislativa do PE sobre desenvolvimentos recentes e perspectivas do direito das sociedades de 04.07.2006 (2006/2051 (INI)), publicada no JO C 303E/114, de 13.12.2006 (§ 29) (daqui em diante somente designada por *Resolução do PE sobre direito das sociedades*). V. também a Resolução do PE sobre a Comunicação da Comissão ao Conselho e ao PE intitulada *"Modernizar o direito das sociedades e reforçar o governo das sociedades na União Europeia – Uma estratégia para o futuro"*, de 21.04.2004 [COM (2003) 284 – C5-0378/2003 – 2003/2150(INI)], publicada no JO C 104E/714, de 30.4.2004.

[126] A mesma Comunicação de Outubro de 2005 veio recomendar que as regulamentações não ultrapassem o necessário para alcançar os objectivos políticos visados e o afastamento das disposições excessivamente normativas e demasiado onerosas, ou incoerentes, obscuras ou obsoletas, propondo um quadro regulador mais simples e mais eficaz. Para o efeito a Comissão salientou, todavia, que a simplificação não é sinónimo de desregulamentação, propondo-se antes ajudar os cidadãos e os operadores económicos a orientar-se no quadro regulador.
A este respeito o PE veio em 2006 instar a Comissão a explicar pormenorizadamente os planos para apresentar num acto único uma consolidação completa, clara e coerente das directivas relativas ao direito das sociedades e a especificar, em particular, quais as directivas a ser reformuladas, revogadas, codificadas ou alteradas – cfr. *Resolução do PE sobre direito das sociedades* (§ 6). O PE advogava ainda que as Directivas em vigor em matéria do direito das sociedades não deviam ser postas em causa, devendo apenas ser simplificadas em casos excepcionais e justificados, quando aquelas não digam respeito a matérias muito sensíveis ou não sejam o resultado de compromissos difíceis, de modo a não terem efeitos negativos nas sociedades (cfr. §5).

nization of the harmonization" como melhor meio para simplificar e codificar o futuro direito das sociedades[127].

(ii) Como segundo ponto da nova agenda, aparecia a avaliação do impacto da legislação em vigor de modo a determinar quais os instrumentos legislativos mais apropriados para o futuro. A Comissão reconheceu as vantagens decorrentes da auto-regulação através de códigos de conduta, nomeadamente em termos de flexibilidade, chamando a atenção para as vantagens da figura do Regulamento face à da Directiva, uma vez que o primeiro tem aplicação directa nos EM, não necessitando de medidas de transposição para o direito interno (com todos os riscos daí provenientes), e permitindo, assim, que o seu texto esteja disponível a todos os cidadãos ao mesmo tempo[128].

(iii) Como terceiro ponto daquela agenda, surgiu a necessidade de avaliar em que medida um direito uniforme ou soluções alternativas podiam melhor servir os propósitos da U.E.: a este respeito o Comissário McCREEVY (no seu *supra* mencionado discurso de 2006) afirmou estar determinado em proporcionar às sociedades europeias um regime mais flexível adequado às suas necessidades, em vez de lhes impor restrições desnecessárias, ao disponibilizar um regime aberto com várias opções, ficando então os legisladores nacionais sujeitos a uma maior concorrência na regulamentação do direito das sociedades[129].

No seguimento deste terceiro ponto da agenda, importa por agora questionar se continuará hoje a fazer sentido este esforço de uma maior harmonização do direito europeu das sociedades, levando, para o efeito, em linha de conta a posição da doutrina dominante, para depois nos pronunciarmos sobre esta questão.

É relevante antes de mais sublinhar que a Comissão, na sequência do *Relatório da Consulta sobre Plano de Acção*, entendeu até há pouco tempo não apresentar um novo plano de acção que reflectisse a *supra* mencionada agenda relativa ao direito das sociedades. Esta posição atribui-lhe uma maior margem de

---

[127] Cfr. *Relatório da Consulta sobre Plano de Acção*, p. 31, onde este Autor defende que deveriam ser harmonizadas as definições usadas em diferentes directivas, bem como o respectivo âmbito de aplicação e eliminadas as inconsistências relativas às responsabilidades das autoridades públicas. V. *idem*, a posição defendida por RADWAN, no sentido de que a futura legislação societária terá de ter em linha de conta a jurisprudência do TJUE.

[128] Cfr. Comunicação da Comissão de 25 de Outubro de 2005 relativa à estratégia de simplificação do quadro regulamentar, *supra* cit.

[129] Sobre estes e outros desenvolvimentos do direito europeu das sociedades v. T. BAUMS, *"European Company Law beyond the 2003 Action Plan"*, ECGI Law Working Paper Nº 81/2007, pp. 12-16 (disponível em http://www.ecgi.org).

manobra quanto a uma futura intervenção neste domínio, tornando, no entanto, mais difícil compreender e avaliar os seus planos futuros[130].

No que respeita à posição da doutrina sobre a matéria, já em 2003 HERTIG//MCCAHERY eram muito cépticos em relação à harmonização do direito europeu das sociedades, considerando as propostas de reforma então apresentadas pela Comissão como ineficazes e desnecessárias para colmatar as falhas do mercado, ou seja, apresentavam um sério risco de excessiva intervenção estatal, devendo, em alternativa, funcionar os mecanismos privados[131].

Por sua vez, LUCA ENRIQUES[132] também questiona se há espaço para mais harmonização nesta área, advogando antes uma harmonização negativa (isto é, que elimine as barreiras às quatro liberdades) e uma maior flexibilidade das normas, acrescentado que um *level playing field* não justifica uma maior harmonização, a qual tem provocado um aumento dos custos de transacção, concluindo que o ideal seria a Comissão não fazer quase mais nada a este respeito em vez de prosseguir a sua agenda de harmonização[133].

De igual modo J. ARMOUR[134] entende que, considerando que não existe um modelo óptimo, o futuro desenvolvimento do direito das sociedades europeu far-se-á mais através da concorrência dos diferentes regimes nacionais – o que levará a uma maior especialização – do que através da harmonização, salvo naqueles casos em que haja um consenso alargado[135].

---

[130] No mesmo sentido v. T. BAUMS, ob. cit., p. 11.

[131] Cfr. *Company and Takeover Law Reforms in Europe: Misguided Harmonization Efforts or Regulatory Competition?*, ECGI Law Working Paper Nº 12/2003, p. 20. Estes Autores viriam em 2007 a reforçar esta ideia de cepticismo, ao defender uma implementação gradual do regime europeu, começando por um reduzido número específico de normas considerado alternativo ao respectivo regime nacional, advogando um direito das sociedades europeu com um carácter mais opcional e menos impositivo – cfr. *Optional rather than Mandatory EU Company Law – Framework and Specific Proposals*, ECGI Law Working Paper Nº 78/2007, pp. 25-26 (ambos os artigos estão disponíveis em *http://www.ecgi.org*).

[132] V. *Company Law Harmonization Reconsidered: What Role for the EC?*, ECGI Law Working Paper N. 53/2005, pp. 21-22 (disponível em *http://www.ecgi.org*).

[133] LUCA ENRIQUES, *EC Company Law Directives and Regulations: How Trivial are They?*, ECGI Law Working Paper Nº 39/2005 (disponível em *http://www.ecgi.org*), volta a sublinhar o reduzido impacto das Directivas e Regulamentos relativas à harmonização do direito das sociedades, questionando em que medida é que a nova onda legislativa pós *Plano de Acção* pode escapar àquela tendência de trivialidade (pp. 54-55).

[134] V. *Who Should Make Corporate Law? EC Legislation versus Regulatory Competition*, ECGI Law Working Paper Nº 54/2005, pp. 50-52 (disponível em *http://www.ecgi.org*).

[135] Este mesmo Autor (*idem*, pp. 51-52) indica ainda alguns riscos indesejáveis inerentes à harmonização e que podem ser evitados com a concorrência entre os regimes nacionais, designadamente, a impossibilidade de uma convergência total e a falta de inovação.

II. O DIREITO EUROPEU DAS SOCIEDADES E DAS OPA

Em sentido oposto, DOMENICO SICLARI[136] defende que deve ser evitada a concorrência entre os regimes nacionais, levantando uma série de dúvidas quanto à futura harmonização do direito das sociedades face à existência de diferentes tradições político-económicas nos vários EM, e chamando a atenção para a importância de uma contínua e progressiva aplicação do *"principle of constitutional homogeneity"*.

Por sua vez, KLAUS HOPT[137] questionava se o processo de construção do direito das sociedades europeu não teria evoluído demasiado depressa após o *Plano de Acção* e se não deveríamos ter mais em atenção o princípio da subsidiariedade (intervenção da U.E. somente nos casos em que os objectivos propostos não sejam melhor alcançados pelos EM). Para tal salientava a importância de uma concorrência de regimes – embora menos intensa do que aquela verificada no mercado norte-americano, face às barreiras linguísticas, culturais, históricas e políticas existentes no seio da Europa – e alertava para as recentes decisões do TJUE relativas às *"golden shares"*[138], que vieram quebrar barreiras tradicionais entre os EM e promover a concorrência, desvalorizando, portanto, a adicional harmonização[139].

O mesmo Autor viria depois em 2006[140] advogar que para alcançar o mercado interno europeu será sempre necessário uma harmonização mínima dos mercados de capitais, do direito bancário e financeiro e claro, também, do

---

[136] Cfr. *"A Renewed "Delaware Effect" for Company Regulation in EU? The Case of European Company (SE)"*, The Columbia Journal of Europe Law Online, Vol. 17, 2010, p. 4 (disponível em http://www.cjel.net).

[137] Cfr. *European Company Law and Corporate Governance...* cit., pp. 20-22.

[138] O TJUE entendeu que as *"golden shares"* são apenas aceitáveis em circunstâncias muito específicas e sob condições muito restritas. V. decisões de 04.06.2002 relativos aos Processos C-367/98 Comissão/Portugal, C-483/99 Comissão/França e C-503/99 Comissão/Bélgica (todos publicados no JO C 169/1ss., de 13.07.02 – disponíveis em http://www.curia.europa.eu) e descritos por S. GRUNDMANN/F. MOSLEIN, *Golden Shares – State Control in Privatised Companies: Comparative Law, European Law and Policy Aspects*, Euredia 2001-02/4, p. 623. V. também KLAUS HOPT, *"A Harmonização do Regime das Ofertas Públicas de Aquisição (OPAs) na Europa"*, in Direito dos Valores Mobiliários, Vol. V (2004), Coimbra Editora, pp. 215-239 (233-235) e Paulo Câmara, *"The End of the "Golden" Age of Privatisations? – The Recent ECJ Decisions on Golden Shares"*, EBOR Nº 3 (2002), pp. 503-513. Entretanto, relativamente a Portugal o problema que justificou o mencionado Processo C-367/98 já não se coloca, uma vez que o DL nº 380/93, de 15 de Novembro, aprovado em desenvolvimento do regime jurídico estabelecido na Lei nº 11/90, de 5 de Abril (Lei Quadro das Privatizações), foi revogado através do art. único do DL nº 49/2004, de 10 de Março. Sobre esta matéria voltaremos mais à frente no Capítulo IV – Ponto 5.1.

[139] Todavia, em certas áreas, como era o caso do regime das OPA, o mesmo Autor defendia então que era necessária uma regulamentação europeia, tal como veremos *infra* Capítulo IV.

[140] Cfr. *Comparative Company...* cit., p. 1189.

direito das sociedades, embora o esforço inicial da Comissão no sentido de uma harmonização total deste último tenha falhado. Em 2010[141] concluiu que devemos optar por soluções flexíveis e mistas que procurem o equilíbrio entre o papel do mercado e uma mínima regulamentação, permitindo uma certa concorrência entre legisladores nacionais, deixando, todavia, algumas matérias a cargo do legislador europeu[142].

Após a análise de diferentes correntes da doutrina sobre a matéria, resta-nos apresentar a nossa posição crítica, limitando-nos, no entanto, a levantar uma série de questões, sem a pretensão de obtermos aqui uma resposta definitiva sobre tão complexa problemática.

Teremos, portanto, de questionar se faz ou não sentido mais harmonização do direito das sociedades europeu tal como a Comissão advogava no *Plano de Acção*? Ou, se pelo contrário, será mais sensato optar por um quadro regulador mais simples e eficaz no seguimento das conclusões retiradas da Comunicação de Outubro de 2005, confiando na concorrência entre os regimes nacionais dos EM? Ou seja, em relação ao futuro desenvolvimento e modernização do direito das sociedades europeu, não será mais razoável e benéfico a criação de normas de harmonização assentes em princípios gerais e não meramente dogmáticas, simplificando o regime vigente na U.E.?

Em primeiro lugar, poder-se-á dizer que, à partida, em particular face aos desenvolvimentos ocorridos depois do *Plano de Acção*, parece existir actualmente legislação societária suficiente para garantir o funcionamento do mercado único, designadamente, para assegurar a liberdade de estabelecimento no seio da U.E. através da mínima coordenação e equivalência das garantias societárias necessárias para proteger os interesses dos accionistas e de terceiros.

Depois, pelo que vimos observando em determinadas matérias parece-nos somente plausível garantir um campo de operações nivelado (*level playing field*), no qual se encontre o equilíbrio entre uma harmonização mínima dos princípios gerais por um lado, e a concorrência entre as regras nacionais do direito das sociedades por outro, mas sempre salvaguardando os princípios orienta-

---

[141] Cfr. *The European Company Law Action Plan...* cit., pp. 14ss.

[142] Ainda de acordo com KLAUS HOPT (*idem*) *"My own choice would be in dubio pro competition. Issuer choice is an important. But sometimes issuer choice needs a legal backing against member state egoism, as Centros and the successor decisions of the ECJ amply demonstrate"* (idem, p. 15). Por outro lado, defendeu a necessidade de meios que garantam um adequado cumprimento ou aplicação do direito das sociedades, optando mais uma vez por uma solução mista *"between state provision and private enforcement"* (p. 16), e concluindo que, face à actual crise financeira, faz sentido uma maior regulamentação, mas uma vez aquela ultrapassada *"For normal times we need less state and more market, and in the market we need less entrenchment of management and less tunneling by controlling shareholders"* (p. 17).

dores neste domínio: promover a sã concorrência entre as sociedades[143], o primado dos accionistas e a proporcionalidade entre o capital e o controlo.

No entanto, em nosso entender existem matérias em relação às quais é essencial antes de mais transmitir segurança e confiança ao mercado, pelo que não nos parece adequado um regime demasiado flexível (com várias opções) adequado às especificidades dos vários EM e tipos de sociedades, deixando a cargo dos legisladores nacionais uma maior concorrência na regulamentação do direito das sociedades, tal como sucedeu (inadequadamente em nosso entender) com o actual regime das OPA que conciliou a harmonização dos princípios gerais e a concorrência entre ordenamentos nacionais (como veremos *infra* no Capítulo IV)[144].

Importa igualmente sublinhar que faz sentido que o legislador europeu repense a modernização do direito das sociedades face aos recentes escândalos financeiros, no sentido de reforçar a confiança no direito das sociedades, em particular, quanto à protecção dos accionistas e terceiros e à recuperação da confiança e da eficácia dos mercados. Todavia, uma vez ultrapassada a crise, e salvaguardada a distorção da concorrência entre as sociedades, não podemos deixar de ponderar que em determinadas matérias do mercado de capitais

---

[143] A este respeito devemos ter em atenção a jurisprudência do TJUE que tem dado primazia à concorrência entre os ordenamentos nacionais, e segundo a qual uma sociedade com sede num EM é livre de exercer a sua actividade em todo o território da U.E. – cfr. casos:
– *Centros* – Processo C-212/97, Colectânea da Jurisprudência 1999, p. I-01459, Acórdão do Tribunal de 9 de Março de 1999, *Centros Ltd contra Erhvervs-og Selskabsstyrelsen* (Liberdade de estabelecimento – Estabelecimento de uma sucursal por uma sociedade sem actividade efectiva – Fraude à lei nacional – Recusa de registo);
– *Inspire Art* – Processo C-167/01, Colectânea da Jurisprudência 2003, p. I-10155, Acórdão do Tribunal de 30 de Setembro de 2003, *Kamer van Koophandel en Fabrieken voor Amsterdam* contra *Inspire Art Ltd.* (arts. 43º CE, 46º CE e 48º CE – Sociedade constituída num EM e exercendo as suas actividades noutro EM – Aplicação do direito das sociedades do EM de estabelecimento destinado a proteger os interesses de terceiros) e
– *Überseering* – Processo C-208/00, Colectânea da Jurisprudência 2002, página I-09919, Acórdão do Tribunal de 5 de Novembro de 2002, *Überseering BV* contra *Nordic Construction Company Baumanagement GmbH (NCC)* (arts. 43º CE e 48º CE – Sociedade constituída em conformidade com a legislação de um EM e que neste tem a sua sede social – Sociedade que exerce a liberdade de estabelecimento noutro EM – Sociedade que considera ter transferido a sua sede efectiva para o território do EM de acolhimento nos termos do direito deste Estado – Não reconhecimento pelo Em de acolhimento da capacidade jurídica e da capacidade judiciária da sociedade – Restrição à liberdade de estabelecimento – Justificação).
[144] Na mesma linha de raciocínio LANNOO/KHACHATURYAN, "*Reform of Corporate Governance in the EU*", EBOR, Vol. 5, Nº 1 (2004), p. 17 (disponível em *http://www.ecgi.org*), consideram preferível a concorrência entre regimes nacionais, não apenas como resposta às necessidades reais das sociedades e dos investidores, mas também como factor de correcção das deficiências verificadas relativamente aos mecanismos de *corporate governance*.

(com excepção da matéria das OPA) poderá ser benéfico alguma concorrência entre os regimes nacionais, apresentando vantagens relativamente a uma harmonização pormenorizada, mais completa e rígida: por um lado, compatibiliza-se melhor com o princípio *"one size does not fit all"* e, por outro, promove-se a especialização/inovação e a mútua aprendizagem entre os vários regimes.

Por fim, uma breve palavra para reafirmar a nossa posição sobre a razoabilidade de um *"Código Europeu" sobre corporate governance*. Verificámos que aqueles que combatiam a necessidade deste diploma justificavam a sua posição pela necessidade de uma prévia harmonização do direito das sociedades, a qual já se verificou em parte com a aprovação de diversas Directivas (*Contas Anuais e Consolidadas, Auditoria, Transparência, OPA* e *Exercício de certos direitos dos accionistas*) e Recomendações (*independência e remuneração dos administradores*)[145].

---

[145] A Comissão aprovou a Recomendação 2005/162/CE, de 15 de Fevereiro de 2005, relativa ao papel dos administradores não executivos ou membros do conselho de supervisão de sociedades cotadas e aos comités do conselho de administração ou de supervisão (publicada no JO L 52/51, de 25.02.2005)), a qual também estabelece as normas mínimas aplicáveis à criação, composição e papel dos vários comités de nomeação, de remuneração e de auditoria a criar no âmbito do conselho de administração. Para este efeito, os administradores não executivos ou membros do conselho de supervisão das sociedades cotadas têm um papel especial na supervisão dos administradores executivos e dos membros da comissão executiva, bem como no tratamento dos conflitos de interesses, de modo a protegerem os interesses dos accionistas.
De igual modo foi aprovada a Recomendação 2004/913/CE, de 14 de Dezembro de 2004, relativa à instituição de um regime adequado de remuneração dos administradores de sociedades cotadas (publicada no JO L 385/55, de 29.12.2004).
Em 2007, a Comissão publicou dois relatórios – *Report on the application by Member States of the EU of the Commission Recommendation on directors' remuneration* [SEC (2007) 1022] e *Report on the application by the Member States of the EU of the Commission Recommendation on the role of non-executive or supervisory directors of listed companies and on the committees of the (supervisory) board* [SEC (2007) 1021], ambos de 13.07.2007 – relativos à implementação pelos vários EM daquelas mesmas Recomendações. Concluiu, então, que, apesar de todos os EM terem publicado códigos de governo societário – a sua maioria aplicável com base no princípio *comply or explain* –, não estavam ainda a ser aplicados na integra os princípios ali enunciados: nomeadamente, alguns EM ainda não recomendavam um número suficiente de administradores independentes, nem a divulgação das remunerações individuais.
Mais tarde e na sequência da crise financeira iniciada em 2007, a Comissão adoptou em 30 de Abril de 2009 duas novas Recomendações: a Recomendação 2009/384/CE relativa às políticas de remuneração no sector dos serviços financeiros (Publicada no JO L 120/22, de 15.05.2009) e a Recomendação 2009/385/CE que complementa as mencionadas Recomendações 2004/913/CE e 2005/162/CE no que respeita ao regime de remuneração dos administradores de sociedades cotadas (Publicada no JO L 120/28, de 15.05.2009). Tudo isto com vista a responsabilizar a sociedade e aumentar a confiança dos investidores e a promover as boas práticas de governo das sociedades. Sobre os sistemas de remuneração enquanto mecanismos de resolução de conflitos de interesses entre accionistas e gestores, ver JORGE RODRIGUES, ob. cit., pp. 78-84. Ainda a propósito dos elevados ganhos por parte dos gestores L. BEBCHUK/COHEN/SPAMANN, *"The Wages of Failure: Executive*

Por agora, e em virtude das inúmeras resistências e hesitações verificadas quanto a uma adicional harmonização sobre a matéria do direito das sociedades, quer por parte da Comissão, quer por parte da doutrina, somos de concluir que será mais sensato aprovar desde logo um "*Código Europeu*" de *corporate governance*, sem ter de aguardar pela mencionada e tão problemática harmonização adicional, para a qual, aliás, esse mesmo diploma poderá funcionar como impulsionador e clarificador.

Recentemente, em Abril de 2011, foi publicado o "*Report of the Reflection Group on the Future of EU Company Law*" que defendeu uma harmonização europeia de acordo com os princípios da proporcionalidade e da subsidiariedade (art. 5º TUE), mais focada em problemas concretos e não tanto baseada em categorizações amplas e imprecisas, respeitando os sistemas nacionais de *corporate governance* dos EM e promovendo uma maior flexibilidade e liberdade de escolha relativamente às formas/tipos de sociedade e à distribuição interna de competências. O mesmo Relatório concluiu que a Comissão deverá apoiar a tendência de *longo prazo* para a convergência do direito das sociedades dos sistemas dos EM, podendo a harmonização ajudar a flexibilizar as legislações nacionais e a colocar opções disponíveis em toda a U.E., as quais existem, por agora, apenas em alguns EM.

Por sua vez, a Comissão veio propor no *Plano de Acção 2012* lançar uma codificação global do Direito Europeu das Sociedades, a fim de tornar o quadro regulamentar mais *user-friendly* – "*Proposal for a codified company law Directive in 2013*".

2. O Regime Europeu das OPA

Não é nossa intenção proceder aqui a um estudo detalhado da figura jurídica da OPA enquanto tal, deixando essa tarefa a cargo de outros Autores, e sobre a qual, aliás, já nos debruçámos num momento anterior[146].

Compensation at Bear Stearns and Lehman 2000-20008", ECGI Finance Working Paper Nº 287/2010, p. 27 (disponível em http://www.ecgi.org), concluem a respeito da recente crise financeira (partindo dos casos concretos de falência de duas instituições financeiras, *Lehman Brothers* e *Bear Stearns*) que os respectivos executivos de topo beneficiaram, no período de 2000-2008 anterior ao colapso, de elevados sistemas compensatórios baseados na sua *performance* (traduzidos em bónus e salários chorudos) e que os reguladores de modo a prevenir futuras crises deveriam equacionar o papel destes incentivos e evitá-los no futuro.

[146] Existe uma vasta bibliografia sobre a matéria das OPA: entre nós v. PAULO CÂMARA, "*As ofertas públicas de aquisição*", in AAVV, *Aquisição de Empresas*, Coimbra Editora (Colecção Sérvulo & Associados), 2011, pp. 157-210, ORLANDO GUINÉ, *Da Conduta (Defensiva) da Administração "Opada"*, Almedina, 2009, HUGO MOREDO SANTOS, "*Aquisição Tendente ao Domínio Total de Sociedades Abertas*", in Direito dos Valores Mobiliários, Vol. VII (2007), Coimbra Editora, pp. 275-402, DÁRIO MOURA VICENTE, "*Ofertas Públicas de Aquisição Internacionais*", in Direito dos Valores Mobiliários, Vol. VII

Por agora, cabe-nos somente fazer uma breve análise do seu regime jurídico europeu para em seguida olharmos os seus efeitos em termos de *corporate governance* (*infra* Ponto 3.), bem como da própria figura jurídica da OPA enquanto mecanismo de governo societário através do mercado do controlo societário (*infra* Ponto 4.), figura jurídica, essa, que serve de pano de fundo do nosso tema principal: a regra de não frustração da OPA, também conhecida pela limitação de poderes da administração da sociedade visada.

Assim, para efeitos da *Directiva das OPA*[147], uma OPA é *"uma oferta pública (que não pela sociedade visada) feita aos titulares de valores mobiliários de uma sociedade para adquirir a totalidade ou uma parte desses valores mobiliários, independentemente de essa oferta ser obrigatória ou voluntária, na condição de ser subsequente à aquisição do controlo da sociedade visada ou ter como objectivo essa aquisição do controlo nos termos do direito nacional"*.

Deste modo, uma oferta pública de aquisição implica, portanto, uma proposta contratual de aquisição, tornada pública[148], dirigida aos titulares de valores mobiliários de uma concreta sociedade (visada), seguindo um determinado processo[149]

(2007), Coimbra Editora, pp. 465-494, MARGARIDA COSTA ANDRADE, *"Algumas considerações sobre a oferta pública de aquisição de acções simples e voluntária no regime jurídico português"*, BFDUC (2002), pp. 699-744, JOÃO CUNHA VAZ, ob. cit., JOSÉ M. DUARTE, *OPA – A Sociedade Visada e os seus Accionistas*, Dissertação de Mestrado (não publicada), UCP, 1998, ANTÓNIO MENEZES CORDEIRO *"Ofertas Públicas de Aquisição"*, in AAVV, *Direito dos Valores Mobiliários*, Lex, Lisboa, 1997, pp. 267-290, A. TEIXEIRA GARCIA, *OPA – Da Oferta Pública de Aquisição e Seu Regime Jurídico*, Studia Iuridica 11, BFDUC, Coimbra Editora, 1995, e JOSÉ NUNES PEREIRA *"O regime jurídico das ofertas públicas de aquisição no Código do Mercado de Valores Mobiliários: principais desenvolvimentos e inovações"*, in Revista da Banca, Nº 18 (1991), pp. 29-98.
Na literatura estrangeira v., entre outros, BURKART/PANUNZI, *Takeovers*, ECGI Finance Working Paper Nº 118/2006 (disponível em *http://www.ecgi.org*) e KLAUS HOPT/EDDY WYMEERSCH (org.), *European Takeovers – Law and Practice*, Butterworths, Londres, 1992.
[147] Publicada no JO L 142, de 30.04.2004, pp. 12-23, também conhecida por 13ª Directiva do direito das sociedades.
[148] Nos termos do art. 109º/1 CódVM, considera-se pública a oferta relativa a valores mobiliários dirigida, no todo ou em parte, a destinatários indeterminados, bem como a oferta dirigida à generalidade dos accionistas de sociedade aberta, ainda que o respectivo capital social esteja representado por acções nominativas (cfr. 109º/3).
Uma breve nota para chamar a atenção que as OPA (reguladas entre nós nos arts. 173º ss. CódVM) se distinguem das OPD (ofertas públicas de distribuição – 159º ss.), as quais se subdividem, por sua vez, em OPS (ofertas públicas de subscrição – 168º ss.) e OPV (ofertas públicas e venda – 170º ss.).
[149] Processo da oferta, este, que deve seguir os seguintes trâmites nos termos do nosso CódVM: do lado o oferente, a elaboração, divulgação e publicação do anúncio preliminar (175º/1), o lançamento e o requerimento do registo prévio da oferta na CMVM (114º/2 e 175º/2b)), o prospecto (134º/1); a decisão da CMVM sobre o registo (118º/1); do lado do órgão de administração da sociedade visada a elaboração de um relatório sobre a oferta (181º/1) e, por fim, as declarações de

durante um certo prazo[150], sob a condição de um número mínimo de aceita-

aceitação por parte dos seus destinatários (126º/1) e o apuramento e publicação do resultado da oferta (127º/1), o qual ocorre em sessão especial de bolsa.
De salientar que o pedido de registo prévio é muitas vezes antecipado, colocando assim mais pressão do lado da sociedade visada, a qual, nos 8 dias seguintes à notificação do pedido de registo, deve emitir Relatório sobre a oportunidade e as condições da oferta (arts. 179º/a) e 181º/1) e a CMVM deve registar a oferta (art. 118º/1a) e 2).
Sobre as várias etapas deste processo, v. ORLANDO GUINÉ, ob. cit., p. 17, assim como JOÃO CUNHA VAZ, ob. cit., p. 241 (Anexo 1) e ALEXANDRE SOVERAL MARTINS, *Valores Mobiliários [Acções]*, IDET, Cadernos, nº 1, Almedina 2003, pp. 53-57.

[150] O prazo da oferta propriamente dito, só se inicia com o registo da oferta, o qual, no entanto o oferente pode sujeitar à condição da obtenção de uma autorização por parte de uma entidade reguladora competente, como por exemplo, da AdC, no caso de operações de concentração sujeitas a notificação prévia, nos termos da Lei nº 18/2003, de 11 de Junho, que aprova o regime jurídico da concorrência – daqui em diante somente designada por *Lei da Concorrência*.
Assim, o prazo do registo da oferta pela CMVM pode ser suspenso cada vez que forem solicitados mais documentos para instruir o processo, nomeadamente o necessário para obter a autorização administrativa por parte da AdC competente (cfr. o art. 11º da Lei da Concorrência que obriga à suspensão da operação de concentração), ou por parte da Comissão Europeia, quando a operação de concentração em causa tem dimensão comunitária, sujeita a notificação prévia àquela entidade, nos termos dos arts. 1º (*âmbito de aplicação e dimensão comunitária*) e 4º (*notificação prévia*) do Regulamento (CE) nº 139/2004 do Conselho, de 20 de Janeiro de 2004, relativo ao controlo das operações de concentrações de empresas (publicado no JO L 24/1, de 29.01.2004).
Quanto aos entendimentos da CMVM sobre a matéria, em 17 de Julho de 2006, a propósito das ofertas concorrentes, a CMVM esclareceu que só podia registar ofertas que fossem instruídas com todos os documentos e autorizações administrativas legalmente exigidas. Entre estas contava-se a decisão da(s) autoridade(s) da concorrência competente(s), nos termos da Lei da Concorrência e do Regulamento nº 139/2004. Este entendimento da CMVM pressupunha que o oferente não se tenha prevalecido da faculdade concedida pelo nº 2 do art. 7º daquele Regulamento e pelo nº 3 do art. 11º da Lei da Concorrência e que, por isso, a operação de concentração se encontre suspensa. Por exemplo, no caso da OPA à CIMPOR, a oferente ponderou registar/lançar a OPA antes da Comissão se pronunciar – nos termos previstos no art. 7º/2 do Regulamento nº 139/2004 – que prevê, a título excepcional, que seja realizada uma OPA antes daquele órgão comunitário se pronunciar sobre a operação de concentração previamente notificada (ou seja, antes de ser declarada compatível com o mercado comum), desde que tenha sido notificada a operação de concentração e o adquirente não exerça os respectivos direitos de voto inerentes às participações em causa até que seja tomada uma decisão favorável ou os exerça apenas na medida do necessário para proteger o valor do seu investimento mediante derrogação concedida pela Comissão (nos termos do nº 3 daquela norma).
Para um estudo detalhado da matéria do controlo das operações de concentração v., entre nós, MARGARIDA FONSECA/LUÍS FERREIRA, *O Procedimento de Controlo de Operações de Concentração de Empresas em Portugal – A Prática Decisória da Autoridade da Concorrência à luz da Lei nº 18/2003 de 11 de Junho*, Almedina, Abril de 2009. De entre a bibliografia estrangeira v. JAIME P. HUERTA *"El procedimiento de las OPA y su relación con otros reguladores. Defensa de la competencia y sectores económicos regulados"*, in RIMV, 2008, nº 24, 16-26, e ALBERTO HERMIDA *"Métodos de Concentración Transfronteriza Intracomunitaria de Sociedades Cotizadas: Fusiones, OPA y Otros Métodos de Alternativos. Las*

ções com vista, em princípio, ao reforço ou obtenção do controlo daquela sociedade[151].

A OPA vem assumindo crescente importância enquanto instrumento privilegiado de aquisição do controlo de uma sociedade e de reestruturação empresarial[152], permitindo ao oferente explorar sinergias e um mais eficiente aproveitamento dos activos societários (*efeito sinergético*)[153], e podendo-se dirigir directamente a todos os accionistas, os quais terão agora a oportunidade de se manifestar sobre a oferta e de fazer um juízo de valor sobre a actual gestão da sociedade, contestando-a e decidir se estão ou não de saída da sociedade (*efeito disciplinador*)[154], beneficiando ou não do *prémio de controlo* (preço superior ao do

---

Directivas 2004/25/CE y 2005/56/CE", Universidad Complutense – Documentos de Trabajo del Departamento de Derecho Mercantil, 2007.

[151] Sobre o conceito de OPA e suas modalidades v. RAÚL VENTURA, *Estudos Vários Sobre Sociedades Anónimas, Comentário ao Código das Sociedades Comerciais*, Almedina, Coimbra, 1992, pp. 115-127. De realçar que a figura jurídica da OPA no nosso direito corresponde, no sistema norte-americano, à *tender offer*, enquanto *comunicação pública dirigida aos accionistas para que estes ofereçam ao oferente as suas acções (tender their shares)* – cfr. ORLANDO GUINÉ, ob. cit., p. 16 (nota 1).
Sobre a teoria económica das OPA v. CARLOS ROQUEIRO *Regulación de las OPA: teoría económica, regulación europea y ofertas sobre empresas españolas*, CNMV, 2007, pp. 13ss. Sobre as diversas teorias das *takeovers* v. também ROBERTA ROMANO, "*A Guide to Takeovers: Theory, Evidence and Regulation*", Yale Journal On Regulation, Vol. 9, 1992, pp. 119-179 (122ss.), disponível em http://heinonline.org.
[152] Sobre a OPA enquanto técnica de aquisição de controlo v. ORLANDO GUINÉ, ob. cit., p. 19 e enquanto técnica de concentração empresarial v. PAULO CÂMARA, *Manual de Direito dos Valores Mobiliários*, Almedina, 2009, p. 605.
Ainda em relação à tradicional aquisição da empresa por contrato de compra e venda, de acordo com LUÍS FRAGOSO – "*A OPA Inibitória e a limitação de poderes da sociedade visada*", Março de 2005, pp. 6-7, disponível em http://www.verbojuridico.net, uma importante vantagem da figura da OPA residia no facto de a mesma permitir ao oferente a aquisição de uma sociedade (e consequentemente a empresa) sem ter de desembolsar o montante correspondente ao valor da empresa em questão, bastando-lhe, para tal, a aquisição das participações sociais suficientes para a obtenção do controlo da sociedade visada. Todavia, não nos podemos esquecer que nos casos de aquisição do controlo da sociedade (1/3 ou 50% dos direitos de voto correspondentes ao capital social) o oferente está obrigado a lançar uma OPA geral, sobre a totalidade dos valores mobiliários daquela sociedade, nos termos do art. 187º/1 CódVM, obrigando-o igualmente a um esforço financeiro considerável.
[153] GOERGEN/RENNEBOOG, *Shareholder wealth effects of European domestic and cross-border takeover bids*, ECGI Finance Working Paper Nº 08/2003, p. 24 (disponível em http://www.ecgi.org), afirmam que existe uma relação positiva entre os ganhos da sociedade visada e os ganhos do oferente, concluindo que as sinergias constituem a principal motivação das OPA e que visada e oferente tendem a repartir os ganhos daí decorrentes.
[154] Ao contrário de uma fusão, o processo da OPA desenrola-se à margem do órgão de administração, permitindo ao oferente adquirir o controlo de uma sociedade sem o assentimento da administração da sociedade visada, o que confere um carácter disciplinador à OPA. Sobre as principais vantagens desta última e suas diferenças v. FRADEJAS/ESCUER, "*El mercado para el control de sociedades*

mercado) que o oferente está disposto a pagar pela aquisição do controlo da sociedade visada[155].

Ainda no contexto dos efeitos positivos que uma OPA pode ter, a doutrina[156] vem chamando a atenção para o facto de o lançamento de uma OPA criar impacto positivo no valor de cotação dos títulos das sociedades intervenientes (oferente e visada), designadamente, o valor de mercado dos títulos da visada tem tendência a manter-se elevado nos meses seguintes à OPA, e por variadas razões: 1) assimetrias de informação entre administradores e seus accionistas; 2) alteração das suas políticas e estratégias de modo a melhor representar os interesses destes últimos; 3) probabilidade de ocorrer uma nova OPA.

Em suma, a figura da OPA apresenta diversas vantagens (quase todas do ponto de vista do oferente), ao permitir o aproveitamento de sinergias, a entrada em novos negócios e novos mercados, o aumento do portofólio de marcas e base de clientes, o aumento das economias de escala, o aumento da capacidade de produção, a redução da sobrecapacidade no sector, bem como afastar a concorrência, aumentar a capitalização bolsista (muitas vezes como defesa a uma OPA hostil) e melhorar a gestão.

en España – Características y evolución durante el período 1990-1998", <u>Boletín Económico de ICE (Información Comercial Española</u>) Nº 2682, Fevereiro 2001, pp. 9-22 (12ss.) e Raúl Ventura, ob. cit., p. 159. A OPA também se distingue claramente de duas outras técnicas de aquisição de valores mobiliários: a aquisição sucessiva em bolsa (*ramassage*) e a cessão de controlo, sobre as quais se pronuncia João Calvão da Silva, *Estudos de Direito Comercial (Pareceres)*, Almedina, 1996, p. 210. Sobre a matéria v. também Sinde Monteiro/Almeno de Sá, "*Do Combate a uma OPA em curso*", in RJUM, nº 1, 1998, pp. 411ss.

[155] Cfr. Klaus Hopt, *A Harmonização...*, p. 219.
Sobre os benefícios privados do controlo empresarial Jorge Rodrigues, ob. cit., pp. 150-158, distingue claramente os accionistas de controlo (*inside equity*) dos accionistas externos (*outside equity*). Segundo este Autor, os primeiros podem determinar as políticas da empresa e o grau de protecção a atribuir aos minoritários, pelo que o exercício dos seus direitos de voto permite influenciar a repartição de benefícios pelos accionistas, enquanto que os segundos são passivos e não intervêm na gestão da sociedade. Deste modo, os benefícios privados do controlo traduzem-se, assim, em ganhos maiores para os accionistas detentores do controlo do que aqueles que resultariam da respectiva participação no capital da sociedade, com a consequente espoliação dos accionistas minoritários, concluindo, que o acesso privilegiado à informação por parte dos administradores constitui uma das fontes mais evidentes desses benefícios.
Sobre esta matéria v. igualmente António Pereira de Almeida, *Sociedades Comerciais e Valores Mobiliários*, Coimbra Editora, 6ª edição, 2011, p. 790, que justifica que o prémio de controlo resulta do facto de o valor da sociedade não estar repartido no mercado por igual por todas as participações, uma vez que o conjunto de participações que assegura a maioria de controlo tem um valor superior ao da média das participações da sociedade.
[156] V. Cláudia Lopes/Helena Oliveira/Carlos Cunha "*O Jogo das estratégias nas OPA – caso SONAE/ Portugal Telecom*", in Revista TOC nº 75 (Junho 2006), pp. 48-57 (56), disponível em *http://www.ctoc.pt*.

Tal não significa, no entanto, que sejam sempre benéficas para as sociedades envolvidas e respectivos accionistas. Neste mesmo sentido, também a doutrina considera que o mecanismo da OPA pode ter efeitos adversos, na medida em que levanta um outro problema de agência entre os accionistas e o novo accionista de controlo[157], tendo o papel das OPA enquanto mecanismo disciplinador de ser analisado à luz do sistema de governo societário em causa e da respectiva estrutura accionista, tal como veremos no Ponto seguinte.

Feita uma breve introdução sobre a figura jurídica da OPA e sua importância, interessa agora centrar a nossa atenção na sua regulamentação europeia, começando desde logo por alertar que esta matéria foi objecto de uma difícil e longa discussão entre os diversos EM até à aprovação da *Directiva das OPA*[158].

---

157 V., entre outros, BURKART/PANUNZI, ob. cit., p. 24.

[158] A história desta Directiva foi longa e complexa:
– Em 19 de Janeiro de 1989 foi apresentada a 1ª Proposta da Comissão (JO C 64/8, de 14.03.1989), com o objectivo de realizar o mercado interno de controlo societário, a qual se revelou prematura face à quase inexistência de regulamentação das OPA ao nível dos EM; em 10 de Setembro de 1990 a Comissão apresentou a *Proposta alterada de décima terceira directiva do Conselho em matéria de direito das sociedades relativa às ofertas públicas de aquisição* (JO C 240/7 de 26.09.1990);
– Em 1996 surgiu a 2ª Proposta (JO C 162/5, de 06.06.1996), baseada nos princípios do *City Code on Takeovers and Mergers* do Reino Unido; em 10 de Novembro de 1997 a Comissão apresentou a *Proposta alterada de décima terceira directiva do PE e do Conselho em matéria de direito das sociedades relativa às ofertas públicas de aquisição* (JO C 378/10, de 13.12.1997). Esta proposta sofreu forte resistência e oposição de vários EM, entre eles a Alemanha, tendo de seguida sido adoptada uma posição comum em Junho de 2000 (JO C 23/1, de 24.01.2001);
– Em 4 de Julho de 2001 o PE chumbou essa posição comum. Essa rejeição deveu-se essencialmente a três factores: 1) Os receios suscitados pela *non-frustration rule*; 2) O receio de abrir as portas das sociedades europeias às sociedades norte-americanas ou, simplesmente, às sociedades de outros EM; 3) A insuficiente protecção prevista para os trabalhadores. Por outro lado, a permissividade relativa às medidas defensivas preventivas também constituiu outro factor que contribuiu para a sua rejeição. Na sequência desta votação, a Comissão solicitou a um Grupo de Alto Nível, constituído por peritos no domínio do direito das sociedades, e presidido pelo professor JAAP WINTER, a apresentação de propostas a fim de dar resposta aos problemas levantados pelo PE, das quais viriam a resultar o *Relatório Winter I*;
– Em Outubro de 2002 a Comissão apresentou nova Proposta – *Proposta de Directiva do PE e do Conselho relativa às ofertas públicas de aquisição*, de 02.10.2002 [COM (2002) 534 final], publicada no JO C 45 E/1, de 25.02.2003 – a qual já contemplava as propostas formuladas pelo *Relatório Winter I*, entre as quais se destacavam a neutralização no decurso da oferta de algumas medidas defensivas preventivas (*break-through rule*) e a proporcionalidade entre capital e direitos de voto, mas mantendo a *non-frustration rule*. Apesar de esta Proposta ter obtido o apoio da Comissão e do Conselho, os EM não chegaram a acordo: os países escandinavos opunham-se à neutralização dos direitos de voto múltiplos (para salvaguardar o seu capitalismo familiar), a Alemanha procurava salvaguardar o modelo de co-gestão (presença dos trabalhadores nos órgãos de supervisão) e o Reino Unido, assente no seu sistema de auto-regulamentação, continuava céptico quanto à aprovação de uma Directiva;

II. O DIREITO EUROPEU DAS SOCIEDADES E DAS OPA

Para falarmos do regime jurídico das OPA no seio da U.E[159], torna-se essencial levar em linha de conta o mencionado *Relatório Winter I*, que veio em 2002 postular a necessidade de um *level playing field* nesta matéria. O Grupo de Alto Nível concluiu pela existência de uma série de barreiras às OPA (descritas no seu Anexo 4) e advogou dois princípios fundamentais que deviam orientar qualquer intervenção legislativa no domínio do direito das sociedades: (i) Primado dos Accionistas – somente a estes cabe decidir do mérito da oferta e nunca à administração da sociedade visada; (ii) Proporcionalidade entre o capital e o controlo accionista.

Estes dois princípios quando aplicados no contexto das OPA são decisivos para se alcançar um eficiente mercado do controlo societário. Todavia, o mesmo Relatório concluía que existia uma série de diferenças entre os vários EM no

– Em Junho 2003 Portugal avançou com uma solução inovadora, dando aos EM e às sociedades cotadas a possibilidade de optarem pela *non-frustration rule* e *break-through rule* (sociedades de tipo A) ou pela manutenção dessas mesmas medidas defensivas (sociedades de tipo B), com a indicação da solução ideal (o tipo A como benchmark) e a criação do princípio da reciprocidade;
– Em Dezembro de 2003, após negociações intensas, verificou-se então a aprovação definitiva em primeira leitura por parte do PE e do Conselho Europeu, tendo a Directiva das OPA sido publicada em Abril de 2004.
Face às dificuldades em torno da aprovação desta Directiva, RONALD J. GILSON, *"The Political Ecology of Takeovers: Thoughts on Harmonising the European Corporate Governance Environment"*, in KLAUS HOPT/EDDY WYMEERSCH (org.), ob. cit., pp. 49-75 (64), propunha, então em 2002, uma perspectiva ecológica na harmonização do regime das OPA através da aplicação do Princípio da Mutabilidade, ou seja, combinando o melhor de cada um dos modelos antagónicos existentes (o Alemão e o Inglês).
Ainda sobre a história dos esforços de harmonização do regime das OPA e o acidentado processo de elaboração desta Directiva v. LUÍS MENEZES LEITÃO, *"As Medidas Defensivas Contra Uma Oferta Pública de Aquisição Hostil"*, in Direito dos Valores Mobiliários, Vol. VII (2007), Coimbra Editora, pp. 57-76 (58), MUFFAT-JEANDET, *"OPA: L'Adoption d'une Directive Européenne"*, Cadernos MVM, nº 19 (Dezembro de 2004), pp. 46-56, BERGLÖF/BURKART, *"European Takeover Regulation"*, in Economic Policy, Vol. 36, 2003, pp. 171-213 (189-191) (disponível em http://www.ecgi.org), bem como o *Relatório Winter I*, pp. 13-15 e KLAUS HOPT *"Takeover Regulation in Europe – The battle for the 13th directive on takeovers"*, Australian Journal of Corporate Law, Vol. 15, 2002, pp. 8ss., disponível em http://www.law.yale.edu. Ainda para uma consulta e comentário das diferentes propostas de Directiva v. VANESSA EDWARDS, *"The Directive on Takeover Bids – Not Worth the Paper It's Written On?"*, European Company and Financial Law Review, Vol. 1, Nº 4 , 2004, pp. 416ss.
[159] Sobre o regime europeu das OPA v. PAUL DAVIES/SCHUSTER/GHELCKE, *The Takeover Directive as a Protectionist Tool?*, ECGI Law Working Paper Nº 141/2010 e FERRARINI/MILLER, *A Simple Theory of Takeover Regulation in the United States an Europe*, ECGI Law Working Paper Nº 139/2010 (ambos disponíveis em http://www.ecgi.org), bem como CARLOS ROQUEIRO, ob. cit., pp. 31ss., e Miguel Ángel Álvarez, *La OPA Transfronteriza: Determinación y Ámbito de la Ley aplicable en el Marco de Controlo Europeo*, Universidade de Santiago de Compostela, 2007, pp. 50ss. Entre nós v. ANTÓNIO MENEZES CORDEIRO *"A 13ª Directriz do Direito das Sociedades (Ofertas Públicas de Aquisição)"*, in ROA 64, 2004, Vol. I/II, pp. 97-111.

que respeitava ao direito das sociedades, muitas das quais constituíam sérias barreiras às OPA no seio da Europa, tais como as *"golden shares"*, as limitações do direito de voto, as acções com direitos de voto múltiplos, as restrições à transmissão de acções, etc.[160].

Daí resultava que uma oferta não era lançada com a mesma expectativa de êxito nos diferentes EM, não tendo os accionistas a mesma oportunidade de vender as suas acções, pelo que, não existia à data um campo de operações nivelado das OPA no seio da U.E., concluindo que só seria possível alcançar este *level playing field* na medida em que fossem implementadas normas que assegurassem a aplicação cumulativa daqueles dois princípios em duas fases distintas: a primeira após o lançamento da oferta e a segunda após o sucesso da mesma.

No decorrer do princípio do Primado dos Accionistas surgiu então a norma do art. 9º da Directiva, objecto principal no nosso estudo, relativa à *non-frustration rule*, que limita os poderes do órgão de administração da sociedade visada no decurso da oferta ao exigir a intervenção da AG para a aprovação de uma medida defensiva anti-OPA (matéria esta que será tratada *infra* no Capítulo IV).

---

[160] Mais tarde em 4 de Junho de 2007 foi publicado na Internet um estudo (encomendado pela Comissão) intitulado *"Report on Proportionality Principle in the European Union"*, da autoria da *Institutional Shareholder Services ISS, Shearman & Sterling* e do ECGI, relativo a esta matéria. O mesmo revelou que nos vários EM estudados existiam diferentes classes de acções, mas não apresentou nenhuma prova de que essas classes de acções eram um obstáculo para o investimento ou que distorciam a concorrência.

Na sequência do presente estudo, a Comissão viria a publicar um Documento de Trabalho *"Impact Assessment on the Proportionality between Capital and Control in Listed Companies"*, Bruxelas, 12.12.2007 [SEC (2007) 1705]. De acordo com a Comissão não existem provas conclusivas de um nexo de causalidade entre desvios do princípio da proporcionalidade entre capital e controlo e (i) o desempenho económico de sociedades cotadas na bolsa ou (ii) a governação dessas sociedades. No entanto, algumas provas sugerem que os investidores têm uma percepção negativa destes mecanismos e consideram que seria útil que houvesse mais transparência quando se tomam decisões em matéria de investimento. Todavia, a Comissão acabaria por concluir não ser ainda oportuna a adopção de uma medida (Directiva ou Regulamento) sobre a matéria, considerando então como suficiente a regulamentação comunitária existente em termos de transparência dos mecanismos de desvio deste princípio (a *Directiva das OPA*, a *Directiva da Auditoria* e a *Directiva dos Direitos dos Accionistas*, entre outras) e acabando por deixar esta matéria ao sabor da pressão espontânea exercida pelo mercado e das várias iniciativas dos EM.

A este respeito já a *Resolução do PE sobre direito das sociedades* tinha manifestado a sua expectativa no sentido de que a Comissão somente deveria apresentar, se o considerasse pertinente, uma proposta legislativa relativa ao princípio uma acção/um voto após o resultado da revisão da *Directiva das OPA* (art. 20º) e de uma avaliação da mesma – a qual estava prevista acontecer após Maio de 2011. Sobre esta matéria v. ainda o documento OCDE intitulado *"Lack of Proportionality between ownership and Control: Overview and Issues for Discussion"*, em Dezembro de 2007, da autoria do seu *Steering Group on Corporate Governance*.

II. O DIREITO EUROPEU DAS SOCIEDADES E DAS OPA

A par da *non-frustration rule*, importa sublinhar que esta Directiva tomou em consideração uma série de outras recomendações do *Relatório Winter I*: desde logo aderiu à aquisição e à alienação potestativas (arts. 15º e 16º, respectivamente), definiu o preço equitativo a ser pago aquando de uma OPA obrigatória (art. 5º), prescreveu uma maior transparência no que respeita à divulgação da estrutura de capital e de controlo das sociedades e dos mecanismos de defesa adoptados (art. 10º) e, por fim, adoptou a *break-through rule* mitigada (art. 11º).

Todavia, nem todas as recomendações do *Relatório Winter I* seriam adoptadas pela Directiva, nomeadamente: (i) A *break-through rule* (neutralização das medidas defensivas preventivas na sequência de uma OPA) não foi aplicada em toda a sua dimensão deixando margem para a adopção de um regime facultativo, face às dificuldades que um regime obrigatório traria em sede de compensação dos accionistas lesados e em nome da liberdade contratual[161]; (ii) e o mencionado art. 10º relativo à obrigação de informação não vinculou os accionistas a pronunciarem-se em sede de AG, de dois em dois anos, sobre as medidas estruturais e os mecanismos de defesa devidamente justificados pela administração – ou seja, não previu a revisão em cada dois anos, pela AG, das medidas defensivas adoptadas, tal como recomendado por aquele Relatório – limitando-se o actual art. 10º/3 apenas a exigir que o órgão de administração apresente à AG anual de accionistas um relatório explicativo sobre essas matérias[162].

Esta Directiva apresenta, portanto, características muito próprias: se por um lado, potencia uma espontânea harmonização dos regimes dos EM cuja regulação convergiu no sentido do modelo inglês (a OPA obrigatória, por

---

[161] Verificou-se a oposição de praticamente todos os EM, devido nomeadamente aos problemas jurídicos que poderiam suscitar (limiar de aplicação, conceito de capital que suporta o risco em última instância, compensação devido à perda de direitos, etc.)
Assim, esta Directiva não aborda as acções com diferentes direitos de voto ou as acções específicas (*"golden shares"*), tal como recomendado no *Relatório Winter I*. Não obstante, na lógica deste Relatório, a Directiva prevê que as restrições em matéria de transferência de valores mobiliários (por exemplo, limitação das participações ou restrições quanto à possibilidade de cessão das acções), bem como as restrições no que se refere ao direito de voto (por exemplo, as limitações que afectam o exercício dos direitos de voto ou o voto diferido) não são oponíveis ao oferente ou deixam de produzir efeito aquando da divulgação pública de uma oferta (art. 11º). Além disso, em caso de êxito da oferta, o oferente deverá dispor da possibilidade de convocar uma AG a curto prazo, a fim de poder alterar os estatutos e substituir os membros do conselho de administração ou de direcção, no respeito das regras em vigor no domínio do direito das sociedades, mas sem estar sujeito a restrições em matéria de transferência de valores mobiliários ou de exercício do direito de voto.
[162] Por sua vez, o art. 10º/3 da Proposta de Directiva de 2002 exigia que *"Os Estados-Membros providenciarão para que, nas sociedades cujos valores mobiliários sejam negociados num mercado regulamentado de um Estado-Membro, a assembleia geral de accionistas se pronuncie pelo menos de dois em dois anos sobre os aspectos estruturais e os mecanismos de defesa referidos no nº 1, impondo ao órgão de administração ou de direcção a obrigação de justificar estes aspectos estruturais e estes mecanismos de defesa"*.

exemplo), por outro, deixa uma grande margem de manobra aos EM ao limitar-se a estabelecer uma série de princípios comuns em matéria de OPA, designadamente: dever de lançamento de OPA, medidas defensivas preventivas e reactivas, reciprocidade na aplicação dessas medidas e aquisição e alienação potestativas.

Para além dos objectivos gerais de integração dos mercados europeus e de harmonização das condições de reestruturação societária, este diploma comunitário teve como objectivo principal proporcionar às sociedades europeias maior segurança jurídica ao instituir regras mais transparentes e comuns a toda a U.E. em matéria de OPA transfronteiriças, protegendo os interesses dos accionistas (entre eles os minoritários) e as outras partes envolvidas. Em particular, visou proteger os interesses dos titulares de valores mobiliários com direito de voto em sociedades sujeitas à legislação de um EM que tenham sido alvo de uma OPA ou de mudança de controlo, quando esses valores mobiliários estejam, no todo ou em parte, admitidos à negociação num mercado regulamentado sito num outro EM.

A Directiva teve, ainda, como fim aperfeiçoar os mecanismos do mercado interno na área do controlo societário, ao assegurar a qualquer oferente a possibilidade de adquirir participações maioritárias noutras sociedades e exercer plenamente o seu controlo, visando favorecer a reestruturação das sociedades europeias e contribuir, deste modo, para um mercado europeu mais integrado e competitivo. Para o efeito, este diploma enunciou uma série de princípios gerais a serem respeitados pelos EM na regulamentação das OPA (art. 3º/1)[163]:

a) *Princípio da igualdade*: igualdade de tratamento e protecção dos accionistas minoritários[164];

b) *Princípio da reflexão e informação adequada*: deve ser facultada a informação adequada e um período de tempo suficientes para a tomada de uma decisão com pleno conhecimento de causa, e o devido aconselhamento por parte do órgão de administração[165];

c) *Princípio da isenção*: a administração deve agir tendo em conta os interesses da sociedade no seu conjunto e não pode impedir os accionistas de decidirem sobre o mérito da oferta[166];

---

[163] Sobre estes mesmos princípios v. PAULO CÂMARA, *Manual...* cit., pp. 585-590.

[164] Consagrado, entre nós, no art. 112º CódVM, entretanto alterado pelo DL nº 357-A/2007, de 31 de Outubro. Sobre a *ratio* e importância deste princípio no domínio das OPA v. PAUL DAVIES, "*The Notion of Equality in European Takeover Regulation*", in JENNIFER PAYNE (org.), *Takeovers in English and German Law*, Hart Publishing, Oxford, 2002, pp. 9-31.

[165] Este princípio inspira-se no disposto do *City Code – general principle* 2, depois desenvolvido na *Rule* 3 (*Independent Advice*) relativa ao parecer do órgão de administração sobre a oferta.

[166] Princípio, este, desenvolvido pela regra de não frustração da oferta, prevista nas normas dos arts. 9º Directiva e 182º CódVM, e que reproduz o *general principle* 3 do *City Code*.

d) *Princípio da verdade do mercado*: não podem ser criados mercados artificiais para os valores mobiliários da sociedade visada, da sociedade oferente ou de qualquer outra sociedade interessada na oferta de que resulte uma subida ou descida artificial dos preços dos valores mobiliários e que falseiem o funcionamento normal dos mercados;

e) *Princípio da ponderação*: um oferente só deve anunciar uma oferta depois de se assegurar que está em plenas condições de satisfazer integralmente qualquer contrapartida em numerário (caso a oferta tenha sido feita nesses termos), e depois de tomar todas as medidas razoáveis para garantir a entrega de qualquer outro tipo de contrapartida;

f) *Princípio da perturbação mínima*: a sociedade visada não deve, em virtude de uma oferta respeitante aos seus valores mobiliários, ser perturbada no exercício da sua actividade para além de um período razoável[167].

Deste modo a Directiva impõe uma série de princípios gerais e um número limitado de requisitos, deixando aos EM a liberdade de adoptarem regras pormenorizadas de execução em conformidade com as suas práticas nacionais, na condição, todavia, de não colocarem em causa a aplicação uniforme deste diploma. Nos termos do art. 3º/2b), os EM podem estabelecer condições adicionais e disposições mais restritivas do que aquelas exigidas pela Directiva para regulamentar as OPA (tal como sucede entre nós nos termos do art. 182º CódVM).

Uma vez analisada (em traços gerais) a *Directiva das OPA*, importa questionar qual será o nível adequado de harmonização nesta matéria? Num mercado actual cada vez mais interactivo, onde se assiste a um crescente número de aquisições transfronteiriças, qual a melhor forma de responder à crescente necessidade de uniformização do regime das OPA, quando deparamos com diferentes tradições e práticas nacionais neste domínio? Numa outra perspectiva, qual o nível de harmonização necessário com vista a eliminar as existentes distorções da concorrência no espaço europeu e a tornar a economia europeia mais competitiva face ao mercado norte-americano (mais desenvolvido na captação de investidores)?

---

[167] Ou *Princípio da estabilidade da oferta*, cfr. PAULO CÂMARA, *Manual...* cit., p. 586.
Nesta linha de pensamento os legisladores europeu e nacional estipulam que o prazo da oferta pode variar entre 2 e 10 semanas, prazo, este, que pode ser prorrogado em caso de revisão, de oferta concorrente ou quando os interesses dos destinatários o justifique (cfr. art. 7º/1 da Directiva e 183º CódVM). Este curto prazo da oferta deve-se ao facto de as acções das sociedades oferente e visada ficarem sujeitas a grandes variações de valor neste período, pelo que pretende-se deste modo evitar maiores perturbações do mercado. Por outro lado, no mesmo período a sociedade visada fica limitada à prática de actos de gestão corrente (nos termos do art. 182º CódVM) e um período de tempo demasiado longo poderia causar prejuízos significativos, quer para a própria sociedade, quer para o oferente.

As diferentes tradições dos EM no domínio do direito das sociedades, juntamente com a dificuldade de transposição para as legislações nacionais de regras minuciosas e vinculativas (destinadas a suprimir as distorções da concorrência existentes), levaram o legislador europeu a melhor respeitar o âmbito de competências dos legisladores nacionais e a liberdade contratual dos operadores económicos. Por outro lado, a crescente concorrência económica internacional incentiva a que sejam somente impostos os condicionalismos indispensáveis às sociedades europeias, fornecendo-lhes simultaneamente os instrumentos jurídicos de que carecem.

Com vista a ultrapassar a oposição de vários EM, foi adoptada a *Directiva das OPA* de acordo com o princípio da subsidiariedade: o Considerando 25 do seu preâmbulo estipula que os objectivos em questão – definir as orientações mínimas para a realização das OPA e garantir um nível de protecção suficiente aos titulares de valores mobiliários em toda a Comunidade – não podem ser suficientemente realizados pelos EM (face à dimensão transfronteiriça das aquisições ou tomadas de controlo), podendo ser melhor alcançados ao nível comunitário, no respeito pelo princípio da proporcionalidade, na medida em que a Directiva não excede o necessário para atingir aqueles objectivos. O mesmo preâmbulo (Considerando 26) acrescenta que a figura da Directiva constitui o meio adequado para fixar determinados princípios comuns e um número limitado de requisitos gerais que os EM serão obrigados a implementar através de regras mais pormenorizadas, em conformidade com o seu sistema nacional e o seu contexto cultural.

Todavia, tal como veremos no Ponto seguinte, a doutrina vem defendendo que a harmonização europeia do regime das OPA terá diferentes efeitos nos vários EM consoante o grau de concentração e de controlo societário (estrutura accionista), podendo nuns casos levar a uma maior dispersão e noutros reforçar o sistema concentrado pré-existente, concluindo que será difícil alcançar o tão desejado *level playing field*[168].

Em nosso entender a presente Directiva ao estabelecer um regime mínimo comum em matéria das OPA deu um importante (primeiro) contributo para um mercado do controlo societário mais integrado e eficiente, na medida em que ajudará certamente a clarificar melhor as semelhanças e disparidades existentes entre os vários regimes nacionais, obrigando também os EM a tomar posição em relação a uma série de matérias relacionadas com as OPA e a decidir se pretendem ou não estabelecer um nível mínimo de harmonização nesta matéria.

---

[168] Cfr. MARTYNOVA/RENNEBOOG, ob. cit., p 10.

No mesmo sentido KLAUS HOPT considerava (aquando da discussão em redor da Proposta de Directiva) que a não aprovação da 13ª Directiva "*...seria um rude golpe para o mercado europeu do controlo das sociedades, para o governo das sociedades e, mais em geral, para o Direito das Sociedades e dos mercados de valores mobiliários, para os quais um falhanço da 13ª Directiva seria um sinal de profunda adversidade*"[169], o que não veio a acontecer.

Contudo, temos sérias dúvidas se o diploma aprovado será adequado às actuais necessidades da U.E. Quanto à problemática do nível de harmonização suficiente e desejável neste domínio deixamos as nossas principais considerações para o Capítulo IV. Por agora, limitemo-nos a adiantar que, em nosso entender, este diploma parece ter deixado uma excessiva margem de manobra aos EM, ao optar por uma solução de compromisso entre as exigências de integração europeia e a preservação da autonomia nacional dos EM, a qual será certamente fonte de incertezas e susceptível de distorcer a concorrência entre as sociedades europeias, tornando, desta forma, mais difícil alcançar o tão desejado *level playing field* neste domínio (tal como veremos adiante em detalhe no que respeita à *non-frustration rule*)[170].

3. Regulamentação das OPA e seu Impacto no *Corporate Governance*

Depois de avaliada a tão reclamada harmonização do direito das sociedades europeu, com toda a sua problemática e vicissitudes envolventes, e analisado o enquadramento do regime europeu das OPA, devemos de seguida sublinhar a importância deste último enquanto instrumento ou elemento de *corporate governance* e do impacto da sua evolução nos sistemas de governo.

Tal como veremos adiante, a respeito da *ratio legis* da *non-frustration rule* (Capítulo IV), quando lançada uma OPA, em particular uma oferta hostil[171],

---

[169] Cfr. *A Harmonização...* cit., p. 239.

[170] O mesmo se pode dizer em relação à suspensão da eficácia das restrições transmissivas e de direito de voto (*break-through rule*, art. 11º da Directiva), bem como em relação à regra da OPA obrigatória. A respeito desta última, KLAUS HOPT chama a atenção para as suas regras serem bastante genéricas e, relativamente, aos critérios utilizados, estes parecem ser um mero somatório colhido entre as normas dos EM, tudo em nome do compromisso possível de alcançar ao nível comunitário – cfr. *Desenvolvimentos Recentes...* cit., p. 33.

[171] Devemos chamar a atenção para o facto de o termo "*OPA hostil*" ser aqui utilizado no sentido de ser uma oferta não solicitada, por contraposição à OPA amigável, a qual é lançada com o acordo da administração da sociedade visada. A primeira terá sempre de consubstanciar uma oferta atractiva para os seus destinatários (os accionistas) de modo a garantir o seu sucesso, embora constitua uma ameaça para aquela administração; ou seja, numa OPA hostil o que está em causa é a transferência do controlo da sociedade alvo, não existindo o acordo da administração daquela sociedade. A este respeito ANTÓNIO MENEZES CORDEIRO, "*Da Tomada de Sociedades (take-over): Efectivação, valoração e técnicas de defesa*", ROA 54 (1994), Vol. III, pp. 761-777 (767), sublinha que a oferta "*não*

existe um claro conflito de interesses: de um lado, os accionistas (destinatários da oferta) interessados em realizar uma mais-valia e em obter toda a informação relativa à OPA; do outro, os membros do órgão de administração vinculados ao interesse da sociedade e interessados na manutenção do seu cargo na administração (ameaçado pela OPA). Face ao risco de estes últimos agirem no sentido de frustrar o êxito da oferta, torna-se necessário, durante o período da oferta, proteger os interesses dos accionistas, titulares dos valores mobiliários objecto da oferta e seus destinatários, bem como os interesses do oferente, interesses, estes, que podem inclusive distanciar-se do interesse da sociedade[172].

Neste contexto, o desígnio da regulamentação das OPA consiste em criar normas e instrumentos que minimizem os custos de agência e as ineficiências associados ao mecanismo das OPA hostis (assimetrias de informação) e facilitar a transferência do controlo para as mãos de administrações mais eficientes. É no intuito de estimular a actividade das OPA e de regular o referido conflito de agência que surge a *non-frustration rule*, a qual limita os poderes da administração da sociedade visada na pendência da oferta (e que constitui o principal objecto do presente estudo).

Sobre a teoria económica da regulamentação das OPA, devemos procurar o equilíbrio entre a máxima protecção dos minoritários e o máximo incentivo deste tipo de operações, por forma a alcançar a regulamentação óptima, sendo aconselhável que se promova a concorrência entre potenciais oferentes no sentido de maximizar a rentabilidade daqueles accionistas[173].

Podemos, portanto, facilmente constatar que a regulamentação das OPA constitui um importante elemento de *corporate governance*, na medida em que não só afecta o nível de protecção dos accionistas, o desenvolvimento do mercado de capitais e o mercado do controlo societário, como também influencia

---

pode ser hostil, apenas traduz uma proposta aprazível, ou não teria hipótese de êxito". Também MIGUEL CASTRO PEREIRA, *"Conflito de Interesses Numa OPA Hostil"*, Artigo publicado no Jornal de Negócios de 30.03.2007, prefere a denominação de *"OPA inesperada"*, porque não previamente acordada, em detrimento da designação *"OPA hostil"*, pelo menos quando a mesma seja aceite pela maioria dos accionistas. No mesmo sentido LUÍS FRAGOSO, ob. cit., pp. 11-12, defende que a ideia da hostilidade das OPA é um ponto de vista que não é o dos titulares dos valores mobiliários, dado que aquela representa uma proposta aprazível por lhes permitir realizar uma mais-valia. Pelo contrário, só poderá ser o ponto de vista dos membros do órgão de administração da sociedade visada, cujo cargo estará certamente ameaçado, e os quais não deram o seu acordo à OPA.

[172] Tal como *supra* mencionado no Ponto anterior, de entre os interesses possíveis do oferente subjacentes à OPA, destacam-se, de uma forma sumária, aqueles que visam alcançar sinergias empresariais ou financeiras, diversificar as actividades ou reforçar posição no mercado, fins puramente especulativos ou actuando como mero *raider*, etc. A este tema voltaremos *infra* Capítulo IV – Ponto 2.3.C.

[173] CARLOS ROQUEIRO, ob. cit., p. 65.

II. O DIREITO EUROPEU DAS SOCIEDADES E DAS OPA

a propriedade e o controlo de uma sociedade. Daqui se conclui que qualquer evolução positiva do regime das OPA traz, por si só, benefícios para o sistema de *corporate governance*.

O regime das OPA constitui, igualmente, um meio de resolução de conflitos dos interesses societários entre accionistas e administradores (v. *infra* Capítulo IV): desde logo abrange os conflitos de interesses aquando da transferência do controlo – problemas de agência entre accionistas e administradores, mas também entre accionistas maioritários e minoritários –, constituindo, deste modo, um importante elemento do sistema de governo das sociedades. Todavia, esta sua função de governo societário varia muito consoante um outro elemento daquele sistema: as diferentes estruturas accionistas e os modelos de *corporate governance* em vigor.

Nas sociedades com capital disperso, o regime das OPA tem um papel decisivo na disciplina dos membros do órgão de administração da sociedade: os muitos e pequenos accionistas não estão em condições de controlar de perto a gestão, suas estratégias e respectiva performance devido à falta de informação e de meios para tal, pelo que têm de confiar, entre outros, na vigilância externa exercida pelo mercado do controlo societário através do mecanismo das OPA.

Face à ausência de um accionista maioritário que exerça um apertado controlo sobre a gestão da sociedade, outros meios são necessários para disciplinar a administração, nomeadamente, através de administradores não executivos independentes, de instrumentos de remuneração compensatórios, do mercado das OPA e de uma maior informação e transparência para fazer face às constantes assimetrias de informação. Aqui um bom governo societário visará proteger os interesses dos accionistas, que estão desinformados face aos administradores devidamente informados, através de um apertado controlo da gestão.

O mesmo se aplica às sociedades com o capital mais concentrado, ou seja, controladas por accionistas maioritários (controlo da gestão), gerando conflitos de interesses com os accionistas minoritários, os quais se vêem desprovidos de adequada informação. Se por um lado, os accionistas de controlo exercem agora uma mais apertada vigilância da actuação dos membros do órgão de administração (os quais são normalmente da sua confiança, uma vez por si nomeados), todavia, por outro, os interesses dos accionistas minoritários estão desprotegidos face a eventuais abusos por parte dos accionistas de controlo.

Assim, importa proteger os interesses dos accionistas minoritários: para além de outras técnicas do direito das sociedades também aqui a regulamentação das OPA pode assumir um papel decisivo na gestão destes conflitos, nomeadamente, através da regra da OPA obrigatória dirigida a todos os accionistas (direito de acesso ao prémio de controlo), e da alienação potestativa ou *right of sell-out* (direito de saída da sociedade por um justo preço), ambas alicerçadas no princípio da igualdade de tratamento. Deste modo, o conflito de agência como que desloca o seu raio de acção, centrando-se agora a regulamentação das OPA e o *corporate governance* no conflito de interesses existente entre accionistas maioritários e minoritários.

Verificamos, portanto, que diversas normas das OPA desempenham uma importante função de *corporate governance*, em especial quando está em causa a transferência do controlo. No entanto, e no entender da doutrina[174] qualquer regulamentação das OPA depara-se com três tipos de dilemas ou *trade-offs*:

(i) Em sistemas com capital disperso, ao proteger o direito de saída dos accionistas da sociedade visada pode-se estar a desencorajar a vigilância externa da administração por via do mercado do controlo societário e vice-versa;

(ii) Em ambos os sistemas, ao promover uma eficiente reestruturação societária (garantindo administrações mais eficientes) pode-se estar igualmente a fazer aumentar os conflitos de agência e a colocar em causa a protecção dos accionistas minoritários;

(iii) E ao tornar mais activo o mercado do controlo societário reduzem-se os poderes dos accionistas maioritários, podendo-se estar a desencorajar a admissão à negociação em mercado regulamentado por parte de sociedades controladas por accionistas mais conservadores.

Do mesmo modo que a regulamentação das OPA constitui um importante elemento de *corporate governance*, enquanto factor de resolução de conflitos de interesses (accionistas/administradores ou maioritários/minoritários), com efeitos na protecção dos accionistas, no desenvolvimento do mercado de capitais e no mercado do controlo societário, qualquer evolução positiva do regime das OPA traz por si só benefícios para o sistema de *corporate governance*. Ou seja, uma evolução da regulamentação das OPA traz consigo necessariamente um impacto na evolução do governo das sociedades.

Consequentemente, uma alteração do regime das OPA afectará o grau de protecção dos investidores e o desenvolvimento do mercado de aquisições. No entanto, poderá trazer também alterações na propriedade e controlo accionistas, pelo que de acordo com alguma doutrina (v. *supra* Ponto anterior) parece ilusório concluir que a harmonização europeia do regime das OPA contribuirá para a convergência dos mencionados modelos de *corporate governance*, uma vez que, como também já vimos, as funções de governo societário da regulamentação das OPA dependem do grau de concentração e de controlo societário (estrutura accionista) predominante em cada EM.

---

[174] Cfr. GOERGEN/MARTYNOVA/RENNEBOOG, ob. cit., pp. 7-8.

Nesta linha de pensamento, as reformas do regime das OPA focalizadas no conflito de interesses entre administração e accionistas tendem a promover a protecção dos investidores, incrementando a eficiência do controlo externo através do mercado do controlo societário, podendo, também, restringir o poder de decisão dos administradores ao limitar o uso de medidas anti-OPA. Esta maior protecção dos accionistas faz aumentar a confiança dos investidores, encorajando uma estrutura accionista mais dispersa.

Identicamente, as reformas que introduzam oportunidades de saída aos accionistas minoritários reduzem os benefícios privados associados à detenção do controlo, encorajando também, elas, uma maior dispersão do capital. Todavia, ao reduzir estes benefícios, pode-se estar a desencorajar potenciais oferentes, tornando menos activo o mercado do controlo societário e promovendo a manutenção de administradores menos eficientes. Esta ideia é partilhada por diversos Autores que tendem a concluir que uma reforma do regime das OPA no sentido de melhor proteger os investidores só levará a uma mais dispersa estrutura accionista, uma vez que os benefícios associados ao controlo são relativamente baixos[175].

Por agora, resta-nos focalizar nos efeitos que a *non-frustration rule*, enquanto disposição integrante do regime das OPA[176], produz no governo das sociedades e na estrutura accionista, reportando-nos agora em concreto ao tema chave do presente estudo. Tal como vimos antes, a regulamentação das OPA tem em vista, essencialmente, assegurar a protecção dos accionistas minoritários e o normal funcionamento do mercado do controlo societário. Importa agora avaliar o impacto da *non-frustration rule* ao nível do governo das sociedades e da estrutura accionista.

Partindo do pressuposto de uma estrutura accionista concentrada, facilmente compreendemos que caso a administração tenha mais poderes no decurso da oferta para aplicar medidas defensivas, ela ver-se-á tentada a frustrar

---

[175] GOERGEN/MARTYNOVA/RENNEBOOG, ob. cit., pp. 8-9.

[176] Quanto aos efeitos que as restantes principais disposições integrantes do regime das OPA produzem no governo das sociedades e na estrutura accionista, entre elas, a OPA obrigatória, o princípio da igualdade de tratamento, a transparência da estrutura accionista, os direitos de alienação e aquisição potestativa, o princípio uma acção/um voto e a *break-through rule* e sua implementação na U.E., v. também GOERGEN/MARTYNOVA/RENNEBOOG, ob. cit., pp. 10ss.

Relativamente às restantes disposições do regime das OPA, apenas uma breve palavra para sublinhar que as mesmas têm também efeitos na estrutura accionista de uma sociedade, dando a título de exemplo a regra da OPA obrigatória: esta norma destinada a proteger os minoritários prejudica o funcionamento do mercado do controlo societário fazendo perdurar os sistemas de estrutura accionista concentrada, na medida em que encarece as OPA, reduzindo o volume de transacção de participações de controlo societário e fazendo com que o controlo permaneça nas mãos de administrações ineficientes.

o êxito da oferta, inflacionando os custos de agência e contribuindo para que a propriedade accionista permaneça concentrada. Contrariamente, se forem atribuídos mais poderes de decisão aos accionistas para aceitarem ou recusarem a oferta daí resultará, certamente, uma melhor protecção dos accionistas minoritários, na medida em que fica reduzida a margem de actuação da administração para agir no interesse do accionista maioritário, contribuindo dessa forma para que a estrutura accionista se torne mais dispersa[177].

Em conclusão, num mercado com uma estrutura accionista concentrada, uma mais apertada limitação dos poderes da administração no decurso da OPA terá como consequência uma maior actividade no mercado de fusões & aquisições, com efeitos positivos certamente na protecção dos accionistas minoritários. Já num mercado com uma estrutura accionista dispersa, a mesma limitação de poderes poderá trazer uma menor protecção dos minoritários, não tendo, todavia, qualquer impacto na estrutura accionista. Somente nos casos em que se admita a adopção de medidas defensivas preventivas é que resultará uma maior concentração da estrutura accionista, bem como uma menor actividade de fusões & aquisições.

Também não nos poderemos esquecer que a regra de não frustração da oferta foi pensada sobretudo para proteger os pequenos accionistas das sociedades com o capital largamente disperso, e nas quais os administradores têm maior margem de manobra; pelo contrário, nas sociedades com o capital concentrado, os accionistas maioritários exercem, em princípio, o controlo sobre a administração, encontrando-se em condições de reunir a maioria necessária em AG para aprovar uma medida anti-OPA, sendo que, no entanto, a lei exige uma maioria qualificada para o efeito de modo a salvaguardar os interesses dos minoritários.

Em síntese, podemos concluir que a regra de não frustração da oferta por parte da administração (*non-frustration rule*) e a limitação de medidas anti-OPA – destinados a minimizar os custos de agência provenientes da separação entre propriedade e controlo – têm efeitos não apenas em termos do problema da agência e do desenvolvimento do mercado do controlo societário, mas também no que respeita à estrutura accionista de uma sociedade, podendo, inclusive, condicioná-la.

---

[177] GOERGEN/MARTYNOVA/RENNEBOOG, ob. cit., p. 19. No entanto, estes Autores sublinham que tal só acontecerá se o poder de voto do accionista maioritário estiver limitado, caso contrário o controlo será ainda maior por parte deste, o qual terá agora o poder de influenciar directamente – em sede de AG e não apenas através da administração – todas as decisões da sociedade.
Neste contexto, facilmente se compreende a razão pela qual o legislador exige uma maioria qualificada para deliberar sobre as matérias mais relevantes da vida societária (art. 386º/3 CSC), como acontece, por exemplo, na aprovação de medidas defensivas do decurso de uma OPA – cfr. art. 182º/4b) CódVM.

4. A OPA como Mecanismo de *Corporate Governance*: O Mercado do Controlo Societário

Para além de o regime das OPA constituir parte integrante do *corporate governance*, a doutrina vem defendendo que a própria figura da OPA, em si mesma, tem um efeito disciplinador sobre a administração das sociedades através do mercado do controlo societário (vertente externa do *corporate governance*)[178], em particular, nos países anglo-saxónicos – com uma estrutura accionista mais dispersa – onde este fenómeno é mais popular.

A primeira referência ao *market for corporate control* (mercado do controlo societário) ocorreu por intermédio de H. MANNE, para quem o controlo de uma sociedade constituía um activo valioso[179]. Assim, de entre os mecanismos de controlo que visam alinhar os interesses conflituantes dos accionistas e dos administradores, alguma doutrina destaca o mercado do controlo societário, enquanto factor externo de governo das sociedades. Ou seja, este mercado surge como mecanismo de controlo externo do conflito de agência entre accionistas e administradores e, em consequência, reduz os custos de agência derivados da separação entre a propriedade e o controlo de uma sociedade[180].

De acordo com o Princípio OCDE II.E. *"Deve ser permitido aos mercados de controlo das sociedades funcionar de uma forma eficiente e transparente"*. Neste contexto, temos de sublinhar que entre as operações mais frequentes no mercado do controlo societário – fusões, aquisições directas de acções para aquisição do controlo (por vezes através de uma OPA) e as *proxy fights*[181] –, a figura da OPA

---

[178] Sobre o papel da OPA enquanto mecanismo de *corporate governance* e o mercado do controlo societário v. BURKART/PANUNZI, ob. cit., pp. 3ss., MARTYNOVA/RENNEBOOG, ob. cit., MARCO BECHT, ob. cit., STEFAN GRUNDMANN, *"The Market of Corporate Control: The Legal Framework, Alternatives and Policy Considerations"*, in HOPT/WYMEERSCH/KANDA/BAUM (org.), ob. cit., pp. 421-446, e MIGUEL ÁNGEL ÁLVAREZ, ob. cit., pp. 15ss.
Entre nós v. PEDRO MAIA, ob. cit., *Parte II – Capítulo VIII – Ponto 5.2.3.*, REQUICHA FERREIRA, *"OPA Concorrente"*, in Direito dos Valores Mobiliários, Vol. X (2011), Coimbra Editora, pp. 135-502 (174-177), JOANA RIBEIRO E SILVA, *A OPA como Mecanismo de Governo Societário – Impacto da Regra da Neutralidade* (Dissertação de Mestrado não publicada), UCP, Lisboa 2009, JORGE RODRIGUES, ob. cit., pp. 165ss., e CARLOS E. ALVES *Os Investidores Institucionais...* cit., pp. 43-45.
[179] Cfr. H. MANNE *"Mergers and the Market for Corporate Control"*, The Journal of Political Economy, Vol. 73, Nº 2. (April 1965), pp. 110-120 (111).
[180] De acordo com FERREIRA/ORNELAS/TURNER, *Unbundling Ownership and Control*, ECGI Finance Working Paper Nº 172/2007 (disponível em http://www.ecgi.org), o controlo de uma sociedade deve ser tratado como um bem negociável separadamente da propriedade accionista, sendo a eficiência do mercado do controlo das sociedades mais facilmente alcançável quando a propriedade accionista não estiver concentrada nas mãos da administração.
[181] Também designadas por *proxy contests*, as quais consistem na tentativa por parte de um accionista ou grupo de accionistas dissidentes em conseguir a maioria dos direitos de votos, tendo em vista, em princípio, alterar a composição do conselho de administração da sociedade.

hostil desempenha um importante papel na resolução do conflito de interesses entre accionistas e administradores, pelo seu efeito disciplinador em comparação com a fusão, na medida em que permite ao oferente dirigir-se directamente aos accionistas da sociedade em causa, prescindindo do acordo da respectiva administração.

Assim sendo, a OPA hostil constitui a operação típica do funcionamento do mercado do controlo societário, uma vez que se depara com a resistência da administração da sociedade visada, ao contrário das fusões e das OPA amigáveis.

A OPA hostil, quando bem sucedida, provoca, em princípio, a substituição da administração resistente (visada), surgindo assim como um instrumento relevante do mercado do controlo societário. Parte da doutrina defende que a figura da OPA, ou a sua simples ameaça, representa um incentivo ao melhor desempenho dos membros da administração de uma sociedade no sentido de defenderem os interesses dos seus accionistas, pelo que uma melhor performance reduz a probabilidade de serem alvo de uma OPA.

Todavia, se àqueles for atribuída uma larga margem de manobra quanto à adopção de medidas defensivas, então a OPA perderá em grande parte o seu efeito disciplinador[182]. Nas sociedades com o capital largamente disperso, onde é bem vincada a separação entre a propriedade accionista e o controlo da gestão, funcionam melhor os mecanismos externos de *corporate governance*, entre os quais se destaca o mercado do controlo societário, que é definido como aquele no qual as administrações competem entre si pelo controlo dos recursos empresariais[183].

Com efeito, e ainda de acordo com H. MANNE, na base do funcionamento deste mercado do controlo está a premissa que existe uma correlação positiva entre o valor de mercado das acções de uma sociedade e o desempenho/efi-

---

A este respeito L. BEBCHUK/HART, "*Takeover Bids vs Proxy Fights in Contests for Corporate Control*", ECGI *Law Finance Paper* Nº 04/2002 (disponível em *http://www.ecgi.org*), estabelece um termo comparativo entre as figuras das *proxy fights* e das OPA, concluindo que a solução óptima para a aquisição do controlo societário passa pela combinação de ambas.

[182] L. BEBCHUK defende que, ao eliminar ou reduzir a ameaça de OPA, a defesa anti-OPA – "*board veto*" – proporciona segurança os administradores mas traz custos de agência, na medida em que aqueles poderão sempre manter a sua posição ou negociar uma saída vantajosa, independentemente do seu desempenho – cfr. "*The Case Against Board Veto in Corporate Takeovers*", The University of Chicago Law Review, Vol. 69, 2002, pp. 973-1035 (994) (disponível em *http://www.law.harvard.edu*).

[183] Cfr. FRADEJAS/ESCUER, ob. cit., p. 11, citando FAMA/JENSEN, "*Separation of Ownership and Control*", Journal of Law & Economics, Vol. 26, 1983, pp. 301-325. De acordo com SINDE MONTEIRO/ /ALMENO DE SÁ, ob. cit., pp. 412-413, "«*Protegido» pela dispersão de capital, o accionista de controlo nem sempre impõe uma gestão agressiva, racional e eficaz. Com a entrada em cena da oferta pública de aquisição, abre-se caminho a uma redistribuição mais eficiente dos recursos da empresa*" acabando a OPA por funcionar como um verdadeiro mercado de sociedades, ou seja, de controlo societário.

ciência da respectiva administração, acrescentando que, face ao mau desempenho por parte desta, o valor de mercado das acções cairá comparativamente com as acções das outras sociedades do sector[184].

Ou seja, certos Autores vêm defendendo que a teoria do mercado do controlo das sociedades assenta no pressuposto de mercados de valores mobiliários eficientes, onde o valor de mercado das acções reflecte (a) informação disponível. Se uma sociedade não é gerida de uma forma eficiente, o valor de cotação das suas acções diminui em relação ao valor das acções das outras sociedades concorrentes, até chegar o momento em que outras equipas de gestão, que se consideram capazes de uma gestão mais eficiente, tentarão adquirir o controlo dessa sociedade, daí podendo resultar uma valorização da sociedade, caso estes tenham êxito[185].

Deste modo, esta doutrina vem defendendo que o mercado do controlo/ /domínio societário (*market for corporate control*) disciplina os administradores constituindo um factor de pressão para os administradores de qualquer sociedade no sentido de se esforçarem por desempenhar adequadamente o seu cargo, conscientes de que se não realizarem uma gestão eficiente das suas sociedades, estas serão provavelmente objecto de uma OPA – com a eventual perda do seu cargo e o respectivo prestígio prejudicado no mercado. O mercado de trabalho dos gestores surge como um mecanismo (externo), através do qual estes procuram desempenhar a sua função o melhor possível de modo a maximizar o seu valor naquele mercado, o qual se baseia, por sua vez, no valor de cotação da sociedade. Daqui resultará, certamente, um incentivo para os administradores gerirem de forma mais adequada os activos da sociedade e melhor defenderem os interesses dos accionistas, valorizando, portanto, a cotação das acções. Se assim não for, potenciais oferentes podem considerar que conseguem gerir a sociedade de forma mais eficiente que a actual administração, na perspectiva de, através de uma OPA, criar mais valor para os accionistas[186].

---

[184] Cfr. ob. cit., p. 112.
[185] V. FRADEJAS/ESCUER, ob. cit., p. 11. No mesmo sentido JORGE RIBEIRO MENDONÇA, "*A Tomada de Sociedade através Oferta Pública de Aquisição*", in RFDL, XLV, nºs 1 e 2, Coimbra Editora, 2004, pp. 47-81 (79-80) defende que uma administração que não maximize o retorno aos accionistas verá esta situação reflectida no preço mais baixo das acções e, face à queda do valor de mercado, poderá tornar-se vantajoso para um terceiro adquirir essas acções e conseguir o controlo da sociedade.
[186] Ainda de acordo com ANTÓNIO BORGES (em entrevista ao Jornal Público a 04.06.2007) "*O mercado activo é aquele em que o controlo é contestável, e isso é bom. As OPAs hostis são sempre mais difíceis... É verdade que na maior parte das aquisições há duas motivações: uma é criar economias de escala, outra é dizer que aquela empresa não está bem gerida e que eu sou capaz de a gerir melhor, e portanto lanço a OPA. Esta segunda motivação é a dominante na maior parte das aquisições, porque é nestes casos que é mais fácil criar valor*".

Chegados aqui, urge levantar uma questão essencial: são efectivamente as OPA um bom substituto no controlo da gestão por parte dos accionistas? Ou sejam, quais são consequências das OPA em termos de eficiência?

Antes de mais, temos de sublinhar que este problema coloca-se sobretudo em sistemas anglo-saxónicos (EUA e UK), onde o mercado do controlo societário é bastante activo, sendo bem menos relevante na Europa continental e no Japão, onde devido a uma grande concentração accionista e à adopção em larga escala de medidas defensivas (entre outros factores), o sucesso de uma OPA é muito difícil sem o apoio dos accionistas maioritários. Assim, entre os factores que podem colocar problemas ao normal funcionamento do mercado do controlo societário, temos desde logo de ter em conta a própria estrutura accionista, a qual quando muito concentrada levanta mais obstáculos à transferência do controlo. Ou seja, face a um accionista largamente maioritário, o controlo é menos contestável (menos disputável), só se transferindo com o seu consentimento[187].

No entanto, a ausência um accionista maioritário (de controlo) só por si não é suficiente para garantir um activo mercado das OPA nem para assegurar o seu papel enquanto eficiente mecanismo de *corporate governance* (controlo externo). A mera falta de coordenação entre os accionistas dispersos pode fazer com que uma minoria de controlo perturbe o funcionamento daquele mercado[188]. Em suma, também nas sociedades de capital disperso podem existir obstáculos ao funcionamento deste mercado caso os pequenos accionistas dispersos não ajam em conjunto e estejam alienados da vida societária, deixando uma excessiva margem de manobra para os accionistas de controlo e administradores menos eficientes.

Todavia, neste tipo de sociedades é cada vez mais activo o papel dos investidores institucionais, os quais tendem a pressionar o desempenho da administração através de uma estratégia de saída (*exit*) – quando a gestão não lhes agrada – ou de uma estratégia de expressão (*voice*) – optando por influenciá-la ou mesmo substituí-la –, contribuindo desse modo no sentido de um melhor funcionamento do mercado do controlo. Pode ainda suceder que uma minoria de accionistas de bloqueio detenha uma participação de capital muito valorizada, obrigando o potencial oferente a pagar um prémio demasiado elevado

---

[187] Burkart/Panunzi, ob. cit. p. 25. Sobre a relação entre a rotação dos gestores e o desempenho da sociedade e a influência significativa que a estrutura accionista pode ter sobre a forma como é exercida a monitorização dos gestores, v. J. Farinha/Bessa Costa, *"A Rotação dos Gestores nas Empresas Cotadas Portuguesas"*, Cadernos MVM, nº 33 (Agosto 2009), pp. 9-39.

[188] Burkart/Lee, *The One Share – One Vote Debate: A Theoretical Perspective*, ECGI Finance Working Paper Nº 176/2007, p. 7 (disponível em *http://www.ecgi.org*).

para conseguir que aqueles vendam na OPA, dificultando igualmente a transferência do controlo.

Importa, portanto, ter em atenção que o papel das OPA enquanto mecanismo de controlo tem de ser avaliado, antes de mais, no contexto do sistema de governo das sociedades em que está inserido, bem como da estrutura accionista em causa, sendo certo que ambos factores variam entre os vários EM.

Se por um lado, a típica estrutura accionista concentrada dominante na Europa continental tem constituído um obstáculo à actividade das OPA e a uma maior competitividade das sociedades europeias, também é certo que a concentração do capital tem desempenhado um decisivo papel no controlo do comportamento das administrações, onde os outros mecanismos de controlo são menos activos. Mais importa relembrar que os sistemas de *corporate governance* variam muito entre os vários EM, resultando cada um deles da conjugação de múltiplos factores interdependentes entre si e onde a eficácia de cada um, nomeadamente o fenómeno das OPA, depende do sistema em que está inserido[189].

Uma outra questão – que vem sendo levantada pela doutrina – diz respeito à eficiência das OPA enquanto mecanismo disciplinador, verificando-se algum cepticismo quanto à acção do mercado do controlo societário na disciplina dos gestores. Embora alguns estudos económicos sugiram que existe uma melhoria na *performance* das sociedades visadas após a tomada do controlo, FRANKS//MAYER[190] observam que as sociedades objecto de uma OPA hostil não apresentam uma *performance* prévia significativamente inferior ao das outras sociedades, questionando assim o papel disciplinador das OPA hostis relativamente a administrações ineficientes, tendo apresentado um estudo em 1996 onde demonstraram precisamente que não existe uma relação positiva entre os *takeovers* e a *performance*. De acordo com estes Autores, não é a *performance* anterior à oferta a causa da sua substituição após a OPA, mas sim a sua oposição ao preço oferecido e a vontade de o oferente em reestruturar a sociedade[191].

---

[189] No mesmo sentido v. BERGLÖF/BURKART, ob. cit., pp. 207-208.

[190] Cfr. *"Hostile Takeovers and the Correction of Managerial Failure"*, Journal of Financial Economics, Vol. 40, Nº 2, 1996, pp. 163-181 (180). Sobre esta matéria v. ainda BLANAID CLARKE, *"The Market for Corporate Control and Implications of the Takeover Directive (2004/25)"*, in International Corporate Governance After Sarbanes-Oxley, e PAUL ALI/GREG GREGORIOU (org.), John Wiley & Sons, Inc., 2006, pp. 267-293.

[191] No mesmo sentido AGRAWAL/JAFFE, *Do Takeover Targets Under-perform? Evidence from Operating and Stock Returns*, 2002, p. 23 (disponível em http://www.ecgi.org), concluem que não existem indícios de as sociedades alvo de OPA terem baixa performance, ressalvando no entanto diversos factores que podem explicar esta conclusão: (i) as OPA são motivadas por diferentes razões, que não a mera substituição de administrações ineficientes; (ii) o estudo diz somente respeito a OPA concretizadas e não abrange ameaças ou tentativas de oferta, as quais são, por si só, disciplinado-

Também JOHN C. COFFEE[192] tem uma posição crítica sobre o efeito disciplinador das OPA, ao demonstrar que o mercado, por si só, não controla eficientemente a actuação dos administradores por vários factores: (i) os movimentos de OPA são cíclicos, pelo que não exercem uma fiscalização constante; (ii) muitas OPA são lançadas sobre sociedades eficientes; e (iii) somente visam algumas sociedades de determinados sectores, pelo que muitas sociedades não são alvo de qualquer fiscalização pelo mercado do controlo.

De igual modo CARLOS F. ALVES[193] considera como pouco verosímil a associação dos takeovers com a punição dos gestores, questionando a sua eficácia enquanto instrumento de alinhamento de interesses, apontando ainda outros factores que interferem na eficiência das OPA hostis enquanto mecanismo de controlo: (i) exigem um enorme esforço financeiro (prémio de controlo e honorários elevados); e (ii) a adopção de medidas defensivas (preventivas ou reactivas).

Verificamos, portanto, que alguma doutrina entende que a perspectiva de que as OPA são um meio que promove uma mais eficiente utilização dos recursos societários e que contribui para substituir/disciplinar as administrações mais ineficazes, é uma visão limitada, sendo apontados outros factores importantes que interferem na eficiência do mecanismo das OPA.

São vários os impedimentos ao normal funcionamento do mercado das OPA, salientando-se o *free-rider problem*, o qual surge quando os minoritários têm tendência a não vender as suas acções de forma a partilhar dos ganhos de eficiência resultantes do novo accionista dominante. De acordo com BURKART//LEE[194], os accionistas dispersos tendem a agir em conjunto de modo a conseguir negociar em melhores condições – uma vez que cada um (isoladamente) tem um peso insignificante no resultado da oferta – limitando os ganhos e desencorajando potenciais oferentes, apesar de a oferta em causa ser à partida eficiente.

---

ras; e (iii) por fim, os mecanismos de controlo externo (como a ameaça de OPA) podem facilitar o funcionamento dos mecanismos de controlo interno na disciplina de administradores ineficientes (complementaridade).

[192] Cfr. *"Regulating the market for corporate control: a critical assessment of the tender offer's role in Corporate Governance"*, Columbia Law Review, 84, 1984, pp. 1145-1296 (1199ss.).

[193] Cfr. *Os Investidores Institucionais...* cit., p. 44.

[194] Cfr. *The One Share...* cit., p. 7. O *free-rider problem* foi inicialmente levantado por GROSSMAN//HART, "Takeover Bids, the Free-Rider Problem, and the Theory of the Corporation", Bell Journal of Economics, Vol. 11, Nº 1, 1980, pp. 42-64 (*Abstract*): *"It is commonly thought that a widely held corporation that is not being run in the interest of its shareholders will be vulnerable to a takeover bid. We show that this is false, since shareholders can free ride on the raider's improvement of the corporation, thereby seriously limiting the raider's profit"*.

Também a mera ameaça de uma OPA pode dar origem a diversos efeitos conflituantes, tais como o efeito disciplinador dos administradores *versus* o sacrifício dos resultados a longo prazo. Ou seja, perante a constante ameaça, e na salvaguarda dos interesses dos accionistas, a administração tende a procurar obter resultados imediatos em detrimento de uma perspectiva mais consistente de criação de valor a médio e longo prazo, nomeadamente, investindo em projectos de I&D (investigação e desenvolvimento) menos visíveis para o mercado[195].

Outro factor decisivo em nosso entender, consiste no facto – defendido, aliás, por alguma doutrina –, de as OPA poderem, em si mesmas, constituir um instrumento de agravamento dos problemas de agência, na medida em que, ao inflacionarem aquisição da sociedade, podem estar, implicitamente, a promover a perpetuação dos gestores nos respectivos cargos. Ou seja, a existência do mercado do controlo societário também pode levar a comportamentos prejudiciais tais como *managerial entrenchment* ou o reduzido investimento no capital humano, potenciando o problema da agência.

Deste modo, e tal como outros mecanismos de governo, as OPA não estão livres de criar elas próprias problemas de agência[196]. Por exemplo, muitas ofertas são lançadas por sociedades controladas por administradores profissionais e outras vezes são lançadas com mero intuito de *"empire building"*[197]. Também pode suceder que as OPA enquanto remédio para um determinado problema de agência possam constituir, elas próprias, sintoma de outro problema de agência, nomeadamente, entre os antigos accionistas e o novo accionista de controlo.

---

[195] Sobre esta matéria J. ATANASSOV *"Quiet Life or Managerial Myopia: Is the Threat of Hostile Takeovers Beneficial for Technological Innovation"*, 2007 (disponível em http://www.lcb.uoregon.edu), conclui que as OPA hostis, enquanto factor de pressão sobre a administração, podem ter um efeito negativo no que respeita ao investimento em inovação, quando conjugados com outros mecanismos de *corporate governance*.

Por sua vez, L. BEBCHUK, ob. cit., p. 1019, afirma que quando os administradores resistem a uma oferta e permanecem independentes, os accionistas da sociedade visada, em média, perdem não só no curto prazo, mas também no longo prazo. Assim, uma perspectiva de longo prazo (no interesse dos accionistas) não pode servir de base para o "direito de veto" (a defesa anti-OPA): *"Accordingly, the perspective of long-term shareholders cannot provide a basis for a board veto regime"*.

[196] BURKART/PANUNZI, ob. cit., p. 24.

[197] *"Empire Building"* no sentido de os administradores terem tendência para aumentarem a dimensão da empresa, a fim de retirarem daí benefícios pessoais, ou seja, *"consiste em os managers terem como objectivo, em si mesmo, o crescimento da dimensão da empresa, independentemente de esse crescimento tornar a empresa mais rentável e de os accionistas retirarem daí mais ganhos"* – cfr. PEDRO MAIA, ob. cit., Parte II – Capítulo VIII – Ponto 5.2. Para uma análise mais detalhada deste fenómeno, v. ASKER//FARRE-MENSA/LJUNGQVIST, *Does the Stock Market Harm Investment Incentives?*, ECGI Finance Working Paper Nº 282/2010 (disponível em http://www.ecgi.org).

Sobrevistos todos estes factores, tendo em consideração que o papel das OPA enquanto mecanismo de controlo varia consoante o sistema de governo societário em que está inserido e a estrutura accionista em causa (factores estes que diferem no seio da U.E.), e apesar de certa doutrina vir questionando a sua eficácia enquanto mecanismo de *corporate governance*, entendemos que o mercado do controlo societário tem vindo a desempenhar um papel disciplinador dos administradores, e protector dos interesses dos accionistas através do mecanismo das OPA hostis – no alinhamento dos interesses de ambos –, com resultados positivos para a economia em geral. Tanto mais que os diversos estudos empíricos que questionam a relação positiva entre *takeovers* e *performance* societária não têm sido conclusivos[198], bem como em virtude do papel cada vez mais activo por parte dos investidores institucionais, que vêm pressionando o bom desempenho da administração (através de uma estratégia de saída ou de expressão).

Todavia, teremos sempre de ter em conta que este mecanismo pode constituir também fonte de outros problemas de agência e sacrificar os resultados a médio/longo prazo com prejuízo para os accionistas[199], devendo prevalecer a ideia de complementaridade dos vários mecanismos (internos e externos) de governo societário.

Em suma, a doutrina tem vindo a apresentar diferentes concepções sobre a matéria: uns consideram o mercado do controlo imperfeito, sendo complementado por outros mecanismos internos tais como a hierarquia, a vigilância dos seus pares, o conselho de administração[200], etc.; outros entendem que este mecanismo de controlo externo é decisivo, uma vez que os mecanismos de controlo internos falharam na sua tarefa de conseguir que os gestores maximizem o valor das sociedades[201]. Daqui só nos resta enveredar pela natureza

---

[198] No mesmo sentido BURKART/PANUNZI, ob. cit., p. 11, fazem uma síntese destes vários estudos e concluem que os seus resultados são contraditórios: *"The evidence on the argument that the takeover threat causes managers to behave myopically is scarce and divided"*. Também JOANA RIBEIRO E SILVA, ob. cit., p. 15, conclui que os mesmos *"estudos empíricos não são convincentes quanto aos seus possíveis efeitos negativos"*.

[199] Também de acordo com o *Livro Branco sobre Corporate Governance em Portugal* (p. 27) o mercado do controlo societário *"... terá funcionado ele próprio como factor de agravamento dos custos de agência. Com efeito, não só muitas equipas de gestão terão desencadeado processos de aquisição tendo em vista adquirir dimensão que dissuadisse eventuais interessados na sua aquisição, como adicionalmente terão utilizado este mecanismo para atingir objectivos imediatos em detrimento da performance de longo prazo da empresa"*.

[200] JORGE RODRIGUES, ob. cit., p. 68. Sobre o papel do mercado de trabalho dos gestores e do conselho de administração enquanto mecanismos reguladores de conflitos de interesses na sociedade, v. idem pp. 75-76 e 76-78, respectivamente.

[201] M. JENSEN, *"Éxito y Fracaso de los Sistemas de Control Interno"*, Harvard Duesto Business Review, Nº 66, 1995, pp. 68-85.

complementar dos vários mecanismos de *corporate governance* (controlo interno e externo), sendo todos necessários, e nenhum suficiente "*de per si*" ou "*de motus proprio*", na sua tarefa de resolução dos conflitos de interesses derivados da teoria de agência[202].

Por fim, e antecipando o próximo Capítulo, sublinhamos o seguinte:

"*A eficiência do mercado de controlo accionista assenta sobretudo no direito à transmissibilidade das acções, na possibilidade irrenunciável concedida ao accionista de apreciação da situação da sociedade e na responsabilização dos seus dirigentes pelos resultados obtidos. É, por isso, desaconselhável a adopção de certas medidas defensivas que, procurando a todo o custo conter o êxito de ofertas públicas de aquisição sem o acordo do órgão de administração, acabem por lesar os interesses dos sócios e da sociedade*"[203].

Deste modo, não nos podemos esquecer que este efeito disciplinador das OPA exercido através do mercado do controlo societário será sempre limitado pela adopção, por parte da administração da sociedade visada, de medidas defensivas analisadas no Capítulo seguinte.

Para o efeito, teremos antes de mais de estudar quais os deveres dos membros deste órgão, começando pelos seus deveres fundamentais ou gerais no decurso normal da vida societária, analisando aqueles mais específicos que surgem no decurso de uma OPA, prosseguindo com o estudo das possíveis medidas defensivas (anti-OPA), para finalmente chegarmos ao nosso desiderato: a *non-frustration rule* e a limitação de poderes da administração da sociedade visada na pendência de uma OPA.

---

[202] No mesmo sentido BURKART/PANUNZI, ob. cit., p. 26, defendem que um eficaz mecanismo das OPA exige a conjugação de outros mecanismos de governo, tais como uma forte protecção dos investidores, transparência e divulgação de informação, etc.
Sobre esta ideia de complementaridade KLAUS GUGLER, ob. cit., p. 205, defende que as OPA não constituem um mecanismo suficiente na resolução do conflito de interesses principal/agente, passando a melhor solução pela conjugação de um directo controlo da gestão pelos accionistas, de um eficiente sistema de compensações e de uma concorrência *in the managerial and product markets*.
[203] Cfr. anotação à anterior Recomendação IV da CMVM sobre Governo das Sociedades (2003).

Capítulo III
Deveres dos Membros do Órgão de Administração e Medidas Defensivas

Finda a análise do fenómeno das OPA hostis, sua regulamentação e a importância do mercado do controlo societário, centremo-nos agora nas medidas defensivas que o órgão de administração da sociedade visada tem ao seu dispor no decurso de uma oferta, perturbando por essa via o funcionamento daquele mercado. Comecemos, pois, por estudar os deveres fiduciários que recaem sobre os membros daquele órgão.

Antes de mais importa sublinhar que trataremos aqui somente dos deveres e poderes dos membros do órgão de administração da sociedade anónima (conselho de administração nos modelos clássico ou anglo-saxónico e conselho executivo no modelo dualista)[204], pois esta é a figura societária central das sociedades abertas, objecto do presente estudo enquanto alvo potencial de uma OPA.

Um bom governo das sociedades deve proporcionar incentivos adequados para que o órgão de administração e os gestores prossigam objectivos que sejam do interesse da sociedade e dos seus accionistas, facilitando uma fiscalização eficaz[205]. Acresce que os mecanismos de responsabilização dos administradores, e respectivos padrões de comportamento, são uma ferramenta essencial no

---

[204] Ressalvemos que a lei portuguesa apenas prevê a figura de administradores, não fazendo distinção entre executivos e não executivos, e limitando-se a prever a delegação de poderes numa comissão executiva – art. 407º/3.
[205] Cfr. Princípios OCDE, Preâmbulo, p. 11.

que respeita aos problemas relacionados com o governo das sociedades, desde logo, pelo facto de os deveres de cuidado constituírem uma estratégia de aperfeiçoamento do governo das sociedades, estando o seu incumprimento associado à responsabilidade civil dos administradores, a qual, por sua vez, também está ligada à optimização do *corporate governance*[206].

De acordo com o Princípio OCDE VI. *Responsabilidades do órgão de administração*:

"*O enquadramento do governo das sociedades deve assegurar a gestão estratégica da empresa, um acompanhamento e fiscalização eficazes da gestão pelo órgão de administração e a responsabilização do órgão de administração perante a empresa e os seus accionistas*".

Sucede que, embora os accionistas tenham um poder soberano para, em sede de AG, decidir sobre os destinos da sociedade, o órgão de administração vem assumindo um papel cada vez mais decisivo na vida societária[207]. Torna-se, assim, fulcral para os accionistas fazerem-se representar neste órgão, o que só é possível para os maioritários, pois somente estes terão a faculdade de eleger um administrador e nem todos eles serão executivos. Daqui resulta, inevitavelmente, algum distanciamento entre os accionistas e a vida da sociedade, pelo que o direito à informação aparece como um instrumento providencial para salvaguardar os interesses dos accionistas.

1. Competências do Órgão de Administração

Não nos interessa fazer aqui uma análise detalhada das competências deste órgão, limitando-nos a fazer um breve apanhado dos poderes que recaem sobre os seus membros no nosso sistema jurídico e a limitação dos mesmos no decurso de uma OPA[208].

O CSC dispõe no art. 405º/1 (*Competência do conselho de administração*) que compete a este órgão a gestão das actividades da sociedade, devendo subordinar-se às deliberações dos accionistas ou às intervenções do conselho fiscal ou da comissão de auditoria apenas nos casos em que a lei ou o contrato de socie-

---

[206] No mesmo sentido v. BRUNO FERREIRA, "*A Responsabilidade dos Administradores e os Deveres de Cuidado Enquanto Estratégias de Corporate Governance – Implicações da Reforma do Código das Sociedades Comerciais*", Cadernos MVM, nº 30 (Agosto 2008), pp. 7-18 (10).

[207] SOFIA RIBEIRO BRANCO, ob. cit., p. 30.

[208] Para um estudo mais detalhado das competências deste órgão, v. PEDRO MAIA, *Função e Funcionamento do Conselho de Administração da Sociedade Anónima*, Studia Iuridica 62, BFDUC, Coimbra Editora, 2002, pp. 137ss.

III. DEVERES DOS MEMBROS DO ÓRGÃO DE ADMINISTRAÇÃO E MEDIDAS DEFENSIVAS

dade o determinarem. A norma do seu nº 2 dispõe que este órgão tem exclusivos e plenos poderes de representação da sociedade[209].

Os administradores têm competência genérica para praticar todos os actos necessários ou convenientes à realização do objecto social, cabendo-lhes poderes exclusivos de administração e de representação da sociedade, nomeadamente as competências elencadas na norma do art. 406º (*Poderes de gestão*). Acerca das matérias de gestão da sociedade, os accionistas só podem deliberar a pedido do órgão de administração (art. 373º/3 CSC)[210]. Verifica-se, assim, que "*O conselho de administração não só é competente para gerir a empresa social como é o único órgão competente para o fazer*"[211], assumindo então aqui especial importância o direito dos accionistas à informação enquanto mecanismo de controlo da gestão.

---

[209] A este respeito a norma do art. 408º/1 dispõe que os poderes de representação do conselho de administração são exercidos conjuntamente pelos administradores, ficando a sociedade vinculada pelos negócios jurídicos concluídos pela maioria dos administradores ou por eles ratificados, ou por número menor destes fixado no contrato de sociedade (v. nº 2 quanto aos actos dos administradores-delegados). Sobre este tema v. ALEXANDRE SOVERAL MARTINS, *Os Poderes de Representação dos Administradores de Sociedades Anónimas*, Studia Iuridica 34, BFDUC, Coimbra Editora, 1998.

[210] Caso contrário, as deliberações sobre matérias de gestão serão nulas uma vez que o seu conteúdo não está, por natureza, sujeito a deliberação dos sócios (art. 56º/1c) CSC) e dado o carácter imperativo desta limitação de competências. A este respeito importa ainda ter em conta o disposto no art. 57º CSC (*Iniciativa do órgão de fiscalização quanto a deliberações nulas*), bem como a norma do art. 24º CódVM relativo à suspensão de deliberação social tomada por sociedade aberta, e, por fim, o disposto na norma do art. 412º/4 CSC – *dever de não executar as deliberações nulas*.
Questão diferente diz respeito à força jurídica das decisões da AG sobre a gestão da sociedade quando solicitadas pelo órgão competente nos termos do art. 373º/3 CSC: se a AG deliberar a pedido do órgão de administração, as suas deliberações não serão vinculativas para a sociedade, na medida em que o legislador atribuiu à administração poderes exclusivos de gestão – cfr. ANTÓNIO PEREIRA DE ALMEIDA, ob. cit., p. 463. PEDRO MAIA, *Função e Funcionamento...*, cit., p. 159, acrescenta que decorre da própria letra do art. 405º/1 *in fine* que, salvo cláusula do contrato de sociedade em contrário, tais deliberações da AG não subordinam o conselho de administração. Em sentido diferente COUTINHO DE ABREU, *Governação...* cit., pp. 49ss., entende que tais deliberações da AG são vinculativas para aquele órgão.

[211] Cfr. PEDRO MAIA, *idem*, p. 138., onde este Autor discute aprofundadamente a problemática da articulação entre os arts. 405º/1 e 373º/3 CSC, relativos à repartição de competências entre o conselho de administração e a AG em matéria de gestão da sociedade anónima. O mesmo Autor conclui, e bem em nosso entender, que a norma do art. 405º/1 não excepciona nem restringe o preceituado no art. 373º/3, o qual tem carácter imperativo, pelo que o órgão de administração permanece o único depositário da iniciativa de deliberar sobre a gestão social (devendo ser sempre este órgão, e não a AG, a pedir que os accionistas se pronunciem em matéria de gestão), e aos accionistas compete apenas eleger (391º) e destituir (403º) os membros daquele órgão. Em particular, sobre a imperatividade do art. 373º/3 e sua compatibilização com o disposto no art. 405º/1, v. *idem* pp. 142-157.
PAULO OLAVO CUNHA, ob. cit., p. 568, considera a competência da AG em matéria de gestão da sociedade anónima como extraordinária. Sobre esta matéria ver igualmente JOÃO CALVÃO DA

Assim, de acordo com o art. 405º CSC cabe ao conselho de administração a gestão da sociedade e, segundo o art. 373º/3 do mesmo diploma, a AG só pode deliberar sobre matérias de gestão da sociedade a pedido do órgão de administração, pelo que aquela é consideravelmente esvaziada de poderes em matéria de gestão.

As normas dos arts. 405º e 406º CSC consagram, respectivamente, a competência deste órgão em termos de gestão das actividades da sociedade e de deliberação sobre qualquer assunto de administração ou gestão da mesma. No entanto, importa salientar o carácter exemplificativo da norma do art. 406º, não se esgotando os poderes deste órgão nos poderes ali enunciados.

No que respeita à gestão corrente da sociedade, o CSC dispõe na norma do art. 407º/3 que o contrato de sociedade pode autorizar o conselho de administração a delegá-la num ou mais administradores ou numa comissão executiva, sendo que esta delegação não exclui a competência do conselho para tomar as resoluções sobre os mesmos assuntos (cfr. nº 8)[212].

De entre os poderes de gestão do conselho de administração enumerados no art. 406º temos de destacar aqueles que estão vedados praticar no decurso de uma OPA em conformidade com o disposto no art. 182º/1, ou seja, aqueles que consubstanciam a prática de actos susceptíveis de alterar de modo relevante a situação patrimonial da sociedade, que não se reconduzem à gestão normal da sociedade e que sejam susceptíveis de afectar os objectivos do oferente face a uma OPA.

SILVA, *Estudos Jurídicos [Pareceres]*, Almedina, Maio de 2001, pp. 107ss., onde este Autor elabora um Parecer sobre os poderes do conselho de administração e da AG chamando a atenção para o facto de o nosso legislador postular a divisão e interdependência de poderes dos órgão sociais, em que a competência própria de cada um limita a da AG, a qual se vê afastada da gestão, salvo a pedido do órgão de administração. De acordo com este Autor "... *a AG não é um órgão soberano no sentido de dotada de poder absoluto, sem limites à sua actuação*", tendo portanto vários limites a respeitar, sendo que "*Um deles é o de não poder deliberar actos de gestão fora das hipóteses previstas na lei*" e advogando que esta limitação de competências é imperativa e inderrogável pelos próprios estatutos (108-110). Em sentido diferente v. COUTINHO DE ABREU, *Governação...* cit., pp. 49ss.

Uma última palavra para sublinhar que o *Código de Governo das Sociedades IPCG* recomenda que sejam estabelecidos os critérios e os termos em que o órgão de administração solicitará à AG delibere sobre matérias de gestão da sua competência (Recomendação II.1).

[212] Sobre a matéria da delegação de poderes *vide*, por todos, PEDRO MAIA, *Função e Funcionamento...* cit., pp. 247ss., onde o Autor distingue entre delegação imprópria e delegação própria: a primeira verifica-se quando o órgão de administração, salvo proibição do contrato de sociedade, encarrega especialmente algum ou alguns administradores de se ocuparem de certas matérias da administração nos termos do art. 407º/1 CSC; a segunda é expressamente denominada de delegação da gestão corrente e está prevista no nº 3 da mesma norma, só ocorrendo quando o contrato de sociedade assim o autoriza.

III. DEVERES DOS MEMBROS DO ÓRGÃO DE ADMINISTRAÇÃO E MEDIDAS DEFENSIVAS

São eles, em particular, os poderes previstos nas seguintes alíneas: e) *Aquisição, alienação e oneração de bens imóveis*, f) *Prestação de cauções e garantias pessoais ou reais pela sociedade*, g) *Abertura ou encerramento de estabelecimentos ou de partes importantes destes*, h) *Extensões ou reduções importantes da actividade da sociedade*, i) *Modificações importantes na organização da empresa*, j) *Estabelecimento ou cessação de cooperação duradoura e importante com outras empresas*, l) *Mudança de sede e aumentos de capital, nos termos previstos no contrato de sociedade*, m) *Projectos de fusão, de cisão e de transformação da sociedade* e n) *Qualquer outro assunto sobre o qual algum administrador requeira deliberação do conselho*, desde que reúna os requisitos atrás enunciados.

Em suma, todos os actos e poderes que não se reconduzam à gestão corrente da sociedade (e que reúnam os outros dois requisitos mencionados), estão proibidos no decurso da oferta, tal como adiante explanaremos.

Todos estes poderes/actos de gestão são, pois, da competência exclusiva do órgão de administração no decurso normal da vida da sociedade – com a consequente limitação dos poderes da AG –, não descurando que a sua prática, no decurso de uma OPA, pode ficar sujeita à autorização prévia da AG quando aqueles sejam susceptíveis de alterar a situação patrimonial da sociedade visada, que não se reconduzam à sua gestão normal e que possam afectar os objectivos do oferente, estando os poderes do órgão de administração limitados nos termos legais do CódVM.

Em resumo, se no decorrer da vida normal da sociedade compete ao órgão de administração gerir as actividades da mesma, não podendo os accionistas deliberar sobre matérias de gestão, salvo a pedido do órgão de administração – *a AG está portanto limitada quanto à gestão* –, já no decorrer de uma OPA o mesmo órgão de administração vê certos dos seus poderes de gestão limitados e sujeitos à aprovação pelos accionistas – *é a AG quem legitima a sua prática neste período particular*.

Distintas da limitação legal dos poderes da administração (art. 182º CódVM), surgem-nos duas outras situações, ambas previstas no art. 409º/1 CSC: (i) a primeira diz respeito às cláusulas estatutárias limitativas dos poderes legais normais dos administradores, as quais são inoponíveis a terceiros, vinculando, portanto, a própria sociedade; (ii) a segunda prende-se com as deliberações sociais limitativas dos poderes normais dos administradores, as quais são igualmente inoponíveis a terceiros, ficando a sociedade vinculada mesmo que o terceiro tenha conhecimento dessas deliberações[213].

---

[213] Todavia, embora estes actos sejam válidos e eficazes perante terceiros, os administradores são responsáveis pela violação das cláusulas estatutárias ou deliberações sociais, podendo ter de indemnizar a sociedade por prejuízos daí resultantes, salvo se provarem que procederam sem culpa (cfr. art. 72º/1 CSC).

Depois de uma breve análise do dispositivo legal, resta-nos aflorar o disposto sobre a matéria nos diplomas voluntários existentes entre nós: desde logo a Recomendação II.2.1 do CódGS dispõe que, dentro dos limites legais, o conselho de administração deve delegar a administração quotidiana da sociedade, devendo essas competências delegadas ser identificadas no relatório anual sobre o governo das sociedades; o mesmo diploma especifica, ainda, quais as competências que não devem ser delegadas: *i) definir a estratégia e as políticas gerais da sociedade, ii) definir a estrutura empresarial do grupo e iii) decisões que devam ser consideradas estratégicas devido ao seu montante, risco ou às suas características especiais*" (cfr. Recomendação II.2.2)[214].

Já de acordo com os Princípios OCDE, o órgão de administração deve desempenhar certas funções fundamentais tais como apreciar e orientar a estratégia da sociedade, fiscalizar as práticas de governo, deliberar sobre a nomeação e remuneração dos seus membros, fiscalizar e gerir potenciais conflitos de interesses entre os gestores, os membros do órgão de administração e os accionistas, bem como assegurar o cumprimento da lei e das normas aplicáveis, supervisionar o processo de divulgação de informações e de comunicação e ser capaz de exercer um juízo objectivo e independente sobre os negócios da sociedade[215].

Podemos, assim, concluir que de entre as principais funções do órgão de administração destacam-se as seguintes:

(i) Dirigir a estratégia da sociedade; (ii) Fiscalizar o desempenho dos gestores; (iii) Obter o adequado rendimento para os accionistas, evitando conflitos de interesses e arbitrando pretensões concorrentes sobre a sociedade; (iv) Supervisionar os sistemas que visam assegurar o cumprimento da legislação aplicável por parte da sociedade (fiscal, de concorrência, laboral, ambiental, etc.). Esta constitui, portanto, a sua principal função de *corporate governance*.

Deste modo o órgão de administração não só responde perante a sociedade e respectivos accionistas como tem também o dever de agir em defesa dos interesses destes últimos, para além do dever de considerar igualmente outros interesses relevantes, tais como trabalhadores, credores, clientes, fornecedores e comunidades locais (*stakeholders*).

---

[214] Também o *Anteprojecto de Código de Bom Governo das Sociedades do IPCG – Recomendações III.1.1 e IV.1.1* – enumerava as competências dos administradores não executivos e executivos, respectivamente. V. também *Código de Governo das Sociedades IPCG*, Princípio III.A: "*À administração executiva compete gerir a sociedade, prosseguindo os objectivos da sociedade e visando contribuir para o seu desenvolvimento sustentável*".
[215] Cfr. Princípio VI, § D, pp. 63ss.

2. Deveres dos Membros do Órgão de Administração

Uma vez analisadas as competências do órgão de administração, consubstanciadas no poder de gestão, resta agora aferir da respectiva qualidade garantida pelos *fiduciary duties*. Assume aqui especial importância a responsabilização dos administradores perante os accionistas, o que pressupõe uma análise cuidada dos deveres dos primeiros de modo a melhor podermos avaliar do seu desempenho.

2.1. Deveres Gerais (Fundamentais)

De entre os diversos deveres que recaem sobre os membros do órgão de administração destacam-se, desde logo, os deveres fiduciários: de acordo com o Princípio OCDE VI.A *"Os membros do órgão de administração devem agir com base em informações completas, de boa fé, com a devida diligência e cuidado e no melhor interesse da empresa e dos seus accionistas"*. Este princípio prevê as duas componentes fundamentais do dever fiduciário dos membros do órgão de administração: o dever de cuidado ou diligência e o dever de lealdade[216].

O dever de cuidado obriga os membros do órgão de administração a agir com base em informações completas, de boa fé, com a devida diligência e precaução, surgindo como padrão de referência o grau de diligência exigível a um gestor criterioso e ordenado em circunstâncias similares.

O dever de lealdade que diz respeito ao tratamento equitativo dos accionistas, à fiscalização de transacções com partes relacionadas e ao estabelecimento de uma política remuneratória[217].

De acordo com o art. 64º CSC (deveres fundamentais – na versão do DL nº 76-A/2006, de 29 de Março):

"1. Os gerentes ou administradores da sociedade devem observar:

a) Deveres de cuidado, revelando a disponibilidade, a competência técnica e o conhecimento da actividade da sociedade adequados às suas funções e empregando nesse âmbito a diligência de um gestor criterioso e ordenado; e

b) Deveres de lealdade, no interesse da sociedade, atendendo aos interesses de longo prazo dos sócios e ponderando os interesses dos outros sujeitos relevantes para a sustentabilidade da sociedade, tais como os seus trabalhadores, clientes e credores.

---

[216] Sobre estes deveres gerais de cuidado e de lealdade (*fiduciary duties*), v. na literatura estrangeira HOLGER FLEISCHER, *"The Responsability of the Management and Its Enforcement"*, in FERRARINI//HOPT/WINTER/WYMEERSCH (org.), ob. cit., pp. 373-416. Entre nós v. AAVV, *Código das Sociedades Comerciais em Comentário*, Volume I (Artigos 1º a 84º), Almedina, 2010, pp. 721ss., bem como COUTINHO DDE ABREU, *"Deveres de Cuidado e de Lealdade dos Administradores e Interesse Social"*, in *Reforma do Código das Sociedades*, IDET, Colóquios nº 3, Almedina, 2007, pp. 15-47, e ANTÓNIO MENESES CORDEIRO, *Da Responsabilidade Civil dos Administradores das Sociedades Comerciais*, Lex, 1997.

[217] A este respeito importa sublinhar que alguma doutrina autonomiza ainda o dever de boa fé – cfr. o mencionado Princípio OCDE – tal como acontece à luz do direito do Estado de *Delaware*.

2. *Os titulares de órgãos sociais com funções de fiscalização devem observar deveres de cuidado, empregando para o efeito elevados padrões de diligência profissional e deveres de lealdade, no interesse da sociedade."*

Esta "nova" norma vem, assim, densificar o regime em relação à redacção anterior, a qual se limitava a dispor que *"Os gerentes, administradores ou directores de uma sociedade devem actuar com a diligência de um gestor criterioso e ordenado, no interesse da sociedade, tendo em conta os interesses dos sócios e dos trabalhadores".*

Este preceito era pois insuficiente na medida em que, por exemplo, não fazia qualquer alusão aos deveres de lealdade dos administradores, deixava de fora os membros do órgão de fiscalização e colocava no mesmo nível de protecção os interesses dos accionistas e os interesses dos trabalhadores[218].

Por sua vez, o actual art. 64º CSC, cuja epígrafe passou a ser *"Deveres fundamentais"*, foi alargado no seu âmbito, vendo reforçada a referência aos deveres a que estão sujeitos os administradores das sociedades. Assim, a reforma de 2006 veio introduzir um número 2 relativo aos deveres dos membros dos órgãos sociais com funções de fiscalização, alterando a epígrafe de *"dever de diligência"* para *"deveres fundamentais"* e o título do capítulo V de *"Administração"* para *"Administração e fiscalização"*, tendo, por fim, enumerado – em duas alíneas do número 1 – os deveres fundamentais: a) deveres de cuidado, avançando com vários exemplos e b) deveres de lealdade, mantendo a referência anterior à actuação *no interesse da sociedade*.

Verificamos, assim, que foi densificado o conteúdo dos deveres fundamentais, com a introdução de uma explicitação daqueles deveres, tudo de modo a permitir um mais fácil controlo do seu desempenho.

Temos portanto que os deveres fundamentais dos administradores executivos/não executivos devem obedecer a dois critérios de actuação: a diligência de um gestor criterioso e ordenado (modal) e no interesse da sociedade (final), a que correspondem um dever de lealdade (*duty of loyalty*) e um dever de cuidado (*duty of care and skill*). A consagração dos deveres de cuidado e dos deveres de lealdade não é inovadora no que respeita à responsabilidade dos administradores, traduzindo *"apenas a codificação ou «transplante legal» de uma bifurcação de origem anglo-americana já longínqua no campo dos deveres fiduciários"*[219].

---

[218] Para um comentário sobre o carácter precário deste preceito v. PAULO CÂMARA *"O Governo das Sociedades e a Reforma...* cit., p. 26.
Sobre a história deste preceito v. ANTÓNIO MENEZES CORDEIRO, *"Os Deveres Fundamentais dos Administradores das Sociedades (art. 64º/1 do CSC)"*, in *Jornadas em Homenagem ao Professor Doutor Raúl Doutor Ventura, A Reforma do CSC*, Almedina 2007, pp. 19-60 (21ss.). V. igualmente do mesmo Autor, *Manual de Direito das Sociedades*, Vol. I, Das Sociedades em Geral, 2ª edição, Almedina, 2007.
[219] Cfr. JOÃO CALVÃO DA SILVA *Responsabilidade Civil dos Administradores...* cit., p. 141.

III. DEVERES DOS MEMBROS DO ÓRGÃO DE ADMINISTRAÇÃO E MEDIDAS DEFENSIVAS

Esta norma do art. 64º não refere também o dever de administrar (base de todos os outros) uma vez que na actual concepção de *corporate governance* as funções dos administradores não se reconduzem exclusivamente à administração propriamente dita (gestão), cabendo-lhes também a função de fiscalizar enquanto membros da comissão de auditoria (modelo anglo-saxónico) ou como administradores não executivos[220].

Sobre a existência ou não de um "dever de gestão" resultante das mencionadas funções de administrar e representar a sociedade, PEDRO CAETANO NUNES defende que "*A situação jurídica passiva do administrador é integrada por um dever de gestão*"; este dever existe enquanto uma obrigação de resultado que é a própria gestão, e que tem como fim último a prossecução do interesse social, o qual, por sua vez, se reconduz ao interesse comum ou colectivo dos sócios (a maximização do lucro)[221].

Conclui-se, assim, que esta norma vem caracterizar o interesse social abarcando, para além dos interesses dos sócios e dos trabalhadores, os interesses de todos aqueles que possam ter interesse legítimo no funcionamento da sociedade, incluindo clientes, fornecedores, financiadores e credores (*stakeholders*). Por outro lado, vem fixar os deveres fundamentais, de cuidado e de lealdade, dos membros do órgão de administração, os quais devem empregar a *diligência de um gestor criterioso e ordenado*.

De entre os deveres fundamentais (*fiduciary duties*), destacamos em primeiro lugar o dever de cuidado[222] (*duty of care*) ou dever de diligência, o qual se desdobra, não exclusivamente[223], em deveres de disponibilidade, de competência e de conhecimento da actividade da sociedade.

---

[220] ANTÓNIO PEREIRA DE ALMEIDA, ob. cit., p. 256.

[221] Cfr. ob. cit., pp. 32-33. O mesmo Autor faz também uma breve alusão às diferentes posições da doutrina nacional – v. pp. 17-20 – bem como analisa em detalhe a consagração legal deste dever de gestão, nos termos dos arts. 405º, 406º, 373º/3, 407º/2 e 64º, todos do CSC (cfr. p. 35). Ainda sobre este dever típico de administrar v. CARNEIRO DA FRADA, "*A Business Judgment Rule no Quadro dos Deveres Gerais dos Administradores*", in *Jornadas em Homenagem ao Professor Doutor Raúl Ventura, A Reforma do CSC*, Almedina 2007, pp. 61-102.

[222] Sobre a matéria do dever geral de cuidado v. AAVV, *Código das Sociedades Comerciais em Comentário*, cit., pp. 730ss., bem como BRUNO FERREIRA, *A Responsabilidade dos Administradores...* cit., e "*Os Deveres de Cuidado dos Administradores e Gerentes – Análise dos Deveres de Cuidado em Portugal e nos Estados Unidos da América fora das Situações de Disputa sobre o Controlo Societário*", Cadernos MVM, nº 31 (Dezembro 2008), pp. 8-49.

[223] Sobre o carácter não taxativo destes deveres de cuidado, v. PAULO CÂMARA "*O Governo das Sociedades e a Reforma...* cit., p. 30, para quem "*engloba a universalidade dos deveres de comportamento profissional*" e "*a sua consagração é feita através de uma cláusula geral, ... e o seu conteúdo não se esgota nas exemplificações isoladas na alínea a) do nº 1 do art. 64º*".

Assim, num primeiro momento os administradores devem verificar se reúnem a competência técnica e a disponibilidade para assegurar as funções para que foram designados, tanto mais em sociedades abertas admitidas à negociação em mercado regulamentado onde o grau de exigência é cada vez maior. Uma vez aceite o cargo, o administrador tem o dever de conhecer os assuntos sociais, ou seja, deve ter um conhecimento adequado da sociedade, devendo reunir a informação necessária para o exercício das suas funções. Por outro lado, e para este efeito, deverá acompanhar e vigiar a actividade social (*duty to monitor*), bem como realizar uma investigação quando tome conhecimento de factos danosos (*duty to inquiry*). Deste modo, os administradores têm de conhecer a actividade da sociedade, vigiando-a e investigando eventuais irregularidades[224].

Por outro lado, têm o dever de obter a informação necessária para tomar decisões adequadas (*process due care*): têm portanto o dever de produzir uma decisão ponderada, equitativa e oportuna (*duty of reasonable decisions*) e o dever de obter informação ao longo de um processo tendente à tomada de decisão (*duty of reasonable decision making process*). Ou seja, devem ter acesso a informações rigorosas, relevantes e oportunas, para assim melhor fundamentarem as suas decisões.

No que aos membros não executivos diz respeito, e uma vez que não têm, em geral, o mesmo acesso à informação, deve-lhes ser facultado o acesso a certos executivos principais da sociedade (secretário ou auditor interno). Em suma, um bom administrador tem o dever de tomar decisões razoáveis no sentido de serem susceptíveis de serem tomadas por um gestor criterioso e ordenado[225].

---

[224] O dever de vigilância está legalmente previsto no art. 407º/8 CSC, donde se pode também induzir o dever de investigação, uma vez que os administradores que encontraram irregularidades estão obrigados a submetê-las ao conselho de administração. Para um maior desenvolvimento destes deveres v. Bruno Ferreira *Os Deveres de Cuidado...* cit., pp. 31-35.

[225] Coutinho de Abreu, *Deveres de Cuidado e de Lealdade...* cit., pp. 20-21, por sua vez, divide o dever de cuidado nos seguintes deveres: "*a) o dever de controlo ou vigilância organizativo-funcional, b) o dever de actuação procedimentalmente correcta (para tomada de decisões) e c) o dever de tomar decisões (substancialmente) razoáveis*", os quais consubstanciam as *best practices of corporate governance*. O primeiro consiste na obrigação dos administradores prestarem atenção à evolução económico-financeira da sociedade e ao desempenho de quem a gere, relevando aqui a disponibilidade e o conhecimento da actividade da sociedade. O segundo traduz-se no dever de preparar adequadamente as decisões, ou seja, recolher e tratar a informação razoavelmente disponível em que assentará a decisão. Por fim, o dever de tomar decisões razoáveis traduz-se na obrigação de tomar decisões compatíveis com o interesse da sociedade, designadamente, não dissipar o património social e evitar riscos descabidos, relevando aqui a competência técnica. Para um breve desenvolvimento desta mesma terminologia, v. do mesmo Autor "*Corporate Governance em Portugal*", IDET, Miscelâneas Nº 6, Almedina 2010, pp. 7-47 (pp. 30-31).

III. DEVERES DOS MEMBROS DO ÓRGÃO DE ADMINISTRAÇÃO E MEDIDAS DEFENSIVAS

Estamos perante um dever de diligência ou de cuidado que está relacionado com a obrigação de gestão, tendo como padrão de referência o de *"um gestor criterioso e ordenado"*, o qual será determinante na avaliação dos motivos de destituição ou de culpa para efeitos de responsabilidade civil.

A este respeito devemos ter em consideração que o DL nº 76-A/2006 veio introduzir alterações ao regime da responsabilidade dos membros da administração para com a sociedade, sendo esta excluída se os administradores provarem que actuaram em termos informados, livres de qualquer interesse pessoal e segundo critérios de racionalidade empresarial, consagrando deste modo, na nova norma do art. 72º/2, o princípio da *business judgment rule* (*BJR*) – exclusão de responsabilidade perante uma actuação informada, desinteressada e racional – proporcionando uma maior sindicância quanto ao processo de decisão, e não tanto quanto ao mérito[226]. Todavia, daqui não resulta uma presunção de actuação correcta por parte dos administradores, ao contrário do que sucede com o direito norte-americano, dizendo tão-somente respeito à apreciação do cumprimento dos deveres de cuidado dentro do âmbito da tomada de decisão[227].

Assim, uma análise dos deveres de cuidado não pode deixar de considerar a relevância da *BJR* (à qual voltaremos *infra* Ponto 3.4. deste Capítulo), ou seja: uma vez reunidos certos pressupostos, a actuação do administrador não é avaliada quanto ao seu mérito de modo a potenciar o seu sentido empreendedor. Os administradores vêem assim a sua responsabilidade excluída perante a sociedade se demonstrarem que agiram de forma ponderada, pessoalmente desinteressada e enquanto prática normal e adequada de gestão[228], sendo então tal actuação considerada como suficiente na observação dos deveres de cuidado[229].

Já BRUNO FERREIRA, *Os Deveres de Cuidado...* cit., pp. 29-44, distingue os seguintes deveres de cuidado: 1) os *deveres de cuidado fora do âmbito da tomada de decisões, relacionados com o acompanhamento da actividade da sociedade* – a) *o dever de vigilância e investigação* e b) *o dever de disponibilidade*; e 2) os *deveres de cuidado dentro do âmbito da tomada de decisões* – a) *o dever de preparar adequadamente as decisões de gestão*, b) *o dever de tomar decisões de gestão racionais* e c) *o dever de tomar decisões de gestão razoáveis*. Este Autor autonomiza o dever de disponibilidade, considerando que " *o conteúdo específico do dever de disponibilidade vai para além da disponibilidade para a vigilância ou controlo da actividade da sociedade, tendo um conteúdo dogmático autónomo*", designadamente a disponibilidade para estar presente nas reuniões societárias, independentemente da vigilância da actividade da sociedade, e que será certamente mais exigente para os administradores executivos relativamente aos não executivos – cfr. *idem*, pp. 35-36. Em suma, conclui que os membros deste órgão devem estar em condições de se dedicarem efectivamente ao desempenho das suas funções, pelo que devem evitar uma acumulação excessiva de cargos.

[226] V. ANTÓNIO PEREIRA DE ALMEIDA, ob. cit., p. 281.
[227] No mesmo sentido BRUNO FERREIRA, *Os Deveres de Cuidado...* cit., p. 39.
[228] Cfr. PAULO OLAVO CUNHA, ob. cit., p. 773.
[229] Neste contexto importa questionar se o mérito das decisões empresariais é ou não sindicável. Nos termos do direito norte-americano a *BJR* (por referência ao *duty of care*) exclui a valoração

Uma vez analisado o dever de cuidado, temos depois o dever de lealdade (*duty of loyalty*) para com a sociedade, que diz respeito à actuação de acordo com o "interesse social" (o qual, em nosso entender, não se esgota mas aproxima-se, no decurso normal da sociedade, dos interesses dos accionistas) de modo a evitar conflitos de interesses[230]. Este dever impõe ao administrador que aja no interesse exclusivo da sociedade e dos accionistas, dando sempre prevalência a estes sobre os seus interesses pessoais. O dever de lealdade tem por finalidade evitar actuações dos administradores em conflito de interesses com a sociedade. O mesmo comporta um aspecto positivo e outro negativo: de acordo com o primeiro, os administradores devem prosseguir o interesse social; já na perspectiva negativa, não devem prosseguir interesses pessoais ou de terceiros, em detrimento do interesse social[231].

pelos tribunais do mérito das decisões dos administradores com base em quatro razões fundamentais: 1) a falta de formação específica dos juízes; 2) a sua análise redutora e incompleta; 3) a análise *ex post* do mérito da decisão pode ser destorcida pelos resultados da decisão; 4) um controlo judicial *ex post* apertado destas decisões inibiria os administradores de tomarem as desejadas decisões arriscadas.
Sobre a origem deste Princípio do direito norte-americano e sua natureza jurídica v. ORLANDO GUINÉ, ob. cit., pp. 123ss., onde o Autor partilha de uma concepção de *standard of review* enquanto padrão atenuador da revisão judicial da conduta dos administradores, designadamente do dever de cuidado.
Sobre os fundamentos da *BJR* ver mais em detalhe PEDRO CAETANO NUNES, *Corporate Governance*, Almedina, Março de 2006, pp. 23-25, que defende que "*É preferível incentivar os administradores a tomarem decisões arriscadas, exigindo no entanto que se informem devidamente antes de tomar essas decisões*" em nome do desenvolvimento económico e da competitividade empresarial (p. 37).
Sobre a aplicação deste princípio no direito português v. ainda PEDRO PAIS DE VASCONCELOS, "*Business judgment rule, deveres de cuidado e de lealdade, ilicitude e culpa e o artigo 64º do Código das Sociedades Comerciais*", in Direito das Sociedades em Revista, Almedina, Outubro 2009, Ano 1, Vol. 2 – Semestral, pp. 41-79, FILIPA G. FRAGATA, *Business Judgment Rule: Uma cláusula de (ir)responsabilidade dos administradores das sociedades comerciais* (dissertação de mestrado não publicada), FDUC, 2010, pp. 22ss., CARNEIRO DA FRADA, ob. cit., RICARDO SANTOS COSTA, "*Responsabilidade dos Administradores e Business Judgment Rule*", in *Reforma do Código das Sociedades*, IDET, Colóquios nº 3, Almedina, 2007, pp. 49-86, bem como GABRIELA FIGUEIREDO DIAS/ANA BEBIANO/LUÍS FILIPE CALDAS/ /MIGUEL PURO CORREIA, ob. cit., pp. 44ss.
[230] Este dever de lealdade (consagrado na lei nos arts. 64º, 397º e 398º CSC e 762º/2 CC) pressupõe um dever de não actuar em conflito de interesses e a sua violação já afasta a limitação da sindicabilidade do mérito das decisões empresariais (*BJR*).
[231] De acordo com PEDRO CAETANO NUNES, *Corporate...* cit., p. 89, este dever de lealdade decorre do princípio da tutela da confiança: assim a sociedade delega nos administradores a gestão do seu património e dos seus interesses (situação de confiança e investimento de confiança), na convicção de que aqueles actuarão na defesa exclusiva do interesse social em detrimento dos seus próprios interesses (justificação da confiança), os quais aceitam exercer tais funções de acordo com essas expectativas (imputação da situação de confiança) mediante uma remuneração da sociedade (investimento da confiança) que é por eles aceite (imputação da situação de confiança).

III. DEVERES DOS MEMBROS DO ÓRGÃO DE ADMINISTRAÇÃO E MEDIDAS DEFENSIVAS

Ainda de acordo com alguma doutrina, e nos termos desta norma, para além dos interesses da sociedade e dos seus accionistas, devem ser tidos em conta também outros interesses relevantes, tais como os seus trabalhadores, clientes, credores (*stakeholders*). Todavia, quando sucedem certos conflitos de interesses no seio da sociedade entende o nosso legislador que deverá ser dada prevalência ao interesse social, constituindo-se a lealdade como um dever fiduciário para com a sociedade.

Relativamente ao princípio ou concepção do *interesse social* (o qual não nos cabe aqui desenvolver) apenas uma breve nota para sublinhar que alguma doutrina perfilha o ressurgimento de uma concepção institucionalista moderna ao considerar que "*a sociedade apresenta-se no mundo jurídico como um sujeito autónomo, independente das pessoas dos sócios que a constituíram, com a existência de um interesse diverso e superior ao dos sócios/accionistas*"[232]. Todavia, outros consideram que "*O interesse social assente na própria sociedade, enquanto instituição diferente dos sócios, é uma abstracção e parece não defensável*"[233]. Outros defendem ainda que o ponto de partida do interesse social reside na "*criação sustentada de valor para os sócios*", acrescentando que "*As sociedades são instrumentos jurídicos pertencentes aos seus titulares e por isso devem orientar-se para cumprir essencialmente os fins destes*"[234].

Para uma análise mais detalhada do dever geral de lealdade v. também AAVV, *Código das Sociedades Comerciais em Comentário*, cit., pp. 742ss., ANTÓNIO MENEZES CORDEIRO "A Lealdade no Direito das Sociedades", ROA 66, 2006, Vol. III, pp. 1033-1065 e ARMANDO TRIUNFANTE, *A Tutela das Minorias nas Sociedades Anónimas – Direitos de Minoria Qualificada: Abuso de Direito*, Coimbra Editora, Agosto de 2004, pp. 179ss.

[232] V., entre outros, JOSÉ MARQUES ESTACA, *O Interesse Social nas Deliberações Sociais*, Almedina, 2003, p. 119.

[233] Cfr. VÂNIA FILIPE MAGALHÃES, "A conduta dos administradores das sociedades anónimas: deveres gerais e interesse social", in *Revista do Direito das Sociedades*, Ano 1 (2009) – Número 2, Almedina, pp. 389-417 (410).

[234] ORLANDO GUINÉ, ob. cit., p. 69. Não é nossa intenção desenvolver aqui esta temática – para uma análise mais detalhada do princípio do interesse social v. JOSÉ MARQUES ESTACA, ob. cit., pp. 159ss., bem como ORLANDO GUINÉ, ob. cit., pp. 65ss. e ainda SOFIA RIBEIRO BRANCO, ob. cit., pp. 453ss. Sobre a ponderação do interesse social na fusão v. DIOGO COSTA GONÇALVES, *Fusão, Cisão e Transformação de Sociedades Comerciais – A Posição Jurídica dos Sócios e a Delimitação do Status Vitae*, Almedina, Dezembro 2008, pp. 177ss.

Sobre as perspectivas institucionalista e contratualista v. ainda FILIPE CASSIANO DOS SANTOS, *Estrutura Associativa e Participação Societária Capitalística: contrato de sociedade, estrutura societária e participação do sócio nas sociedades capitalísticas*, Coimbra Editora, 2006, pp. 22ss., bem como COUTINHO DE ABREU, *Deveres de Cuidado e de Lealdade...* cit., pp. 31ss. Este último Autor conclui que aquelas teorias não estão superadas, avançando com outras correntes mais recentes que, *grosso modo*, lhes correspondem, designadamente, as concepções *shareholder value* (na qual a sociedade deve ser dirigida de modo a criar valor para os accionistas) e a *stakeholder value* (que considera igualmente outros interesses para além dos interesses dos accionistas), concluindo pela prevalência das teorias contratualistas no mercado de capitais actual ao assumir a prevalência dos interesses

Esta última parece-nos a posição mais razoável. Em nosso entender o interesse da sociedade e os interesses de longo prazo dos sócios (referidos expressamente na lei) aproximam-se e não devem dissociar-se, ou seja, o interesse da sociedade não se pode distanciar dos interesses dos accionistas no decurso normal da vida de uma sociedade, cabendo ao órgão de administração acautelá-los, bem como ter em consideração todos os interesses a ela ligados, incluindo os dos trabalhadores, mas tão-somente com carácter secundário[235].

Mais acresce que num mercado de capitais globalizado, e em particular nas sociedades cotadas em bolsa, predominam os interesses dos accionistas (proprietários da sociedade) e a criação de valor para estes últimos. Tanto mais que agora a própria lei faz referência expressa aos *interesses de longo prazo dos sócios*, os quais se devem traduzir na criação sustentada de valor para o accionista.

Na mesma linha de pensamento o próprio *Livro Branco sobre Corporate Governance em Portugal* apresenta como primeira Recomendação que *"As empresas cotadas tenham por objectivo central a criação de riqueza e a sua equitativa distribuição por todos os accionistas"*, e o *Anteprojecto de Código de Bom Governo das Sociedades do IPCG*, postulava na *Recomendação I.1.1* que as sociedades devem ser geridas com o objectivo de criação sustentada de riqueza para os seus accionistas[236], predominando deste modo uma concepção contratualista ou, se quisermos, *shareholder value* e *monista* na medida em que o interesse da sociedade aproxima-se dos interesses dos accionistas[237].

Em conclusão, entendemos que os administradores devem gerir a sociedade dando atenção primordial aos interesses comuns dos accionistas – criação de

---

dos accionistas, mas evidenciando que o nosso legislador (no art. 64º) optou por uma teoria institucionalista moderada (ao fazer menção a outros interesses dos não-sócios) e inconsequente (por não existir sanção para a violação destes últimos), acabando por definir o interesse social como a "*relação entre a necessidade de todo o sócio enquanto tal na consecução do maior lucro e o meio julgado apto a satisfazê-la*" (p. 37).

[235] Posição idêntica foi por nós defendida em momento anterior – cfr. JOÃO CUNHA VAZ, ob. cit., pp. 33-35.

[236] Embora, logo de seguida o mesmo *Anteprojecto* chamasse a atenção para a necessidade de salvaguardar outros interesses legítimos que gravitam em torno daqueles, sempre no respeito pelos princípios de responsabilidade social e de sustentabilidade (v. *Princípio I.2*). Já o actual *Código de Governo das Sociedades IPCG* é neutral, não tomando posição sobre a matéria.

[237] Em contraponto à teoria monista, temos as teorias dualistas onde o interesse social engloba o interesse dos accionistas e o interesse dos trabalhadores e as teorias pluralistas que abarcam igualmente a prossecução do interesse público. Sobre esta matéria v. COUTINHO DE ABREU, *Da Empresarialidade (as empresas no direito)*, Almedina, 1996, pp. 225ss., bem como SOFIA RIBEIRO BRANCO, ob. cit., pp. 453ss., PEDRO PAIS DE VASCONCELOS, *A Participação Social nas Sociedades Comerciais*, 2ª edição, Almedina, 2006, pp. 315ss., e ainda JOSÉ HORTA OSÓRIO, *Da Tomada do Controlo de Sociedades (Takeovers) por Leveraged Buy-Out e sua Harmonização com o Direito Português*, Almedina, 2001, pp. 138ss.

III. DEVERES DOS MEMBROS DO ÓRGÃO DE ADMINISTRAÇÃO E MEDIDAS DEFENSIVAS

valor a longo prazo –, sem no entanto descurar o conjunto dos demais interesses (*stakeholders*), os quais assumem um carácter meramente secundário. É certo que a lei no art. 64º CSC prevê que a administração da sociedade se deve nortear por outros interesses para além dos interesses dos sócios. Todavia, e quanto aos *stakeholders* entendemos que estes já vêem os seus direitos e interesses devidamente protegidos quer pelos contratos de que são parte, quer pelas várias normas do direito do trabalho, direito da concorrência, etc., pelo que adoptamos uma visão secundária dos interesses dos stakeholders, os quais devem ser ponderados quando se atendem os interesses primordiais dos accionistas.

Mas se entendemos que no decurso normal da vida da sociedade aqueles interesses devem andar associados, ao contrário do que pressupõe a norma do art. 64º, também é verdade, contudo, que defendemos que no decurso de uma OPA os mesmos interesses (social e dos accionistas) aparecem dissociados, devendo ser dada prevalência aos interesses dos accionistas, enquanto titulares de valores mobiliários e destinatários da oferta em causa. Assim, face a uma OPA a administração da sociedade visada deverá dar prevalência aos interesses dos seus accionistas na qualidade de titulares de valores mobiliários objecto de uma oferta de compra[238], assumindo os interesses dos *stakeholders* mais uma vez um mero carácter secundário relativamente aos interesses dos destinatários da OPA[239].

Voltando agora ao dever de lealdade propriamente dito, e tal como veremos mais à frente, este dever geral está directamente relacionado com a temática principal do presente estudo – a limitação dos poderes dos administradores no decurso de uma OPA (art. 182º CódVM) –, na medida em que esta limitação é um desenvolvimento, ou decorre directamente, daquele dever fundamental/ /geral. Por outro lado, o mesmo dever está consagrado na norma do art. 181º/5d) no que respeita ao comportamento daquele órgão no decorrer da oferta.

A doutrina vem defendendo que a ideia de lealdade assume diferentes configurações no direito das sociedades: 1) dos accionistas entre si, designadamente da maioria perante a minoria e vice-versa; 2) dos accionistas para com a sociedade; e c) dos administradores para com a sociedade[240].

---

[238] Também ANTÓNIO FERNANDES DE OLIVEIRA, *"Responsabilidade Civil dos Administradores"*, in AAVV, *Código das Sociedades Comerciais e Governo das Sociedades*, Almedina, 2008, pp. 257-341 (270-271), distingue, no decurso de uma OPA, os interesses da sociedade e o interesse directo do sócio relativo às acções de que é titular, sendo que a norma do art. 64º CSC somente cuida dos primeiros, donde resulta que *"Não pode por isso este artigo ser invocado para fundamentar a eventual oposição a uma OPA, da perspectiva dos accionistas (perspectiva preponderante)"*.
[239] Sobre uma possível consideração dos interesses dos *stakeholders* no decurso de uma OPA, v. ORLANDO GUINÉ, ob. cit., pp. 81-83.
[240] ANTÓNIO MENESES CORDEIRO, *Os Deveres Fundamentais...* cit., pp. 44-45.

Centrando-nos agora sobre esta última, devemos ter em atenção que este dever de lealdade decompõe-se em várias obrigações:

(i) A *obrigação de não concorrência com a sociedade* – que proíbe os administradores de exercerem (por conta própria ou alheia) actividades concorrentes[241] com as que a sociedade exerça, de exercerem funções em sociedade concorrente ou serem designados por conta ou em representação desta, salvo consentimento expresso por parte da AG de accionistas (v. arts. 398º/3 e 428º CSC); assim, o DL nº 76-A/2006 veio agravar a limitação ao exercício de outras actividades pelos administradores e a autorização referida deve definir o regime de acesso a informação sensível por parte do administrador (art. 398º/4 CSC).

(ii) A *obrigação de não celebrar negócios com a sociedade* – que proíbe a sociedade de conceder empréstimos ou crédito a administradores, efectuar pagamentos por conta deles, prestar garantias a obrigações por eles contraídas e facultar-lhes adiantamentos de remunerações superiores a um mês (art. 397º/1 CSC). Já todos os demais negócios, relativamente proibidos, podem ser previamente autorizados por deliberação do conselho de administração, na qual o administrador interessado não pode votar, e após parecer favorável do conselho fiscal ou da comissão de auditoria (nº 2).

(iii) A *obrigação de não apropriação de informações internas da sociedade (inside trading)* susceptíveis de influenciar o valor de mercado das acções por ela emitidas, de modo a evitar conflitos de interesses (v. arts. 378º CódVM e 449º CSC – *abuso de informação privilegiada*);

(iv) A *obrigação de transparência (duty of disclosure)*, ou seja, o dever de manter informados os outros administradores, os accionistas e o público de todos os factos relevantes (não confidenciais) – v. arts. 447º CSC (*Publicidade de participações dos membros de órgãos de administração e fiscalização*)[242] e 244ºss.

---

[241] Por remissão do art. 398º/5 CSC, e nos termos do art. 254º/2 do mesmo diploma, considera-se por actividade concorrente qualquer actividade abrangida no objecto social. Sobre esta matéria vide PEDRO CAETANO NUNES, *Corporate...* cit., pp. 93-96, que conclui que o exercício de actividade concorrente com uma actividade exercida pela sociedade, apesar de não abrangida pelo seu objecto social, ou o exercício de uma actividade concorrente com uma actividade que a sociedade planeava exercer, apesar de não ter sido deliberado o seu exercício, constituem igualmente uma violação do dever de lealdade, na modalidade de violação do dever de não concorrência, por imposição directa do art. 762º/2 CC.

[242] Nos termos do nº 1 desta norma, os administradores devem comunicar à sociedade as acções e obrigações da sociedade de que são titulares, bem como, nos trinta dias seguintes, as aquisições, onerações ou cessações de titularidade de acções ou obrigações da sociedade e de sociedades que com ela estejam em relação de domínio ou de grupo.

III. DEVERES DOS MEMBROS DO ÓRGÃO DE ADMINISTRAÇÃO E MEDIDAS DEFENSIVAS

CódVM[243] (*Subsecção VI – Informação relativa a valores mobiliários admitidos à negociação*)[244].

2.2. Deveres Específicos no Decurso da OPA

Depois de verificados os seus deveres gerais (ou fundamentais), passemos então à análise de outros deveres específicos dos membros do órgão de administração, em particular, aqueles que surgem no decurso de uma OPA.

Antes de mais, e tal como veremos adiante, os membros do órgão de administração estão limitados ou vinculados desde logo a um dever de gestão corrente (previsto no artigo 182º/1 CódVM), bem mais restrito que o mencionado dever típico de administrar. Estão, portanto, condicionados na sua principal tarefa de administrar (nos seus poderes de gestão), devendo-se cingir à gestão corrente neste particular período da vida da sociedade.

Depois estão sujeitos ao princípio da igualdade de tratamento dos accionistas: devem, portanto, tratar todos os accionistas da sociedade de forma equitativa quando as suas decisões possam afectar diferentes grupos de accionistas. Embora alguns dos seus membros possam ser nomeados ou eleitos por determinados accionistas, aqueles devem desempenhar as suas atribuições de forma equilibrada e com respeito por todos, o que se torna decisivo para, na presença de accionistas dominantes, proteger os minoritários.

Os membros daquele órgão devem ser capazes de exercer um juízo objectivo sobre os negócios da sociedade, devendo para tal ser independentes em relação à gestão. A sua independência implica que aquele órgão seja composto por um determinado número de membros não executivos *independentes* em

---

[243] Importa sublinhar que recaem específicos deveres de informação sobre as sociedades abertas, cujo capital está disperso pelo público, de modo a garantir uma maior transparência e controlo da administração da sociedade pelos accionistas e pela CMVM. Em particular no que respeita às sociedades cujas acções estejam admitidas à negociação em mercado regulamentado, os deveres de informação visam essencialmente proteger os interesses do mercado e dos investidores.
A este respeito merece especial atenção o art. 245º-A CódVM (v. *infra* Ponto 3.3. do presente Capítulo) relativo à informação anual sobre o governo das sociedades a prestar pelos emitentes de acções admitidas à negociação em mercado regulamentado situado ou a funcionar em Portugal, bem como o Regulamento da CMVM nº 1/2010 sobre o governo das sociedades cotadas.
[244] Poder-se-á dizer que COUTINHO DE ABREU, *Corporate Governance*... cit., pp. 29-30, avança ainda com duas outras obrigações decorrentes deste dever geral de lealdade: (v) a obrigação de "... *aproveitar as oportunidades de negócio da sociedade em benefício dela, não em seu próprio benefício ou no de outros sujeitos, salvo consentimento da sociedade*" e (vi) a obrigação de "... *não abusarem da sua posição ou estatuto, isto é, não receberem de terceiros vantagens patrimoniais ("comissões", "luvas") ligadas à celebração de negócios entre a sociedade e esses terceiros*". Para um melhor desenvolvimento destas obrigações que recaem sobre o órgão de administração e decorrentes do dever de lealdade v. do mesmo Autor, *Deveres de Cuidado e de Lealdade*... cit., pp. 24ss.

relação aos gestores, sendo a sua objectividade e independência, no modelo de governo clássico ("monista"), reforçada pela separação das funções de presidente da comissão executiva e de presidente do conselho de administração, contribuindo, deste modo, para um equilíbrio adequado dos poderes, aumentando a responsabilização e melhorando a independência dos membros do órgão de administração. Tudo isto de modo a permitir um governo da sociedade mais transparente e eficaz.

Importa sublinhar que nos casos de sociedades com uma estrutura accionista concentrada, o accionista dominante dispõe de poderes suficientes para designar o órgão de administração e os gestores. Contudo, neste caso, os membros daquele órgão são fiduciariamente responsáveis perante a sociedade e todos os accionistas, incluindo os accionistas minoritários, sendo essencial que alguns dos seus membros sejam independentes em relação aos accionistas dominantes, não devendo manter com aqueles laços comerciais estreitos.

Deste modo, os membros independentes do órgão de administração podem contribuir significativamente para o processo de decisão, ao contribuir com uma visão objectiva sobre a avaliação do desempenho deste órgão e dos gestores. Além disso, podem desempenhar um importante papel em áreas onde os interesses dos administradores, da sociedade e dos accionistas podem ser divergentes, como a remuneração dos executivos, o planeamento de substituições de membros, as mudanças no domínio societário, as defesas contra ofertas públicas de aquisição (analisadas no Ponto seguinte), etc.

Entremos agora na análise particular dos específicos *deveres de colaboração* dos membros da administração da sociedade visada no decurso da OPA.

Perante o lançamento de uma OPA os accionistas da sociedade visada têm de decidir aceitar ou rejeitar a proposta contratual apresentada pelo oferente, recaindo então sobre os membros daquele órgão os deveres de "neutralidade" ou "passividade" e de informação aos accionistas[245]. Tudo como desenvolvimento do mencionado dever de lealdade e corolário do princípio da reflexão e da informação adequada.

Assim, nos termos do art. 9º/5 da *Directiva das OPA*, este órgão deve elaborar e tornar público um documento de que conste o seu parecer fundamentado sobre a oferta, nomeadamente quanto às repercussões da aplicação da oferta sobre os interesses da sociedade no seu conjunto, incluindo o emprego, e quanto aos planos estratégicos do oferente para a sociedade visada e as suas eventuais repercussões a nível do emprego e dos locais em que a sociedade exerça actividade enunciados no documento da oferta.

---

[245] No mesmo sentido v. JOÃO SOUSA GIÃO, ob. cit., p. 234.

III. DEVERES DOS MEMBROS DO ÓRGÃO DE ADMINISTRAÇÃO E MEDIDAS DEFENSIVAS

No mesmo sentido, o art. 181º/1 CódVM dispõe que a administração da sociedade visada deve enviar ao oferente e à CMVM e divulgar ao público um *Relatório* elaborado nos termos do art. 7º – respeitando as exigências de completude, veracidade, actualidade, clareza, objectividade e licitude da informação – sobre a oportunidade e as condições da oferta.

Ou seja, este documento visa essencialmente informar e aconselhar os accionistas da sociedade visada sobre as condições e o mérito da oferta, respectivamente. Para o efeito, aquele órgão terá sob sua responsabilidade a emissão de um juízo comparativo dos valores das acções da sociedade visada (designadamente, entre a estimativa do seu valor real[246] e aquele oferecido pelo oferente) e das probabilidades de cada uma das alternativas ocorrer (face às condições apresentadas pelo oferente), de forma a pronunciar-se sobre o mérito e a oportunidade da proposta do oferente face à sua própria proposta de estratégia futura da sociedade. Tudo de modo a permitir que os accionistas tomem uma decisão devidamente fundamentada quanto às duas alternativas em causa: vender em OPA e, assim, beneficiar da mais-valia decorrente do prémio de controlo oferecido pelo oferente, ou manter-se na sociedade, alinhando com a estratégia apresentada pela administração visada e beneficiando da eventual valorização das suas acções[247].

Uma vez colocada em causa a alteração do controlo da sociedade, os membros daquele órgão continuam vinculados a actuar segundo um critério de um gestor criterioso e ordenado, nos termos gerais do art. 64º/1a) CSC, bem como a agir de boa fé, designadamente quanto à correcção da informação e quanto à lealdade do comportamento, consubstanciando um dever específico que resulta do lançamento de uma OPA (art. 181º/5d) CódVM).

Verificamos deste modo que o órgão de administração está vinculado a prestar através do presente Relatório uma apreciação crítica sobre a oferta, desempenhando este documento um papel decisivo enquanto orientador da decisão final dos accionistas. Ou seja, desempenha uma importante função de informação e acompanhamento dos accionistas sobre a oferta ou proposta apresentada, na medida em que os membros daquele órgão estão numa posição privilegiada para proceder a essa mesma avaliação.

Por outro lado, a lei estipula, para esse efeito, que deverá constar igualmente deste Relatório um parecer autónomo e fundamentado sobre, pelo

---

[246] A estimativa do valor real das acções da sociedade visada terá certamente por base a sua valorização no mercado, a previsão de dividendos futuros, a eventualidade de novas OPA e o prémio de controlo.

[247] Sobre a temática da apresentação do Relatório pela administração da sociedade visada nos termos do art. 181º/1 CódVM, v. ORLANDO GUINÉ, ob. cit., pp. 116-121, e PAULO CÂMARA, *Manual...* cit., pp. 618-622.

menos, as seguintes matérias: o tipo e o montante da contrapartida oferecida; os planos estratégicos do oferente para a sociedade visada (arts. 176º/1g) e 138º/1g) CódVM); as repercussões da oferta nos interesses da sociedade visada em geral, e, em particular, nos interesses dos trabalhadores e nas suas condições de trabalho e nos locais em que a sociedade exerça a sua actividade[248]; a intenção dos membros da administração que sejam simultaneamente accionistas da sociedade visada, quanto à aceitação da oferta (art. 181º/2 a) a d) CódVM); e, por fim, a informação sobre eventuais votos negativos expressos na deliberação desse órgão que precedeu a sua aprovação (art. 181º/3 CódVM)[249].

Pretende-se, assim, que os accionistas possam melhor avaliar a oferta que "está em cima da mesa" e suas consequências em caso de sucesso, designadamente, quanto às perspectivas da sua administração sobre a mesma, de modo a permitir-lhes tomar uma decisão sobre a oferta com pleno conhecimento de causa, ou seja, devidamente fundamentada, podendo, então, mais facilmente optar entre vender em OPA ou manter-se na sociedade.

Em suma, e no que respeita ao conteúdo deste Relatório, o mesmo desempenha duas funções essenciais: (i) informar e aconselhar os accionistas sobre as condições e o mérito da oferta; (ii) informar sobre as perspectivas futuras da sociedade por parte da presente administração face aos objectivos propostos pelo oferente para que os accionistas saibam com o que poderão contar caso a oferta não tenha sucesso[250].

Uma vez analisado o conteúdo deste documento, importa tratar da oportunidade da sua apresentação (*timing*), matéria que não foi abordada pelo legislador europeu: entre nós, o Relatório da administração deve ser apresentado no prazo de oito dias a contar da recepção dos projectos de prospecto e de anún-

---

[248] De salientar ainda que, nos termos da Directiva (art. 9º/5, 2ª parte), este mesmo parecer deverá ser apresentado, em simultâneo, aos representantes dos trabalhadores da sociedade ou, na sua falta, aos próprios trabalhadores, devendo o órgão de administração divulgá-lo em apenso ao referido relatório, caso receba em tempo oportuno um parecer distinto por parte daqueles quanto às repercussões a nível do emprego. Esta norma viria a ser transposta, entre nós, pelo disposto no 181º/4 CódVM, concretizando a sua recepção em tempo oportuno no período que decorre "... até ao início da oferta".

[249] A este respeito teremos de ter em atenção o disposto na norma do art. 410º/6 CSC, segundo o qual o administrador não pode votar sobre assuntos em que tenha (por conta própria ou de terceiro), um interesse em conflito com o da sociedade, devendo em caso de conflito informar o presidente sobre ele.

[250] Nas palavras de ANTÓNIO FERNANDES DE OLIVEIRA, ob. cit., p. 271, este Relatório "*deve, pois, da perspectiva dos accionistas, auxiliá-los, com o grau de exigência previsto no artigo 7º do mesmo código, na avaliação da adequação das condições de compra propostas pelo oferente. Deve auxiliar os accionistas enquanto titulares de um interesse directo sobre as acções (produto financeiro negociável) cuja gestão lhes compete, e não na perspectiva do seu interesse no desempenho da sociedade...*".

cio de lançamento e no prazo de cinco dias após a divulgação de adenda aos documentos da oferta (art. 181º/1 CódVM). A este respeito alguma doutrina[251] questiona sobre a existência de uma lacuna da lei, defendendo que, por vezes, a administração visada deveria tomar uma posição antes da recepção dos referidos projectos, designadamente após ter recebido o anúncio preliminar, de modo a melhor representar os interesses de curto prazo dos accionistas (princípio da boa fé).

Compreendemos estas preocupações mas não existe certamente qualquer lacuna legal, uma vez que foi intenção deliberada do legislador adiar o momento da entrega desse Relatório: o CódMVM (1991) exigia que o mesmo órgão se pronunciasse sobre a oferta, desde logo, nos oito dias após ter recebido o anúncio preliminar (cfr. art. 536º), tendo esta norma sido afastada pelo legislador em 1999, e bem em nosso entender, na medida em que essa avaliação corria sérios riscos de ser prematura por falta de informação adequada, com a agravante de a mesma norma considerar, para todos os efeitos, o silêncio daquele órgão como sinal do seu acordo relativamente à oferta.

Presentemente, a administração tem ao seu dispor uma informação mais completa (resultante dos referidos projectos de prospecto e de anúncio de lançamento), mais tempo para melhor avaliar a oferta de modo a permitir um juízo mais adequado, completo e fundamentado sobre a mesma, não tendo o seu silêncio qualquer valor enquanto acordo tácito ao contrário do que sucedia anteriormente.

Sobre este Relatório a CMVM no seu *"Parecer Genérico sobre os Deveres de Comportamento na Pendência de Oferta Pública de Aquisição (OPA)"*[252] defendeu que *"O órgão de administração da sociedade visada deve pronunciar-se sobre a oferta através do seu relatório, devendo este ser actualizado em caso de revisão da oferta em aspectos reputados como significativos pela CMVM"* (cfr. § 4). Importa aqui sublinhar que muitas vezes os projectos de prospecto e de anúncio de lançamento são alterados em virtude de o registo da oferta ficar condicionado a determinadas autorizações administrativas[253], podendo mesmo decorrer várias semanas até

---

[251] V. ORLANDO GUINÉ, ob. cit., pp. 117-118.

252 Emitido pela CMVM ao abrigo do art. 370º/2 CódVM, em 21.03.2006, aquando da OPA lançada pelo Millenium BCP sobre o BPI (disponível para consulta em http://www.cmvm.pt), daqui em diante somente designado por *Parecer da CMVM sobre deveres na OPA*. Sobre o instrumento jurídico do *Parecer* ao dispor da CMVM, ver FREDERICO COSTA PINTO/ALEXANDRE BRANDÃO DA VEIGA, *"Natureza, Limites e Efeitos das Recomendações e Pareceres Genéricos da CMVM"*, Cadernos MVM, nº 12 (Dezembro 2001), pp. 273-285.

[253] Tal como vimos antes, o prazo do registo da oferta pela CMVM pode ser suspenso cada vez que forem solicitados mais documentos para instruir o processo, nomeadamente em termos do direito processual da concorrência.

àquele registo definitivo, pelo que faz todo sentido que aquele Relatório seja também ele revisto e actualizado[254].

Ainda como deveres de colaboração, e nos termos do art. 181º/5 CódVM, o mesmo órgão está vinculado neste período: *a)* a informar diariamente a CMVM sobre as transacções realizadas pelos seus membros sobre valores mobiliários emitidos pela sociedade visada (ou por pessoas que com esta estejam em alguma das situações previstas no art. 20º/1 CódVM – *Imputação de direitos de voto*[255]); *b)* a prestar todas as informações que lhe sejam solicitadas pela CMVM (no âmbito das suas funções de supervisão); *c)* a informar os representantes dos seus trabalhadores (ou estes na falta daqueles) sobre o conteúdo dos documentos da oferta e do relatório por si elaborado – bem como a emitir parecer e informar os trabalhadores sobre as consequências da OPA nos seus interesses, nos termos do art. 181º/2c)[256]; e *d)*

---

[254] Neste contexto, verificou-se no caso da OPA à CIMPOR um requerimento da sociedade visada no sentido de, face à revisão dos projectos de documento da oferta (por ela recebidos para efeitos de elaboração do seu Relatório), lhe assistir o direito de, na medida em que considerava tal acção essencial para o cumprimento das suas obrigações de informação, divulgar Relatório actualizado, nos termos e para os efeitos da primeira parte do nº 1 do art. 181º CódVM, relativamente a aspectos novos /alterações significativas em relação às versões iniciais dos projectos de documentos da oferta. Todavia, a CMVM viria a considerar que, tendo em conta que não se estava nem perante uma adenda ao prospecto, nem perante um (projecto de) prospecto novo, não era por isso aplicável o nº 1 do art. 181º CódVM.
Posteriormente, a CMVM viria a aprovar a Adenda ao Prospecto quanto à revisão da contrapartida e das condições de sucesso da oferta, tendo então aprovado o novo calendário da OPA ao prolongar o prazo da oferta, em resultado da suspensão da oferta por parte do oferente e do facto de o conselho de administração da sociedade visada ter comunicado a possibilidade de se pronunciar sobre a Adenda ao Prospecto nos termos daquele art. 181º/1 no dia seguinte, assim como do facto de o oferente ter prescindido do período de irrevogabilidade das ordens.
[255] Para este efeito devem considerar-se igualmente, nos termos do art. 20º/1 CódVM, nomeadamente, os terceiros que actuam em nome próprio, mas por conta da sociedade visada, as sociedades que estejam com ela em relação de domínio ou de grupo, todos aqueles titulares de direitos de voto com quem a sociedade visada tenha celebrado acordo quanto ao exercício desses direitos (salvo se estiver vinculado a seguir instruções de terceiro), os membros dos seus órgãos de administração e de fiscalização, as pessoas que tenham celebrado algum acordo com a sociedade visada que vise adquirir o domínio da sociedade ou frustrar a alteração de domínio ou que, de outro modo, constitua um instrumento de exercício concertado de influência sobre a mesma sociedade, etc. A esta norma voltaremos *infra* Capítulo IV – Ponto 5.2. para efeitos do dever de lançamento de OPA no contexto do mercado de controlo societário nacional.
[256] Em nosso entender os direitos dos trabalhadores no decurso de uma OPA têm um carácter meramente secundário em relação aos interesses dos sócios, únicos titulares da sociedade, tal como defendemos anteriormente – cfr. JOÃO CUNHA VAZ, ob. cit., p. 34 (nota 59). Sobre esta matéria v. também COUTINHO DE ABREU, *Da Empresarialidade...* cit., pp. 231ss.

III. DEVERES DOS MEMBROS DO ÓRGÃO DE ADMINISTRAÇÃO E MEDIDAS DEFENSIVAS

a agir de boa fé, designadamente quanto à correcção da informação e quanto à lealdade do comportamento[257].

3. Medidas Defensivas

Uma vez analisados (genericamente) os deveres fundamentais dos membros do órgão de administração e face aos deveres especiais que sobre eles recaem no decorrer de uma OPA, mais facilmente poderemos agora compreender e avaliar a temática das medidas defensivas tomadas por parte daquele órgão e destinadas a frustrar o êxito de uma oferta.

Nas últimas duas décadas assistimos a um elevado número de OPA hostis[258], nas quais as instituições financeiras tiveram um papel preponderante, e do qual resultou um activo mercado do controlo societário onde as sociedades com excessivos *cash flows* se tornaram alvos preferenciais e os oferentes acabaram largamente endividados. Como consequência, verificou-se uma reorientação da motivação dos gestores no sentido de criar mais valor para os accionistas através da maximização do lucro a curto prazo, embora por vezes com sacrifício dos activos da sociedade e da sua *performance* a longo prazo.

No seguimento deste movimento de aquisições hostis, os gestores começaram a adoptar uma série de medidas defensivas gozando de grande margem de manobra, o que, por sua vez, veio tornar mais actual o problema do governo das sociedades, focalizado, agora, na crescente responsabilização dos gestores perante os accionistas e a sociedade.

Tal como vimos atrás, o Principio OCDE II.E estipula que *"Deve ser permitido aos mercados de controlo das sociedades funcionar de uma forma eficiente e transparente"*, acrescentando que *"As medidas anti-OPA não devem ser usadas para ilibar os gestores e o órgão de administração das suas responsabilidades".*

Mais se acrescenta (em anotação a este Princípio, pp. 37-38), que as partes intervenientes no mercado têm expressado apreensão em relação ao uso generalizado de medidas defensivas (mecanismos anti-OPA), as quais podem constituir um obstáculo ao funcionamento do mercado do controlo societário, na medida em que, em alguns países, são usadas para proteger os administra-

---

[257] Ainda sobre a temática dos deveres específicos que recaem sobre os membros do órgão de administração da sociedade visada, v. ANTÓNIO SOARES/RITA OLIVEIRA PINTO, "*Os deveres do órgão de administração da sociedade visada na pendência de uma Oferta Pública de Aquisição*", in Estudos em Homenagem ao Professor Doutor Carlos Ferreira de Almeida, Vol. I, Almedina, 2011, pp. 861-877, onde se distinguem *deveres de facere* e *de non facere* no decurso de uma OPA (862-863).

[258] Sobre esta crescente actividade do mercado europeu de fusões & aquisições nas últimas duas décadas, em particular nos anos 90 e no período entre 2003-2007, v. MCCAHERY/VERMEULEN, *Does the Takeover Bids Directive Need Revision?*, Tilburg Law School Legal Studies Research Paper Nº 05/2010, pp. 14ss. (disponível em *http://www.ecgi.org*).

dores do controlo por parte dos accionistas e que, face a uma OPA concreta, "... *o dever fiduciário do órgão de administração face aos accionistas e à sociedade deve prevalecer*"[259].

Por outro lado, constatámos igualmente que as OPA constituem um importante mecanismo de concentração e reestruturação empresarial (quando fundadas em critérios de racionalidade económica), pelo que devem ser fomentadas e desenrolar-se sem grandes entraves. Assim sendo, faz sentido que sejam interditas as medidas defensivas que se destinem exclusivamente a perpetuar os administradores ineficientes e acomodados ao seu estatuto.

Contudo, faz igualmente sentido que a sociedade visada se possa defender de ataques hostis de modo a desencorajar ofertas puramente especulativas destinadas somente a obter lucros a curto prazo e sem critérios de racionalidade económica. Ou seja, e de acordo com JOÃO CALVÃO DA SILVA[260], "*É sabido, também, que não raras vezes a OPA tem intuitos de pura especulação financeira, com o «príncipe encantado» («raider») a despertar a «branca de neve» adormecida (sociedade – sleeping beauty) só para obter lucros (greenmail)*".

Acresce dizer que faz também sentido permitir às sociedades europeias que se possam defender das OPA hostis estrangeiras e assim evitar o risco da "colonização" económica. De outra forma, aquelas sociedades poderiam ficar muito vulneráveis a ataques hostis por parte de sociedades extra-comunitárias, como poderia ser o caso das sociedades de direito norte-americano, que permitem a adopção em larga escala de medidas defensivas por parte da administração alvo de uma OPA hostil.

Por fim, importa ainda sublinhar que devem ser facultadas, em certa medida, defesas contra tomadas hostis, caso contrário as sociedades não recor-

---

[259] Na mesma linha de raciocínio o *Livro Branco sobre o Corporate Governance em Portugal*, p. 158, previa duas recomendações relativas ao funcionamento do mercado do controlo societário estipulando que é recomendável que "*80) Sejam abolidas medidas que limitem o funcionamento do mercado de controlo de empresas; 81) Seja estimulado que cada acção corresponda a um voto e que haja coincidência entre a percentagem de direitos de voto e de direitos de cash flow de cada accionista*".

Embora o *Código de Governo das Sociedades IPCG* na faça qualquer referência a esta matéria (seguindo uma perspectiva mais neutral), também o *Anteprojecto de Código de Bom Governo das Sociedades do IPCG (Recomendação VII.2.3)* previa que em caso de uma OPA os accionistas deviam ter a oportunidade de decidir, através do exercício do seu direito de voto desejavelmente não sujeito a restrições, sobre o mérito da oferta e a tomada de medidas defensivas, medidas, estas, que não devem subverter o funcionamento do mercado do controlo societário, nomeadamente pelos seus efeitos no património da sociedade ou pelas restrições no processo deliberativo. Por outro lado, sem prejuízo da sua aprovação em sede de AG quando exigido por lei ou pelos estatutos ou recomendado no âmbito deste código, deviam ser objecto de deliberação pelo CA ou, nos casos do modelo dualista, ser sujeitas a prévia aprovação do CGS, as decisões relativas à introdução e à manutenção de medidas defensivas anti-OPA (*Recomendação II.2.2, xiii*).

[260] Cfr. *Estudos de Direito Comercial...* cit., p. 238.

reriam ao mercado de capitais para se auto-financiarem, com o consequente prejuízo para o desenvolvimento deste mercado. No entanto, uma defesa radical contra tomadas de sociedades irá sempre colidir com o direito de livre alienação das acções, com a consequente perda do respectivo valor de mercado[261].

3.1. Diferentes Tipos

As medidas defensivas anti-OPA consistem, portanto, na regulamentação de aspectos fundamentais da sociedade que limitam a actuação dos accionistas, consubstanciando muitas vezes orientações dos fundadores da sociedade que desmotivam a sua aquisição.

Para além de outras categorias e tipos de medidas defensivas adoptadas pela doutrina[262], optámos pela distinção em função do tempo, porque é a mais usual e porque é aquela que consideramos mais relevante para efeitos do tema do presente estudo, uma vez que a regra de não frustração da oferta incide única e exclusivamente sobre as medidas adoptadas após o momento do lançamento da oferta.

Devemos ter em atenção que as medidas defensivas costumam ser agrupadas em dois grandes grupos de acordo com a sistematização tradicional, em função do seu tempo de aplicação: as *preventivas* (diferidas ou não) e as *reactivas*.

---

[261] V. ANTÓNIO MENEZES CORDEIRO, *"A OPA estatutária com defesa contra tomadas hostis"*, ROA 58 (1998), pp. 133-145 (135) e *Da Tomada de Sociedades...* cit., p. 776.

[262] A título de exemplo e para uma extensa tipologia das medidas defensivas, v. ORLANDO GUINÉ, ob. cit., pp. 23-27, onde o Autor as distingue em função: 1) do *escopo – subjectivas* porque destinadas a frustrar o sucesso da oferta e *objectivas* porque prosseguem a estratégia da sociedade independentemente da sua repercussão na OPA; 2) do *universo – gerais* porque afectam todos os interessados na sociedade e *específicas* porque afectam somente um grupo mais restrito; 3) dos *objectivos – directas* porque atingem directamente os activos pretendidos pelo oferente e *indirectas* porque afectam apenas o meio de alcançar o domínio/controlo; 4) da *eficácia – fortes* e *fracas* dependendo dos efeitos que possam ter no sucesso da oferta; 5) da *autonomia* – com ou sem *intervenção prévia* dos accionistas; 6) do *tempo – preventivas, diferidas* e *reactivas*; e 7) da *natureza – jurídicas* e *financeiras*. Para um estudo mais detalhado sobre as medidas defensivas *anti-takeover* em geral, v. na literatura estrangeira PATRICK GAUGHIN, *Mergers, Acquisitions, and Corporate Restructurings*, 5ª Edição, University Edition, Johan Wiley & Sons, 2011, pp. 183ss., MAEIJER/GEENS (org.), *Defensive Measures against Hostile Takeovers in the Common Market*, Graham & Trotman, Londres, 1990, PAUL DAVIES, *"The Regulation of Defensive Tactics in the United Kingdom and the United States"*, in KLAUS HOPT/EDDY WYMEERSCH (org.), ob. cit., pp. 195-216, F. EASTERBROOK/D. FISCHEL, *"Takeover Bids, Defensive Tactics and Shareholders' Welfare"*, in Business Law 36 (1981), pp. 1733-1750 e MIGUEL ÁNGEL ÁLVAREZ, ob. cit., pp. 119ss.

Já entre nós, v. ORLANDO GUINÉ, ob. cit., pp. 28ss., LUÍS MENEZES LEITÃO, ob. cit., pp. 61ss., A. TEIXEIRA GARCIA, ob. cit., pp. 283ss., ANTÓNIO MENEZES CORDEIRO, *Da Tomada de Sociedades...* cit., pp. 772ss. e RAÚL VENTURA, ob. cit., pp. 306ss.

Assim, por um lado temos as medidas *preventivas* (também denominadas como *prévias*) porque são adoptadas antes do lançamento da oferta e cujos efeitos se produzem também antes desse lançamento[263]. De entre aquelas anteriores à oferta temos ainda as *diferidas*[264], na medida em que são adoptadas antes da OPA, ou seja, cuja decisão é tomada previamente à oferta, mas cujos efeitos se produzem somente após o seu lançamento, ficando normalmente sujeitas a essa condição suspensiva: o lançamento da oferta.

Por outro lado, temos as medidas *reactivas* porque são adoptadas depois do lançamento da oferta, ou seja, a decisão que aprova essa medida é tomada no decorrer de uma OPA, pelo que se denominam igualmente como *subsequentes*.

Tendo em conta o disposto na *Directiva das OPA*, importa realçar que a *break-through rule* (*Não oponibilidade das restrições em matéria de transmissão de valores mobiliários e direito de voto* – art. 11º) diz directamente respeito às medidas *preventivas* enquanto a *non-frustration rule* ("neutralidade" ou "passividade" da administração – art. 9º) é dirigida às medidas defensivas *reactivas*.

Devemos também sublinhar que em função da sua natureza varia o grau de aceitação por parte do legislador, podendo-se perceber que as primeiras (porque anteriores) serão, em regra, permitidas, ao passo que as segundas são, em princípio, proibidas por lei. Se as preventivas resultam normalmente da lei, dos estatutos da sociedade ou de acordos de accionistas, já as reactivas resultam quase sempre de acções/actos da administração praticados no decurso da oferta. As primeiras tendem a ser mais eficazes na defesa da sociedade visada contra uma OPA porque adoptadas antes do seu lançamento, enquanto a adopção alternativa de medidas reactivas (no decurso da oferta) é seriamente limitada pela lei tal como veremos no próximo Capítulo.

---

[263] Quanto a estas medidas preventivas, estamos perante uma questão de *corporate governance* quando a CMVM recomenda ou a lei proíbe que não deverão ser criadas medidas que impeçam o êxito de OPA contrárias aos interesses dos accionistas e da sociedade, bem como quanto à sua divulgação ao mercado. Por sua vez, quanto à suspensão de eficácia dessas medidas no prazo da oferta, tratar-se-á num primeiro momento de uma questão de *corporate governance* quando é recomendada (CódGS) ou obrigatória por lei (CódVM) a sua suspensão. No entanto, poderíamos questionar se a sua suspensão voluntária, decidida pelos accionistas em AG prévia ou no decurso da oferta, diz também respeito ao *corporate governance*? Entendemos que também aqui, e uma vez determinada pelos accionistas qual o regime em vigor na sociedade quanto à eficácia daquelas restrições no decurso de uma OPA, essa disposição estatutária, porque vinculativa para a sociedade//accionistas (e oferente), constitui também um elemento de *corporate governance*.
[264] JORGE BRITO PEREIRA, "*A Limitação dos poderes da sociedade visada durante o processo de OPA*", in Direito dos Valores Mobiliários, Vol. II (2000), Coimbra Editora, pp. 175-202 (177), classifica as medidas defensivas em *estratégias preventivas*, *estratégias de defesa* e *estratégias de defesa diferida*, considerando estas últimas como aquelas que "... *sendo constituídas em momento anterior ao do conhecimento de uma dada oferta, apenas produzem os seus efeitos jurídicos em momento posterior ao do conhecimento do lançamento de uma OPA indesejada*".

III. DEVERES DOS MEMBROS DO ÓRGÃO DE ADMINISTRAÇÃO E MEDIDAS DEFENSIVAS

Importa, por fim, chamar a atenção para o facto que, face ao objecto principal do presente estudo – a *non-frustration rule* por parte da administração visada no decurso da OPA –, limitar-nos-emos a fazer uma breve alusão descritiva das medidas preventivas para em seguida nos centrarmos mais em detalhe nas medidas reactivas. Estas últimas estão condicionadas na sua prática no decorrer da oferta e estão na origem da limitação dos poderes da administração da sociedade visada (prevista nos termos da norma do art. 182º CódVM), pelo que iremos também por agora proceder a uma análise descritiva e a um comentário crítico destas medidas, deixando para o Capítulo seguinte a sua avaliação à luz da nossa ordem jurídica.

A. Preventivas

Comecemos então pelas medidas preventivas, fazendo somente um breve levantamento da doutrina sobre a matéria, para então nos debruçarmos, efectivamente, sobre as reactivas que estão directamente relacionadas com o objecto do presente estudo.

Todas as medidas defensivas preventivas, porque se destinam a afastar ou a combater as tomadas hostis do controlo societário por parte dos "tubarões", são vulgarmente conhecidas por repelentes de tubarões ou *shark repellents*.

Assim, de entre as medidas defensivas, estas são adoptadas de uma forma preventiva com a aprovação dos accionistas, anteriormente à ocorrência de uma OPA, consubstanciando, algumas delas, certas técnicas do direito das sociedades previstas desde logo nos estatutos da sociedade, destinadas a tornar a sociedade menos vulnerável[265] a uma OPA. Ou seja, visam diminuir a exposição de uma sociedade ao lançamento de uma OPA, nomeadamente: as restrições à transmissibilidade de acções e ao direito de voto, os direitos especiais de voto (por exemplo, voto plural)[266], os direitos especiais em termos de nomeação ou destituição dos membros da administração, a atribuição de compensações desapropriadas em caso de destituição, etc.

---

[265] Sobre as causas económicas e jurídicas da vulnerabilidade de uma sociedade a uma OPA – por permitirem a redução de custos ou a realização de avultadas mais-valias –, A. Teixeira Garcia, ob. cit., pp. 285-286, distingue de entre as primeiras (económicas), a pequena dimensão da sociedade, a subcapitalização bolsista dos títulos, a grande dispersão do capital, a ausência de uma maioria de controlo e a ausência de uma política adequada de informação dos accionistas; e de entre as segundas (jurídicas), as sociedades anónimas clássicas, as sociedades que não adoptaram medidas defensivas preventivas (estatutárias) e as sociedades que não pertencem a um sector de actividade protegido.
[266] A nossa ordem jurídica proíbe nos termos do art. 384º/5 CSC estabelecer no contrato de sociedade o voto plural.

Deste modo, determinadas estruturas de capital permitem a um accionista exercer um grau de controlo sobre a sociedade desproporcionado relativamente à sua participação no capital social, como por exemplo, as estruturas piramidais, as participações cruzadas e as acções com direitos de voto limitados ou múltiplos. Todos estes instrumentos podem ser utilizados para diminuir a capacidade de os accionistas não dominantes influenciarem o rumo da sociedade, reforçando ou expandindo o controlo.

De igual modo, os acordos parassociais são muitas vezes usados para alterar ou redistribuir o controlo da sociedade, permitindo a grupos de accionistas (com participações reduzidas) agirem concertadamente de maneira a constituir uma maioria de controlo. Também os estatutos podem fixar o número máximo de votos que o accionista tem direito de exercer, independentemente do número de acções que este efectivamente possua (*voting caps*), permitindo deste modo redistribuir o controlo e afectar os incentivos à participação accionista nas AG[267]. Na prática, muitos destes constituem mecanismos que permitem a determinados accionistas obter uma minoria de bloqueio no seio de uma sociedade mas que a lei quer ver divulgados.

No que respeita à classificação das medidas defensivas preventivas, a doutrina vem apresentando diversas classificações; por agora destacamos aquela que distingue as quatro categorias seguintes[268]:

A) *Medidas organizatórias* tais como (i) a institucionalização em permanência dos administradores que dificulta a sua substituição pelo novo adquirente[269] e (ii) a repartição dos lugares nos órgãos sociais pelos accionistas a partir de certo limite, o que pode obrigar a uma detenção a 100% para garantir o efectivo controlo da sociedade visada; B) *Limitações ao direito de voto* tais como (i) os *voting caps*, ou seja, a limitação do número máximo de votos que cada accionista pode usar em AG, independentemente da sua participação social[270], (ii)

---

[267] V. anotação ao Princípio OCDE II. D., pp. 36-37, relativamente à necessidade de divulgação dessas formas de estruturação do capital social e desses acordos parassociais.
[268] ANTÓNIO MENEZES CORDEIRO, *Da Tomada de Sociedades...* cit., pp. 773ss., classificação, esta, depois desenvolvida por LUÍS MENEZES LEITÃO, ob. cit., pp. 61ss.
[269] Por exemplo, os *staggered boards* são uma forma de dificultar a substituição da gestão e que consiste na previsão nos estatutos de mandatos renovados por tranches sucessivas. Ou seja, consiste na limitação estatutária do número de membros do órgão de administração que pode ser removido em cada mandato, impedindo deste modo a sua substituição total numa única AG, tornando mais difícil a implementação por parte do oferente da sua política de gestão através da nomeação de pessoas da sua confiança – v. ORLANDO GUINÉ, ob. cit., p. 31 (nota 21), e PAULO LOPES MARCELO, *A Blindagem da Empresa Plurissocietária*, Almedina, 2002, p. 78, que fala em *designação parcelada do conselho de administração* ou *administração escalonada*.
[270] Tal limitação ao direito de voto é prevista desde logo, entre nós, no art. 384º/2b) CSC. Trata-se da contabilização da emissão de votos em AG por um mesmo accionista. Esta norma dispõe que o

III. DEVERES DOS MEMBROS DO ÓRGÃO DE ADMINISTRAÇÃO E MEDIDAS DEFENSIVAS

a suspensão temporária do direito de voto, (iii) as diferentes classes de votos em relação a diferentes categorias de acções e (iv) as acções douradas ou *golden shares* – que conferem direitos especiais ao seu detentor (Estado) face aos outros accionistas[271]; C) *Esquemas financeiros*, como por exemplo (i) as compensações antecipadas também conhecidas por *golden parachutes ou pára-quedas dourados*[272] e (ii) o protelamento do direito ao dividendo, somente após deter-

---

contrato de sociedade pode estabelecer que não sejam contados votos acima de um certo número, quando emitidos por um só accionista, em nome próprio ou também como representante de outro. Assim sendo, ao oferente não interessa adquirir mais acções do que aquelas correspondentes ao limite estabelecido (normalmente inferior à atribuição do controlo), pelo que terá de se aliar com outros accionistas (ou terceiros) de modo a alcançar o desejado controlo (*Cavalo de Tróia*).
A blindagem dos estatutos enquanto forma de limitação do exercício do direito de voto tem merecido especial atenção por parte do legislador, nacional e europeu, e da própria CMVM, os quais defendem o princípio *one share/one vote* (uma acção/um voto), considerando que os accionistas devem ter o direito de voto na AG de acordo com a proporção de capital social efectivamente detido, não devendo ser condicionados por nenhuma desproporção de direitos de voto que visem influenciar o equilíbrio de poderes dentro da AG.
[271] Como exemplo, entre nós, tínhamos a *"golden share"* do Estado Português sobre a Portugal Telecom, o qual vinha sendo pressionado por Bruxelas no sentido de abdicar desse direito especial, tendo inclusive a Comissão elaborado um relatório onde sublinha os custos decorrentes da falta de concorrência no sector das telecomunicações em Portugal. De entre os direitos especiais inerentes, destacamos a possibilidade de eleger 1/3 do número total dos administradores, incluindo o presidente do CA, autorizar a distribuição de dividendos superiores a 40% dos lucros anuais distribuíveis, definir os princípios gerais da política de participação em sociedades, incluindo autorização de aquisições e alienações, etc. Sobre esta matéria voltaremos *infra* Capítulo IV – Ponto 5.1.
[272] Que se traduzem em cláusulas que beneficiam administradores da sociedade visada, designadamente através da atribuição de elevadas indemnizações em caso de cessação antecipada de mandato (como é o caso de uma OPA), visando deste modo dificultar a substituição dos quadros da sociedade pretendida por parte do oferente. A eficácia dos *golden parachutes* como efectiva medida defensiva vem sendo amplamente discutida na doutrina: v., entre outros, LUÍS MENEZES LEITÃO, ob. cit., p. 63, que afirma que podem mesmo *"enfraquecer a resistência da empresa às OPA"* e A. TEIXEIRA GARCIA, ob. cit., p. 297, afirmando que *"são pouco dissuasivas face aos elevados montantes em jogo na OPA"*.
Importa sublinhar que o CSC consagrou a regra da livre destituição pela AG dos administradores que não tenham sido nomeados pelo Estado ou entidade equiparada (art. 403º/1). No entanto, de acordo com o nº 5 da mesma norma, se a destituição não se fundar em justa causa (por violação grave dos seus deveres de administrador ou inaptidão para o exercício normal das suas funções – cfr. nº 4), o administrador tem direito a indemnização pelos danos sofridos, conforme antes com ele acordado, mas sem que essa indemnização possa exceder o montante das remunerações que presumivelmente receberia até ao fim do seu mandato.
O CódVM, por sua vez, obriga que, de entre a informação anual sobre o governo da sociedades a prestar pelos emitentes admitidos à negociação em mercado regulamentado, conste aquela relativa aos acordos entre a sociedade e os titulares do órgão de administração ou trabalhadores que prevejam indemnizações em caso de despedimento sem justa causa ou cessação da relação laboral na sequência de uma OPA (cfr. 245º-A/1l), no seguimento do disposto no art. 10º/1k) da Directiva).

minado período de permanência, afastando o cenário de lucros no curto prazo para potenciais oferentes; e D) *Controlo sobre as acções,* tais como (i) as *poison pills* (cápsulas envenenadas) ou especiais direitos de aquisição de acções[273], as (ii) as restrições à transmissão de acções[274], (iii) a *Greenmail* (ou *goodbye kiss*)

Por fim, não podemos deixar de defender que uma situação de alteração do controlo da sociedade não implica, por si só, justa causa de destituição, mesmo para aqueles administradores que se tenham manifestado contra a OPA em causa. No mesmo sentido v. PAULO LOPES MARCELO, ob. cit., p. 81.

[273] As *poison pills* consistem na criação de títulos com direitos especiais que devem ser exercidos em caso de tentativas de OPA hostis ou quando se tomar conhecimento de que um terceiro já adquiriu uma percentagem relevante de acções da sociedade: no *flip-in* a sociedade visada permite aos seus accionistas a aquisição de acções da sociedade a um preço inferior ao valor de mercado, enquanto no *flip-over* a mesma sociedade permite-lhes adquirir acções do próprio oferente a um preço reduzido após a aquisição ou tomada de controlo – v. LUÍS MENEZES LEITÃO, ob. cit., p. 63. Esta medida defensiva é considerada como muito eficiente na luta anti-OPA, na medida em que, apesar de não evitar a OPA, torna-a bem mais onerosa. Sobre esta matéria v. igualmente DANIEL CORRÊA D'AGOSTINI, *A Oferta Pública de Ações como Mecanismo de Proteção à Dispersão Acionária: A Realidade Brasileira da Poison Pill,* Monografia não publicada, São Paulo 2007, pp. 32ss. (disponível em *http://www.ibrademp.org.br).*

[274] Esta limitação pode ocorrer por via dos estatutos (art. 328º CSC) ou por meio de um acordo parassocial (17º/1 CSC). Assim, nos termos do art. 328º/1 a regra é a da livre transmissibilidade das acções. No entanto, a lei permite que os estatutos estabeleçam limites a esta regra, designadamente, que subordine a transmissão de acções nominativas ao consentimento da sociedade (nº 2a)), que estabeleça um direito de preferência dos outros accionistas (nº 2b)) ou a subordine a determinados requisitos que estejam de acordo com o interesse social (nº 2c)).

Estas limitações estatutárias vêem a sua eficácia reduzida enquanto mecanismos anti-OPA, todavia, na medida em que somente se aplicam às acções nominativas (sendo que o capital de uma sociedade está muitas vezes representado também por acções ao portador); por outro lado, são necessários avultados meios financeiros para os outros accionistas exercerem o direito de preferência nas mesmas condições da oferta; e quando recusado o mencionado consentimento pela AG, a sociedade deve fazer adquirir as acções por outra pessoa nas mesmas condições (cfr. art. 329º/3c) CSC) o que obrigará a uma mudança de controlo da sociedade.

Uma outra condicionante importante resulta do facto de o legislador exigir, nos termos do art. 204º/1a) CódVM (alterado pelo DL nº 357-A/2007, de 31 de Outubro), que somente podem ser objecto de negociação organizada valores mobiliários fungíveis, *livremente transmissíveis,* integralmente liberados e que não estejam sujeitos a penhor ou a qualquer outra situação jurídica que os onere. Pelo que a sociedade terá de afastar tais restrições à transmissão de acções caso pretenda negociar de forma organizada os seus valores mobiliários (ou seja, financiar-se no mercado mediante a abertura do seu capital ao investimento do público).

Uma breve palavra ainda para salientar que estas limitações relativas à transmissão de acções só poderão ser introduzidas por alteração do contrato de sociedade *com o consentimento de todos os accionistas cujas acções sejam por elas afectadas* (cfr. 328º/3 CSC), o mesmo já não sucedendo para a sua atenuação ou eliminação, para as quais a lei prevê apenas a maioria qualificada exigida para a alteração dos estatutos, o que certamente exigirá por parte do oferente um esforço acrescido aquando da aquisição do controlo da sociedade visada.

III. DEVERES DOS MEMBROS DO ÓRGÃO DE ADMINISTRAÇÃO E MEDIDAS DEFENSIVAS

quando uma sociedade (potencial visada) se compromete a readquirir a uma sociedade hostil (potencial oferente) acções, entretanto adquiridas por esta, a um preço superior ao do mercado de modo a evitar o lançamento de uma OPA, (iv) a *Macaroni defense*[275] e (v) a *Lobster Trap* que consiste na previsão estatutária no sentido de impedir um accionista com mais de 10% de títulos convertíveis (nomeadamente acções preferenciais ou *warrants*) de as converter em acções com voto[276].

Resta-nos acrescentar que a adopção deste tipo de medidas defensivas por parte de uma sociedade terá, em princípio, como consequência a redução do preço de mercado das respectivas acções, uma vez que a lei obriga à sua divulgação ao mercado, cabendo então aos seus accionistas ponderar os *prós* e os *contras* das medidas que pretendam tomar[277].

---

[275] Segundo Luís MENEZES LEITÃO, ob. cit., p. 64, "*nos termos da qual a sociedade em risco de ser tomada emite obrigações, estabelecendo, no entanto, que em caso de ocorrer uma tomada hostil, se compromete a readquiri-las com um prémio de reembolso superior*".

[276] Para além das mencionadas medidas preventivas podemos ainda mencionar uma outra classificação da autoria de A. TEIXEIRA GARCIA (cfr. ob. cit., pp. 286ss.), que as subdivide em cinco categorias: A) *Dispositivos de alerta* – (i) a publicidade da ultrapassagem de determinadas participações accionistas (art. 448º/1 CSC) ou de direitos de voto (art. 16º/1 CódVM – deveres de comunicação de participações qualificadas) e (ii) a identificação dos accionistas (acções nominativas); B) *Concentração de poder* – (i) a emissão de acções preferenciais sem direito de voto (art. 341º CSC), (ii) a aquisição de acções próprias (art. 316º CSC), (iii) as restrições à participação em AG (379º/5 CSC), (iv) o reforço do quórum deliberativo da AG em primeira convocação (art. 383º/3 CSC *a contrario sensu*), (v) a redução de capital e (vi) a OPA estatutária, ou seja, quando os estatutos estabelecem, para efeitos de OPA obrigatória, um limiar inferior ao estabelecido na lei (v. *infra* Capítulo IV – Ponto 5.); C) *Celebração de alianças* – (i) participações recíprocas ou cruzadas (art. 485º CSC) (v. *infra* Capítulo IV – Ponto 2.3.D.) e (ii) sociedades holding; D) *Defesas diferidas* – aprovação prévia de um aumento de capital em caso de OPA (v. *infra* Capítulo IV – Ponto 2.5.); E) *Outras medidas* – (i) a alienação de bens do activo (*crown jewels options*) decidida previamente ao lançamento da OPA e (ii) a transformação em sociedade em comandita por acções, cujo regime jurídico torna-a num alvo não preferencial de OPA pouco atractiva para potenciais oferentes, que se vêem limitados na aquisição do controlo da sociedade (art. 465º/3 CSC), na eleição (art. 470º/1 CSC) e na destituição dos respectivos gerentes (art. 471º/1 CSC) – sobre este regime v. A. TEIXEIRA GARCIA, ob. cit., p. 306 e JOÃO CALVÃO DA SILVA, *Estudos de Direito Comercial...* cit., p. 241.

[277] Sobre a admissibilidade no direito português destas medidas defensivas preventivas v. Luís MENEZES LEITÃO, ob. cit., pp. 68-71.
No que respeita ao seu uso no decurso de uma OPA, o art. 11º da Directiva prevê a "*Não oponibilidade das restrições em matéria de transmissão de valores mobiliários e direito de voto*": ou seja, as restrições à transmissão de valores mobiliários estatutárias ou contratuais (celebrados após a aprovação da Directiva) não são oponíveis ao oferente durante o período de aceitação da oferta (nº 2). As restrições em matéria de direitos de voto previstas nos estatutos, bem como em contratos celebrados após a aprovação da Directiva ficam sem efeito na AG que tomar uma decisão sobre eventuais medidas de defesa nos termos do art. 9º e os valores mobiliários com voto plural têm um único voto

B. Reactivas

Entramos agora na análise do tipo de medidas defensivas que mais nos interessa e que estão directamente relacionadas com o tema do presente estudo: as medidas defensivas reactivas, porque adoptadas por parte da administração da sociedade visada após o lançamento de uma OPA, e cujos poderes o legislador pretende limitar no decurso de uma oferta de modo a proteger os interesses dos accionistas e a não frustrar o êxito da oferta.

Cumpre-nos, assim, abordar qual o papel que a administração deve desempenhar no decurso de uma OPA e quais as medidas de defesa que ela pode ou não adoptar a fim de combater a oferta, matéria esta determinante na relação entre o direito das sociedades e o direito dos valores mobiliários, na medida em que abrange matérias como o conflito de interesses no seio da sociedade, os deveres dos administradores, o papel da AG e o direito dos accionistas em decidir sobre o mérito da oferta.

Verificamos que existem práticas tomadas no decurso de uma OPA que estão directamente relacionadas com a regra de não frustração da oferta que limita os poderes do órgão de administração nesse mesmo período. De referir que o grupo de controlo da sociedade visada ou a própria administração tudo farão para conseguir o insucesso de uma OPA hostil, razão pela qual é tão necessária a intervenção do legislador. Todas estas medidas são tomadas no decorrer da oferta e visam de imediato comprometer o êxito da mesma. Quanto ao seu regime legal, o mesmo será analisado no Capítulo seguinte nos termos dos arts. 182º CódVM e 9º da *Directiva das OPA*.

(art. 11º/3). No entanto, o art. 12º/1 dispõe que os EM podem reservar o direito de não exigir que as sociedades apliquem o disposto no art. 11º, consagrando, deste modo, um regime facultativo. O legislador nacional transpôs para a nossa ordem jurídica este regime ao dispor no art. 182º-A CódVM (*Suspensão voluntária de eficácia das restrições transmissivas e de direito de voto*) que se as sociedades optarem pela suspensão dessas medidas (restrições ao direito de voto e à transmissão das acções, direitos especiais de designação ou destituição de membros do órgão de administração), a opção pode ser tomada em AG após a entrada em vigor do DL nº 219/2006 que transpôs a Directiva (nº 1), devendo aquela deliberação ser comunicada à CMVM e às autoridades de supervisão de todos os mercados em que as acções sejam negociadas. Se a AG nada deliberar sobre a matéria a sociedade mantém as medidas defensivas em caso de OPA. Todavia, as sociedades que optem pelo levantamento das medidas defensivas preventivas não serão, contudo, obrigadas a proceder ao levantamento das mesmas numa OPA em que a sociedade oferente tenha, ela própria, medidas defensivas: cláusula de reciprocidade (cfr. nº 3) em transposição do art. 12º/3 da Directiva.
Resta-nos questionar se pode igualmente ser deliberada no decurso de uma OPA a suspensão de eficácia das restrições transmissivas e de direito de voto previstas nos estatutos da sociedade visada? Ou seja, estas medidas defensivas preventivas podem ser afastadas em sede de AG após o lançamento de uma OPA? Em nosso entender podem, desde que se proceda à respectiva alteração estatutária aprovada por maioria qualificada exigida por lei.

III. DEVERES DOS MEMBROS DO ÓRGÃO DE ADMINISTRAÇÃO E MEDIDAS DEFENSIVAS

Após o conhecimento do lançamento da OPA a administração da sociedade visada fica limitada nos seus poderes e as medidas defensivas a tomar no decurso da mesma estão muito condicionadas. Todavia, tal não significa que as medidas defensivas reactivas estejam de todo afastadas, mas tão só que os poderes da administração ficam reduzidos à gestão normal da sociedade (tal como veremos mais à frente).

As medidas reactivas, também designadas por *estratégias de defesa*[278] ou defesas *ad hoc*, destinam-se a levantar obstáculos ao oferente no decurso da oferta e a convencer os accionistas a permanecer na sociedade. Melhor dizendo, *destinam-se a dissuadir o oferente e convencer os oferecidos*[279], sendo que *os opositores à OPA tentarão adquirir acções pretendidas ou procurarão demover os accionistas dispostos a vender*[280]. Por outras palavras, em nosso entender a administração da sociedade visada pretende, por um lado, tornar a sociedade menos apetecível para o oferente e, por outro, demonstrar o quanto aquela oferta não é vantajosa para os seus destinatários face às condições a oferecer pela sua gestão, oferecendo-lhes uma estratégia alternativa mais atraente.

Entre estas medidas destacamos as seguintes (porque mais comuns):

(i) *Pac-man Defense*, (ii) *White Knight*, (iii) *White Squire*, (iv) *Sale of Crown Jewels*, (v) *Reestruturação*, (vi) *People Pill*, (vii) *Significant Acquisition*, (viii) *Recapitalisation*, (ix) *Standstill Agreements*, (x) *Anti-trust laws*, (xi) *Litigation*, (xii) *"Winning the Argument"*, (xiii) *Lobbying*, (xiv) *Whitemail*, (xv) *Aquisição de acções da oferente*, (xvi) *Killer Bees* e (xvii) *Targeted Repurchase*, entre outras[281].

(i) A *Pac-man*[282] *Defense* ou contra-OPA consiste no lançamento, por parte da sociedade visada, de uma OPA sobre os valores mobiliários da sociedade oferente, a qual fica agora condicionada na sua actuação, na medida em que passa a estar mais focalizada na defesa da contra-OPA com a consequente disponibilização de meios financeiros necessários para o efeito. Desta forma os papéis invertem-se e a sociedade visada passa a ser sociedade oferente e vice-

---

[278] JORGE BRITO PEREIRA, ob. cit., p. 177.
[279] RAÚL VENTURA, ob. cit., p. 308, que considera que as medidas defensivas traduzem-se numa de duas situações: ou consistem em modificar a situação apetitosa do alvo da oferta ou em reforçar o apetite dos accionistas destinatários da mesma.
[280] ANTÓNIO MENZES CORDEIRO, *Da Tomada de Sociedades...* cit., p. 776.
[281] Para um estudo detalhado das medidas defensivas reactivas, v. WILLIAM UNDERHILL/ANDREAS AUSTMANN, *"Defence Tactics"* in JENNIFER PAYNE (org.), ob. cit., pp. 87-121 (106ss.), bem como SINDE MONTEIRO/ALMENO DE SÁ, ob. cit., pp. 418ss. e RAÚL VENTURA, ob. cit., pp. 306ss.
[282] A expressão *Pac-Man* é inspirada no jogo de computador com o mesmo nome, onde a personagem principal (*Pac-Man*) é perseguida por 4 fantasmas que o tentam comer, mas assim que come a "super pílula" permite-lhe inverter o jogo e ser ele a perseguir e comer os fantasmas que o ameaçavam.

-versa, sendo que, se essa estratégia for bem sucedida, a sociedade alvo de aquisição torna-se na sociedade adquirente daquela que a tentava comprar de forma hostil. Esta estratégia de defesa pode ser utilizada em conjunto com outras medidas anti-OPA, nomeadamente com a defesa do Cavaleiro Branco (a seguir enunciada), em que com a ajuda de um oferente concorrente a sociedade visada evita ser adquirida enquanto prepara a contra-OPA[283].

Constata-se, no entanto, que esta medida defensiva é raramente utilizada, tendo reduzido sucesso, porque, segundo a doutrina[284], somente é usada quando a própria sociedade oferente se encontra vulnerável a uma OPA, o que normalmente não acontece, caso contrário esta nunca teria lançado a OPA inicial, sob pena de ver o feitiço virar-se contra o feiticeiro: faz todo o sentido que o oferente, ao decidir lançar a OPA, se tenha acautelado contra esta eventualidade sob pena da ameaça da perda de controlo pairar agora sobre a sua própria sociedade.

Em nosso entender outras razões existem para justificar a reduzida popularidade desta medida anti-OPA: por um lado, implica uma logística bastante complexa, bem como o recurso a avultados meios financeiros por parte da sociedade visada necessários para viabilizar essa operação, o que poderá implicar a aliança com um terceiro em condições menos vantajosas face à sua presente posição vulnerável. Se é certo que esta razão também é válida para as outras medidas defensivas, não nos podemos esquecer, por outro lado, que para a prática deste acto defensivo será sempre necessária a autorização prévia da respectiva AG, uma vez que a medida defensiva em causa é susceptível de cair no âmbito de aplicação da limitação dos poderes da administração da sociedade visada no decurso da OPA, tal como veremos mais à frente no Capítulo seguinte.

(ii) Por sua vez, a *White Knight* (Cavaleiro Branco) consiste na procura de uma oferta concorrente por parte da administração da sociedade visada no decorrer da OPA. É um dos poucos casos permitidos pela nossa lei do qual a sociedade visada se poderá valer após o lançamento da oferta, independentemente da autorização da AG, na medida em que traz consigo necessariamente benefícios para os accionistas. Esta designação constitui uma figura ilustrativa de uma pessoa física ou jurídica que surge a ajudar financeiramente a sociedade visada de uma OPA hostil no sentido de impedir o êxito dessa oferta não solicitada que não é bem recebida e é desconhecida pela administração e accionistas de controlo. Para tal, o *White Knight* normalmente compra um bloco de

---

[283] Sobre esta medida defensiva ORLANDO GUINÉ, ob. cit., p. 38, chama a atenção para o facto de termos de a *"distinguir da OPA preventiva, lançada pelo oferente em antecipação a uma eventual OPA de que poderia vir a ser alvo por parte da sociedade agora visada"*.
[284] Cfr. Luís MENEZES LEITÃO, ob. cit., p. 65.

III. DEVERES DOS MEMBROS DO ÓRGÃO DE ADMINISTRAÇÃO E MEDIDAS DEFENSIVAS

acções da sociedade visada (em regra um posição maioritária) suficiente para inviabilizar a operação ou, em alternativa, lança uma OPA concorrente.

A sua utilização pode simplesmente ser motivada pela procura do melhor preço e das melhores condições para os accionistas da sociedade visada. Desta medida defensiva trataremos mais em detalhe no próximo Capítulo enquanto excepção à limitação prevista nos termos do nosso regime legal previsto no art. 182º/1 CódVM, limitando-nos por agora a chamar a atenção para o facto de ela ter o seu alcance limitado, uma vez que o oferente poderá sempre contra-atacar e rever a sua oferta inicial.

(iii) Diferente desta medida temos a *White Squire* (Escudeiro Branco) na qual a sociedade visada emite acções, ou outros valores mobiliários que conferem direito à sua subscrição ou aquisição, em nome de um accionista ou terceiro (amigável), o qual pretende que a sociedade se mantenha independente, sendo que o montante dessa emissão deverá atribuir-lhe uma parcela substancial (em regra minoritária, à volta dos 25%) do capital social após esse aumento de capital, de modo a inviabilizar a aquisição do controlo por parte do oferente. Tudo de modo a que a sociedade se sinta mais confortável face à OPA hostil entretanto lançada.

Na medida em que tem consideráveis efeitos sobre o preço das acções da sociedade e sobre as outras posições accionistas, a presente táctica levanta diversas questões em termos de *corporate governance*, designadamente por aumentar proporcionalmente a parcela de capital necessária para assegurar o controlo da sociedade e permitir o reforço das posições dos accionistas maioritários. De sublinhar que o aumento de capital social por emissão de acções pode ser da competência do CA quando o contrato de sociedade assim o autorizar, nos termos da norma do art. 456º/1 CSC, estando, no entanto, sempre sujeita a prévia autorização por parte da AG no decurso de uma OPA tal como veremos mais à frente.

Uma verdadeira autorização da *White Squire* não se traduz efectivamente na aquisição do controlo por parte daquele accionista/terceiro, ao contrário do que sucede com a *White Knight*, mas tão só consubstancia uma estratégia de defesa que dificultará certamente o sucesso da OPA em causa. Assim, a principal diferença para a estratégia de defesa *White Knight*, está em que na defesa *White Squire* o escudeiro não compra uma posição maioritária na sociedade alvo da OPA hostil, ou seja, apenas adquire uma posição minoritária, que naquelas circunstâncias pode ser o suficiente para impedir o sucesso da oferta na medida em que é susceptível de inviabilizar a aquisição do controlo pretendido por parte do oferente[285].

---

[285] Um exemplo recente da utilização desta medida defensiva verificou-se no decurso da OPA lançada pela CSN sobre a CIMPOR, a qual foi inviabilizada pelas aquisições de participações

(iv) Por sua vez, a alienação de activos mais valiosos ou *Sale of Crown Jewels* também é outra das medidas defensivas que a administração da sociedade poderá tomar no decurso da oferta de modo a desencorajar o oferente ou a frustrar os objectivos da oferta. Em regra, a sociedade visada aliena precisamente aqueles activos nos quais o oferente está particularmente interessado, de modo a frustrar os seus objectivos[286]. Com idênticos resultados temos também a *Suicide Pill* ou *Jonestown Defense*, quando a sociedade visada inicia uma actividade ruinosa ao vender todos os seus activos ou satisfazer antecipadamente o seu passivo, tornando então a sociedade menos atractiva para o oferente ao esvaziá-la de riqueza.

(v) Próxima desta medida, temos a *Reestruturação* da sociedade visada, através da venda de activos atractivos e com o produto dessa venda conseguir implementar uma medida defensiva, nomeadamente, a recompra de acções, podendo, no limite, a sociedade visada solicitar a sua liquidação.

(vi) Uma outra medida defensiva a tomar no decurso da OPA é a *People Pill* que consiste na ameaça de renúncia integral de toda a administração, o que pode desencorajar o oferente caso este pretenda manter alguns dos administradores. No entanto, a doutrina[287] vem considerando esta defesa pouco eficaz, na medida em que a substituição da actual administração constitui normalmente um dos principais objectivos do oferente e, não o sendo, não será certamente essa razão suficiente para o fazer desistir de lançar a OPA.

(vii) Por outro lado, temos a *Significant Acquisition*, ou seja: a administração da sociedade visada (mediante a aprovação da AG de accionistas) decide efectuar uma determinada aquisição relevante, designadamente, decide adquirir uma outra sociedade. Daí poderá resultar a sua valorização, o que tornará certamente mais onerosa para o oferente a concretização da OPA em questão[288], bem como poderá levantar problemas em termos do direito da concorrência como veremos mais à frente a respeito da medida *Anti-trust laws*.

---

accionistas significativas por parte da Votorantim (21,2%) e da Camargo Corrêa (32,9%), sociedades dominantes no mercado brasileiro do sector.

[286] Tal como veremos mais à frente, esta medida defensiva consubstancia uma alteração relevante da situação patrimonial da sociedade visada, sendo expressamente proibida pelo nosso legislador nos termos do art. 182º/2b) CódVM, salvo autorização da AG convocada exclusivamente para o efeito (182º/3b)).
O mesmo se aplica àquelas situações que prevêem a sua alienação ou promessa de venda em caso de OPA (*crown jewels options*) visando essencialmente frustrar os objectivos do oferente ou, pelo menos, tornar a sociedade menos atractiva. Estes casos de *defesa diferida* também estarão sujeitos a confirmação da AG no decurso da OPA (tal como veremos *infra* Capítulo IV – Ponto 2.5.).

[287] Luís Menezes Leitão, ob. cit., p. 64.

[288] No mesmo sentido, v. William Underhill/Andreas Austmann, ob. cit., p. 107: *"If the consideration for such an acquisition is shares of the target, the cost of the bid may be increased significantly"*.

III. DEVERES DOS MEMBROS DO ÓRGÃO DE ADMINISTRAÇÃO E MEDIDAS DEFENSIVAS

Muito próxima desta medida defensiva encontra-se a *Estratégia Fat Man*, a qual se traduz na aquisição de activos e negócios por um preço superior ao de mercado de forma a tornar a sociedade menos atractiva, medida esta, que certamente será até prejudicial para a própria sociedade na medida em que vai incrementar consideravelmente o respectivo passivo.

(viii) Com a *Recapitalisation* a sociedade visada pode propor rebater a oferta proposta oferecendo mais dinheiro aos seus accionistas, nomeadamente, através da distribuição de um especial dividendo ou mediante a aquisição de acções próprias (*Share Buy-Back*), após a sua aprovação pelos accionistas.

Ou seja, a sociedade visada pode utilizar o excesso de liquidez para pagamento de dividendos aos seus accionistas com vista a desencorajá-los na venda das suas acções ou para fazer com que o oferente tenha de elevar ainda mais o preço da oferta. Pode, ainda, aumentar o seu endividamento de forma substancial para pagamento desses dividendos, ou para comprar acções próprias, tornando assim a sociedade menos atractiva para o oferente face à redução da sua capacidade de endividamento, a qual, aliás, já estará reduzida devido ao financiamento da OPA.

A aquisição de acções próprias pela visada torna mais difícil a aquisição do controlo e o consequente sucesso da OPA, na medida em que aumenta proporcionalmente os direitos de voto detidos pelos actuais accionistas, deixando igualmente menos acções disponíveis para o oferente, fazendo subir o seu valor de cotação[289].

Esta medida defensiva é igualmente conhecida por *Share Buy-back*, quando uma sociedade adquire acções próprias de modo a reduzir o número de acções disponíveis no mercado, valorizando o preço de mercado das remanescentes ou para afastar quaisquer ameaças controladoras por parte de alguns accionistas. Deste modo, é dada uma oportunidade à sociedade para investir nela própria, reflectindo, também, muitas vezes uma perspectiva optimista por parte da administração relativamente ao futuro da sociedade, a qual considera que esta está subavaliada pelo mercado.

(ix) Já os *Standstill Agreements* prevêem um acordo entre o oferente e a sociedade visada no qual o primeiro se compromete a não prosseguir com a oferta (como que *paralisam* o negócio) mediante o pagamento de uma avultada compensação financeira por parte da segunda (*Greenmail*)[290]. Assim, no decorrer

---

[289] O regime das acções próprias é regulado entre nós nos arts. 316ºss. CSC. Sobre esta matéria v. ORLANDO GUINÉ, ob. cit., pp. 40-41, que chama também a atenção para a *alienação* de acções próprias enquanto medida defensiva quando feita a uma entidade próxima não disponível para vender em OPA – v. art. 320º CSC.

[290] Devemos chamar aqui a atenção para o facto de esta medida defensiva se distinguir da *Greenmail* ou *goodbye kiss supra* mencionada na Ponto anterior, enquanto medida defensiva preventiva, utilizada portanto previamente ao lançamento de uma OPA.

da OPA é celebrado entre ambas as partes um acordo com vista a paralisar o processo da oferta hostil, no qual a sociedade visada se propõe recomprar as acções detidas pelo oferente mediante o pagamento de um considerável prémio, ou o próprio oferente se compromete a não ultrapassar determinado limiar quanto à sua participação no capital da sociedade visada. Tudo de forma a paralisar aquele ataque e a dar tempo para que a sociedade tome medidas preventivas contra outras eventuais ofertas.

(x) Também a invocação das normas do direito da concorrência (*Anti-trust laws*), de natureza processual ou substancial, quando aplicáveis, perante a autoridade competente para o efeito – em particular no que diz respeito à concentração de empresas – pode dificultar ou atrasar todo o processo da OPA[291]. Para além desta medida defensiva meramente instrumental destinada a protelar a OPA, podemos, ainda, considerar outras medidas defensivas concretas que a sociedade visada pode adoptar de modo a inviabilizar a oferta: assim, a possibilidade de tomar "*medidas que visem a criação de problemas jusconcorrenciais ao oferente*", como por exemplo, através da aquisição ou fusão com outras sociedades, ou seja, levantando problemas de direito da concorrência, designadamente, em termos da quota de mercado[292].

(xi) Por outro lado, através de toda e qualquer *Litigation* o órgão de administração da sociedade visada tenderá a levantar dificuldades processuais e suscitar incidentes, procurando deste modo oportunidades para contestar a oferta perante a entidade de supervisão (CMVM) ou os próprios tribunais; mais concretamente, a sociedade visada terá interesse em invocar ilegalidades relacionadas com as leis aplicáveis à oferta de modo a atrasar o respectivo processo[293].

---

[291] Neste contexto, ABEL MATEUS, "*As Ofertas Públicas de Aquisição e a Lei da Concorrência*", in Direito dos Valores Mobiliários, Vol. IX (2009), Coimbra Editora, pp. 115-140 (135), alerta para o risco que existe de a sociedade visada desenvolver todos os esforços para ter acesso aos documentos apresentados pelo notificante (oferente) com vista a preparar a sua estratégia de defesa, sublinhando que a AdC deve então ponderar o dever de confidencialidade e o direito de acesso ao processo.

[292] Cfr. ORLANDO GUINÉ, ob. cit., p. 38.

[293] A impugnação dos actos administrativos da CMVM está sujeita às regras gerais do Código de Procedimento Administrativo, ou seja, das decisões do Conselho Directivo da CMVM (entidade de Direito Público nos termos do art. 1º do Estatuto da CMVM) cabe recurso para os tribunais administrativos, nos termos gerais daquele Código. A respeito dos possíveis problemas de coordenação entre a competência da CMVM e dos tribunais comuns, v. RAÚL VENTURA, ob. cit., pp. 316-317, onde o Autor defendia que ao abrigo do anterior CódMVM não competia à CMVM decidir litígios entre as partes intervenientes na OPA.

Por outro lado, nos termos do art. 417º CódVM, o Juízo de Pequena Instância Criminal de Lisboa é competente para conhecer a impugnação judicial, a revisão e a execução das decisões da CMVM em processo de contra-ordenação.

III. DEVERES DOS MEMBROS DO ÓRGÃO DE ADMINISTRAÇÃO E MEDIDAS DEFENSIVAS

(xii) Depois temos a *"Winning the Argument"*, onde a administração da sociedade visada não recomenda a oferta e nada faz para a facilitar, chegando mesmo a recomendar a sua rejeição demonstrando, por exemplo, que ela não valoriza devidamente a sociedade[294]. Aqui o oferente limitar-se-á a demonstrar que o preço oferecido pelas acções da sociedade visada é um preço justo que reflecte um prémio relativamente ao seu valor de mercado, enquanto que a administração daquela sociedade contra-argumentará dizendo que o valor oferecido não reflecte o valor real daqueles títulos, tentando demonstrar que a oferta é inadequada para os accionistas. Perante estes argumentos, a oferta só sairá derrotada se os accionistas, destinatários da mesma, se convencerem que o preço oferecido é insuficiente face aos possíveis ganhos decorrentes da actual gestão e da manutenção da sua qualidade de accionistas.

(xiii) Uma outra medida defensiva passível de ser adoptada após o lançamento da oferta traduz-se no exercício de *Lobbying* junto das entidades reguladoras do mercado ou, mesmo, junto do próprio governo, incluindo também uma forte campanha de relações públicas, nomeadamente através de uma específica agência de relações públicas e de comunicação.

(xiv) Na estratégia *Whitemail* a sociedade visada defende-se emitindo e vendendo a uma sociedade sua próxima, uma grande quantidade de acções a um preço de desconto, de modo a elevar o custo da aquisição para o oferente hostil, bem como diluir eventuais posições que este já possa deter e, eventualmente, facilitar a aparição de um Cavaleiro Banco (oferta concorrente).

(xv) Uma outra possibilidade de defesa bastante eficaz no decorrer da OPA consiste na *Aquisição de acções da oferente* por parte da sociedade visada. Ou seja, após o lançamento de uma OPA, a segunda pode adquirir, por exemplo, 10% do capital da primeira e comunicar-lhe esse facto, colocando-se deste modo numa relação de simples participação (art. 483º/1 CSC), sujeitas a deveres especiais de comunicação sobre aquisições e alienações de acções (art. 484º/1 CSC). Por outro lado, e após lhe ter sido comunicada aquela aquisição, a par-

---

[294] A título de exemplo, no caso da OPA à CIMPOR, o Relatório do órgão de administração da sociedade visada sobre a oportunidade e condições da oferta considerou-a como hostil (não solicitada) porque *"oportunística, irrelevante e perturbadora da actividade da Empresa"*, tendo deliberado, por unanimidade, rejeitá-la e recomendar os seus accionistas a não venderem as suas acções, considerando que a mesma subavaliava significativamente a sociedade visada, não oferecendo um prémio aos seus accionistas e tendo, inclusive, a totalidade dos seus membros (titulares de acções da sociedade) manifestado a sua intenção de não alienar as respectivas acções no âmbito da OPA. Todavia, o mesmo órgão viria mais tarde (em novo Relatório) a alertar os accionistas minoritários para o risco de não venderem na OPA, ou seja, de não surgirem alternativas futuras de liquidez semelhantes às oferecidas na OPA e para a diminuição de liquidez das suas acções, pela redução do seu *free float* resultante da maior concentração accionista entretanto verificada.

ticipada (oferente) não poderá adquirir acções da participante (visada) que ultrapassem 10% do capital nos termos do art. 485º/2 CSC. Caso ultrapasse esse limite, essas aquisições não são nulas, mas a sociedade adquirente não poderá exercer os direitos inerentes às acções na parte que exceda 10% do capital (art. 485º/3 CSC), pelo que facilmente se conclui que o regime jurídico das participações recíprocas ou cruzadas pode funcionar como uma medida defensiva anti-OPA bastante eficaz[295].

(xvi) Temos, ainda, as chamadas Abelhas Assassinas (*Killer Bees*) quando sociedades ou pessoas individuais são contratadas pela sociedade visada para a defender de uma OPA hostil, nomeadamente, assessores jurídico-financeiros (bancos de investimentos e advogados), que defendem esta sociedade através de várias estratégias anti-OPA, tornando, deste modo, a aquisição mais cara e menos atractiva para o oferente. A título de exemplo, refira-se a estratégia de *Bankmail* quando o banco utilizado pela sociedade visada recusa financiamento ao oferente, inviabilizando a aquisição, aumentando os custos da transacção e dando tempo à sociedade visada para desenvolver outras estratégias de defesa.

(xvii) Por fim, a *Targeted Repurchase* consiste na recompra das acções alvo da oferta hostil por parte a sociedade visada a um preço abaixo do valor de mercado, frustrando assim o êxito da oferta.

A estas medidas defensivas reactivas aqui descritas voltaremos no Capítulo IV – Ponto 2.3.D., onde as analisaremos individualmente, à luz da nossa ordem jurídica e nos termos do regime legal da norma do art. 182º CódVM.

3.2. Possíveis Motivações

Importa agora olharmos para as possíveis motivações que estão na base da adopção das medidas defensivas, em particular, das reactivas pois são estas as que mais nos interessam.

---

[295] Existe uma relação de participações recíprocas ou cruzadas a partir do momento em que ambas as participações atinjam 10% do capital da participada, o que permite às sociedades se defenderem melhor de uma OPA. Todavia, sobre a duvidosa eficácia desta relação enquanto mecanismo de defesa anti-OPA decorrente dos limites legais que lhe são impostos (cfr. art. 485º/2 CSC), ver A. TEIXEIRA GARCIA, ob. cit., pp. 299-300 (nota 688).
Diferente e mais eficaz é a situação em que uma sociedade que tenha conhecimento da iminência de uma OPA adquira 10% do capital da potencial oferente e lhe comunique esse facto, ficando ambas numa relação de simples participação (art. 483º/1), sujeitas aos *supra* mencionados deveres especiais de comunicação e respectivas limitações quanto ao exercício de direito de voto, com a consequente frustração do exercício do controlo por parte do potencial oferente. A este respeito restará indagar se a administração potencialmente visada não estará desde logo limitada nos seus poderes (nos termos do art. 182º CódVM), cabendo então única e exclusivamente aos accionistas aprovar essa aquisição defensiva face à iminência de uma OPA.

III. DEVERES DOS MEMBROS DO ÓRGÃO DE ADMINISTRAÇÃO E MEDIDAS DEFENSIVAS

O mecanismo de aquisição que é a OPA constitui um processo destinado, normalmente, a adquirir o controlo de uma sociedade, pelo que facilmente se compreende que a maioria accionista adopte algumas medidas de forma a dificultar a transferência do controlo, ou a respectiva administração reaja de modo a não ser substituída. Ou seja, perante uma OPA hostil os accionistas de controlo e a administração por eles nomeada actuam, por regra, em concertação[296] no decorrer da oferta, por forma a dificultar o sucesso desta e assim perpetuar a sua posição de influência na sociedade visada. Daqui resulta que as sociedades adoptam mecanismos de defesa destinados a evitar o sucesso de uma OPA, cuja legitimidade é muitas vezes questionada.

Comecemos por sublinhar que o potencial conflito de interesses entre accionistas (principal) e administradores (agente) deve ser visto à luz das motivações que induzem os segundos a adoptar medidas defensivas. Temos, assim, duas possíveis concorrentes motivações no que respeita às medidas defensivas anti-OPA:

(i) Na perspectiva dos accionistas (*shareholder interest hypothesis*), as medidas defensivas são adoptadas pela administração no intuito de salvaguardar os interesses dos primeiros, designadamente, em obter o melhor preço pelas suas acções (objecto da OPA). Neste caso a administração faz uso das medidas defensivas para benefício dos accionistas, como acontece no caso da procura de ofertas concorrentes (*White Knight*). Outro exemplo consiste nas *Killer Bees* ou na "*Winning the Argument*" que podem tornar a oferta mais onerosa para o oferente, ao obrigá-lo a subir o preço da oferta, com ganhos para os accionistas. Também a medida defensiva preventiva das *poison pills* torna a aquisição proibitiva em termos de preço, obrigando o potencial oferente a negociar directamente com os accionistas de controlo.

Por outro lado, e ainda dentro da perspectiva accionista, nas sociedades com o capital mais concentrado os accionistas de controlo adoptam, através da administração da sua confiança, as medidas defensivas necessárias para manter essa sua posição maioritária no seio da sociedade.

(ii) Em alternativa, e na perspectiva dos administradores (*management entrenchment hypothesis*), partindo do pressuposto de que após a OPA a administração será substituída pelo oferente, as medidas defensivas podem ter por

---

[296] A este respeito, é relevante sublinhar que para efeitos da Directiva (art. 2º/1 d)) «*pessoas que actuam em concertação*» são pessoas singulares ou colectivas que cooperam com o oferente ou com a sociedade visada com base num acordo tácito ou expresso, oral ou escrito, tendo em vista, respectivamente, obter o controlo da sociedade visada ou impedir o êxito da oferta. Temos assim uma cooperação activa, seja do lado do oferente no lançamento da oferta, seja do lado da sociedade visada no combate à oferta.

objectivo proteger a posição dos mesmos, designadamente, em assegurar o seu lugar na administração, descurando os interesses dos accionistas em realizar uma mais-valia, e indo muitas vezes ao encontro dos accionistas maioritários interessados em manter a sua posição de controlo. Como exemplos, temos as mencionadas *White Squire* ou *Share buy-back* – as quais, no entanto, exigem a autorização da AG por uma maioria qualificada (como veremos mais à frente)[297].

Face a estas duas perspectivas alternativas, os administradores poderão ou não fazer prevalecer os seus próprios interesses em detrimento dos interesses dos accionistas e da sociedade, com a consequente quebra ou não dos seus deveres fiduciários[298].

Acontece, no entanto, que estas mesmas duas perspectivas ou motivações podem concorrer directamente entre si na justificação da adopção das medidas defensivas. Ou melhor, estas duas hipóteses podem operar e interagir em simultâneo, na medida em que a aversão às OPA por parte dos administradores é contrabalançada pelo objectivo destes em maximizar a riqueza dos accionistas. A título de exemplo, o uso de medidas defensivas reactivas como a contra--OPA, ou preventivas como as *poison pills*, terão como efeito, por um lado, elevar o prémio das ofertas que tenham tido sucesso e, por outro, tornar menos provável a ocorrência de OPA.

Podemos mesmo concluir que estas duas motivações conflituantes/contrastantes estão sempre presentes na mente dos administradores e a determinação da prevalecente poderá ser decisiva para apurar se aqueles agem ou não de acordo com os seus deveres fiduciários aquando da defesa de uma OPA.

Importa de igual modo sublinhar, tal como vimos antes, que nem todas as medidas defensivas têm origem no conflito entre os interesses pessoais dos administradores e os interesses da sociedade ou dos accionistas. Ou seja, nem todas as medidas defensivas são indesejáveis ou malignas, sendo que o seu exercício pode mesmo provocar um aumento do valor de mercado das acções da sociedade. Pode acontecer que algumas delas se destinem mesmo a proteger a sociedade ou os accionistas contra ofertas indesejáveis (meramente especulativas ou que visem somente desmantelar a sociedade), ou tenham sido adoptadas com vista a alcançar um melhor preço para os accionistas, como acontece com o *White Knight*, por exemplo.

---

[297] As medidas defensivas preventivas são mais eficazes para o efeito de proteger os accionistas de controlo, como por exemplo os *voting caps*, na medida em que tornam mais difícil a transferência do domínio da sociedade.

[298] Sobre estas duas perspectivas v. PAUL DAVIES/KLAUS HOPT, "*Control Transactions*", in AAVV, *The Anatomy of Corporate Law – A Comparative and Functional Approach*, Oxford University Press, Second Edition, 2004, pp. 157-191 (163ss.).

III. DEVERES DOS MEMBROS DO ÓRGÃO DE ADMINISTRAÇÃO E MEDIDAS DEFENSIVAS

Também pode acontecer que seja adoptada uma medida defensiva (preventiva) com vista a impedir o êxito de uma OPA e que respeite, no entanto, os interesses da sociedade e dos seus accionistas (v. Recomendação I.6.1. do CódGS). Existe portanto uma clara distinção entre aquelas medidas anti-OPA que são benignas e que se destinam a proteger a sociedade e seus accionistas e aquelas outras que prejudicam os seus direitos e expectativas, pelo que nem todas as medidas são desaconselháveis[299].

Por fim, resta-nos equacionar que muitas vezes os administradores da sociedade visada poderão estar em melhor posição para defender os interesses dos accionistas face às assimetrias de informação e ao elevado grau de dispersão dos pequenos accionistas, alienados da vida societária, se bem que tal situação tem vindo a ser atenuada pelo papel cada vez mais activo no mercado de capitais por parte dos investidores institucionais.

Deste modo, verificamos que se por vezes é benéfica a adopção de medidas defensivas contra ofertas públicas de aquisição indesejáveis pelos factores antes expostos, também é verdade, todavia, que quer os investidores (em particular, os institucionais), quer o próprio mercado, se têm manifestado contra a crescente adopção de mecanismos anti-OPA, os quais são muitas vezes usados para garantir a manutenção dos cargos dos membros do órgão de administração (ineficientes e acomodados).

Em suma, teremos de encontrar um justo equilíbrio quanto ao regime da aplicação de medidas defensivas anti-OPA de modo a que as sociedades possam melhor proteger os interesses dos seus accionistas contra ofertas puramente especulativas/malignas ou permitam negociar a um melhor preço, por um lado, mas facilitando igualmente o correcto funcionamento do mercado do controlo societário, por outro, sempre no pressuposto de que os membros da administração respeitam os seus deveres fiduciários perante os accionistas – interessados na realização de uma mais-valia enquanto destinatários de uma proposta (atractiva) de aquisição.

3.3. Efeitos

Entrando agora na análise dos diferentes efeitos que as medidas defensivas anti-OPA podem produzir, a doutrina chama a atenção, desde logo, para os efeitos produzidos no valor do preço das acções de uma sociedade: assim, se por um lado, elas podem contribuir para a desvalorização das acções na medida

---

[299] De igual modo v. PETER MÜLBERT, "*Make It or Break It: The Break-Though Rule as a Break-Through for the European Takeover Directive?*", in FERRARINI/HOPT/WINTER/WYMEERSCH (org.), pp. 711-736 (722), onde o Autor evoca diversas razões para justificar a adopção de medidas defensivas, bem como L. BEBCHUK, ob. cit., pp. 995ss., que enumera uma série de argumentos a favor do "*board veto*". Entre nós v. JOANA RIBEIRO E SILVA, ob. cit., pp. 34ss., e JOÃO CUNHA VAZ, ob. cit., p. 85.

em que dificultam o normal funcionamento do mercado do controlo societário, também é verdade que, por outro lado, podem fazer subir o seu preço ao promover o aparecimento de uma oferta concorrente, concluindo que as diferentes medidas têm diferentes efeitos, pelo que não deverão ser tratadas de igual modo pelo legislador. Assim, por exemplo, enquanto o litígio em tribunal por parte da sociedade visada pode ter como resultado o aumento do prémio a pagar pelo oferente, já a celebração de *standstill agreements* tenderá a desvalorizar a sociedade[300].

Do que foi atrás exposto facilmente se pode concluir que a adopção de medidas defensivas produz dois efeitos antagónicos no seio da sociedade: primeiro, tem efeitos em termos de preço (*premium effect*), encarecendo a oferta, desencorajando os potenciais oferentes, ou frustrando efectivos oferentes; segundo, tem efeitos em termos de disciplina (*disciplinary effect*)[301], dado que a administração se sentirá menos constrangida na sua actividade face à menor probabilidade de ser alvo (ou de sucesso) de uma OPA – a qual actua normalmente como um mecanismo disciplinador da administração.

No que respeita ao *premium effect*, o prémio de controlo corresponde à diferença acima do valor de mercado que o oferente se propõe pagar pelas acções numa OPA, o qual tenderá ser mais elevado em sociedades que tenham adoptado medidas defensivas, nomeadamente através da blindagem dos estatutos (medidas preventivas). Neste tipo de sociedades a aquisição do controlo está mais dificultada e os administradores estarão mais acomodados ou entrincheirados, forçando os oferentes a pagar um prémio mais elevado.

Todavia, os custos acrescidos de aquisição tenderão, igualmente, a afastar muitos dos potenciais oferentes, resultando consequentemente um decréscimo de ofertas ou uma menor probabilidade delas ocorrerem relativamente a este tipo de sociedades mais protegidas. E a adopção de medidas defensivas parece não só reduzir a probabilidade de OPA hostis, como também de fusões & aquisições amigáveis[302]. Daqui resulta que, aquando da adopção de medidas defensivas, os accionistas terão de ponderar muito bem as vantagens resultantes da obtenção de um prémio mais elevado contra as desvantagens resultantes da menor probabilidade de serem alvo de uma OPA (em resultado de medidas

---

[300] Cfr. PAULO CÂMARA, *Defensive measures adopted by the board: Current European Trends*, OCDE, Dezembro 2000, p. 6, acabando, no entanto, por sublinhar que os resultados são inconclusivos quanto aos efeitos das medidas defensivas sobre o valor de cotação das acções.

[301] Na terminologia adoptada por SHARON HANNES, *The Hidden Virtues of Antitakeover Defences*, Harvard University School Law Paper nº 354 (03/2002), p. 3, disponível para consulta em *http://www.law.harvard.edu*.

[302] Cfr. *Idem*, p. 38.

III. DEVERES DOS MEMBROS DO ÓRGÃO DE ADMINISTRAÇÃO E MEDIDAS DEFENSIVAS

preventivas) ou da menor probabilidade de a OPA ter sucesso (em resultado de medidas reactivas).

Quanto maior for o número de sociedades que adoptem medidas defensivas maior será a concorrência entre elas (com a consequente subida do respectivo prémio de controlo a pagar), em particular no que respeita àquelas sociedades que não estejam protegidas (por medidas preventivas) – as quais verão certamente aumentar a probabilidade de serem alvo de uma OPA – ou estejam limitadas quanto à adopção de medidas reactivas – as quais verão aumentar a probabilidade de sucesso da OPA em curso.

Já no que respeita ao *disciplinary effect* – mais directamente relacionado com as preventivas – resulta portanto que as medidas defensivas tendem a frustrar a função disciplinadora das OPA trazendo consigo mais ineficiência ao mercado do controlo societário. Ou seja, face à adopção de medidas defensivas (preventivas) os membros do órgão de administração da sociedade sentem-se menos constrangidos na sua actuação, uma vez que a probabilidade de serem alvo de uma OPA é menor, diminuindo, portanto, também o efeito disciplinador que este fenómeno ameaçador desempenha quanto à responsabilização daqueles membros perante os seus accionistas.

No entanto, verificamos que vários estudos têm vindo a questionar da eficácia das medidas defensivas preventivas, concluindo pelo impacto limitado ou nulo quanto ao resultado da oferta. A doutrina (HERTIG/MCCAHERY[303]) justifica tal situação pelo facto de existirem mecanismos de *corporate governance*, como o controlo da informação pelos maiores accionistas, mais eficazes na limitação do comportamento da administração do que as medidas defensivas propriamente ditas. Outro mecanismo decisivo no alinhamento dos interesses consiste nos sistemas compensatórios dependentes da *performance*, tais como as *stock option plans*. Por outro lado, questiona-se o reduzido impacto que as medidas defensivas podem ter na esfera dos accionistas, em particular quando o mercado está numa situação de equilíbrio, sugerindo que a sua adopção por parte de uma sociedade não beneficia nem prejudica os interesses dos accionistas[304].

Outros Autores defendem, e bem em nosso entender, que a existência de medidas defensivas pode permitir à administração da sociedade visada negociar em melhores condições de venda para os accionistas; ou seja, aquelas

---

[303] V. *"An Agenda for Reform: Company and Takeover Law in Europe"*, in FERRARINI/HOPT/WINTER/ /WYMEERSCH (org.), ob. cit., pp. 21-49 (37).
[304] Cfr. SHARON HANNES, ob. cit., p. 62. Na mesma linha de raciocínio ORLANDO GUINÉ, ob. cit., pp. 93-94, conclui que o sucesso de uma OPA depende muito mais do preço oferecido do que da adopção de medidas defensivas, acrescentando que do ponto de vista dos investidores diversificados *"ser-lhes-á tendencialmente indiferente ou prejudicial mesmo (tendo em conta os custos da "defesa" para oferente e visada) a "defesa" da sociedade e o aumento do prémio de controlo"*.

podem ser benéficas para os interesses dos accionistas, uma vez que permitem negociar em posição de força com o oferente e obter melhores condições que aproveitarão a todos os accionistas, designadamente, na obtenção de um prémio mais elevado pago pelo oferente[305].

Importa, todavia, chamar a atenção, para dois factores que exigem uma ponderação: se por um lado a adopção de medidas defensivas *preventivas* pode tornar a sociedade menos *opável* e vulnerável a uma tomada de controlo, porque encarece a oferta e como tal torna-se menos atractiva para os oferentes, já a imposição legal da sua divulgação ao mercado faz com que aquelas mesmas medidas defensivas preventivas percam em parte o seu poder dissuasor, uma vez que a sua divulgação contribui para a desvalorização das acções da sociedade e consequente maior vulnerabilidade a uma OPA.

A este respeito, e no seguimento do estipulado pelos Princípios OCDE (III D.), importa ter em conta a obrigação que recai sobre as sociedades de publicarem no seu relatório de gestão as respectivas estruturas de capital e de controlo bem como as medidas defensivas adoptadas (cfr. art. 10º da Directiva)[306]. Deste modo, e com vista a reforçar o efeito útil das normas relativas à livre negociação

---

[305] Cfr. JEFFREY GORDON, "*An American Perspective on anti-Takeover Laws in the EU: The German Example*", in FERRARINI/HOPT/WINTER/WYMEERSCH (org.), ob. cit., pp. 541-559 (548) e A. TEIXEIRA GARCIA, ob. cit., p. 284. De igual modo existem diversos estudos que comprovam esta realidade – cfr. BURKART/PANUNZI, ob. cit. p. 10.

[306] A divulgação desta informação – designadamente c) das participações significativas no capital, directas ou indirectas, d) dos titulares de direitos de controlo especiais e a descrição destes, f) das restrições em matéria de direito de voto, h) das regras aplicáveis à nomeação e à substituição dos membros do órgão de administração e à alteração dos estatutos e i) dos poderes daqueles membros – é decisiva para um melhor funcionamento do mercado do controlo societário e ajuda a promover as OPA transfronteiriças.

Nos termos do art. 245º-A/1 CódVM, prevê-se, entre a informação anual sobre o governo das sociedades a prestar pelos emitentes de acções admitidas à negociação em mercado regulamentado situado ou a funcionar em Portugal, a divulgação de eventuais restrições à transmissibilidade de acções, tais como cláusulas de consentimento para a alienação, ou limitações à titularidade de acções (al. b)) e em matéria de direito de voto, tais como limitações ao exercício do voto dependente da titularidade de um número ou percentagem de acções (al. f)), participações qualificadas (al. c)), identificação de accionistas titulares de direitos especiais e descrição desses direitos (al. d)), os acordos parassociais que sejam do conhecimento da sociedade e que possam conduzir a restrições em matéria de transmissão de valores mobiliários ou de direitos de voto (al. g)), os acordos em que a sociedade seja parte e que entrem em vigor, sejam alterados ou cessem em caso de mudança de controlo na sequência de uma OPA (al. j)) e os acordos relativos ao pagamento de compensações aos titulares do órgão de administração ou trabalhadores na sequência de uma OPA (al. l)), etc.

Esta norma do CódVM foi aditada pelo DL nº 219/2006, de 2 de Novembro, que transpôs para a ordem jurídica interna a *Directiva das OPA*, designadamente, neste caso, o mencionado art. 10º relativo à publicação das medidas defensivas preventivas (v. também Considerando 18 da Directiva

III. DEVERES DOS MEMBROS DO ÓRGÃO DE ADMINISTRAÇÃO E MEDIDAS DEFENSIVAS

dos valores mobiliários e do livre exercício do direito de voto, as sociedades devem divulgar ao mercado, e apresentar à AG, as respectivas estruturas e mecanismos de defesa.

Uma maior transparência da estrutura accionista permite aos minoritários e ao mercado vigiar os grandes accionistas, evitando que estes retirem vantagens do exercício do controlo à custa dos primeiros. Assim se podem minimizar antecipadamente os problemas de agência e evitar ou, pelo menos, melhor detectar eventuais abusos por parte dos maioritários.

Um elevado limiar para a obrigação de divulgar as participações qualificadas[307] melhora a eficiência do mecanismo das OPA hostis. Por exemplo, a aquisição de uma participação maioritária pode constituir um indício para o mercado de que está iminente uma OPA, o que poderá levar a uma revisão do preço dessas acções reflexo dos prováveis ganhos provenientes da eventual oferta.

Em jeito de conclusão, a divulgação ao mercado destas medidas defensivas (preventivas) anti-OPA adoptadas entretanto por uma sociedade – vulgarmente

que dispõe que as estruturas e mecanismos de defesa devem ser transparentes e regularmente apresentadas em relatórios à AG de accionistas).
Por sua vez, o DL nº 185/2009, de 12 de Agosto, viria a aditar novas alíneas à norma do art. 245º-A/1, entre elas, a obrigação de constar do referido Relatório Anual uma declaração sobre o acolhimento do código de governo das sociedades ao qual o emitente se encontre sujeito por força de disposição legal ou regulamentar (al. n)) ou ao qual o emitente voluntariamente se sujeite (al. o)), especificando as eventuais partes desses códigos de que diverge e as razões da divergência, bem como o local onde se encontram disponíveis ao público os textos dos códigos de governo das sociedades aos quais o emitente se encontre sujeito nos termos das alíneas anteriores (al. p)).
Já o Regulamento CMVM nº 1/2010 estipula que o relatório detalhado sobre a estrutura e práticas de governo societário divulgue informação relativa à estrutura de capital, a participações qualificadas, à identificação de accionistas titulares de direitos especiais, a eventuais restrições à transmissibilidade de acções ou limitações à titularidade de acções, bem como a acordos parassociais que sejam do conhecimento da sociedade e que possam conduzir a restrições em matéria de transmissão de valores mobiliários ou de direitos de voto (cfr. Anexo 1, Capítulo III.1/2/3/4/5).
[307] A norma do art. 16º/1 CódVM veio alargar o âmbito das participações qualificadas que constava do art. 448º CSC, ao estipular que quem atinja ou ultrapasse participação de 10%, 20%, um terço, metade, dois terços e 90% dos direitos de voto correspondentes ao capital social de uma sociedade aberta, sujeita a lei pessoal portuguesa, e quem reduza a sua participação para valor a inferior a qualquer daqueles limites deve, no prazo de quatro dias após o dia da ocorrência do facto ou do seu conhecimento, informar a CMVM e a sociedade participada.
Por sua vez, nos termos do art. 19º/1 CódVM os acordos parassociais que visem adquirir, manter ou reforçar uma participação qualificada em sociedade aberta ou assegurar ou frustrar o êxito de uma OPA devem ser comunicados à CMVM (no prazo de três dias após a sua celebração), a qual determinará ou não a sua divulgação (cfr. nº 2). No entanto, devemos ter em atenção que esta obrigação de comunicação só abrange acordos sobre a transmissão de acções, ao contrário do que acontece com o prospecto de OPA, no qual devem ser divulgados quaisquer acordos parassociais com influência significativa na sociedade visada celebrados pelo oferente (art. 138º/1j) CódVM).

sob a forma de acordos parassociais destinados a assegurar ou a manter o controlo (ou a congregar uma minoria de bloqueio) –, permitirá aos investidores tomar conhecimento da sua existência e assim avaliar do seu grau de vulnerabilidade a uma eventual OPA.

O legislador pretende desta forma desincentivar estes obstáculos às OPA hostis e ao normal funcionamento do mercado do controlo societário. Em particular, as sociedades abertas, cujo capital está disperso pelo público, têm especiais deveres de informação de modo a proporcionar uma maior transparência e controlo da administração pelos accionistas e pelo mercado.

Temos, assim, que diferentes medidas produzem diferentes efeitos: se umas contribuem para valorizar a sociedade obrigando o oferente a pagar um prémio mais elevado (*White Knight* ou *Litigation*, por exemplo), também pode suceder que a adopção de medidas preventivas tenda, *a priori*, a tornar a sociedade menos *opável* e menos vulnerável a uma tomada de controlo (e por consequência menos contestável), embora a sua divulgação ao mercado desvalorize a sociedade, acabando por atrair potenciais oferentes.

3.4. As Experiências Europeia e Norte-Americana

Uma vez analisadas as diversas medidas defensivas, suas motivações e efeitos, resta-nos por agora estudar as diferentes abordagens por parte do sistema norte-americano e do sistema europeu continental relativamente a esta matéria[308]. Mais concretamente interessa-nos agora verificar quais são as perspectivas ali adoptadas perante o uso de medidas defensivas no decurso de uma OPA.

Antes de mais constatamos que estes dois sistemas adoptam diferentes perspectivas sobre a regulamentação das OPA, consequência de diferentes concepções societárias, as quais por sua vez, resultam em diferentes normas e práticas societárias[309]. Tal deve-se, desde logo, ao facto de o sistema norte-americano se centrar mais na relação/conflito entre administradores e accionistas face à enorme dispersão do capital, enquanto o sistema europeu continental,

---

[308] Para uma análise comparativa mais detalhada sobre estes dois sistemas e respectivos regimes das OPA, v. J. Armour/Skeel, *Who Writes the Rules for Hostile Takeovers, and Why? – The Peculiar Divergence of US and UK Takeover Regulation*, ECGI Law Working Paper Nº 73/2006 (disponível em http://www.ecgi.org), bem como A. Ferrell *"Why Continental European Takeover Law Matters"*, in Ferrarini/Hopt/Winter/Wymeersch (org.), ob. cit., pp. 561-574, e Paul Davies, *The Regulation of Defensive...* cit.

[309] Sobre estas diferentes abordagens, v. Marco Ventoruzzo, *The Thirteenth Directive and the Contrasts Between European and U.S. Takeover Regulation : Different Regulatory Means, Not so Different Political and Economic Ends?*, Bocconi University, Legal Studies Research Paper Nº 06-07, 2005, pp. 7ss. (disponível em http://www.ssrn.com), e Joy Dey, *Efficiency of Takeover Defence Regulations: A Critical Analysis of the Takeover Defence Regimes in Delaware and the UK*, 2008, disponível em http://www.ecgi.org.

III. DEVERES DOS MEMBROS DO ÓRGÃO DE ADMINISTRAÇÃO E MEDIDAS DEFENSIVAS

com o capital fortemente concentrado, se foca mais na relação entre os accionistas maioritários (de controlo) e os accionistas minoritários.

Assim, no seio do sistema norte-americano, tanto o oferente – dispensado do lançamento obrigatório de uma OPA geral em caso de aquisição de controlo – como a sociedade visada – não limitada nos seus poderes quanto ao uso de medidas defensivas no decurso da oferta – dispõem de uma maior liberdade no contexto da regulamentação das OPA, onde predomina uma perspectiva mais orientada para o mercado – a *market oriented approach and less shareholder oriented*. Por outro lado, para que uma OPA possa ser aceite pelos accionistas numa sociedade norte-americana deverá a mesma contar igualmente com a aprovação do conselho de administração da sociedade (que detém uma espécie de "direito de veto")[310], órgão, este, que está somente limitado pelos seus *fiduciary duties* e onde predomina a *just-say-no rule*[311].

Já no sistema europeu continental existe uma maior preocupação em acautelar que os accionistas tenham um papel directo no desenlace de uma oferta hostil (*shareholder choice* ou primado dos accionistas), pelo que vigora a regra da OPA obrigatória e a *non-frustration rule*, estando portanto o regime das OPA mais centrado na protecção dos interesses dos accionistas minoritários.

Desde logo, as diferentes estratégias de defesa anti-OPA deram origem a diferentes respostas legislativas: por um lado, o sistema norte-americano optou por uma possível *judicial review* após a adopção das medidas defensivas. Prefere-se assim um controlo *à posteriori* e confia-se nos deveres fiduciários dos administradores, apesar de ser mais exigente do que a mera BJR. Tal deveu-se essencialmente ao elevado número de OPA hostis ocorrido na década de 80, que originou muita pressão sobre as entidades responsáveis e legislativas no sentido de uma atitude mais permissiva quanto ao uso de medidas defensivas.

Quanto à regulação das OPA ao nível federal, o *Williams Act* (1968)[312] é "neutral" quanto à intervenção da administração no decurso da oferta, desde

---

[310] Cfr. BRUNO FERREIRA, *Os Deveres de Cuidado...* cit. p. 9. Sobre este "direito de veto" L. BEBCHUK, ob. cit., p. 1012, afirma que "*By removing or weakening the potential disciplinary force of the takeover threat, board veto might increase managerial slack, empire-building, consumption of private benefits, and so forth*". Para uma análise do sistema norte-americano, v. WILLIAM ALLEN, "*The Corporate Director's Fiduciary Duty of Care and the Business Judgment Rule Under U.S. Corporate Law*", in HOPT/KANDA/ROE//WYMEERSCH/PRIGGE (org.), ob. cit., pp. 307-331 e ARTHUR PINTO, "*Corporate Takeovers through the Public Markets – United States*", in PHAEDON KOZYRIS (org.), *Corporate Takeovers through the Public Markets*, pp. 337-367.

[311] Sobre a maior margem de manobra defensiva dos membros da administração das sociedades norte-americanas, v. JOSHUA BERICK/TOM SHROPSHIRE, "*The EU Takeover Directive in Context: a comparision to US Takeover Rules*", in PAUL VAN HOOGHTEN, *The European Takeover Directive and its Implementation*, Oxford University Press, New York, 2009, p. 115.

[312] V. *Section* 13(d) (*Reports by persons acquiring more than five per centum of certain classes of securities*) e *Section* 14(e) (*Untrue statement of material fact or omission of fact with respect to tender offer*), bem

que a adopção de medidas defensivas se justifique no âmbito dos deveres fiduciários dos seus membros e seja susceptível de ser litigada na respectiva jurisdição do Estado federal onde a sociedade tem a sua sede.

Já quanto ao nível Estadual, todavia, os tribunais de *Delaware*[313], em particular, emanaram uma série de decisões no sentido de proporcionar alguma margem de manobra aos administradores quanto ao uso de medidas defensivas contra OPA hostis: assim, o Tribunal Supremo de *Delaware* decidiu em 1985 no caso *Unocal Corp. V. Mesa Petroleum* que as medidas defensivas só poderiam ser tomadas quando os administradores tivessem motivos razoáveis para acreditar que a OPA constituísse uma ameaça (fosse prejudicial) para a sociedade ou seus accionistas (*reasonable threat to corporate policy and effectiveness*), bem como deveriam ser adequadas e proporcionais à ameaça representada pela oferta em causa de modo a não delapidar a sociedade (*proportionate response*). Estes eram então os dois critérios ou parâmetros especiais ou adicionais que deveriam funcionar antes da aplicação da mencionada *BJR* aquando da adopção de medidas defensivas anti-OPA[314].

Tratava-se aqui de um assunto que implicava a defesa por parte dos administradores da *Unocal* face a um oferente hostil (*Mesa Petroleum*), tendo então o Tribunal decidido que o uso de medidas defensivas por parte da *Unocal* constituía una reacção justificada e razoável face à ameaça que representava a *Mesa Petroleum*, sendo que, na opinião dos administradores, os termos da oferta não valorizavam adequadamente a sociedade e a própria oferta constituía uma

---

como algumas disposições emanadas pela SEC relativas à divulgação de informação (v. SEC Rule 14E).

[313] Damos aqui especial atenção a este Estado, uma vez que a maioria das sociedades norte-americanas cotadas na *NYSE* se encontram sob a jurisdição do Estado federal de *Delaware*, bem como, pelo facto de ser genericamente reconhecida aos tribunais deste Estado especial autoridade em matéria de direito das sociedades. Verificou-se realmente que a jurisprudência de *Delaware* vinha assumindo uma importância significativa enquanto líder neste tipo de matérias de *corporate*. BEBCHUK/COHEN, "*Firms Decisions Where to Incorporate*", ECGI Finance Working Paper Nº 03/2002, p. 30 (disponível em *http://www.ecgi.org*) concluem que "*The existence of substantial home-state advantage indicates that Delaware's dominance of the incorporation market is greater that is commonly perceived*". V. também no mesmo sentido L. BEBCHUK/A. FERREL "*On Takeover Law and Regulatory Competition*", in *The Business Lawyer*, Vol. 57, 2002, pp. 1047-1068.

Contudo, na última década o papel relevante do direito das sociedades aplicado neste Estado tem vindo a decair – cfr. J. ARMOUR/BLACK/CHEFFINS, *Is Delaware Losing its Cases?*, ECGI Law Working Paper Nº 151/2010 (disponível em *http://www.ecgi.org*) e CARNEY/B. SHEPHERD/J. SHEPHERD, "*Delaware corporate law: failing law, failing markets*", in A. PACCES (org.), *The Law and Economics Of Corporate Governance: Changing Perspectives*, Edward Elgar Publishing Ltd, 2010, pp. 23ss.

[314] Também GABRIELA FIGUEIREDO DIAS, *Fiscalização de sociedades e responsabilidade civil (após a reforma do Código das Sociedades Comerciais)*, Coimbra, 2006, pp. 72ss., se pronuncia sobre estes dois critérios adicionais na aplicação da *BJR* (reforçada) no âmbito de uma OPA.

III. DEVERES DOS MEMBROS DO ÓRGÃO DE ADMINISTRAÇÃO E MEDIDAS DEFENSIVAS

ameaça para a sociedade e seus administradores. O Tribunal concluiu que os administradores, na medida em que razoavelmente sentiam uma ameaça para a sociedade, podiam adoptar medidas defensivas proporcionais a tal ameaça (*não sendo coerciva nem preclusiva*[315]).

De seguida, em 1986, no caso *Revlon Inc. V. MacAndrews & Forbes Holdings, Inc.*, o mesmo Tribunal analisou a luta pelo controlo da *Revlon* entre um oferente hostil (*MacAndrews & Forbes Holdings, Inc.*) e um oferente próximo dos administradores (*Fortsmann Little*). Depois de várias ofertas e contra-ofertas, este último condicionou a sua oferta final à concessão de uma opção (com um desconto sobre mercado) para adquirir duas divisões da *Revlon* caso o outro oferente adquirisse mais de 40% do capital desta sociedade. A sua administração aprovou unanimemente a proposta da *Forstmann*, mas o Tribunal invalidou esse *lock-up*, invocando que numa situação em que uma sociedade está à venda no mercado, os administradores devem actuar, na sua qualidade de agentes dos accionistas, de modo a *obter o maior valor razoavelmente disponível para aqueles no curto prazo*.

Temos assim que a *BJR*, elaborada pela jurisprudência norte-americana, em particular pelo Estado de *Delaware*, conferiu um âmbito de discricionariedade, não sujeito a escrutínio judicial, à actuação dos administradores quando estes adoptam decisões de negócio sem prejuízo dos seus deveres fiduciários, independentemente de as decisões se revelarem acertadas ou não, tendo os seus dois principais parâmetros de conduta face a uma OPA sido definidos pelos dois casos antes mencionados (*Unocal* e *Revlon*)[316].

Mais tarde (1987)[317] o mesmo Tribunal Supremo de *Delaware* veio confirmar decisões anteriores ao decidir que quando os administradores se defendem de uma aquisição hostil, devem provar que estão actuar no interesse da sociedade e dos seus accionistas – e não no seu próprio interesse –, que a oferta em questão é nociva para a sociedade e que a medida defensiva adoptada é adequada para o efeito. Têm portanto de preencher estes pré-requisitos demonstrando boa fé e adequada informação antes de beneficiarem das presunções inerentes à *BJR*.

---

[315] Cfr. ORLANDO GUINÉ, ob. cit., p. 89.
[316] Para uma análise detalhada destes dois casos v. KIRCHNER/PAINTER, *Towards a European Modified Business Judgment Rule for Takeover Law*, EBOR (2000), (disponível em http://www.ecgi.org), bem como, entre nós, ORLANDO GUINÉ, pp. 86ss. e 107ss., respectivamente.
[317] Cfr. caso *Ivanhoe Partners v. Newmont Mining Corp.* (1987). Mais tarde em 1995 o mesmo Tribunal (caso *Unitrin v. American General Corporation*) iria longe de mais, em nosso entender, ao aceitar a justificação da adopção de medidas defensivas com base no argumento da administração de que os accionistas não estavam, face à sua possível ignorância e confusão, em posição de decidir adequadamente sobre o mérito da oferta.

Assim, nos EUA os administradores são livres de actuar no decurso da OPA desde que actuem de boa fé, de acordo com aquilo que eles consideram ser o melhor interesse da sociedade e com o cuidado que seria espectável por parte de uma pessoa prudente numa posição similar e sob idênticas condições.

Deste modo, a adopção de medidas defensivas é salvaguardada pela *BJR*, ou seja, a conduta do órgão de administração é permitida na medida em que esteja enquadrada pelos dois mencionados parâmetros adicionais, os quais afastam a responsabilidade dos administradores pelos danos causados pelos seus actos, razão pela qual a doutrina vem defendendo a ideia de uma *enhanced* (reforçada) *BJR* em caso de OPA, face à introdução dos dois critérios ou pressupostos oportunamente referenciados – a oferta constitua uma ameaça para a sociedade e a medida defensiva seja proporcional a essa ameaça –, adicionados aos três já existentes, que são: estar devidamente informado, agir desprovido de qualquer interesse e no exclusivo interesse da sociedade. Mais concretamente, de acordo com a *Section* 4.01(c) dos *Principles of Corporate Governance*: *"Um director que toma uma decisão sobre o negócio de boa fé cumpre o seu dever... (i) se não tem qualquer interesse na matéria da decisão relativa ao negócio; (ii) está informado com respeito a essa matéria na extensão em que ele acredita razoavelmente ser apropriado segundo as circunstâncias;* e *(iii) racionalmente acredita que a decisão é tomada no melhor interesse da sociedade"*[318].

Temos assim que o direito norte-americano confere ao órgão de administração da sociedade visada, no âmbito da sua obrigação de zelar pelo interesse da sociedade, um poder discricionário no que respeita às medidas defensivas contra uma OPA hostil, através de uma *BJR* reforçada: segundo esta, aquele órgão deve agir de acordo com os interesses da sociedade, onde se inclui o interesse em manter a sua independência e em prosseguir uma política comercial bem sucedida, podendo os accionistas da sociedade, em caso de incumprimento destes princípios, proceder judicialmente contra a administração por omissão e exigir uma indemnização pelos danos causados.

No sistema norte-americano existem, igualmente, os *anti-takeover statutes*[319], emanados por diferentes Estados, destinados a proteger as suas sociedades residentes de ataques por parte de outras sociedades, e dos quais resulta uma forte concorrência de regimes sobre esta matéria com o objectivo de atrair sociedades para o seu seio.

---

[318] Sobre este princípio do direito norte-americano v. KIRCHNER/PAINTER, ob. cit., ORLANDO GUINÉ, ob. cit., pp. 127-131, ANTÓNIO PEREIRA DE ALMEIDA, ob. cit., pp. 280ss., bem como T. RAAIJMAKERS *"Takeover Regulation in Europe and América: The Ned for Functional Convergence"*, in MCCAHERY/MOERLAND/RAAIJMAKERS/RENNEBOOG (org.), ob. cit., pp. 205-229 (223).

[319] Estes estatutos comportam requisitos de divulgação de informação e de apreciação do mérito e da justeza da oferta, princípios de *corporate governance* e regras relativas à proibição de certas transacções após a oferta. Sobre esta matéria v. MARCO VENTORUZZO, ob. cit., pp. 28ss.

III. DEVERES DOS MEMBROS DO ÓRGÃO DE ADMINISTRAÇÃO E MEDIDAS DEFENSIVAS

Já no Reino Unido – cujo regime jurídico serviu de modelo e de ponto de partida à *Directiva das OPA*, apresentando o sistema europeu de *corporate governance* mais desenvolvido – o *City Code on Takeovers and Mergers* (cujas Regras têm actualmente força vinculativa e obrigatória conferida pelo *Companies Act* 2006 no seguimento da transposição da Directiva) assenta na premissa de que os accionistas são os principais e verdadeiros beneficiários da sociedade e nos deveres fiduciários dos administradores em promover os interesses daqueles, pelo que proíbe a adopção, no decurso da oferta, de medidas defensivas sem a aprovação prévia dos accionistas. De acordo com o seu *General Principle* 3[320] (desenvolvido e sustentado pela *Rule* 21[321] e *Rule*

---

[320] Segundo o qual *"The board of an offeree company must act in the interests of the company as a whole and must not deny the holders of securities the opportunity to decide on the merits of the bid"* – e que serviu de fonte de inspiração ao mencionado princípio geral enunciado no art. 3º/1c) da Directiva.

[321] Esta norma intitulada *"Restrictions on Frustrating Action"* – que serviu de inspiração ao actual art. 9º da Directiva – dispõe no seu § 1 (*When shareholders' consent is required*):
"During the course of an offer, or even before the date of the offer if the board of the offeree company has reason to believe that a bona fide offer might be imminent, the board must not, without the approval of the shareholders in general meeting:
(a) take any action which may result in any offer or bona fide possible offer being frustrated or in shareholders being denied the opportunity to decide on its merits; or
(b) (i) issue any shares or transfer or sell, or agree to transfer or sell, any shares out of treasury;
(ii) issue or grant options in respect of any unissued shares;
(iii) create or issue, or permit the creation or issue of, any securities carrying rights of conversion into or subscription for shares;
(iv) sell, dispose of or acquire, or agree to sell, dispose of or acquire, assets of a material amount; or
(v) enter into contracts otherwise than in the ordinary course of business.
The Panel must be consulted in advance if there is any doubt as to whether any proposed action may fall within this Rule.
The notice convening any relevant meeting of shareholders must include information about the offer or anticipated offer.
Where it is felt that
(A) the proposed action is in pursuance of a contract entered into earlier or another pre-existing obligation; or
(B) a decision to take the proposed action had been taken before the beginning of the period referred to above which:
(i) has been partly or fully implemented before the beginning of that period; or
(ii) has not been partly or fully implemented before the beginning of that period but is in the ordinary course of business,
the Panel must be consulted and its consent to proceed without a shareholders' meeting obtained".
Para uma análise mais cuidada do regime inglês da *non-frustration rule*, v. HAN-WEI LIU, *"The Non-Frustration Rule of the UK City Code on Takeover and Mergers and Related Agency Problems: What are the Implications for the EC Takeover Directive?"*, The Columbia Journal of Europe Law, Vol. 17, 2010 (disponível em http://www.cjel.net), PAUL DAVIES, *GOWER and DAVIES' Principles of Modern Company Law*, 8ª Edição, 2008, pp. 961ss., bem como MAURICE BUTTON (org.), *A Practitioner's Guide to the City Code on Takeovers and Mergers 2002/2003*, City & Financial Publishing, pp. 403ss. e

37.3³²²) deve caber aos accionistas a última palavra sobre a adopção de medidas defensivas que possam frustrar o êxito da oferta ou retirar a oportunidade de os accionistas decidirem sobre o mérito da oferta.

A doutrina[323] conclui que estes dois sistemas diferem consideravelmente, na medida que seguem perspectivas contrapostas na avaliação das medidas defensivas: o sistema inglês parte de uma proibição *ex ante*, incrementando uma maior certeza jurídica, ao passo que o sistema norte-americano é mais permissivo, assentando num possível julgamento *ex post* dessas medidas, com o consequente crescente litígio judicial. Ou seja, o regime inglês, assente na regulamentação do *Takeover Panel*, deixa a decisão sobre a OPA a cabo dos accionistas, enquanto o regime norte-americano, fruto da legislação do Congresso e das decisões dos tribunais de *Delaware*, proporciona aos administradores uma grande liberdade defensiva anti-OPA.

O sistema inglês viria a influenciar e a servir de base à *Directiva das OPA*, que assenta igualmente no princípio de que o órgão de administração da sociedade visada deve agir tendo em conta os interesses da sociedade no seu conjunto e não pode impedir os titulares de valores mobiliários de decidirem sobre o mérito da oferta. Ou seja, este diploma europeu adopta a *non-frustration rule* (ou *board neutrality rule*) baseada no *City Code* (*Rule* 21), segundo a qual é proibida a adopção de medidas defensivas no decurso da oferta sem a autorização da AG para o efeito. Neste seguimento, a maioria dos EM (com excepção do Luxemburgo e da Finlândia) viria a adoptar tal concepção restritiva relativa à adopção de medidas defensivas no decurso da OPA, sendo que a Directiva não dispõe de uma única norma ou princípio sobre responsabilidade dos administradores semelhante à bem estruturada *BJR* norte-americana.

Aquando da rejeição da Proposta de 13ª Directiva em Julho de 2001, advogava-se que a mesma não criava um campo de operações nivelado (*level playing field*) entre a U.E. e os EUA, uma vez que as sociedades europeias ficariam mais restringidas na adopção de medidas defensivas nos termos do art. 9º (*Deveres do órgão de administração da sociedade visada*), enquanto as sociedades norte-americanas dispunham de maior liberdade na aplicação de defesas anti-OPA (*just-say-no rule*).

ROBERT STERN, "*United Kingdom*", in MAURICE BUTTON/SARAH BOLTON (org.), *A Practitioner's Guide to Takeovers and Mergers in the European Union*, 1997, City & Financial Publishing, pp. 21-50 (39-40).
[322] Intitulada "*Redemption or Purchase of Securities by the Offeree Company*", na qual são elencadas uma série de actos para os quais é necessária a prévia autorização da AG da sociedade visada, nomeadamente, a aquisição de acções próprias.
[323] PAULO CÂMARA, *Defensive measures...* cit., pp. 2 e 10. Para uma melhor comparação destes dois sistemas v. A. FERRELL, ob. cit., pp. 567ss.

III. DEVERES DOS MEMBROS DO ÓRGÃO DE ADMINISTRAÇÃO E MEDIDAS DEFENSIVAS

O *Relatório Winter I* veio demonstrar que tal pressuposição não era verdadeira por vários factores:

Por um lado, não havia um regime homogéneo aplicável nos EUA, sendo diversa a aplicação de medidas defensivas de Estado para Estado, não existindo, portanto, um campo de operações nivelado (*level playing field*)[324]. Todavia, as sociedades norte-americanas dispunham de uma maior discricionariedade na aplicação de medidas defensivas ao abrigo da *BJR*. Por outro lado, certos Estados norte-americanos adoptaram determinadas normas que permitem ao órgão de administração acautelar outros interesses para além dos interesses dos accionistas aquando da tomada de posição relativamente a uma OPA, embora o mesmo órgão tenha de demonstrar que as suas decisões foram tomadas no interesse da sociedade.

O mesmo Relatório concluiu que não deveria ser seguido o exemplo norte-americano por várias razões:

(i) Em primeiro lugar, as sociedades norte-americanas actuavam num enquadramento legal e num mercado com características muito diferentes, na medida em que os administradores norte-americanos estavam sujeitos a uma maior pressão por parte dos não-executivos, dos bancos de investimento e dos investidores institucionais e eram seriamente avaliados na sua performance pelos mercados de capitais e pelos *media*. Acrescia que os accionistas dispunham de um maior número de meios para intentar acções em tribunal contra os administradores e o sistema judicial norte-americano estava muito mais aberto e mais preparado para este tipo de questões relacionadas com o mercado de fusões & aquisições.

(ii) Depois, e apesar da maior discricionariedade por parte das sociedades norte-americanas na aplicação de medidas defensivas, verificava-se que a actividade das OPA era muito mais intensa nos mercados de capitais norte-americanos e fazia parte integrante da sua estrutura financeira e económica. As sociedades europeias beneficiavam então desta intensa actividade ao adquirir sociedades norte-americanas, o mesmo já não se podendo dizer em relação a estas no seio do mercado europeu, face à existência de várias barreiras às OPA que tornavam as sociedades europeias menos contestáveis.

(iii) Em terceiro, as normas/mecanismos anti-OPA são criticados nos EUA por uma considerável parte da literatura jurídica e económica, no sentido de

---

[324] Por sua vez, T. RAAIJMAKERS na sua análise comparativa, conclui que o modelo norte-americano é homogéneo apresentando uma série de normas ao nível federal, enquanto que a *Directiva das OPA* cria uma margem de manobra considerável ao deixar muitas questões por resolver a cargo dos EM, os quais apresentam diferentes regimes sobre a matéria – cfr. ob. cit., pp. 225-227.

que os administradores não devem adoptar medidas defensivas e que a última palavra deve caber aos accionistas.

(iv) Por fim, o *Relatório Winter I* concluiu que a U.E. deveria implementar a regulamentação das OPA que melhor se ajustasse ao seu objectivo principal de desenvolver um mercado de capitais integrado, ou seja, deveria aplicar os princípios básicos do primado dos accionistas e da proporcionalidade entre o capital e o controlo no contexto das ofertas públicas, o que se veio a verificar, em grande parte, com a *Directiva das OPA* (aprovada em Abril de 2004).

Em jeito de conclusão, verificamos que os sistemas europeu e norte-americano divergem consideravelmente na regulamentação das OPA, em particular no que respeita à adopção de medidas defensivas *reactivas*, sendo que no seio da Europa domina a *non-frustration rule* ou *board neutrality* (*shareholder choice*); daqui resulta certamente que será mais difícil para uma sociedade europeia adquirir o controlo de uma sociedade norte-americana, a qual pode livremente fazer uso dos mais variados meios de defesa anti-OPA, do que para uma norte-americana adquirir o controlo de uma europeia, limitada nos seus poderes (salvo a aplicação da regra da reciprocidade nos termos do art. 12º/3 da Directiva, como veremos no Capítulo seguinte).

Parece assim que a Directiva não responde às exigências de um mercado globalizado, na medida em que numa situação de concorrência com a *BJR* norte-americana, a primeira sai prejudicada: com efeito, a legislação norte-americana não prevê a obrigação de "neutralidade" e autoriza, consequentemente, a sociedade visada a tomar medidas defensivas contra uma OPA.

No entanto, e no que respeita às ofertas transfronteiriças, se é verdade, por um lado, que uma OPA lançada por uma sociedade norte-americana sobre uma sociedade europeia tornar-se-á mais cara em virtude da regra da OPA obrigatória vigente na Europa (que obriga o oferente a lançar uma oferta sobre todos os títulos da sociedade visada a um determinado preço[325]), podendo encontrar mais resistência por parte da sociedade visada que, por aplicação da regra da reciprocidade, afasta a *non-frustration rule*; por outro lado, também é verdade que será mais barato para uma sociedade europeia lançar uma OPA sobre uma sociedade norte-americana (porque não vinculada a lançar uma oferta geral), deparando-se, no entanto, com uma maior resistência por parte da sociedade visada norte-americana, a qual não está limitada nos seus poderes quanto à adopção de medidas defensivas, o que poderá, por sua vez, encarecer a oferta[326].

---

[325] Deverá pagar um preço equitativo, ou seja, o preço mais elevado pago pelos mesmos valores mobiliários por parte do oferente, ou das pessoas que com ele actuam em concertação, ao longo de um período a determinar pelos EM entre seis e doze meses anterior à oferta (cfr. art. 5º/4 da Directiva).
[326] No mesmo sentido v. MARCO VENTORUZZO, ob. cit., p. 78

III. DEVERES DOS MEMBROS DO ÓRGÃO DE ADMINISTRAÇÃO E MEDIDAS DEFENSIVAS

Importa aqui sublinhar a posição defendida por KIRCHNER/PAINTER[327], para quem faria todo o sentido a Europa adoptar a sua própria versão da modificada *BJR* aplicada pelos tribunais norte-americanos (à luz dos interesses dos accionistas e da sociedade), mais flexível do que a rígida *non-frustration rule*, com vista a promover um campo de operações mais nivelado em matéria de OPA hostis transatlânticas e a proporcionar uma maior defesa por parte das sociedades europeias, as quais se encontram numa posição comparativa desvantajosa relativamente às sociedades norte-americanas.

Não podemos concordar com tal posição uma vez que essa adaptação da *BJR* implicaria uma inoportuna margem de manobra para as administrações europeias na aplicação de medidas defensivas com consequências nefastas para o mercado do controlo societário europeu e na protecção dos accionistas minoritários, acarretando dificuldades acrescidas na sua aplicação pelos tribunais europeus. Perfilhamos a ideia que a aplicação da regra da reciprocidade é suficiente para atenuar a mencionada desvantagem comparativa.

É certo que aqueles mesmos Autores defendem igualmente que, face à larga margem de manobra deixada a cargo dos EM pela Directiva e às dificuldades em adaptar uma regra baseada no *common law*, poderia ser facultada aos accionistas europeus a alternativa de vetar, *a posteriori*, alguma medida defensiva contrária aos seus interesses[328]. Também esta solução nos parece fonte de incertezas, fazendo muito mais sentido, em nome da segurança jurídica e do primado accionista, que aqueles intervenham *a priori* (em sede de AG e no decorrer da oferta) na aprovação da medida defensiva em causa.

J. ARMOUR/SKEEL[329] têm dúvidas sobre qual será a perspectiva preferível, mas concluem que o sistema norte-americano apresenta várias desvantagens enquanto processo, nomeadamente, em termos de celeridade e de custos, uma vez que a frequente litigação das OPA desse sistema arrasta os processos de aquisição no tempo[330] e implica necessariamente maiores custos, surgindo

---

[327] Cfr. ob. cit., pp. 50-51.
[328] Os mesmos Autores viriam mais tarde a reforçar esta posição – KIRCHNER/PAINTER, "*Takeover Defenses under Delaware Law, the Proposed Thirteenth EU Directive and the New German Takeover Law: Comparison and Recommendations for Reform*", Illinois Law and Economics Working Paper Nº LE02-006, Março 2002, pp. 23-25 (disponível em http://www.ecgi.org).
[329] Cfr. ob. cit., pp. 22ss. V. igualmente as razões históricas apontadas por estes Autores que ajudam a compreender as divergências entre os dois sistemas, destacando as seguintes: a) O federalismo norte-americano e respectiva legislação das OPA pró-administradores, b) A auto-regulação por parte dos investidores institucionais pró-accionistas no Reino Unido, e c) A forte influência do *case law* no regime norte-americano das OPA – cfr. pp. 29ss.
[330] De acordo com os mesmos Autores cerca de um terço das OPA hostis nos EUA são objecto de litigação, cujo processo se torna muito longo e oneroso – cfr. ob. cit., p. 24.

a litigação táctica como uma importante medida defensiva anti-OPA, e cuja regulamentação é reactiva aos desenvolvimentos do mercado e às decisões judiciais. Pelo contrário o sistema inglês é muito mais célere[331] e menos custoso, cuja regulamentação é pró-activa relativamente aos desenvolvimentos do mercado, e onde a litigação táctica é praticamente proibida pelo *Takeover Panel* (salvo consentimento dos accionistas), cujas decisões, por sua vez, estão sujeitas a uma apreciação judicial retrospectiva de modo a não perturbar o curso normal do processo da oferta[332].

No entanto, e conforme alguns Autores salientam, estes sistemas não são assim tão distantes um do outro, se não olharmos somente para os respectivos regimes e suas normas específicas, e tivermos antes em atenção que os mesmos perseguem fins e políticas comuns e observarmos igualmente os efeitos económicos daquelas normas, muitas das vezes similares, designadamente, no que respeita a assegurar um equilíbrio entre o grupo de controlo, a administração e os accionistas minoritários[333]. As OPA desempenham nestes regimes (ambos de estrutura accionista dispersa) um papel decisivo enquanto mecanismo disciplinador da administração[334], aliado ao crescente activismo dos investidores

---

[331] V. *Rules* 30-35 do *City Code* relativas ao período da oferta e suas vicissitudes.

[332] Assim, no caso *Panel v. Datafin plc* (1987), o *Appeal Court* decidiu que, embora as decisões do *Panel* estejam sujeitas a apreciação judicial, somente interviria *"ex post facto"* e com efeitos meramente declarativos, de modo a não interferir no decurso da oferta e para evitar os riscos provenientes do abuso de litigação táctica, restando-lhe, portanto, uma intervenção retrospectiva e indicadora do modo de actuação futura por parte daquele órgão – v. João Cunha Vaz, ob. cit., pp. 119-120 e, mais em detalhe, L. S. Sealy *"The Draft Thirteenth E.C. Directive on Take-overs"*, in Mads Andenas / Kenyon-Slade (org.), ob. cit., pp. 135-147 (136-139).
Sobre a problemática da implementação da Directiva no Reino Unido e da sua conjugação com o respectivo sistema de *self-regulation* e os poderes do *Takeover Panel* v. o mencionado Relatório da autoria do *DTI*. V. também Brian Coyle, *"Risk Awareness and Corporate Governance"*, Financial World Publishing, 2ª Edição, 2005, pp. 217ss., relativamente ao sistema inglês de *corporate governance*.

[333] Cfr. Marco Ventoruzzo, ob. cit., p. 8. Também Joy Dey, ob. cit., p. 16, conclui pela convergência entre os regimes de *Delaware* e do Reino Unido, na medida em que prosseguem os mesmos objectivos principais – *an equitable corporate governance system* –, embora utilizando diferentes meios.

[334] Cfr. J. Armour/Skeel, ob. cit., p. 82.
Posição diferente assumem Franks/Mayer/Renneboog, *"Managerial Disciplining and the Market for (Partial) Corporate Control in the UK"*, in McCahery/Moerland /Raaijmakers/Renneboog (org.), ob. cit., pp. 441-456 (454), para quem as OPA não desempenham um claro e explícito efeito disciplinador no Reino Unido, o qual é desempenhado essencialmente pelos grandes accionistas – que exercem o controlo a um reduzido custo (abaixo de 1/3 dos direitos de voto) – e pelos novos accionistas que reforçaram o direito de voto, concluindo que existe uma relação dinâmica entre propriedade, controlo e *performance*, onde as *"sale of share stakes"*, mais do que as OPA, desempenham uma função de *corporate governance* ao disciplinar os administradores.

institucionais – os quais tendem a uniformizar as práticas de governo nos mercados de capitais internacionais. Maiores divergências verificam-se, sim, relativamente aos países da Europa continental, onde a estrutura accionista dominante é muito mais concentrada e onde os accionistas maioritários oferecem uma maior resistência à transferência do controlo.

Capítulo IV
Regra de Não Frustração da OPA:
Limitação de Poderes da Administração

Chegados aqui, depois de analisadas nos Capítulos anteriores as diversas matérias preliminares – *corporate governance*, OPA, deveres dos membros da administração e medidas defensivas –, estamos agora em condições de melhor compreender em toda a sua dimensão e dinâmica o principal objecto do presente estudo: *a regra de não frustração da OPA*.

Tal como antes referido, de entre as diferentes regras de *corporate governance*, pretendemos aqui tão-somente tratar de uma das suas regras societárias, na sua vertente interna, relativa às regras organizativas da sociedade, mais concretamente: a limitação de poderes da administração da sociedade visada no decurso de uma OPA, também vulgarmente conhecida por regra de não frustração da oferta (*non-frustration rule or passivity rule*) ou por dever de "neutralidade" da administração (*board neutrality or shareholder choice*), em oposição à *just-say-no rule* que vigora em algumas jurisdições dos EUA[335]. Assim, esta regra estabelece que o órgão de administração da sociedade visada (ou, no sistema dualista, o conselho de administração executivo e o conselho geral e de supervisão – cfr. art. 182º/7 CódVM) deve obter a autorização prévia dos seus accionistas antes de tomar medidas de defesa anti-OPA no decurso da oferta.

---

[335] Tal como foi sublinhado no Capítulo anterior, no sistema norte-americano os membros da administração da sociedade visada têm grande liberdade para resistir a uma oferta indesejada ou não solicitada (hostil). De acordo com J. ARMOUR/SKEEL, ob. cit., p. 9, "*target bidders have extensive discretion – particularly if they wish to "just say no" to any bid to acquire the company*".

Para o efeito, importa chamar a atenção para duas questões objecto da polémica levantada em redor da rejeição pelo PE da anterior Proposta de 13ª Directiva ocorrida em Julho de 2001, questões, essas, que agora nos interessam:

(i) por um lado, os receios suscitados pela obrigação, imposta ao órgão de administração da sociedade visada, em obter a autorização dos accionistas antes de se dar início a qualquer acção defensiva contra uma OPA; e

(ii) por outro, o conflito entre este dever de "neutralidade" que impossibilita a sociedade visada de se defender e o receio de abrir as portas das sociedades europeias às sociedades norte-americanas ou, simplesmente, às sociedades de outros EM[336].

Portanto, a questão axial que aqui se levanta é a seguinte: deve a administração da sociedade visada interferir no sucesso de OPA? Surgem-nos duas tendências antagónicas:

Devemos deixar funcionar o mercado do controlo societário no seu papel disciplinador, cabendo única e exclusivamente aos destinatários da oferta (os accionistas) decidir sobre a oferta e a aplicação de medidas defensivas? Ou devemos defender que, perante OPA dirigidas a sociedades com capital largamente disperso, os accionistas estão menos motivados para intervir e são muitas vezes pressionados para aceitar a oferta, devendo então a administração ter um papel mais activo na defesa dos interesses daqueles?

Assim, e tal como veremos de seguida, tanto o legislador europeu como o nacional optaram por adoptar o regime da *non-frustration rule*, que impõe que o órgão de administração da sociedade visada se abstenha de adoptar medidas defensivas no decurso da OPA sem a prévia autorização da AG, de forma a permitir aos accionistas a livre apreciação do mérito da oferta e a consequente livre transmissão das suas acções, o que não invalida, todavia, que o mesmo órgão emita um Relatório do qual conste a sua opinião sobre a oportunidade e as condições da oferta e procure ofertas concorrentes mais vantajosas para os seus accionistas.

---

[336] Verificamos que esta posição limitativa dos poderes da administração no decurso da oferta nem sempre foi unânime no seio da Europa.
Desde logo o CES discordava de tal posição ao defender que "... *dever-se-ia presumir que um órgão de administração goza da confiança dos accionistas e que, portanto, agirá de forma responsável – em quaisquer circunstâncias – em defesa dos interesses dos accionistas*" (cfr. § 3.8.2. do seu Parecer de 11 de Julho de 1996 sobre a Proposta de 13ª Directiva de 6 de Junho de 1996 – publicado no JO C 295/1, de 7.10.96).
Também o CEPS entendia que a Proposta de 13ª Directiva devia abandonar o princípio da neutralidade da administração, justificando que esta deve ter poder para decidir em caso de OPA e que outros interesses, para além dos accionistas, devem ser levados em consideração, designadamente os dos trabalhadores – Março de 2003 (disponível em *http://www.ceps.be*).

IV. REGRA DE NÃO FRUSTRAÇÃO DA OPA: LIMITAÇÃO DE PODERES DA ADMINISTRAÇÃO

Razões pelas quais consideramos preferível e mais adequada a expressão de *regra de não frustração da oferta* (*non-frustration rule*) em detrimento de outras tais como a "neutralidade" ou "passividade" da administração, as quais, *stricto sensu*, praticamente não se verificam. Ou seja, mais do que estar obrigado a uma atitude neutral ou passiva perante a oferta, aquele órgão está sim proibido de praticar determinados actos que possam perturbar ou frustrar o êxito da oferta – por isso, se denomina regra de não frustração da oferta ou *non-frustration rule* – antes de a AG de accionistas ter a oportunidade de se pronunciar; nada o impede, contudo, de ter uma atitude mais pró-activa na procura de ofertas concorrentes e na emissão de um juízo sobre a oportunidade e mérito da oferta, tentando demover os accionistas a aceitá-la[337].

1. Ratio Legis

Antes de analisarmos o regime legal correspondente interessa perceber melhor as razões que justificam esta limitação de poderes da administração, ou seja, os fundamentos que estão na base da *non-frustration rule* que recai sobre os membros do órgão de administração no decurso de uma OPA.

Facilmente se compreende que esta regra ao limitar a capacidade de defesa anti-OPA por parte da sociedade visada terá certamente como efeito, desde logo, promover o fenómeno das OPA e, consequentemente, um mais eficaz funcionamento do mercado do controlo societário, e vice-versa: ou seja, a ausência de uma *non-frustration rule* ou norma equivalente trará, em nosso entender, maiores dificuldades para potenciais oferentes e para a ocorrência de OPA[338].

---

[337] Em sentido diferente, grande parte da doutrina adopta a expressão *neutralidade* ou *passividade* da administração – cfr. PAULO CÂMARA, *Ofertas públicas...* cit., p. 185, JOÃO CALVÃO DA SILVA, *Sumários do Curso de Direito Privado da Banca, da Bolsa e dos Seguros*, Ano lectivo 2009-10, FDUC, pp. 31-32, e LUÍS MENEZES LEITÃO, ob. cit., p. 66.

[338] Sobre a fundamentação da *non-frustration rule*, v. mais em detalhe PAUL DAVIES / SCHUSTER/ /GHELCKE, ob. cit., pp. 3ss., onde estes Autores abordam a problemática da *non-frustration rule* por parte da administração da sociedade visada, designadamente os argumentos existentes contra a eficácia desta imposição legal, entre eles, o da redundância e o da estrutura accionista: (i) de acordo com o primeiro argumento, esta regra não viria acrescentar nada, uma vez que o direito nacional de cada EM poderia alcançar o mesmo resultado através de normas equivalentes, de direitos de destituição ou de sistemas compensatórios dos membros do órgão de administração, acabando, no entanto, por rebater a eficácia destes instrumentos; (ii) por outro lado, embora a sua eficácia possa variar consoante a estrutura accionista, os mesmos Autores concluem que aquela regra pode ter um papel decisivo enquanto promotor do efeito disciplinador das OPA em sistemas de capital disperso, não colidindo com o funcionamento das sociedades em sistemas de capital concentrado e encorajando a transferência de controlo com sinergias em sistemas de controlo instável, embora, após um balanço global, acabem por concluir que este regime inibitório não é necessariamente desejável em termos de criação de valor para os accionistas (cfr. p. 19).

Deste modo, tal como veremos de seguida, o principal argumento a favor da regra de não frustração da oferta reside no facto de ela potenciar o efeito coercivo das OPA, ou de outro modo, a limitação dos poderes da administração visada tem em vista evitar que aquele órgão adopte medidas defensivas, estas sim, limitadoras do efeito coercivo das OPA. Face a uma oferta, temos assim de condicionar a actuação dos membros do órgão de administração em função dos direitos e interesses dos accionistas e do oferente[339].

1.1. Específicos Conflitos de Interesses

Comecemos por afirmar que uma política de *informação adequada* no campo dos valores mobiliários visa garantir a protecção dos investidores ao permitir o funcionamento correcto dos mercados de capitais e, em consequência, proporcionar uma maior confiança nesses mercados. Aos investidores tem de ser assegurada informação completa, verdadeira, actual, clara e objectiva no que respeita às circunstâncias financeiras da sociedade emitente, bem como ao próprio activo subjacente aos respectivos valores mobiliários admitidos à negociação. Neste contexto, teremos de ter em consideração que os emitentes são objecto de deveres de informação em vários momentos[340], entre eles, aquando do lançamento de uma oferta pública de aquisição de valores mobiliários[341].

Sucede que aquando da iminência do lançamento de uma OPA este dever de informação dos emitentes levanta um principal conflito de interesses: o interesse do oferente em processar uma apropriada avaliação dos riscos inerentes ao seu investimento (*an appropriate assessment of risks*), contraposto ao interesse da sociedade emitente (e seus accionistas) em manter secreta determinada informação relativa à sua actividade (pelo menos, enquanto a oferta não se tornar definitiva).

---

[339] MARIA JARILLO, *Las normas de conducta de los administradores de las sociedades de capital*, Collección Biblioteca de Derecho de los Negocios, LA LEY, 2002, p. 526, afirma que *"El margen de su actuación termina donde empiezan los derechos de otros"*.

[340] Este dever geral de informação manifesta-se noutros momentos: aquando da sua admissão à negociação no mercado, numa base regular (normal actividade da sociedade) e no que respeita a factos relevantes (isto é, informação *ad-hoc* ou *insider information*).

[341] Neste contexto, temos de ter em atenção a *Directiva da Transparência*, que visa essencialmente harmonizar os requisitos quanto à informação financeira periódica, relativa às participações qualificadas e à informação permanente (contínua) a prestar pelos emitentes de valores mobiliários admitidos à negociação de modo a alcançar uma maior protecção para os investidores na U.E.
Uma outra questão relacionada com este dever de informação diz respeito à informação a incluir no prospecto (da oferta pública de aquisição de valores mobiliários) e aos abusos de mercado: v. as mencionadas *Directiva dos Prospectos* e a *Directiva sobre Abuso de Mercado*. Sobre a matéria da responsabilidade civil pela informação do Prospecto, v. JOSÉ AMADEU FERREIRA, *Títulos de Crédito e Valores Mobiliários. Sumários das matérias leccionadas no ano lectivo 2002-2003, 1º semestre*, Universidade Nova de Lisboa, pp. 19ss.

IV. REGRA DE NÃO FRUSTRAÇÃO DA OPA: LIMITAÇÃO DE PODERES DA ADMINISTRAÇÃO

Ainda no que respeita à divulgação de informação, devemos questionar qual o equilíbrio desejável entre os interesses dos accionistas em obter toda a informação relativa à oferta em nome da sua melhor avaliação, por oposição ao interesse da sociedade na manutenção do máximo sigilo ou ao interesse da administração em preservar o seu lugar na sociedade e, por conseguinte, mais preocupada em frustrar os intentos do oferente.

Assim, se por um lado o lançamento de uma OPA não deve prejudicar a vida e a gestão normal da sociedade alvo – estando a administração vinculada a zelar pelo interesse da sociedade –, também é verdade que a necessária salvaguarda dos interesses dos seus accionistas, bem como dos interesses legítimos do oferente, justificam que se interditem actos de administração que possam afectar o êxito da oferta ou os objectivos anunciados pelo oferente, e que não sejam exigidos pela gestão corrente daquela sociedade. Deste modo, e de forma a salvaguardar os interesses do oferente, a administração da sociedade visada fica impedida de praticar actos susceptíveis de frustrar o êxito da oferta.

Daqui resulta, que interessa acautelar os interesses do oferente na manutenção do objecto visado indirectamente, ou seja, a própria empresa enquanto activo atractivo para aquele. Muito embora possa ter os mais diversos objectivos subjacentes à oferta (sinergias, especulação, afastar a concorrência, etc.), o oferente terá certamente interesse no actual estado da sociedade ao momento em que lança a oferta, bem como pretende que todo o processo da oferta seja o menos perturbado possível[342].

Questão diferente diz respeito a um eventual conflito de interesses com que o próprio oferente se pode deparar quando, enquanto já accionista da sociedade visada, pretende adquirir participações desta podendo, então, ir contra os seus interesses de longo prazo. Contudo, é nosso entendimento que essa questão nem se levanta, uma vez que na presente situação o oferente estará, quanto muito, perante um conflito de interesses com os accionistas da sociedade visada, mais concretamente com aqueles que assumem uma posição de controlo, e não propriamente com a sociedade ou com o interesse social, pelo que não estará impedido de votar em sede de AG da sociedade visada para efeitos de deliberar sobre uma medida defensiva anti-OPA[343].

---

[342] De referir que esta limitação de poderes apenas, e somente, se coloca quando esteja em causa a aquisição do controlo da sociedade visada por parte do oferente (ou seja, quando a oferta incida sobre mais de 1/3 dos valores mobiliários da respectiva categoria), pois só neste caso faz sentido proteger os interesses dos accionistas destinatários da oferta, bem como do oferente, tal como veremos mais à frente.

[343] No mesmo sentido v. ORLANDO GUINÉ, ob. cit., p. 208.
Entendemos que não estamos, portanto, perante uma situação de conflito de interesses abrangida pelo disposto na norma do art. 384º/6 CSC, a qual dispõe que um accionista não pode votar nem

Já os titulares do órgão da administração da sociedade visada estão perante um conflito de interesses inerente a esta sua qualidade: sentir-se-ão divididos entre aceitar uma oferta atraente mas não solicitada ou tomar medidas defensivas destinadas a frustrar aquela oferta. Face a uma OPA hostil, que trará certamente mudanças ao nível da administração (dos seus membros e respectiva remuneração), a sua posição estará então ameaçada. Temos, assim, que a eventualidade do sucesso de uma OPA altera o equilíbrio de poderes existente, constituindo um factor perturbador no processo de decisão de determinados administradores, os quais poderão ceder à tentação de dar prioridade a outros interesses desviantes, que não aqueles devidos na sua actividade de administrar, em particular, os dos accionistas[344]. Por tudo isto, faz sentido que aquele órgão se limite, no período da oferta, à gestão corrente da sociedade e se garanta que o mesmo actue no interesse dos accionistas.

Esta premissa decorre desde logo do princípio geral da lealdade, segundo o qual o órgão de administração deverá actuar tendo em conta o conjunto dos interesses da sociedade. Deverá, pois, actuar com a diligência necessária para salvaguardar os interesses dos accionistas (destinatários da oferta). Sucede que já decorria da lei uma obrigação geral deste órgão zelar por estes interesses. Porém, uma vez que o órgão em causa vê a sua posição ameaçada perante uma OPA (hostil), o legislador entendeu consagrar expressamente uma limitação à sua acção no decurso daquela operação.

A regra de não frustração da oferta decorre assim, desde logo, do dever geral de lealdade atrás mencionado (de entre os deveres fiduciários que recaem sobre os administradores), na medida em que este último pressupõe o dever de não actuar em conflito de interesses. Ou seja, esta limitação dos poderes dos membros do órgão de administração no decurso de uma OPA é o corolário do dever geral de lealdade, segundo o qual estes devem actuar na defesa dos inte-

---

por si, nem por representante, nem em representação de outrem, quando a lei expressamente o proíba e ainda quando a deliberação incida sobre determinadas matérias, as quais o colocam numa clara situação de conflito de interesses com a sociedade, à semelhança da situação de *impedimento de voto* para as sociedades por quotas, nos termos do art. 251º/1 CSC. Sobre a natureza taxativa ou exemplificativa destas duas normas, inclinamo-nos mais para a primeira em nome da certeza jurídica – v. João Calvão Da Silva, *Estudos Jurídicos...* cit., pp. 121ss., bem como Coutinho De Abreu, *Curso de Direito Comercial*, Vol. II das Sociedades, 3ª edição, Almedina, 2010, p. 244.

[344] V. Orlando Guiné, ob. cit., p. 129. O mesmo Autor chama igualmente a atenção para o facto de devermos ter em linha de conta as circunstâncias concretas de cada administrador, designadamente, quanto ao momento do respectivo mandato e ao peso deste último enquanto fonte de rendimentos, de modo a melhor podermos medir o impacto do sucesso de uma OPA no universo de cada um deles, bem como para a importância da existência de *golden parachutes* (sistemas de compensação em caso de OPA), concluindo que o mais importante em cada caso será verificar se o administrador se encontrava, à partida, numa situação de conflito de interesses (p. 131).

IV. REGRA DE NÃO FRUSTRAÇÃO DA OPA: LIMITAÇÃO DE PODERES DA ADMINISTRAÇÃO

resses dos accionistas (que os nomearam) e não de modo egoístico, em defesa dos seus interesses pessoais. Mais importa sublinhar que o próprio legislador dispõe no art. 181º/5d) CódVM, que o conselho de administração deve "... *a partir da publicação do anúncio preliminar e até ao apuramento do resultado da oferta ... agir de boa fé, designadamente quanto à correcção da informação e quanto à lealdade do comportamento*", reforçando deste modo este dever geral no decurso de uma OPA[345].

Temos pois aqui bem patente uma questão de *corporate governance*, ou seja, a regulamentação da direcção e do controlo da sociedade visada. A relevância do controlo e fiscalização das sociedades alvo de uma OPA envolve assim um acompanhamento e monitorização da gestão da sociedade e importa aqui mitigar os problemas de agência/representação resultantes da progressiva cisão entre *propriedade* e *controlo*. É necessário garantir que os *agentes* (administradores) prosseguem os interesses dos *principais* (accionistas), e não são ao invés movidos por motivações egoísticas e "irracionais".

Como objectivos (genéricos) da fiscalização, destacamos a monitorização dos interesses dos accionistas e da sociedade, a verificação do respeito pelos deveres fiduciários por parte dos administradores em relação aos accionistas e a outros *stakeholders*, assim como a verificação da correcção e completude da informação divulgada pelos administradores, sendo essencial, para este efeito, o requisito da *independência* por parte de quem os fiscaliza.

Tal como vimos antes, as OPA, quando baseadas em critérios de racionalidade económico-financeira, constituem um privilegiado instrumento para a concentração e reestruturação societária, pelo que deverão ser incentivadas, devendo, no entanto, a sua regulamentação garantir que o processo da oferta se oriente por aqueles critérios. A simples ameaça de uma aquisição pode incentivar os gestores a maximizar os lucros por forma a evitar a aquisição e sua subsequente, quase certa, substituição.

Numa OPA hostil, ou seja, sem o acordo da administração da sociedade visada, pode esta mesma constituir o principal alvo da oferta, uma vez que é a própria continuidade de funções dos seus titulares que é posta em causa pela OPA[346]. Deste modo, interessa acautelar os interesses em jogo durante o período da oferta, em especial os dos accionistas, destinatários da oferta, sem esquecer os interesses do oferente. Isto tendo em conta que qualquer OPA hostil confrontará os membros daquele órgão com a possibilidade de perderem a sua

---

[345] Sobre os desenvolvimentos e concretização do princípio da boa fé na sua vertente objectiva estipulado aqui nesta norma, v. ORLANDO GUINÉ, ob. cit., pp. 111-116, designadamente quanto à "*correcção da informação*" e à "*lealdade do comportamento*".
[346] JORGE BRITO PEREIRA, ob. cit., p. 179.

posição na sociedade visada, pelo que será um pouco irreal esperar que os mesmos actuem com a desejável neutralidade, sendo então conveniente limitar os seus poderes de modo a não criar obstáculos artificiais ao sucesso da OPA.

Assim, aquando do lançamento de uma OPA, em particular uma oferta hostil, os interesses dos accionistas (em realizar uma mais-valia e sair da sociedade) podem não coincidir com o interesse da sociedade e não coincidem de todo com os interesses (egoísticos) dos membros do órgão de administração, dado que uma óptima proposta para aqueles não o será certamente para estes membros, que vêem a sua posição profissional ameaçada. Razão pela qual estes são muitas vezes tentados a lançar mão dos meios à sua disposição com vista a frustrar os intentos do oferente, podendo, por essa via, ir também contra os interesses dos accionistas.

De forma a acautelar e regular potenciais conflitos de interesses entre aqueles membros da administração (obrigados a proteger a sociedade), a própria sociedade e seus accionistas (enquanto destinatários de uma oferta), devem ser instituídas um conjunto de regras internas, as quais deverão também servir para regular as obrigações decorrentes dos respectivos deveres fiduciários, designadamente, para evitar que os mesmos façam uma utilização indevida de oportunidades negociais e de bens societários[347].

Em conclusão, no decurso normal da vida da sociedade cabe à administração visada agir no interesse dos accionistas e da sociedade, de modo a evitar ser alvo de OPA. Uma vez lançada, não deverá frustrar o êxito da oferta, devendo limitar-se a procurar uma oferta concorrente (*White Knight*) e a emitir o seu Relatório sobre a mesma de modo a aconselhar os accionistas e dissuadi-los, ou não (caso a proposta seja muito vantajosa), de vender as suas acções.

1.2. Primado da Decisão dos Accionistas

Poder-se-ia contra-argumentar que os accionistas enquanto titulares de valores mobiliários e destinatários da oferta, face à informação limitada de que dispõem e à maior dificuldade em coordenar a sua actuação, não estariam na melhor posição para proceder a uma avaliação fidedigna da mesma, devendo caber tal papel à administração da sociedade visada, a qual detém mais informação e uma maior facilidade em adoptar medidas defensivas. Ou seja, alguma doutrina defende que os administradores da sociedade visada estão em melhor posição

---

[347] A este respeito importa aqui sublinhar que no âmbito dos Princípios OCDE foi ampliado o princípio sobre a independência e objectividade do órgão de administração, de modo a evitar conflitos de interesses e cobrir situações em que existem accionistas de controlo ou detentores de participações qualificadas. Acresce que o surgimento de novas medidas defensivas postulam específicas exigências no que respeita à defesa apropriada dos interesses dos accionistas na pendência da oferta.

IV. REGRA DE NÃO FRUSTRAÇÃO DA OPA: LIMITAÇÃO DE PODERES DA ADMINISTRAÇÃO

para defender os interesses dos seus accionistas face a vários factores: (i) ineficiência dos mercados de capitais, (ii) assimetrias de informação, (iii) elevado grau de dispersão (dificuldade de coordenação) e alienação (absentismo) dos pequenos accionistas, pressionados a aceitar a oferta[348].

Sucede, no entanto, que uma OPA é uma oportunidade de negócio para os accionistas, destinatários da oferta, e como tal interessa acautelar que estes, e só estes, se pronunciem sobre a proposta apresentada pelo oferente. Somente estes, enquanto "donos" da sociedade, devem avaliar as condições apresentadas e decidir sobre a aplicação de medidas defensivas. Caso contrário, a administração poderia ver-se tentada a lançar certas medidas defensivas que afectassem financeiramente a sociedade (tal como a *Suicide pill*, por exemplo), frustrando os interesses do oferente e podendo prejudicar seriamente os accionistas enquanto únicos destinatários da oferta.

Não nos podemos esquecer que uma OPA configura uma proposta contratual dirigida aos titulares de valores mobiliários, não intermediada pelo órgão de administração da sociedade visada. Aqueles terão de lidar directamente com o oferente e aceitar ou não a sua proposta, são eles os únicos que terão de se pronunciar sobre o mérito da oferta e da sua única e exclusiva vontade deverá depender o seu sucesso.

Já o art. 9º da anterior Proposta de Directiva de 2002, dispunha que quando está em causa a alteração do controlo da sociedade visada devem ser os accionistas desta sociedade, e somente estes, a decidir sobre o seu futuro, tal como hoje a Directiva dispõe que o órgão de administração não pode impedir os destinatários da OPA de decidirem sobre o mérito da mesma (cfr. art. 3º/1c) *in fine*).

Os accionistas da sociedade visada são colocados perante uma alternativa: ou decidem manter as acções com vista, por exemplo, a realizar uma melhor mais-valia a longo prazo (em resultado da actual gestão e de uma atractiva estratégia futura), ou decidem vender na OPA e assim realizar uma mais-valia a curto prazo, fruto do prémio de controlo que o oferente se propõe pagar. Estes accionistas são os efectivos "donos" da sociedade e, enquanto tal, não podem ser privados da oportunidade excepcional em realizar mais-valias.

---

[348] Estes argumentos são discutidos e rebatidos por L. BEBCHUK, ob. cit., pp. 995ss., que acaba por concluir *"that the board veto is undesirable... All those with interest in corporate governance ... should recognise the substantial costs and limited benefits of board veto"* (1029).
Um outro argumento é ainda avançado pela doutrina, conhecido por *Wall Street Rule*, de acordo com o qual os pequenos accionistas estão meramente interessados em realizar uma rápida mais-valia, dispostos a vender a qualquer momento face à melhor oferta, pelo que não estariam na posição adequada para avaliar a oferta em causa – v. GARCÍA DE ENTERRÍA, *Mercado de Control, Medidas Defensivas y Ofertas Competidoras. Estudios sobre OPAs*, Civitas Ediciones, Madrid, 1999, pp. 53 e 181.

A doutrina vem sublinhando que os membros do órgão de administração, na sua tarefa de administrar, não devem interferir nas transacções entre accionistas e oferente que ocorrem no decurso da oferta, ficando tal matéria fora do âmbito do seu mandato de gestão, cujo conteúdo é determinado pela norma do art. 405º/1 CSC[349]. Nesta linha de raciocínio, a norma do art. 182º CódVM limita o poder negocial por parte da sociedade visada relativamente à adopção de medidas defensivas reactivas, tanto subjectivas como objectivas, tal como veremos *infra*.

Ainda de acordo com outros Autores, a actuação da administração deve ser limitada pelo interesse social[350]. Não podemos, no entanto, concordar com esta posição uma vez que, tal como defendemos antes, estamos perante um conflito de interesses específico – interesse da sociedade *versus* interesses dos accionistas –, devendo ser dada primazia a estes últimos na pendência da OPA, a qual tem como objecto directo não a sociedade visada em si mesma, mas tão só os valores mobiliários representativos do capital social daquela, detidos pelos seus accionistas a quem a oferta se dirige.

Em nosso entender, e tal como antes mencionámos (Capítulo III – Ponto 2.), ao contrário do que sucede no decurso normal da vida societária onde o interesse da sociedade e os interesses dos accionistas aproximam-se e não devem dissociar-se (cabendo ao órgão de administração acautelá-los primordialmente, atendendo também a todos os interesses ligados à sociedade), no decurso de uma OPA, todavia, os mesmos interesses aparecem dissociados, devendo ser dada prevalência aos interesses dos accionistas, enquanto titulares

---

[349] De acordo com ORLANDO GUINÉ, ob. cit., p. 101, *"compete à administração gerir o património (sociedade) e não interferir (deliberadamente, através de medidas defensivas subjectivas) nas transacções que os accionistas façam ou pretendam fazer com relação aos títulos representativos daquele património (as acções) com o oferente"*, concluindo que a adopção de medidas defensivas subjectivas (prévias), por parte da administração, com o intuito de frustrar a oferta, se traduz num exercício dos respectivos poderes de representação (art. 405º/2 CSC) que vai para além do âmbito do mandato que lhe foi conferido nos termos do art. 405º/1 CSC. Ainda de acordo com este Autor, nos termos do mandato de administração conferido por esta norma, nada impede a administração de adoptar medidas defensivas objectivas, isto é, que se limitam a prosseguir a estratégia previamente definida pela sociedade, pese embora, possam ter um efeito indirecto anti-OPA – e claro está, em nosso entender, com as devidas limitações decorrentes da norma do art. 182º/1 CódVM.

[350] Neste sentido, MIGUEL CASTRO PEREIRA, ob. cit., *"... o limite à actuação da administração deve ser, sempre, o interesse social. Ou seja, a conduta da administração não pode ser norteada pela melhoria das condições da OPA de que, afinal, beneficiam os accionistas – se venderem – mas antes, e sempre, pelo interesse social. E é por isso que tal limite se reconduz à obrigação de gestão corrente da sociedade, na pendência da OPA"*. Segundo este Autor, *"Cabe à administração preservar o interesse social, antes de qualquer outro, incluindo o dos accionistas... Ou seja, os administradores apesar de serem mandatados pelos accionistas devem preservar o interesse social, e não o interesse individual (ou mesmo colectivo) dos accionistas".*

IV. REGRA DE NÃO FRUSTRAÇÃO DA OPA: LIMITAÇÃO DE PODERES DA ADMINISTRAÇÃO

de valores mobiliários e destinatários da oferta em causa – em detrimento do interesse da sociedade.

Acontece que numa situação de alteração do controlo societário devemos antes de mais acautelar os interesses individuais dos accionistas e não propriamente o interesse da sociedade. Ainda mais numa OPA em que a oferta é dirigida directamente aos accionistas e não à sociedade. Ou seja, perante uma determinada oferta pode acontecer que o interesse social e a estratégia definida pela administração para alcançá-lo não coincidam de todo, ou colidam mesmo, com os interesses dos accionistas, destinatários da oferta, mais concentrados em realizar uma mais-valia, e a quem, por sua vez, cabe exclusivamente apreciar o mérito da oferta[351].

Por outras palavras, os accionistas são os verdadeiros angariadores e detentores do capital da sociedade, sendo os únicos que suportam os custos de agência e são eles (aqueles interessados na gestão) que elegem os membros do órgão de administração, embora vejam os seus poderes mitigados pelos poderes conferidos a este órgão[352].

Em jeito de conclusão, importa chamar a atenção para o facto de a adopção de medidas defensivas tornar certamente mais custosas e difíceis as OPA, constituindo então um entrave ao normal funcionamento do mercado do controlo societário no que respeita à responsabilização dos administradores. Havendo menor número de OPA haverá menos pressão sobre a performance destes, com a sua consequente desresponsabilização e uma maior preocupação com a política de curto prazo, tornando-se, assim, o mercado menos eficiente na avaliação e substituição dos administradores menos capazes. Neste sentido, a limitação de poderes da administração da sociedade visada destina-se a controlar a gestão desta por parte dos accionistas, resolvendo o problema de agência suscitado pela relação principal/agente, na medida em que vem atenuar este potencial conflito de interesses, e promover os interesses dos accionistas da sociedade visada.

---

[351] Na mesma linha de raciocínio, PEDRO CAETANO NUNES, *Responsabilidade Civil...* cit., p. 75, defende que *"A frustração de uma oferta pública de aquisição devido à aplicação de medidas defensivas pelos administradores impede os accionistas de obterem mais-valias, não produzindo qualquer prejuízo directo no património social"*, concluindo a seguir que *"a actuação dos administradores em operações de controlo da sociedade provoca danos essencialmente na esfera jurídica dos accionistas e não na esfera jurídica da sociedade"*.

[352] Sobre esta matéria v. SOFIA RIBEIRO BRANCO, ob. cit., pp. 36-41, onde a Autora destaca mais em detalhe as diversas perspectivas existentes no quadro do fortalecimento das competências do conselho de administração, concluindo que a sociedade continua a pertencer aos accionistas, embora tenham surgido novos focos de tensão resultantes da mudança do centro de gravidade da AG para aquele órgão executivo – a chamada *revolução dos administradores*.

Verifica-se, portanto, que as OPA resultam do divórcio entre a administração e os accionistas que ela deveria defender, sendo que o objectivo primordial do direito das sociedades e do direito dos valores mobiliários no decurso de uma OPA reside na tutela dos interesses dos accionistas e dos titulares de valores mobiliários, respectivamente, e não do interesse da sociedade ou dos interesses dos membros da administração.

Nesta linha de pensamento, a Directiva estatui como princípio geral que o órgão de administração da sociedade visada deve agir tendo em conta os interesses da sociedade no seu conjunto e não pode impedir os titulares de valores mobiliários de decidirem sobre o mérito da oferta (art. 3º/1c)). Pretende-se, assim, alinhar dois diferentes e cumulativos deveres dos membros do órgão de administração: o dever de actuar no interesse dos accionistas (titulares de valores mobiliários) e o dever de se abster em frustrar a oferta.

O racional desta norma reside, portanto, no facto de os accionistas, enquanto destinatários da oferta, deverem decidir sobre a adopção de qualquer medida defensiva somente após o lançamento da oferta e depois de disporem de toda a informação relevante sobre a mesma[353]. A decisão sobre o mérito da oferta e o seu sucesso deve ser deixada exclusivamente a cargo dos accionistas, verdadeiros proprietários da sociedade e, como tal, únicos destinatários da oferta. Não é da responsabilidade do órgão de administração pronunciar-se sobre o mérito da oferta, não lhes cabendo decidir sobre o seu êxito, privando os accionistas da oportunidade de venderem as suas acções e de saírem da sociedade a um preço adequado. Esta norma remete, assim, aquele órgão para um papel meramente instrumental no decurso da oferta, na defesa exclusiva dos interesses dos accionistas da sociedade visada.

Tal não significa, no entanto, que o mesmo órgão não tenha qualquer responsabilidade no aconselhamento daqueles no que respeita à oferta. Muito pelo contrário, deve informá-los devidamente sobre a mesma e emitir um parecer sobre a sua oportunidade e consequências para a sociedade, bem como sobre as respectivas condições propostas aos accionistas. Tudo isto no já mencionado Relatório sobre a oferta; ou seja, este órgão deve "... *elaborar e divulgar, em tempo oportuno, um documento relativo à oferta que contenha as informações necessárias para permitir aos titulares de valores mobiliários da sociedade visada tomar uma decisão sobre a mesma com pleno conhecimento de causa*"[354].

---

[353] V. no mesmo sentido Marco Ventoruzzo, ob. cit., p. 49.
Como corolário do primado da decisão dos accionistas, a OCDE veio adicionar em 2004 um novo Princípio (II.C3) segundo o qual deve ser assegurada uma efectiva participação dos accionistas nas decisões mais importantes relativas ao governo das sociedades.

[354] Cfr. art. 6º/2 da Directiva. Sobre o conteúdo desse documento, ver arts. 181º/2 CódVM e 6º/3 da Directiva, bem como *supra* Capítulo III – Ponto 2.

IV. REGRA DE NÃO FRUSTRAÇÃO DA OPA: LIMITAÇÃO DE PODERES DA ADMINISTRAÇÃO

No quadro do fortalecimento dos poderes do órgão de administração o direito à informação surge, necessariamente, como peça essencial no equilíbrio de poderes no seio da sociedade aberta moderna. Desde logo, a divulgação de informações sobre a oferta promove a transparência e é essencial para que os accionistas possam exercer os seus direitos de forma esclarecida, uma vez que precisam de ter acesso a informações suficientemente detalhadas de modo a poderem avaliar as condições da mesma e assim decidir adequadamente sobre se devem aceitá-la ou recusá-la. Uma informação insuficiente ou confusa pode dificultar a sua decisão e resultar numa má afectação de recursos.

Questão diferente, todavia, é aquela que diz respeito aos diversos efeitos que esta limitação (e seu regime de excepção) poderá ter consoante a estrutura accionista da sociedade visada em causa, com particular atenção para o caso de uma sociedade com o capital fortemente concentrado: estaremos perante um conflito de interesses latente entre o(s) accionista(s) maioritário(s) e os minoritários, sendo certo que os primeiros detêm eles próprios um lugar no órgão de administração ou nomearam pessoas da sua confiança. Nesta medida faz sentido continuar a limitar os poderes desse órgão para salvaguardar os interesses dos minoritários.

Todavia, neste tipo de sociedades é muito mais fácil para os maioritários aprovarem em sede de AG a adopção de medidas defensivas anti-OPA, pelo que também importa aqui acautelar os interesses dos accionistas minoritários que poderão ver, deste modo, prejudicados os seus direitos ao prémio de controlo e de saída da sociedade, tanto mais quando não impendem quaisquer deveres fiduciários sobre os accionistas maioritários. De acordo com MARCO VENTORUZZO[355], neste tipo de sociedades o legislador, ao colocar o poder para adoptar medidas defensivas nas mãos dos accionistas (em sede de AG), não resolve o referido conflito de interesses que lhes é inerente.

Nestes casos resta somente aos minoritários organizarem-se de modo a constituir uma minoria de bloqueio à aprovação de medidas defensivas, como pode acontecer nos casos que a lei exija uma maioria qualificada para a adopção de determinadas medidas defensivas que consubstanciem alterações estruturais da sociedade (alteração do contrato de sociedade, por exemplo). A isto acresce que os mesmos poderão sempre requerer a suspensão da deliberação social nos termos da lei (tal como veremos mais à frente ainda neste Capítulo), porventura mais eficaz do que processar os membros da administração por violação dos seus deveres fiduciários.

Os accionistas minoritários podem, ainda, valer-se do facto de estas medidas terem de ser aprovadas em sede de AG, o que lhes dá outra visibilidade ao

---

[355] Cfr. ob. cit., pp. 70-71.

tornar obrigatória a sua divulgação ao mercado, o qual ajuizará da sua justeza e oportunidade. Mais acresce que, comparativamente com a situação menos transparente da sua aprovação pelo órgão de administração, os accionistas disporão agora em sede de AG, por certo, de mais informação sobre as condições da oferta e estarão, assim, melhor posicionados para decidir adequadamente sobre a mesma.

Numa primeira abordagem poderia, portanto, parecer mais difícil enquadrar a *ratio legis* desta limitação para os casos de sociedades com capital fortemente concentrado, onde a "neutralidade" exigida ao órgão de administração perde parte do seu sentido e justificação, uma vez que *o accionista de controlo* certamente domina este órgão (no qual terá alguém da sua confiança), podendo, assim, adivinhar-se aqui uma identificação de interesses entre accionistas (maioritários) e administradores.

No entanto, importa também acautelar os interesses dos minoritários, sendo que neste tipo de sociedade a *ratio legis* desta limitação de poderes já não resulta da dicotomia administradores/accionistas mas sim de uma outra, entre maioritário e minoritários, continuando então a fazer sentido a "neutralidade" do órgão de administração (controlado agora pelo maioritário) de modo a proibir medidas defensivas contrárias aos interesses dos minoritários.

Acontece que nestes casos de capital concentrado o centro de gravidade se desloca do seio do órgão de administração para o seio da AG: mais do que limitar os poderes dos administradores, interessa agora acautelar que uma maioria de votos qualificada aprove as medidas defensivas em sede de AG, uma vez que o accionista de controlo detém, à partida, a maioria dos votos necessária para fazer aprovar em sede de AG muitas das medidas defensivas ao seu dispor.

Dito de outra maneira, interessa, então, proteger os interesses dos accionistas minoritários perante o controlo por parte do accionista maioritário, mas não tanto face ao seu, quase certo, controlo do órgão de administração, mas sim face ao seu efectivo controlo da AG. Mais concretamente, interessa salvaguardar que os minoritários se possam também pronunciar sobre o mérito da oferta em questão e lhes seja dada a oportunidade de receber o prémio proposto pelo oferente e de sair da sociedade, em vez de deixar a aprovação pela AG da medida em causa dependente de uma maioria simples dos votos (tal como resulta do disposto na Directiva e no *City Code*).

Deste modo a maioria qualificada exigida por lei para a aprovação das alterações estruturais da sociedade (enquanto medidas defensivas) protege em grande parte os accionistas minoritários, os quais se vêem obrigados a constituir uma minoria de bloqueio para o efeito de vetar a medida defensiva (35% dos votos, a título de exemplo). Entre nós, o legislador nacional prescreve para estes casos uma maioria qualificada (*exigida para a alteração dos estatutos* – nos termos do art. 182º/4b) CódVM[356]): ou seja, aquando da aprovação de medidas defensivas em sede de AG durante o prazo da oferta.

Tudo de modo a garantir que o maior número possível de accionistas aprove a medida anti-OPA em causa, não sendo portanto suficiente uma maioria simples para aprovar uma medida defensiva, necessitando muitas vezes o accionista de controlo de recorrer a alguns dos accionistas minoritários para conseguir aprová-la – ou seja, de 2/3 dos votos emitidos (arts. 383º/2 e 386º/3 CSC), bastando aos minoritários, para o efeito, uma minoria de bloqueio de 33,3% + 1 daqueles votos, salvo se, na AG reunida em segunda convocação, estiverem presentes ou representados accionistas detentores de metade do capital social, caso em que já bastará uma maioria simples dos votos emitidos (art. 386º/4 CSC)[357].

Em termos gerais, quanto à *ratio legis* da *non-frustration rule* por parte da administração da sociedade visada podemos assim concluir que o legislador adoptou uma posição restritiva das medidas defensivas no decurso de uma OPA, com base na defesa dos seguintes interesses e objectivos: a igualdade dos accionistas destinatários da oferta, a realização de mais-valias e participação no prémio de controlo pago pelo oferente, a censura dos órgãos dirigentes, a alienação dos seus títulos e saída da sociedade, a transparência do mercado de valores mobiliários e ainda o próprio interesse do oferente em não ver frustrado o êxito da oferta – não deterioração da sociedade e não perturbação do processo da OPA[358].

A limitação de poderes da administração terá um efeito limitado na protecção dos accionistas minoritários em sociedades com o capital concentrado, onde o accionista de controlo tem mais facilidade em fazer aprovar, em sede de AG, as pretendidas medidas defensivas, sendo então necessário acautelar um *quórum* qualificado para o efeito de modo a garantir uma maior participação dos minoritários na sua aprovação. Esta será sempre uma melhor solução do que aquela proporcionada pelo sistema norte-americano (*just-say-no rule*).

1.3. Importância dos Administradores Independentes

Por fim, devemos sublinhar a importância dos administradores independentes, aos quais caberá certamente um papel decisivo no alinhamento dos interesses conflituantes atrás descritos. Tal como vimos atrás, nas sociedades com o

---

[356] A esta norma voltaremos mais em detalhe – *infra* Ponto 2.4. do presente Capítulo.

[357] Para um estudo mais detalhado sobre o quórum deliberativo da AG v. ARMANDO TRIUNFANTE, *A Tutela das Minorias nas Sociedades Anónimas – Quórum de Constituição e Maiorias Deliberativas (e autonomia estatutária)*, Coimbra Editora, Maio de 2005, pp. 358ss., em particular a maioria qualificada – dois terços dos votos emitidos (413ss.).

[358] V. SINDE MONTEIRO/ALMENO DE SÁ, ob. cit. p. 448-449.

capital largamente disperso os accionistas não estão em condições de controlar de perto a gestão, suas estratégias e respectiva performance devido à falta de informação e de meios para tal. Um bom governo societário requer uma administração forte e independente enquanto órgão de controlo da gestão da sociedade, cabendo aos administradores não executivos preencher o fosso entre os accionistas desinformados ("principais") e os gestores (administradores executivos) devidamente informados ("agentes") através de um apertado controlo da gestão por parte destes últimos[359].

Igualmente nas sociedades controladas por accionistas maioritários (controlam a gestão), surgem conflitos de interesses com os accionistas minoritários, os quais se vêem desprovidos de adequada informação, cabendo então, mais uma vez, àqueles administradores não executivos o papel de zelar pelos seus interesses. Temos, assim, que os administradores independentes tenderão a fiscalizar a actuação dos executivos, promovendo um maior equilíbrio na gestão de conflitos de interesses no seio societário[360].

Temos, portanto, que a administração é composta por membros internos (executivos) e externos (não executivos e independentes), onde os segundos controlam e avaliam a actuação dos primeiros e onde existem grandes exigências de informação e fortes deveres fiduciários.

No seguimento da mencionada Recomendação da Comissão relativa ao papel dos administradores não executivos (2005/162/CE)[361], o CSC no seu art. 414º/5 (na versão do DL nº 76-A/2006) veio estipular o seguinte:

---

[359] Sobre a importância do controlo da gestão v. CORNELLI/KOMINEK/LJUNGQVIST, *Monitoring Managers: Does it Matter?*, ECGI Finance Working Paper Nº 271/2010, disponível em http://www.ecgi.org.

[360] Entre as limitações da independência dos administradores externos (não executivos) enquanto mecanismo de controlo do desempenho dos internos (executivos) CARLOS F. ALVES, *Os Investidores Institucionais...* cit., p. 37-40, destaca os seguintes factores: 1) os segundos desempenham um papel importante na escolha dos primeiros, o que retira a estes alguma capacidade de fiscalização daqueles; 2) os não executivos não dispõem de tempo nem formação para compreender toda a informação essencial relativa ao funcionamento da empresa, etc.

[361] De acordo com o § 1.3.1 da Recomendação 2005/162/CE "*Um administrador deve ser considerado independente se não tem quaisquer relações comerciais, familiares ou outras – com a sociedade, o accionista que detém o controlo ou com os órgãos de direcção de qualquer um deles – que possam originar um conflito de interesses susceptível de prejudicar a sua capacidade de apreciação*", acrescentando no § 1.3.2 que cada EM deve adoptar um determinado número de critérios de independência dos administradores, tendo em conta as orientações constantes do Anexo II dessa Recomendação.
Este Anexo II identifica uma série de situações que são normalmente reconhecidas como susceptíveis de originar conflitos de interesses. Todavia, é chamada a atenção para o facto de aqueles critérios deverem ser adaptáveis ao contexto nacional e ao tipo de sociedade em causa, devendo os mesmos serem dinâmicos e evoluírem com o decorrer do tempo (v. § 1. alíneas a) a i)).

IV. REGRA DE NÃO FRUSTRAÇÃO DA OPA: LIMITAÇÃO DE PODERES DA ADMINISTRAÇÃO

"5. Considera-se independente a pessoa que não esteja associada a qualquer grupo de interesses específicos na sociedade nem se encontre em alguma circunstância susceptível de afectar a sua isenção de análise ou de decisão, nomeadamente em virtude de:

a) Ser titular ou actuar em nome ou por conta de titulares de participação qualificada igual ou superior a 2% do capital social da sociedade;

b) Ter sido reeleita por mais de dois mandatos, de forma contínua ou intercalada"[362].

Por sua vez, o seu número 6 vem depois exigir que em sociedades admitidas à negociação em mercado regulamentado, o conselho fiscal deve ser composto por uma maioria de membros independentes.

Verificou-se, portanto, a eliminação do conceito regulamentar de independência (então previsto no art. 1º/2 do Regulamento nº 7/2001), face à consagração legal desse mesmo conceito de independência no mencionado art. 414º/5

Importa aqui fazer uma breve referência ao disposto no nº 2 daquele Anexo, segundo o qual "O administrador independente compromete-se a: a) manter, em todas as circunstâncias, a sua independência de análise, de decisão e acção; b) não procurar, nem aceitar quaisquer vantagens indevidas que possam ser consideradas como comprometendo a sua independência; e c) expressar claramente a sua oposição no caso de considerar que uma decisão do conselho de administração ou de supervisão pode prejudicar a sociedade."

Já o *Relatório Winter II* tinha enumerado uma série de critérios que determinam o carácter de administrador dependente: a) Que seja empregado da sociedade (incluindo suas subsidiárias, associadas, etc.) ou o tenha sido nos 5 anos anteriores à sua nomeação enquanto administrador não executivo; b) Que receba alguma compensação económica pela prestação de serviços de consultoria; c) Que aufira alguma remuneração dependente da *performance* da sociedade; d) Que acumule funções executivas e não-executivas em diversas sociedades (*Interlocking directorships*); e) Que sejam accionistas maioritários a título individual ou em concertação com terceiros (isto é, detentores de mais de 30% do capital). Por fim, importa ainda considerar para este efeito as respectivas relações familiares (cfr. *Relatório Winter II*, p. 62).

[362] Sobre um juízo crítico dos critérios de independência enunciados nesta nova disposição legal, v. COUTINHO DE ABREU, *Corporate Governance...* cit., pp. 21-22, que chama a atenção para o facto de, entre outros, ser exagerado qualificar como não independente um administrador (não executivo) detentor de 2% das acções face ao elevado grau de concentração do capital registado entre nós, bem como para a necessidade de interpretar extensivamente este preceito quanto à delimitação temporal dos mandatos intercalados.

GABRIELA FIGUEIREDO DIAS, "*A fiscalização societária redesenhada: independência, exclusão de responsabilidade e caução obrigatória dos fiscalizadores*", in *Reforma do Código das Sociedades*, IDET, Colóquios nº 3, Almedina, 2007, pp. 277-334 (302), embora aprove a inclusão de membros independentes nos órgãos societários, questiona a criação desta cláusula geral de independência, prevista nos termos do art. 414º/5 CSC, relativamente à sua aplicação aos membros dos órgãos de fiscalização. Ainda sobre a matéria da independência dos administradores, v. FRANCISCO LEÓN SANZ, *Tendencias Actuales en la Ordenación del Control y el Capital en las Sociedades Mercantiles* (*VII Congreso de la Asociación Sáinz de Andino*), Universidad de Huelva, Marcial Pons, 2009, pp. 173ss.

CSC, tendo sido igualmente adicionada uma lista de incompatibilidades pelo novo art. 414º-A CSC, passando estas duas normas a constituir o referencial de independência dos administradores não executivos.

Neste seguimento o CódGS (§ II.1.2. *Incompatibilidades e Independência*) determina que o conselho de administração deve incluir um número de membros não executivos que garanta efectiva capacidade de supervisão, fiscalização e avaliação da actividade dos membros executivos (II.1.2.1.) e que, de entre os administradores não executivos, deve contar-se um número adequado de administradores independentes, tendo em conta a dimensão da sociedade e a sua estrutura accionista, que não pode em caso algum ser inferior a um quarto do número total de administradores (II.1.2.2.). Já a Recomendação II.1.2.3. veio estipular que a avaliação da independência dos seus membros deve ter em conta as mencionadas regras legais sobre requisitos de independência e regime de incompatibilidades e que não deverá ser considerado como independente o administrador que, noutro órgão social, não possa assumir essa qualidade por força das normas aplicáveis[363].

De acordo com o *Relatório Anual sobre o Governo das Sociedades Cotadas em Portugal* (2011) relativo ao ano de 2009[364], o peso dos administradores independentes nos órgãos de administração continua muito baixo, representando, em média, apenas 21,6% dos seus membros e 41,7% dos administradores não executivos, embora esta situação seja bem mais positiva relativamente às socieda-

---

[363] Ainda uma palavra final para salientar que aquando da Consulta Pública para a Revisão do CódGS realizada em 2009 (disponível em http://www.cmvm.pt), a CMVM concluiu que esta Recomendação II.1.2.3 relativa à avaliação da independência do órgão de administração não se destina a apontar quem deve avaliar a independência dos membros deste órgão, mas principalmente a sublinhar o papel dos critérios legais de independência de outros órgãos na avaliação daqueles membros, bem como deveria ser clarificado que se trata aqui de uma avaliação da independência dos membros não executivos do órgão de administração. Por outro lado, em relação à Recomendação II.1.3 (*Elegibilidade e Nomeação*), a CMVM concluiu que esta visa essencialmente evitar que os administradores executivos intervenham de algum modo na escolha dos administradores não executivos, designadamente dos independentes.

Sobre o conceito de administrador independente, ver mais em detalhe RUI OLIVEIRA NEVES, "*O Administrador Independente*", in AAVV, *Código das Sociedades Comerciais e Governo das Sociedades*, Almedina 2008, pp. 143-194, bem como JOÃO GOMES DA SILVA/LUÍSA ANTAS/MARGARIDA SÁ COSTA/RUI SILVEIRA, "*Os Administradores Independentes das Sociedades Cotadas Portuguesas*", *Corporate Governance* – Reflexões I, Comissão Jurídica do IPCG, 2007, pp. 7-29, disponível em http://www.cgov.pt. V. também o *Anteprojecto de Código de Bom Governo das Sociedades do IPCG – Princípio III.3* e *Recomendação III.3.1* – sobre os critérios indicadores de ausência de independência.

[364] Este Relatório incorpora as respostas a um questionário sobre o governo de 45 sociedades cotadas no mercado nacional (disponível em http://www.cmvm.pt).

IV. REGRA DE NÃO FRUSTRAÇÃO DA OPA: LIMITAÇÃO DE PODERES DA ADMINISTRAÇÃO

des que adoptaram o modelo anglo-saxónico[365], bem como ao nível das sociedades do sector financeiro integrantes do índice PSI 20[366].

Por fim, não podemos deixar de questionar a garantia de independência destes administradores, ditos independentes, quando os mesmos são eleitos pelos accionistas de controlo e podem, nos termos do art. 403º CSC, ser destituídos por estes mediante uma deliberação da AG em qualquer momento e sem justa causa, salvo se se tratar de membros da comissão de auditoria (modelo anglo-saxónico), caso em que só podem ser destituídos com justa causa pela AG (art. 423º-E/1 CSC)[367].

2. Regime Legal

Uma vez compreendida a sua *ratio legis*, cabe-nos de seguida analisar em detalhe o regime da *non-frustration rule* vigente, entre nós, nos termos da norma do art. 182º CódVM.

Antes de analisarmos este regime, devemos reforçar a ideia de que as medidas defensivas deverão sempre respeitar os interesses da sociedade e dos seus accionistas e não devem prejudicar a livre transmissibilidade das acções e a livre apreciação pelos accionistas do desempenho dos titulares do órgão de administração (cfr. Recomendações I.6.1. e I.6.3. do CódGS)[368]. Daqui se pode facilmente concluir, tal como mencionámos antes, que nem todas as medidas defensivas são malignas e indesejáveis e, por consequência, proibidas pelo nosso legislador, tal como adiante explanaremos.

Importa, pois, realçar que a limitação de poderes do órgão de administração da sociedade visada no decurso da OPA, foi seguida quer pelo legislador euro-

---

[365] Neste tipo de sociedades os membros independentes representam 35,2% do total dos membros do órgão de administração e mais de metade (54,3%) do total dos não executivos, ao contrário das sociedades que optaram pelo modelo clássico ("latino"), onde os membros independentes apenas representam 16% do total de elementos do órgão de administração e 33,3% do total dos não executivos.

[366] Aqui os valores situam-se acima da média, sendo que 46% dos membros não executivos são independentes e, face ao total do órgão de administração, os administradores independentes têm um peso médio de 25,9%, ou seja, de acordo com o recomendado pela CMVM.

[367] V. no mesmo sentido COUTINHO DE ABREU, *Corporate Governance...* cit., p. 24.

Tal como já mencionámos antes, devemos levar ainda em linha de conta que, nos termos do DL nº 76-A/2006, o administrador destituído sem justa causa tem direito a ser indemnizado pelo prejuízo resultante da destituição, sem que a indemnização possa exceder o montante das remunerações que presumivelmente receberia até ao final do período para que foi eleito (art. 403º/5 CSC), constituindo justa causa de destituição a violação grave dos deveres de administrador e a sua inaptidão para o exercício normal das respectivas funções (art. 403º/4 CSC).

[368] Ao contrário do *Anteprojecto de Código de Bom Governo das Sociedades do IPCG – Recomendações VII.2.3 e II.2.2.* (*supra* mencionadas), o *Código de Governo das Sociedades IPCG* não faz qualquer alusão a esta matéria, revelando uma natureza mais neutral.

peu, quer pelo nacional. Todavia, não nos podemos esquecer que tal limitação não equivale a uma "neutralidade" ou "passividade" absoluta por parte daquele órgão, na medida em que este último deverá emitir uma opinião sobre a oferta (arts. 9º/5 Directiva e 181º/1 CódVM), bem como está autorizado desde logo a procurar ofertas concorrentes (arts. 9º/2 e 182º/3c)), sendo mais correcto falarmos em regra de não frustração da oferta da qual decorre a limitação de poderes da administração da sociedade visada na pendência de OPA.

2.1. Âmbito da Limitação: A OPA Inibitória

A. Âmbito Objectivo

Quanto ao âmbito objectivo da oferta temos de ter em atenção, antes de mais, o disposto no art. 173º/3 CódVM que circunscreve o objecto de uma OPA às *"acções ou valores mobiliários que conferem direito à sua subscrição ou aquisição"*, cabendo aqui as obrigações emitidas pela sociedade visada convertíveis em acções dessa sociedade, os *warrants* autónomos com liquidação física emitidos por essa mesma sociedade sobre acções próprias com direito de voto e os valores mobiliários igualmente emitidos por aquela sociedade convertíveis em acções próprias[369].

No que respeita ao âmbito quantitativo mínimo da oferta, ou seja, ao objecto mínimo da oferta, para efeitos da Directiva, entende-se por OPA somente aquela oferta "... *na condição de ser subsequente à aquisição do controlo da sociedade visada ou ter como objectivo essa aquisição do controlo nos termos do direito nacional*" (art. 2º/1a)). De seguida o seu art. 9º/2 *in fine* pressupõe que o oferente assuma o controlo da sociedade visada. Daqui parece resultar que o legislador europeu somente quis abranger as OPA que incidam sobre valores mobiliários representativos dos direitos de voto capazes de atribuir o controlo da sociedade visada, pelo que apenas estas são susceptíveis de limitar os poderes de administração desta sociedade.

Assim também acontece no direito nacional, uma vez que o art. 182º/1 CódVM estipula que a presente limitação só é aplicável a ofertas que incidam "*sobre mais de um terço dos valores mobiliários da respectiva categoria*".

Ou seja, esta limitação só abrange as OPA sobre sociedades cujos administradores vêem o seu cargo ameaçado pela alteração do controlo societário, o que, em nosso entender, faz sentido, na medida em que somente nestes casos se justifica salvaguardar o êxito da oferta e os objectivos anunciados do ofe_rente – designadamente, a aquisição do controlo da sociedade – os quais

---

[369] No mesmo sentido, v. ORLANDO GUINÉ, ob. cit., p. 142, em nome do Princípio da atipicidade dos valores mobiliários (art. 1º/g) CódVM).

IV. REGRA DE NÃO FRUSTRAÇÃO DA OPA: LIMITAÇÃO DE PODERES DA ADMINISTRAÇÃO

poderiam ser facilmente frustrados através de uma qualquer medida, por parte do mesmo órgão, que alterasse a situação patrimonial da sociedade visada.

Acrescente-se também que somente nestes casos de aquisição de controlo se coloca o problema da tutela dos interesses dos accionistas minoritários, os quais reivindicam igualdade de tratamento, designadamente, o direito ao prémio de controlo e o direito de saída da sociedade (em virtude de o controlo da sociedade mudar de mãos)[370].

Importa, entretanto, questionar em que medida é que este limiar de um terço dos valores mobiliários da mesma categoria apontado pelo legislador será suficiente para proteger os interesses dos accionistas, uma vez que, como bem sabemos, em sociedades com capital largamente disperso e onde a maioria dos accionistas está descoordenada ou desinteressada e alienada da vida e da gestão da sociedade (não comparecem nas AG – absentismo accionista), mais facilmente se pode adquirir o respectivo controlo *de facto* através da aquisição de uma percentagem de valores mobiliários inferior a 33,33% do capital social, pelo que também poderia fazer sentido inibir, nestes casos, a sociedade visada[371].

---

[370] Decorre, portanto, do disposto no art. 182º/1 CódVM que a limitação de poderes da administração visada somente se justifica nos casos em que está em causa a mudança do controlo (*de facto*) da sociedade (quando *incida sobre mais de um terço dos valores mobiliários da respectiva categoria*). Ou seja, justifica-se quando se antevê uma alteração do controlo da sociedade visada. Na mesma lógica de raciocínio, o nosso legislador estipula, no art. 173º/3 CódVM, que à OPA lançada apenas sobre valores mobiliários que não sejam acções ou valores mobiliários que confiram direito à sua subscrição ou aquisição – porque não são susceptíveis de atribuir o controlo, uma vez que não conferem direito de voto – não se aplicam as regras relativas ao anúncio preliminar, aos deveres de informação sobre transacções efectuadas, *aos deveres do emitente*, à OPA concorrente e à OPA obrigatória. Ou seja, estas normas do regime das OPA somente se justificam quando está em causa a aquisição ou alteração do controlo – obtido através da aquisição de acções que conferem direito de voto –, situação na qual é expectável uma certa resistência por parte do órgão de administração da sociedade visada, e em consequência, se torna então essencial salvaguardar os interesses dos accionistas, em particular, os minoritários.

[371] No mesmo sentido Jorge Brito Pereira, ob. cit., p. 193, coloca sérias reservas ao critério da OPA que incida sobre mais de 1/3 dos valores mobiliários da mesma categoria, pois casos há em que uma OPA sobre 30% do capital social de uma sociedade com o capital largamente disperso pode proporcionar o controlo de facto da sociedade visada pelo oferente e o seu acesso à administração da mesma. De igual modo, Orlando Guiné, ob. cit., pp. 142-144, chama a atenção para a necessidade de interpretarmos de uma forma teleológica o presente limiar de modo a que a presente norma inibitória abranja igualmente aqueles casos em que nas grandes sociedades o controlo se pode conseguir com uma percentagem de capital inferior a um terço, apresentado vários exemplos para o efeito. Também José Engrácia Antunes, *Os Grupos de Sociedades – Estrutura e Organização Jurídica da Empresa Plurissocietária*, 2ª edição revista e actualizada, Coimbra, Almedina 2002, pp. 505ss., chama a atenção para as *"maiorias de facto"* nas AG, em virtude da larga dispersão do capital e do absentismo accionista.

Ainda numa perspectiva mais restritiva, pode-se também questionar se não faria mais sentido alterar a letra da lei desta norma inibitória de modo a abranger igualmente os casos em que haja a *mera intenção* de aquisição do controlo, independentemente da subsequente aquisição de mais de um terço dos direitos de voto correspondentes ao capital da sociedade visada, seguindo, aliás, o critério quantitativo do art. 187º/1 CódVM para efeitos do dever de lançamento de OPA.

O próprio âmbito de aplicação da Directiva vai mais longe e afasta qualquer critério quantitativo, cingindo-se então àquelas ofertas dirigidas aos titulares de valores mobiliários *"na condição de ser subsequente à aquisição do controlo da sociedade visada ou ter como objectivo essa aquisição do controlo nos termos do direito nacional"* (art. 2º/1a)). Por outro lado, não nos podemos esquecer que o próprio oferente será o maior interessado em accionar esta norma limitativa, pelo que deverá ser este o primeiro a esclarecer nos documentos da oferta quais os intuitos da sua oferta.

Assim sendo, parece-nos apropriado que o legislador altere a letra da lei, designadamente, a expressão *"que incida sobre mais de um terço dos valores mobiliários da respectiva categoria"* no sentido de afastar qualquer critério quantitativo na mesma linha do legislador europeu ou que, pelo menos, adopte o mesmo critério – mais esclarecedor – utilizado para efeitos da norma do art. 187º/1 CódVM: oferta que incida sobre *mais de um terço dos direitos de voto correspondentes ao capital social*.

Em nosso entender o legislador nacional terá tentado alcançar o equilíbrio desejado entre a protecção dos interesses dos accionistas e oferente e o risco de submeter excessivamente a sociedade visada a uma situação de fragilidade. Não nos podemos esquecer que a presente limitação de poderes condiciona consideravelmente a vida e a gestão da sociedade, passando a administração a fazer uma mera gestão corrente e podendo daí resultar danos para a sociedade. Todavia, o legislador deverá optar por fazer aplicar esta limitação de poderes também aos casos em que esteja em causa a *mera intenção*, por parte do oferente, de aquisição do controlo da sociedade visada.

Em conclusão, teremos de averiguar qual a real intenção do oferente em assumir o controlo da sociedade, consubstanciada depois na aquisição (ou não) dos direitos de voto correspondentes e necessários para o efeito. A mera intenção (assumida expressamente, ou não, pelo oferente) no sentido de adquirir o controlo deverá bastar para limitar os poderes da administração da sociedade visada, tentada a frustrar os intentos do oferente; sociedade, essa, que está protegida pelo disposto na norma do art. 182º/5 CódVM a seguir enunciada.

Acresce que, a aplicação deste regime inibitório às aquisições de uma percentagem inferior ao limiar de um terço dos direitos de voto trará consigo,

IV. REGRA DE NÃO FRUSTRAÇÃO DA OPA: LIMITAÇÃO DE PODERES DA ADMINISTRAÇÃO

certamente, uma maior protecção dos accionistas e do oferente, podendo, no entanto, levantar dificuldades em termos de certeza jurídica pela dificuldade em avaliar em cada caso concreto qual a percentagem de direitos de voto que atribui o controlo efectivo da sociedade.

Por fim, também pode suceder que a OPA em causa incida sobre menos de um terço dos valores mobiliários da sociedade visada e o oferente seja já accionista titular de uma determinada participação nesta sociedade que, adicionada àquela que é objecto da oferta, lhe confira a titularidade de mais de um terço dos respectivos direitos de voto, pelo que também aqui se deve justificar a aplicação do regime previsto na norma do art. 182º/1 CódVM. Por tudo isto, entendemos conveniente alterar a letra desta norma na linha do disposto na Directiva, ou seja, no sentido de abranger todos os casos em que esteja em causa a *mera intenção* de, ou a efectiva, aquisição do controlo da sociedade visada.

No contexto dos danos decorrentes para a sociedade visada, acresce sublinhar que nos termos do art. 182º/5 CódVM, o oferente é responsável pelos danos causados quando decidir lançar uma OPA com o objectivo principal (ainda que não exclusivo) de colocar a sociedade visada na situação de inibição prevista nesta norma – ou seja, limitada no seus poderes a uma mera gestão corrente. Deste modo, o legislador pretendeu evitar situações abusivas que ficariam ao dispor de qualquer potencial oferente que pretendesse, por exemplo, prejudicar uma sociedade sua concorrente[372].

No entanto, é questionável o alcance desta norma, na medida em que pode ser difícil à sociedade visada fazer prova de que a intenção principal do oferente foi precisamente colocá-la nessa situação de inibição (ou gestão corrente). Todavia, o elevado limiar de um terço do capital social – exigido para fazer despoletar esta inibição – funciona como um elemento dissuasor de comportamentos abusivos por parte de potenciais oferentes, obrigados agora a um elevado esforço financeiro para alcançar aquele fim perverso[373]. Assim, se é certo que é muito difícil provar que o oferente lançou a OPA com o objectivo principal de colocar a sociedade visada nesta situação desvantajosa, também é certo que o elevado esforço financeiro que lhe é exigido para o efeito reduz substan-

---

[372] Sobre a responsabilidade civil do oferente pela limitação dos poderes da sociedade visada, v. Luís MENEZES LEITÃO *"A Responsabilidade Civil no Âmbito da O.P.A."*, in Direito dos Valores Mobiliários, Vol. IV (2003), Coimbra Editora, pp. 111-125 (123-124), que defende que aquela sociedade adquire o direito a ser indemnizada com base nos danos (incluindo patrimoniais) decorrentes da perturbação da sua gestão causada pelo lançamento indevido da oferta.

[373] Tanto mais que nos termos do art. 187º/1 CódVM, uma vez ultrapassado 1/3 dos direitos de voto correspondentes ao capital social, o oferente estará obrigado a lançar uma OPA sobre a totalidade dos valores mobiliários da sociedade visada, o que certamente exigirá um ainda maior esforço financeiro da sua parte.

cialmente a probabilidade de recurso à OPA inibitória com o mero intuito de lesar aquela sociedade[374].

B. Âmbito Subjectivo

Uma outra questão diz respeito ao âmbito subjectivo desta limitação/inibição, ou seja, quem são os sujeitos abrangidos por esta norma inibitória: assim, numa primeira apreciação do texto da norma do art. 182º, poderá parecer que somente estão abrangidos os actos praticados pela sociedade emitente dos valores mobiliários objecto da oferta (a sociedade visada) e não indirectamente os actos praticados pelas sociedades que com ela estejam em relação de grupo[375] ou de domínio[376].

Ou seja, além da sociedade visada importa questionar se os actos das sociedades controladas por aquela, também se encontram abrangidas por esta limitação da norma do art. 182º/1. Parece-nos claro que os actos de gestão da própria sociedade visada com reflexos naquelas sociedades por si dominadas ou participadas estarão abrangidas pelo disposto naquela norma inibitória. Resta-nos agora saber se a administração daquelas sociedades estará também limitada nos seus poderes aquando do lançamento de uma OPA sobre a sociedade dominante.

Sucede que muitas das sociedades alvo de uma OPA são sociedades gestoras de participações sociais (SGPS) admitidas à negociação em bolsa e que, portanto, controlam outras sociedades. Temos de ter em atenção que muitas das vezes são os actos destas últimas sociedades (controladas) os mais susceptíveis de alterar a situação patrimonial da sociedade visada e, assim, afectar os

---

[374] No mesmo sentido, Luís Fragoso, ob. cit., p. 16. Sobre a efectiva aplicabilidade prática desta norma do art. 182º/5, v. Jorge Brito Pereira, ob. cit., p. 192.

[375] As sociedades totalmente dominadas (arts. 488ºss. CSC: *domínio total inicial ou superveniente*) ou subordinadas (arts. 493ºss. CSC).

[376] Para o efeito devemos ter em atenção o disposto na norma do art. 21º/1 CódVM (na linha do art. 486º CSC), que considera como relação de domínio a relação existente entre uma pessoa singular ou colectiva (dominante) e uma sociedade (dependente) quando aquela pessoa possa exercer, directa ou indirectamente, uma *influência dominante*, nomeadamente (nos termos do nº 2), quando (i) disponha da maioria dos direitos de voto, (ii) possa exercer a maioria dos direitos de voto, nos termos do acordo parassocial, ou (iii) possa nomear ou destituir a maioria dos titulares dos órgãos de administração ou de fiscalização. De realçar que o disposto neste nº 2 não é taxativo, enumerando apenas alguns casos de relação de domínio, pelo que outros poderão existir.
Sobre esta matéria v. mais em detalhe José Engrácia Antunes, *Os Grupos de Sociedades...* cit., pp. 451ss., bem como Magda Viçoso *"Os acordos de concertação dirigidos ao domínio de sociedades abertas"*, in Estudos em Homenagem ao Professor Doutor Carlos Ferreira de Almeida, Vol. I, Almedina, 2011, pp. 879ss. e Paula Costa e Silva, *"Sociedade Aberta, domínio e influência dominante"*, in Direito dos Valores Mobiliários, Vol. VIII (2008), Coimbra Editora, pp. 541-571.

IV. REGRA DE NÃO FRUSTRAÇÃO DA OPA: LIMITAÇÃO DE PODERES DA ADMINISTRAÇÃO

objectivos do oferente – e frustrar o êxito da oferta –, pelo que faz todo o sentido que questionemos o âmbito subjectivo da presente norma.

A lei no texto do art. 182º não faz qualquer alusão à limitação dos poderes das sociedades que estão sob uma influência dominante da sociedade visada, quer desde logo pela própria epígrafe deste art. *"Limitação dos poderes da sociedade visada"*, quer pelo corpo do texto da norma que se refere expressa e exclusivamente à sociedade visada (nºs 1, 2a) e b) e 5)[377].

Todavia, e para o efeito, devemos relembrar que a *ratio legis* da presente norma reside na tutela dos interesses dos destinatários da oferta – em se pronunciarem sobre o mérito da oferta e no direito ao prémio de controlo/saída da sociedade – e na salvaguarda do seu êxito e dos objectivos do oferente (enunciados no anúncio preliminar). Resulta claro, deste modo, que a situação patrimonial da sociedade visada pode ser alterada de uma forma indirecta pela prática de actos da autoria das sociedades por ela controladas, com a consequente afectação dos objectivos do oferente.

Poder-se-ia questionar se, face à relação de influência dominante existente, não faria mais sentido centrar esta inibição somente sobre os poderes da sociedade (dominante) alvo da OPA, uma vez que esta teria sempre uma última palavra a dizer relativamente a decisões estruturais da sociedade dependente (susceptíveis de se repercutirem na esfera da primeira e de alterarem a sua situação patrimonial). Acontece que enquanto accionista, apesar de ter o controlo efectivo da sociedade dependente, não tem poderes de gestão, atribuídos ao órgão competente para o efeito – o respectivo órgão de administração – cujos membros são independentes dos accionistas que os elegeram ou designaram. A excepção pode residir numa relação de domínio total (arts. 488ºss. CSC) na qual a sociedade dominante detém a 100% a sociedade dominada e

---

[377] Pelo contrário, a legislação espanhola prevê expressamente que as limitações impostas à sociedade visada no decurso da OPA se aplicam também às sociedades que com ela estejam em relação de grupo – cfr. o disposto na norma do art. 28º/1-1 do *Real Decreto 1066/2007, de 27 de Julho*, relativo ao regime das OPA (*Limitación de la actuación de los órganos de administración y dirección de la sociedad afectada y de su grupo*). Assim, houve especial cautela em lidar com as sociedades do grupo, ao abarcar expressamente também os actos da administração das sociedades controladas pela sociedade visada, afastando deste modo eventuais problemas de interpretação. Sobre esta norma v. GARCIA DE ENTERRÍA, *"Comentario al artículo 28º del RD 1066/2007 – Defensas frente a las OPAs"*, in GARCIA DE ENTERRÍA/SÁENS DE NAVARRETE (org.), *La Regulación de las OPAs. Comentario Sistemático del RD 1066/2007, de 27 de Julio*, Thomson Reuters/Civitas, Madrid 2009.
Para um estudo mais aprofundado do actual regime espanhol das OPA v., em particular, GARCIA DE ENTERRÍA/SÁENS DE NAVARRETE, ob. cit., ISABEL TORRES, *Luces Y Sombras en la Reforma de OPAS: el papel de la junta general en relación con las medidas defensivas*, Universidad Complutense, Documentos de Trabajo del Departamento de Derecho Mercantil, 2008/18, bem como ALBERTO HERMIDA *Fusiones Y OPAS Transfronterizas*, Aranzadi, 2007, pp. 204ss.

onde o interesse social da segunda coincide com o interesse conjunto da primeira, ou no caso de um contrato de subordinação (arts. 493ºss. CSC).

De igual modo, outras decisões haverá por parte da sociedade visada relativas às suas dominadas (e com repercussões na esfera destas últimas), que poderão estar vedadas pela norma do art. 182º dado que implicam uma actuação da sociedade visada, uma vez preenchidos os restantes requisitos (tal como veremos de seguida). Em nosso entender, faz todo o sentido questionar se os actos das sociedades controladas pela sociedade visada (em relação de domínio ou de grupo), devem ou não estar também abrangidos pelo disposto nesta norma e, consequentemente, estarem igualmente vedados no decurso da oferta, na medida em que os mesmos possam alterar de modo relevante a situação patrimonial da sociedade dominante (alvo de OPA). Devemos ou não interpretar de forma extensiva o texto da presente norma de modo a abranger, para além dos actos da sociedade visada, também os actos da administração das sociedades controladas por esta, embora, no pressuposto de estarem reunidos os restantes requisitos desta norma: se e na medida em que sejam susceptíveis de alterar a situação patrimonial da sociedade dominante alvo de OPA, não se reconduzam à sua gestão normal e possam afectar significativamente os objectivos do oferente[378].

Consideramos que uma posição mais abrangente, quanto ao âmbito subjectivo da inibição, é aquela que melhor salvaguarda os interesses do oferente, tanto mais que o principal objectivo deste pode estar, por exemplo, directa ou indirectamente relacionado com a sociedade dependente (e seus activos) e ser esta última o seu principal alvo. Caso contrário, facilmente as sociedades dominadas pela sociedade visada poderiam fazer frustrar o êxito da OPA aproveitando-se do facto de não estarem sujeitas à inibição dos poderes de gestão prevista na norma do art. 182º/1.

A doutrina parece unânime sobre a matéria, ao abranger também as relações de grupo mas deixando de fora as relações de domínio. JORGE BRITO PEREIRA defende que o destinatário subjectivo desta norma é somente a administração da sociedade visada e que as sociedades controladas não se encontram abrangidas por esta limitação[379]. No entanto, chama a atenção, e bem em nosso entender, para a possibilidade de aquela sociedade, por via da actuação

---

[378] V. também ANTÓNIO PEREIRA DE ALMEIDA, ob. cit., p. 800, que chama a atenção para o facto de o oferente (numa OPA facultativa) poder sempre condicionar a sua oferta à não verificação da prática de certos actos pela sociedade visada ou suas dominadas.

[379] Segundo este Autor "... *na falta de previsão que imponha a limitação de poderes da administração das sociedades dominadas, se deve entender que a mesma não é liminarmente aplicável*", apoiando-se na letra da lei (que não faz qualquer referência expressa à limitação destas sociedades) e no facto de não fazer sentido fazer recair esta limitação dirigida a sociedades emitentes de valores mobiliários alvo de

IV. REGRA DE NÃO FRUSTRAÇÃO DA OPA: LIMITAÇÃO DE PODERES DA ADMINISTRAÇÃO

das suas sociedades dependentes, fazer frustrar a oferta e, assim, actuar contra o disposto na presente norma, apontando duas situações em que a presente limitação de poderes tem repercussões para as sociedades dominadas pela sociedade visada:

(i) As actuações da sociedade visada *com reflexo* nas sociedades dependentes, e que estão proibidas por esta norma uma vez reunidos os demais requisitos, como por exemplo, um aumento de capital de uma sociedade dependente – ao qual a dominante é chamada, enquanto accionista, a deliberar ou a subscrever acções –, a concessão de avultados suprimentos a sociedades dominadas ou a deliberação de fusão destas últimas; (ii) As sociedades em relação de grupo, onde no âmbito das *instruções* da sociedade dominante às suas dominadas se deve integrar a não actuação das segundas para além dos limites impostos pelo art. 182º[380].

Por sua vez PAULO CÂMARA[381] faz a distinção entre dois casos: (i) em caso de sociedade ligada à visada por contrato de subordinação ou por esta detida a 100%, a instrução emitida nos termos do art. 503º CSC pode ser ilícita, se não se reconduzir à gestão normal e se puder afectar relevantemente o êxito da oferta; (ii) nos demais casos a actuação da sociedade dominada pela visada parece escapar ao âmbito de aplicação do art. 182º.

---

uma OPA sobre *"sociedades que, directamente, não têm a ver com a dispersão de valores mobiliários ou com a sua cotação"* – cfr. ob. cit., p. 189.

[380] De acordo com JORGE BRITO PEREIRA, ob. cit., p. 190, estas duas hipóteses não representam uma aplicação do art. 182º às sociedades dominadas e às suas administrações, mas pelo contrário decorrem do entendimento segundo o qual a sociedade visada é o único destinatário subjectivo desta norma.
Já numa mera relação de *domínio simples* o mesmo Autor entende que estamos perante a aplicação do regime geral, ou seja, *"...os membros do órgão de administração da sociedade dominada estarão expostos à emergência de situações de responsabilidade civil por violação dos seus deveres funcionais [arts. 72ºss. CSC] se, perante uma situação concreta, atenderem aos interesses da sociedade dominante em prejuízo dos interesses específicos da sociedade dominada, tendo em conta aqueles correspondentes aos seus sócios e trabalhadores"* – cfr. ob. cit., p. 191.
Do mesmo modo ORLANDO GUINÉ, ob. cit., pp. 180-182, entende que a norma do art. 182º/1 se aplica somente às sociedades em relação de grupo, em que as sociedades totalmente dominadas ou subordinadas estão hierarquicamente dependentes da sociedade totalmente dominante ou subordinante, onde a própria administração das primeiras vê os seus poderes limitados pelo lançamento de uma OPA sobre uma destas últimas. No entanto, o mesmo Autor considera que tal já não sucede relativamente a sociedades que estejam em relação de domínio (art. 486º CSC), onde a gestão das sociedades dominadas deve ser orientada em função do seu próprio interesse social e na qual a dominante não pode interferir quanto à sua gestão, devendo para tal o oferente lançar igualmente uma OPA sobre a sociedade dominada.
[381] Cfr. *Manual...* cit., p. 626.

Face ao exposto, resta questionar se as sociedades dominadas pela sociedade alvo de OPA devem ou não ficar limitadas nos seus poderes de gestão no decurso da oferta, estando abrangidos por esta norma não apenas os seus actos resultantes de instruções da própria sociedade dominante (visada), como também aqueles actos directamente deliberados pelas respectivas administrações das sociedades dependentes, sempre no pressuposto da verificação dos restantes requisitos enunciados pelo legislador (e tratados mais à frente).

Porque directamente relacionadas e dependentes da sociedade visada, e podendo os seus activos constituir o principal alvo do oferente e da OPA, parece não fazer muito sentido deixar de fora do âmbito de aplicação desta norma os actos das sociedades dominadas, as quais passariam também a ver os seus poderes de gestão limitados no decurso da oferta, em nome da protecção dos interesses do oferente e dos destinatários da OPA.

Assim, em nosso entender, faz sentido questionar se não deveriam estar igualmente limitados os poderes da administração (e os seus actos proibidos) das sociedades em relação de domínio com a sociedade visada, para além das sociedades em relação de grupo, na medida em que é precisamente naquele tipo de relação societária, onde a gestão é independente uma da outra, que importa acautelar os interesses dos accionistas da sociedade visada (destinatários da oferta), bem como acautelar os interesses do oferente.

Todavia, e em caso de dúvida, será sempre mais sensato fazer aplicar esta limitação de poderes apenas às sociedades em relação de grupo (arts. 488ºss. CSS) e nas relações de domínio simples (art. 486º CSC) obrigar o oferente a lançar igualmente uma OPA sobre a dominada da sociedade visada de modo a fazer funcionar esta norma inibitória relativamente à respectiva administração, protegendo-se melhor contra manobras destinadas a frustrar ou perturbar a OPA.

Ou seja, será mais seguro para o oferente lançar também uma OPA sobre a sociedade dominada pela visada a par da OPA lançada sobre a sociedade dominante (condicionando inclusive a primeira ao sucesso da segunda), tudo isto de modo a melhor salvaguardar o sucesso da oferta e evitar que a administração da sociedade dominada pratique actos que perturbem o sucesso da oferta sobre a sociedade dominante[382].

2.2. Período de Limitação

Uma vez analisado o seu âmbito de aplicação (objectivo e subjectivo), teremos agora de nos debruçar sobre a delimitação temporal durante a qual deve actuar esta norma inibitória.

---

382 Esta parece-nos a solução mais equilibrada e razoável, capaz de assegurar uma efectiva aplicação desta norma e evitar medidas destinadas a frustrar a oferta.

IV. REGRA DE NÃO FRUSTRAÇÃO DA OPA: LIMITAÇÃO DE PODERES DA ADMINISTRAÇÃO

Desde logo, e tal como vimos antes, a sociedade visada não deve, em virtude de uma OPA, ser perturbada no exercício da sua actividade para além de um período razoável: ou seja, a mesma dever ser objecto de uma perturbação mínima relativamente ao curso normal da sua actividade (art. 3º/1f) da Directiva – *Princípio da perturbação mínima*).

Devemos também sublinhar que este período de limitação dos poderes da administração pode não coincidir com o prazo da oferta: este último pode variar entre 2 e 10 semanas podendo ser prorrogado em caso de revisão, de oferta concorrente ou quando a protecção dos interesses dos destinatários o justifique (arts. 7º/1 Directiva e 183º CódVM)[383]. Assim, embora os respectivos *términos* coincidam, uma vez que esta inibição recai sobre a administração até ao encerramento da oferta (com a última declaração de aceitação da oferta e o apuramento e publicação do resultado da mesma ou, se for o caso, até à cessação, em momento anterior, do respectivo processo), já o seu início pode não coincidir, uma vez que enquanto o prazo da oferta se inicia somente com a publicação do anúncio preliminar e consequente registo da oferta pela CMVM, esta inibição de poderes começa a produzir efeitos num momento anterior, isto é, com a tomada de conhecimento, por parte da administração da sociedade visada, (da decisão) do lançamento da OPA, que a lei presume que ocorra com a recepção[384], pela mesma, do anúncio preliminar, e que pode acontecer um pouco antes da respectiva publicação. Ou seja, o órgão de administração da sociedade visada pode ficar vinculado e inibido nos seus poderes mesmo antes do início do período da oferta, uma vez que a recepção do anúncio preliminar pela sociedade visada pode ocorrer, em princípio, uns dias antes da sua publicação nos termos do art. 175º CódVM[385].

No que respeita ao início deste período limitativo dos poderes da sociedade visada temos de arranjar um compromisso entre dois limiares e conjugar interesses contrapostos. Por um lado, com vista a proteger melhor os interesses dos accionistas e acautelar os objectivos do oferente e o êxito da oferta, importa

---

[383] Ainda de acordo com o art. 125º CódVM, este prazo deve ser fixado em conformidade com as suas características, com a defesa dos destinatários e do emitente e com as exigências de funcionamento do mercado.

[384] Embora a recepção pela sociedade visada do anúncio preliminar da OPA implique necessariamente a tomada de conhecimento da decisão do lançamento da oferta, o contrário já não se verifica, uma vez que a administração visada pode ter tido contactos prévios com o oferente e ter tomado conhecimento da sua intenção firme antes de receber aquele anúncio.

[385] Nos temos desta norma o oferente, após tomar a decisão de lançamento, está obrigado a enviar para a sociedade visada e para publicação o anúncio preliminar pelo que é muito provável que decorram uns dias entre a sua recepção pela sociedade visada e a respectiva publicação num jornal de grande circulação.

que a limitação recaia sobre o órgão de administração o mais cedo possível. No entanto, existem dificuldades em determinar o efectivo conhecimento da oferta por parte daquele órgão (em nome da certeza jurídica), sendo, igualmente, necessário conhecer os objectivos do oferente (o que só acontece, com segurança, com o anúncio preliminar) por forma a que o mesmo órgão esteja na posse de todos os elementos que lhe permitam aferir dos termos da sua limitação.

De modo a melhor acautelar os interesses dos accionistas da sociedade visada, faria sentido que o início deste período coincidisse com o momento em que os titulares do órgão da administração da sociedade visada tomassem conhecimento da intenção firme do oferente em lançar a OPA. Todavia, tal poderia trazer alguma incerteza quanto ao efectivo conhecimento, e correspondente início da presente limitação, tanto mais que não estaríamos ainda em posição de conhecer os objectivos do oferente (constantes do anúncio preliminar).

O legislador europeu, no art. 9º/2 da Directiva, prevê que a limitação produz efeitos a partir do momento em que a administração da sociedade visada receba informações sobre a decisão de lançamento de uma OPA, devendo esta decisão ser *"imediatamente tornada pública e que a autoridade de supervisão seja dela informada"* (art. 6º/1)[386].

Todavia o mesmo art. 9º (§ 2 *in fine*) prevê ainda que os EM podem antecipar esse momento inicial e fazê-lo coincidir com a tomada de conhecimento por parte do órgão de administração da *iminência* de uma oferta, na linha do disposto pela *Rule* 21 do *City Code* inglês, segundo a qual este período limitativo se inicia a partir do momento em que a administração visada acredita (de boa fé) que existe uma oferta iminente[387].

Embora esta antecipação tenha como objectivo melhor acautelar os interesses do oferente e dos destinatários da oferta – ao impedir mais cedo manobras malignas (destinadas a frustrar a potencial oferta) por parte do órgão de admi-

---

[386] Por sua vez, a anterior Proposta de 13ª Directiva de 1996 aplicava a regra de não frustração da oferta a partir da recepção, por parte do órgão de administração da sociedade visada, das informações relativas à oferta (art. 8º a)).

[387] Esta norma restringe a acção do órgão de administração da sociedade visada mesmo antes da recepção do anúncio preliminar, ou seja, a partir do momento em que aquele órgão tem indícios ou razões suficientes para considerar iminente o lançamento de uma oferta, impondo deste modo um sistema mais exigente, na linha do previsto pelo legislador europeu.
A este respeito já a doutrina inglesa vinha criticando o âmbito temporal da norma do art. 9º da Directiva, considerando-o limitado por se restringir ao período posterior ao lançamento da oferta, e descurando as obrigações daquele órgão antes de lançada a oferta, onde desde logo poderão surgir conflitos de interesses. V. EDDY WYMEERSCH, *"Problems of the Regulation of Takeover Bids in Western Europe: A Comparative Survey"*, in KLAUS HOPT/EDDY WYMEERSCH (org.), ob. cit., pp. 95-131 (122ss.).

IV. REGRA DE NÃO FRUSTRAÇÃO DA OPA: LIMITAÇÃO DE PODERES DA ADMINISTRAÇÃO

nistração que sente a sua posição ameaçada –, poder-se-á contra-argumentar que o legislador europeu pode ter ido longe demais:

Em primeiro lugar, por ter criado um clima de incerteza e insegurança na determinação do efectivo conhecimento da oferta por parte daquele órgão, bem como por ter permitido diferentes regimes no seio dos diversos EM, criando assim as condições para uma efectiva distorção da concorrência.

Em segundo lugar, pode parecer mais plausível impor esta limitação sobre o mesmo órgão a partir do momento em que este tome conhecimento dos objectivos do oferente, o que só vem a acontecer, em princípio, num momento posterior com a recepção, pela sociedade visada, do anúncio preliminar.

Neste sentido, o legislador nacional, no art. 182º/1 CódVM, estabelece como início desta limitação o momento em que aquele órgão tome conhecimento da decisão de lançamento da OPA para logo de seguida equiparar ao conhecimento do lançamento da oferta a recepção pela sociedade visada do anúncio preliminar (art. 182º/2a)). Embora aqueles titulares possam tomar conhecimento da oferta num momento anterior ao da recepção deste anúncio, pode ser muito difícil determinar o seu efectivo conhecimento[388].

Em nome da segurança jurídica, o legislador nacional entendeu que esta limitação deve iniciar-se no momento em que o órgão de administração da sociedade visada tome efectivo conhecimento do lançamento da OPA – que presume que ocorra com a recepção, por parte daquela sociedade, do anúncio preliminar, donde constam os objectivos do oferente –, e a partir do qual se poderão aferir quais os actos da sociedade visada que podem afectar estes mesmos objectivos. Assim se permite avaliar os critérios cumulativos (*infra* enunciados) que determinam a inibição de poderes dos membros da administração.

A este propósito importa salientar que nos termos do art. 175º/1 CódVM o oferente está obrigado, logo que tome a decisão de lançamento da oferta, a enviar o anúncio preliminar à CMVM, à sociedade visada e às entidades gestoras dos mercados regulamentados em que os valores mobiliários (objecto da oferta ou integrantes da respectiva contrapartida) estejam admitidos à negociação, devendo o mesmo ser publicado de imediato, e a partir do qual o oferente está obrigado a lançar e a registar a OPA (art. 175º/2a) e b)).

Resta, portanto, saber se o presente regime não deixa margem de manobra para a administração visada frustrar os objectivos do oferente num momento anterior ao efectivo conhecimento da tomada de decisão firme de lançar a

---

[388] Sobre a problemática da determinação daquele efectivo conhecimento, v. ORLANDO GUINÉ, ob. cit., pp. 137-141. O mesmo Autor já antes se debruçara sobre este tema, *"A Transposição da Directiva 2004/25/CE e a Limitação dos Poderes do Órgão de Administração da Sociedade Visada"*, Cadernos MVM, nº 22 (Dezembro 2005), pp. 21-46 (25-26).

oferta: ou seja, antes do momento em que é suposto ela tomar conhecimento dos objectivos do oferente, isto é, aquando da recepção do anúncio preliminar. Tal como a Directiva prevê, a sociedade visada pode num momento anterior – mais concretamente quando tome conhecimento da iminência da oferta – praticar determinados actos destinados a frustrar o êxito da oferta. Pode, assim, suceder que aquela administração conheça os objectivos do oferente num momento anterior ao da recepção do anúncio preliminar e pratique actos com vista a frustrá-los.

PAULO CÂMARA[389] entende que esta limitação se inicia *"com o conhecimento da decisão de lançamento por parte da sociedade visada [...] marco temporal que se compreende em atenção ao dever de informação do anúncio preliminar à visada nos termos do art. 175º, nº 1"*.

JORGE BRITO PEREIRA entende que foi intenção do legislador *"antecipar o momento de produção de efeitos limitativos, não os fazendo depender do anúncio preliminar"*, para quem três situações se destacam a este respeito: (i) Quando a decisão de lançamento de OPA está em estudo; (ii) Quando existe intenção de lançar uma OPA mas a decisão definitiva está ainda dependente de certas condições prévias[390]; e (iii) Quando já existe decisão definitiva mas o oferente ainda está (dentro do prazo) em fase de preparação da elaboração ou da publicação do anúncio preliminar. Ao contrário do primeiro caso, nos dois últimos este Autor entende que se deve aplicar a inibição do art. 182º a partir do momento em que a sociedade visada tome conhecimento da intenção ou decisão de lançar a oferta, respectivamente. Para tal têm de se verificar dois pressupostos por parte da sociedade visada: a) o conhecimento de uma informação segura e razoavelmente completa daquela decisão e b) o conhecimento de iminência e previsibilidade do lançamento da oferta[391].

---

[389] Cfr. *Manual...* cit., p. 625.

[390] O anterior art. 534º/2 do CódMVM previa expressamente a possibilidade da decisão definitiva de lançar a oferta ficar dependente da verificação de determinadas condições prévias, o que já não sucede no disposto do art. 175º CódVM, pelo que parece ter sido intenção do legislador afastar essa hipótese, em nome da certeza jurídica.

[391] V. ob. cit., pp. 183-188. Este mesmo Autor, no entanto, continua a excluir, e bem em nosso entender, do âmbito do art. 182º dois casos limite: 1) Quando ainda não há anúncio preliminar por inexistir qualquer decisão de lançamento de oferta e 2) Quando, apesar de já haver decisão, ainda não existe o anúncio preliminar por falta de cumprimento, por parte do oferente, da obrigação imposta pelo art. 175º/1.
Faz todo o sentido afastar a limitação de poderes nestes dois casos, uma que vez que, no primeiro, ainda não há certeza do lançamento da oferta (o que também vale para os casos de a decisão de OPA estar em estudo ou ainda estar dependente de certas condições prévias) e, no segundo, é do interesse do próprio oferente enviar o mais cedo possível o anúncio da oferta à sociedade

IV. REGRA DE NÃO FRUSTRAÇÃO DA OPA: LIMITAÇÃO DE PODERES DA ADMINISTRAÇÃO

Contudo, tais pressupostos só nos parecem ser suficientes no último caso, tal como veremos mais adiante. Nos dois primeiros casos entendemos que não se deve aplicar a inibição de poderes prevista na norma do art. 182º, pelo facto de ainda não existir uma decisão definitiva de lançamento de OPA, em nome da certeza jurídica e da razoabilidade.

Assim, embora o nosso legislador equipare ao conhecimento do lançamento da oferta a recepção pela sociedade visada do anúncio preliminar, é certo que estes dois momentos podem não coincidir, designadamente, a sociedade visada pode receber aquele anúncio "muito depois" de ter tido conhecimento do lançamento da oferta[392].

Questão diferente diz respeito ao hiato temporal que pode decorrer entre a decisão de lançamento por parte do oferente (mencionada no 182º/1) e a recepção do anúncio preliminar/conhecimento do lançamento da oferta (referida no 182º/2a)), pelo que também nestes casos é discutível a salvaguarda dos interesses do oferente.

A este respeito convém precisar o início do actual regime inibitório, o que nos leva a fazer um pequeno reparo à letra da lei, sublinhando que entendemos que este período de limitação de poderes só terá início, em regra, após o conhecimento do lançamento da oferta equiparado à recepção do anúncio preliminar (cfr. 182º/2a)), e não num momento provavelmente anterior: após a tomada de conhecimento da decisão de lançamento da oferta. Pelo que, julgamos por conveniente a alteração da letra do art. 182º/1 no sentido de alterar a

---

visada, pelo que os riscos decorrentes desse incumprimento deverão ser da sua única e exclusiva responsabilidade.

[392] Em nosso entender, o legislador somente equiparou estes dois momentos (conhecimento do lançamento da OPA e a recepção pela sociedade visada do anúncio preliminar) na medida em que se presume que o segundo ocorre aquando da verificação do primeiro, mas tal não significa que não possam ocorrer em momentos distintos. Ou seja, pode suceder que a sociedade visada tome conhecimento da OPA antes de receber o respectivo anúncio preliminar, embora tal não releve para efeitos de inibir os seus poderes de gestão. Em nome da certeza jurídica, entendemos que o legislador pretendeu que somente após a recepção do anúncio pela sociedade visada se verifica o efectivo conhecimento do lançamento da oferta (posterior à decisão de lançamento), pelo que somente naquele momento deve ficar limitada nos seus poderes de gestão. A este respeito v. Luís Fragoso, ob. cit., p. 20 (nota 28).
Por outro lado, ao equiparar estes dois momentos o legislador pretendeu também esclarecer dúvidas que se levantavam em torno do disposto no anterior art. 575º do CódMVM, onde se fazia referência a dois momentos distintos: assim, esta norma começava por delimitar a inibição de poderes *"Após o recebimento do anúncio preliminar..."* (cfr. nº 1) para depois no seu nº 2 excepcionar os actos praticados em cumprimento de uma obrigação comprovadamente assumida *"antes da data em que a sociedade visada haja tomado conhecimento da intenção do oferente de lançar a oferta"*.

expressão *"tome conhecimento da decisão de lançamento"* passando simplesmente a constar *"tome conhecimento do lançamento"*[393].

Pode, ainda, defender-se que a presente limitação de poderes só deve vigorar após a sociedade visada ter recebido o anúncio preliminar, em nome da certeza jurídica. Não se justifica inibir a sociedade visada enquanto não houver a certeza do lançamento da OPA, o que só acontecerá aquando da publicação do anúncio preliminar, momento este em que o oferente fica vinculado a lançar e registar a OPA (nos termos do art. 175º/2a) e b)). Por sua vez, poderia não ser razoável limitar os poderes de gestão da sociedade visada prematuramente e colocá-la em gestão corrente por um período demasiado longo com os consequentes danos daí resultantes e, caso a oferta não se viesse a concretizar, sem que o oferente pudesse ser responsabilizado pelos danos decorrentes dessa situação de inibição de poderes. Daqui resulta que só faz sentido impor esta limitação de poderes a partir do momento em que haja uma decisão definitiva e seja certo o lançamento da OPA.

Acresce que o oferente tem todo o interesse em que a sociedade visada receba o anúncio preliminar o mais cedo possível, ou seja, logo após a sua tomada de decisão firme de lançamento da OPA, de modo a fazer funcionar desde logo a inibição dos poderes de gestão daquela sociedade e assim evitar que a mesma pratique actos destinados a frustrar os seus intentos.

Por tudo isto, entendemos ser mais razoável que os riscos decorrentes do hiato temporal entre aquela tomada de decisão e a recepção do anúncio (designadamente, a possibilidade da administração da sociedade visada praticar actos destinados a frustrar a oferta) deverão correr por conta do oferente, tanto mais

---

[393] Cumpre-nos fazer aqui um breve comentário crítico em relação à letra da lei do nº 1 do art. 182º, conjugado com as normas dos arts. 182º/2a) e 175º: assim, aquela norma refere expressamente o momento em que a sociedade visada toma conhecimento *da decisão* de lançamento da oferta, para depois no seu nº 2/a) equiparar ao conhecimento *do lançamento* da oferta a recepção pela mesma sociedade do anúncio preliminar. Face ao disposto no art. 175º, fácil é compreender que pode decorrer um hiato de tempo entre os dois momentos: o da decisão de lançamento da oferta (que obriga ao envio do anúncio preliminar à sociedade visada e respectiva publicação, cfr. art. 175º/1) e o do registo e efectivo lançamento da oferta, o qual só ocorrerá após aquela publicação nos termos do art. 175º/2a) e b).

Daqui resulta que achamos por conveniente, em nome da segurança/certeza jurídica, retirar da letra da norma do art. 182º/1 a expressão *"decisão"*, devendo ser determinante para efeito do início do período inibitório da administração apenas o momento em que o órgão de administração da sociedade visada tome conhecimento *do lançamento* da oferta, que o legislador presume que ocorre com a recepção, por parte daquela sociedade, do respectivo anúncio preliminar. Tanto mais que, quer o art. 182º/2a), quer o art. 182º/3a), referem expressamente o momento do *conhecimento do lançamento da oferta* e não o momento do *conhecimento da decisão de lançamento da oferta*, tal como expressamente previsto no art. 182º/1, momento este, aliás, que é bem mais ambíguo e difícil de determinar.

IV. REGRA DE NÃO FRUSTRAÇÃO DA OPA: LIMITAÇÃO DE PODERES DA ADMINISTRAÇÃO

que ele está desde logo obrigado a proceder ao seu envio à sociedade visada (à CMVM e à respectiva entidade reguladora) e à sua publicação nos termos do art. 175º/1, bem como a guardar segredo sobre a preparação da oferta até essa publicação nos termos do art. 174º[394].

Por fim, só após a recepção/publicação do anúncio preliminar da OPA se poderá aferir em que medida os actos da sociedade visada poderão afectar os objectivos (ali) anunciados pelo oferente. Ou seja, somente neste momento estaremos aptos a conhecer os objectivos da oferta, e assim determinar quais os actos que a administração visada ficará inibida de praticar no decurso da OPA. Em nosso entender esta inibição deve iniciar-se quanto antes e o legislador prevê que ela deve começar, pelo menos, aquando da recepção do anúncio preliminar (equiparada ao conhecimento do lançamento da oferta).

Sucede, no entanto, que o órgão de administração pode tomar conhecimento da oferta (e dos seus objectivos) antes de receber aquele anúncio e praticar entretanto actos susceptíveis de frustrar os objectivos do oferente. Ou seja, embora estes objectivos só sejam do conhecimento do órgão da sociedade visada, em princípio, aquando da recepção do anúncio preliminar, e sem os quais será difícil aferir do âmbito desta inibição, o certo é que aquele órgão poderá tomar conhecimento desses objectivos num momento anterior[395].

Pelo que, em nosso entender, faz sentido antecipar o momento da produção dos efeitos limitativos desta norma quando já existe uma decisão de OPA definitiva mas o oferente (estando ainda dentro do prazo para o fazer) ainda não enviou o respectivo anúncio preliminar para os seus destinatários e para publicação. Neste caso o lançamento da OPA é certo (*previsível e iminente*[396])

---

[394] O legislador nacional (CódVM) faz recair, sobre o oferente, a sociedade visada, os seus accionistas e os titulares de órgãos sociais e aqueles que lhes prestem serviços, um dever de segredo sobre a preparação da oferta até à publicação do anúncio preliminar (art. 174º), sendo que a sua violação constitui contra-ordenação muito grave (art. 393º/2e) CódVM) e a utilização ou divulgação de informação privilegiada é punida como crime contra o mercado (art. 378º CódVM: *Abuso de Informação*) – v. infra nota 399.

A este respeito o *Parecer da CMVM sobre deveres na OPA* estipula que o dever de segredo exigido em caso de preparação de OPA abrange quaisquer oferentes, ainda que potenciais, e todas as pessoas e entidades que com ele colaborarem, seja qual for a fase do processo, ainda que de meros contactos preliminares, daí decorrendo o dever de informar o mercado em caso de fuga de informações que perturbem a normal formação dos preços, bem como exige a tomada de medidas para impedir a sua violação, nomeadamente, devem ser celebrados pactos de confidencialidade que vinculem todos os intervenientes no processo (cfr. § 1).

[395] Já quanto aos outros dois critérios enunciados pelo art. 182º/1 para efeitos desta limitação, facilmente se podem determinar (mesmo antes de receber o referido anúncio) quais são os actos susceptíveis de alterar a situação patrimonial da sociedade visada e quais são os actos que caem fora da gestão corrente/normal da sociedade.

[396] Nas palavras de JORGE BRITO PEREIRA, ob. cit., p. 187.

restando ao oferente, para fazer aplicar esta norma inibitória, demonstrar que o órgão de administração da sociedade visada já tomou conhecimento efectivo da iminência da oferta e dos respectivos objectivos, e que facilmente pode frustrar o êxito da oferta[397].

Resulta, neste caso particular, que o órgão de administração da sociedade visada se vê inibido nos seus poderes de gestão num momento anterior à recepção do anúncio preliminar, devendo estar-lhes vedados os actos que preencham os requisitos previstos nos termos do art. 182º/1. Temos, assim, que os objectivos da oferta, embora ainda não tenham sido anunciados pelo oferente, são já do conhecimento[398] da sociedade da visada, pelo que faz todo o sentido também aqui acautelar o êxito da oferta e os interesses dos seus destinatários. Em resumo, e utilizando os pressupostos *supra* mencionados, para que esta norma do art. 182º antecipe os seus efeitos limitativos (a um momento anterior ao da recepção do anúncio preliminar) é necessário que o oferente, após ter tomado uma decisão firme, demonstre que a sociedade visada tinha conhecimento de que o lançamento da OPA estava iminente e era previsível, bem como tinha conhecimento prévio dos seus objectivos[399].

Relativamente ao *términus* deste período limitativo, a Directiva estabelece que a limitação dura enquanto o resultado da oferta não for tornado público ou a oferta não terminar (cfr. art. 9º/2, § 2). Por sua vez, o legislador nacional estabelece-o no momento do apuramento do resultado da oferta ou até à cessação, em momento anterior, do respectivo processo (cfr. art. 182º/1), o qual pode ser prorrogado pela CMVM (por sua iniciativa ou a

---

[397] Sobre esta matéria v. João Cunha Vaz, ob. cit., p. 93, onde defendemos a antecipação do período limitativo, em nome da defesa dos interesses dos accionistas e do sucesso da oferta, bem como da razoabilidade da avaliação da actuação da administração visada face à tomada de conhecimento, por parte daquela, dos objectivos do oferente.

[398] Na mesma linha de raciocínio Jorge Brito Pereira, ob. cit., p. 186 (nota 28), e no seguimento da sua posição de antecipar a produção de efeitos da norma do art. 182º para um momento anterior ao do anúncio preliminar, vai ainda mais longe ao defender que a letra desta norma (no seu nº 1 *in fine*) é manifestamente infeliz, devendo ler-se objectivos "*conhecidos*" e não objectivos anunciados.

[399] Todavia, importa ter em conta que este conhecimento antecipado poderá ser ilícito, por resultar da violação do dever de segredo disposto no art. 174º CódVM que recai sobre todas as partes intervenientes na OPA. A este respeito Luís Fragoso, ob. cit., p. 22, salienta por sua vez, que perante esse conhecimento antecipado ilícito o oferente poderá desistir da OPA e processar civil e criminalmente os responsáveis por essa fuga de informação, com direito a ser indemnizado pelos danos daí decorrentes. Caso a sociedade visada tenha entretanto adoptado uma medida defensiva anti-OPA, o oferente poderá também invocar o crime contra o mercado previsto nos termos do art. 378º CódVM (*abuso de informação*).

IV. REGRA DE NÃO FRUSTRAÇÃO DA OPA: LIMITAÇÃO DE PODERES DA ADMINISTRAÇÃO

pedido do oferente) em caso de revisão[400], lançamento de oferta concorrente ou quando a protecção dos interesses dos destinatários o justifique (nos termos do art. 183º/2).

Podemos, no entanto, questionar se não será prematuro terminar esta limitação neste referido momento (apuramento do resultado ou cessação do processo), uma vez que, no período que ainda decorre até à substituição da anterior administração (em sede de AG), poderá esta última praticar actos que ponham em causa os fins visados pelo oferente e os próprios interesses dos accionistas. Em particular, no caso de uma OPA hostil, o mais certo é que a administração da sociedade visada cesse funções, podendo a mesma, entretanto, diluir o património daquela sociedade ou assumir compromissos desvantajosos, pelo que também aqui faria sentido prorrogar esta inibição justificada pela salvaguarda dos interesses dos accionistas.

Poderíamos, assim, questionar se o legislador do CódVM não deveria ter acautelado também este tipo de situações prejudiciais para o oferente e para a própria sociedade e seus accionistas. Apesar disso, entendemos que estas situações não dizem tanto respeito ao regime das OPA, cujo processo já terminou, mas decorrem desde logo dos deveres fiduciários (em especial do mencionado dever geral de lealdade dos membros do órgão de administração) e dever-se-ão enquadrar no regime geral do direito das sociedades, designadamente, da *responsabilidade dos administradores para com os sócios e terceiros* nos termos do art. 79º CSC[401].

---

[400] No caso da OPA à CMPOR verificou-se a revisão da oferta quanto ao montante da contrapartida e quanto à condição de sucesso no que respeita à obtenção da percentagem mínima do capital social – um terço mais uma acção. Ou seja, a oferta passou a estar subordinada à aquisição pelo oferente, no âmbito da oferta, de um número de acções que, adicionadas às acções que viessem eventualmente a ser adquiridas fora da oferta pela oferente ou sociedades com ela em relação de domínio ou de grupo, representassem pelo menos um terço do capital social da sociedade visada mais uma acção, de modo a facilitar a aquisição do controlo.
Importa aqui salientar a este respeito que, até esta data, poderia ter sido lançada uma OPA concorrente, ou seja, até ao 5º dia anterior àquele em que termina o prazo da oferta inicial, nos termos do art. 185º-A/1 CódVM, tendo ambas que apresentar um contrapartida que teria de ser, pelo menos, 2% superior à precedente.

[401] Vide também arts. 64º e 72º (*Responsabilidade para com a sociedade*), ambos do CSC. No mesmo sentido, v. JORGE BRITO PEREIRA, ob. cit., p. 188, bem como LUÍS FRAGOSO, ob. cit., p. 24.
Ainda a este respeito, J. MIGUEL JÚDICE / M. LUISA ANTAS / ANTÓNIO A. FERREIRA / JORGE BRITO PEREIRA, *OPA – Ofertas públicas de aquisição (legislação comentada)*, Semanário Económico, 1992, p. 217, adiantam que "*imediatamente após a OPA e, especialmente, no caso de estarmos perante uma "OPA hostil", se deverá entender que o órgão de administração deverá agir de acordo com as regras concretizadoras da boa-fé, não pondo em causa a situação financeira da empresa*".

Assim sendo apenas se justifica o legislador inibir a sociedade visada nos seus poderes de gestão até ao termo do processo da oferta[402] (o qual pode, inclusive, prorrogar-se em caso de revisão, oferta concorrente ou protecção dos accionistas), sendo que a partir daí a protecção dos interesses em causa deve ser assegurada nos termos gerais do CSC.

Em conclusão, facilmente se entende que é premente conciliar interesses antagónicos: se por um lado este período não deve ser demasiado longo de modo a não prejudicar a vida normal da sociedade visada (que fica limitada à gestão corrente)[403] [404], por outro, importa acautelar os interesses do oferente em não ver diluído o valor das acções da sociedade visada e em salvaguardar os activos desta, bem como os interesses dos accionistas em se pronunciar sobre o mérito da oferta e participar no prémio de controlo proposto na oferta. Mais acresce que se a presente inibição de poderes pode iniciar-se num momento

---

[402] Momento até ao qual podem as ordens de venda e as declarações de aceitação ser recebidas//revogadas pelos destinatários da oferta.

[403] A respeito dos prejuízos que podem resultar desta limitação de poderes para a sociedade visada, temos de ter em atenção o disposto no *supra* mencionado art. 182º/5 CódVM que responsabiliza o oferente pelos danos causados por uma OPA lançada com o intuito principal de colocar aquela sociedade na situação de inibição de poderes.

[404] Tendo em conta as desvantagens de um período limitativo demasiado longo, o próprio regime jurídico da concorrência foi entretanto alterado no sentido de reduzir os prazos de análise pela AdC nas situações em que as OPA sejam sujeitas a apreciação por essa autoridade, procurando-se, deste modo, minimizar o período durante o qual a administração da visada vê os seus poderes limitados – cfr. art. 4º do DL nº 219/2006, que altera a Lei nº 18/2003, de 11 de Junho (*Lei da Concorrência*), designadamente, os seus arts. 9º (*Notificação Prévia*) e 36º (*Investigação Aprofundada*). Tudo no sentido de encurtar os prazos de notificação das operações de concentração, de procedimento das diligências de investigação complementares necessárias e de suspensão para solicitação de informações adicionais, de modo a tornar todo o processo da OPA mais célere e, assim, perturbar o menos possível a gestão da sociedade. Todavia, é nosso entendimento que, apesar destas alterações, continua demasiado longo o processo de uma OPA sujeita a notificação prévia à AdC, o qual pode ir muito para além dos 90 dias úteis (em resultado das audiências das partes interessadas e das várias interrupções de prazo para obtenção de informações adicionais), com prejuízos inerentes para o oferente e para os destinatários da oferta, bem como para o curso normal da actividade da sociedade visada e para o funcionamento regular do mercado.
A este respeito ABEL MATEUS, ob. cit., pp. 123ss., avalia os prazos no processo de decisão da AdC questionando a celeridade *versus* o estudo aprofundado e a equidade processual, concluindo que "(...) *é normal que uma operação de 2ª fase sem negociação de "remédios" dure entre 6 a 8 meses, e uma operação com "remédios" dure entre 9 a 14 meses*" (p. 126). Sobre esta matéria v. também MARGARIDA FONSECA//LUÍS FERREIRA, *O Procedimento de Controlo...* cit., bem como ORLANDO GUINÉ, *Da Conduta (Defensiva)...* cit., p. 18 (nota 5), que partilha a nossa posição crítica relativamente à necessidade de maior celeridade no processo de OPA.
Por fim, importa ainda sublinhar que foi entretanto publicada a Lei nº 19/2012, de 8 de Maio, que aprovou o novo regime jurídico da concorrência e revogou a Lei nº 18/2003.

IV. REGRA DE NÃO FRUSTRAÇÃO DA OPA: LIMITAÇÃO DE PODERES DA ADMINISTRAÇÃO

anterior ao início do prazo da oferta, já o termo desses dois períodos coincide necessariamente.

2.3. Actos Proibidos

Depois de verificado o âmbito objectivo e subjectivo da OPA inibitória e definida a aplicação temporal da regra de não frustração, temos agora de analisar quais os actos sobre os quais ela incide, ou seja, que actos são abrangidos por esta limitação legal, cuja prática se encontra vedada por parte da administração da sociedade visada no decurso da oferta. Comecemos por chamar, antes de mais, a atenção para o regime voluntário disposto no CódGS.

Assim, a sua Recomendação I.6.1. dispõe que:

"*As medidas que sejam adoptadas com vista a impedir o êxito de ofertas públicas de aquisição devem respeitar os interesses da sociedade e dos seus accionistas*".

Em seguida a Recomendação I.6.3. prescreve que:

"*Não devem ser adoptadas medidas defensivas que tenham por efeito provocar automaticamente uma erosão grave no património da sociedade em caso de transição de controlo ou de mudança da composição do órgão de administração, prejudicando dessa forma a livre transmissibilidade das acções e a livre apreciação pelos accionistas do desempenho dos titulares do órgão de administração*"[405].

Por sua vez, a Directiva dispõe no seu preâmbulo (§16) que:

"*Para evitar operações que possam comprometer o êxito de uma oferta, deverão ser limitados os poderes do órgão de administração de uma sociedade visada em relação a certas operações de carácter excepcional, sem impedir indevidamente a sociedade visada de prosseguir o curso normal das suas actividades*"[406].

Pretende-se assim compatibilizar a não frustração da oferta por actuação do órgão de administração com o interesse de continuidade da exploração normal da sociedade visada, pelo que nem todos os actos estão vedados àquele órgão de modo a que esta não fique paralisada. Temos de ter em atenção que esta

---

[405] A Recomendação I.6.2. dispõe ainda que os estatutos societários que prevejam limitações estatutárias do número de votos detidos (ou exercidos) por um único accionista (de forma individual ou concertada), deverão ser sujeitas a confirmação pela AG pelo menos de cinco em cinco anos, não se aplicando então nessa deliberação a referida limitação, ou seja, sendo contados todos os votos emitidos.
[406] Já na sua exposição de motivos em comentário ao art. 9º da Proposta de Directiva de 2002, p. 9, a Comissão afirmara que "*A directiva não define as medidas susceptíveis de comprometerem o êxito de uma oferta. Trata-se em geral de diversas operações que não são realizadas no quadro normal das actividades da empresa ou que não estão em conformidade com as práticas habituais do mercado*".

norma incide apenas sobre aqueles actos que são da competência do órgão de administração fora do contexto de uma OPA e não diz respeito àqueles poderes que estão fora do âmbito da sua competência.

Uma vez lançada a OPA, a sociedade visada está obrigada a respeitar os interesses dos destinatários da oferta e os interesses do oferente, assim como a não perturbar o normal funcionamento da sociedade. Deverão ser avaliados os actos que digam respeito à gestão da sociedade visada e a operações sobre os valores mobiliários objecto da oferta, bem como todos os comportamentos concertados por parte da administração visada que visem impedir o sucesso da oferta.

Avancemos então para a análise dos critérios enunciados pelo legislador europeu: a Directiva no seu art. 9º/2 estabelece uma regra de limitação dos poderes do órgão de administração da sociedade visada em relação a certas operações de carácter excepcional que possam comprometer o êxito de uma OPA, sem impedir, no entanto, o curso normal da actividade da sociedade. Ou seja, limita qualquer acção susceptível de conduzir à frustração da oferta, nomeadamente, a emissão de valores mobiliários susceptível de impedir de forma duradoura que o oferente assuma o controlo da sociedade. Em seguida, o art. 9º/3 exige que as decisões tomadas antes da oferta e ainda não parcial ou totalmente aplicadas devem ser aprovadas ou confirmadas em AG, desde que não se insiram no quadro normal das actividades da sociedade e sejam susceptíveis de frustrar o êxito da oferta.

Por sua vez, o legislador nacional (art. 182º/1) vai mais longe ao proibir a prática de actos (i) *susceptíveis de alterar de modo relevante a situação patrimonial da sociedade visada* (ii) *que não se reconduzam à gestão normal da sociedade* e (iii) *que possam afectar de modo significativo os objectivos anunciados pelo oferente*. Estabelece-se, pois, um critério ou princípio geral composto por estes três critérios cumulativos para depois se avançar com alguns exemplos que se enquadram nesse mesmo princípio, tal como veremos de seguida.

A. Alteração da Situação Patrimonial

Primeiro que tudo devemos sublinhar que a situação patrimonial de uma sociedade corresponde ao seu balanço, apurado num determinado momento (trimestral, semestral ou anual), que é composto por três rubricas ou elementos: o activo de um lado, o passivo e o capital próprio (ou situação líquida) do outro (*activo = passivo + património líquido*).

O art. 182º/2b) apresenta vários exemplos de actos susceptíveis de alterar de modo relevante a situação patrimonial da sociedade visada, "*...nomeadamente...*":

IV. REGRA DE NÃO FRUSTRAÇÃO DA OPA: LIMITAÇÃO DE PODERES DA ADMINISTRAÇÃO

(i) A *emissão de acções ou outros valores mobiliários que confiram direito à sua subscrição ou aquisição (White Squire)*[407], uma vez que implicam uma alteração da estrutura de capital da sociedade visada (um aumento do capital), podendo fortalecer a posição do accionista maioritário e tornando mais difícil e onerosa, para o oferente, a aquisição do controlo societário;

(ii) A *celebração de contratos que visem a alienação de parcelas importantes do activo social (Sale of Crown Jewels)*[408], na medida em que se pretende evitar que se vendam as jóias da coroa, tornando a sociedade menos atraente, acautelando os interesses do oferente, cujos objectivos podem estar precisamente naqueles mesmos activos. Ou seja, a sua venda desvaloriza a sociedade alvo e torna-a certamente menos interessante do ponto de vista do oferente[409].

Importa salientar que estamos aqui (art. 182º/2b)) perante uma mera enumeração exemplificativa, pois o legislador pretende abranger *todos e quaisquer actos* que sejam susceptíveis de alterar de modo relevante a situação patrimonial da sociedade visada[410]. Entre outros exemplos, temos aqueles praticados no âmbito dos poderes de gestão da sociedade conferidos pelo art. 406º CSC, nomeadamente, nas alíneas e) aquisição e oneração de bens imóveis, f) prestação de cauções e garantias pessoais ou reais pela sociedade, g) abertura ou encerramento de estabelecimentos ou de partes importantes destes, h) extensões ou reduções importantes da actividade da sociedade, i) modificações importantes na organização da empresa, j) estabelecimento ou cessação de cooperação

---

[407] A este respeito devemos ter em atenção o disposto nos arts. 365º (*Obrigações convertíveis em acções*) e 368º (*Proibição de alterações na sociedade*), ambos do CSC.
[408] Matéria da exclusiva competência do órgão de administração nos termos dos arts. 373º/3 *a contrario*, 405º/1 e 406º, todos do CSC.
[409] Sobre o reduzido alcance prático deste exemplo, v. JORGE BRITO PEREIRA, ob. cit., p. 195 (nota 42), para quem este mecanismo funciona essencialmente como defesa diferida – as *crown jewels options* que só produzem efeitos em caso de lançamento de OPA hostil –, acabando por questionar em que medida são compatíveis com o interesse da sociedade.
[410] À semelhança do que se verifica com o nosso art. 182º, também a enumeração dos actos proibidos na *Rule 21* do *City Code* (*supra* exposta) é meramente indicativa e não taxativa, pelo que deverão estar abrangidos todos e quaisquer actos que possam frustrar o êxito da oferta. Esta perspectiva mais abrangente é defendida por HAN-WEI LIU, ob. cit., p. 7.
De igual modo o art. 28º do *Real Decreto* 1066/2007 (vigente em Espanha) enumera a título exemplificativo quais os actos proibidos, nomeadamente: a emissão de valores mobiliários ou outras operações sobre os mesmos que possam afectar o êxito da oferta, bem como a alienação ou arrendamento de imóveis ou outros activos da sociedade, na medida em que tais operações possam impedir o êxito da oferta, e a repartição de dividendos extraordinários ou a remuneração de qualquer outra forma que não siga a política habitual de repartição de dividendos aos accionistas, com excepção dos acordos societários aprovados previamente pelo órgão social competente (art. 28º/1a), b), c) e d)).

duradoura com outras empresas, l) mudança de sede e aumentos de capital, m) projectos de fusão, de cisão e de transformação da sociedade, e todos aqueles outros susceptíveis de alterar de modo relevante a situação patrimonial da sociedade visada e que estejam fora do âmbito da gestão corrente da sociedade.

Neste contexto merece uma reflexão crítica a norma do 182º/2b) conjugada com a do art. 182º/3b) (autorização da AG) analisada mais à frente, e que diz respeito à repartição de competências entre os órgãos sociais para a prática dos actos em questão: se por um lado, o primeiro exemplo (*a emissão de acções ou outros valores mobiliários que confiram direito à sua subscrição ou aquisição*) é, por natureza e mesmo fora do período da OPA, da competência da AG, no âmbito da sua competência geral para alterar o contrato de sociedade (cfr. arts. 85º e 87º CSC), já o segundo (*a celebração de contratos que visem a alienação de parcelas importantes do activo social*) é, este sim, da competência do órgão de administração (cfr. art. 406º/1e) CSC), pelo que poderia parecer não fazer sentido o primeiro exemplo avançado pelo legislador.

Ou seja, numa primeira abordagem poder-se-ia questionar o facto de o legislador apontar o *aumento de capital* como um exemplo de acto da administração susceptível de alterar a situação patrimonial da sociedade, uma vez que a limitação de poderes prevista no art. 182º/1 apenas diz respeito ao órgão de administração e esta matéria (por implicar uma alteração do contrato da sociedade, competência dos accionistas) não é da competência deste órgão, mas sim da AG, pelo que seria, sempre e a todo o momento, necessária a sua aprovação pela AG, independentemente do lançamento de uma OPA.

Contudo, não nos podemos esquecer que nos termos do art. 456º/1 CSC, o contrato de sociedade pode autorizar o órgão de administração a aumentar o capital[411], uma ou mais vezes, por entradas em dinheiro, devendo para tal fixar o limite máximo do aumento e o prazo para o exercício desta competência (nunca excedente a 5 anos), bem como os direitos atribuídos às acções a emitir. Assim sendo, faz todo o sentido que este órgão esteja limitado, no decurso de uma OPA, nos poderes atribuídos pelo contrato de sociedade relativamente à aprovação de um aumento de capital através da emissão de acções ou outros valores mobiliários que confiram direito à sua subscrição ou aquisição.

A este respeito RAÚL VENTURA (em comentário ao anterior CódMVM – art. 575º) chamava a atenção para o facto de estes actos serem sempre dependentes de deliberação dos sócios ou o contrato de sociedade autorizar aquele órgão a praticá-los, pelo que "... *o efeito prático deste artigo do Cod. MVM consistirá em não*

---

[411] Ainda nos termos do art. 456º/3 CSC, este projecto de deliberação da administração carece de parecer favorável por parte do respectivo órgão de fiscalização, caso contrário caberá à AG ultrapassar essa divergência.

IV. REGRA DE NÃO FRUSTRAÇÃO DA OPA: LIMITAÇÃO DE PODERES DA ADMINISTRAÇÃO

permitir, no caso de OPA, o funcionamento dessas cláusulas de autorização"[412]. Num caso distinto JOÃO CALVÃO DA SILVA[413], em comentário ao antigo art. 575º/1 CódMVM, sublinhava que mediante a autorização da CMVM a administração poderia praticar no período da oferta os actos para que teria competência fora do período da OPA.

Diferente situação diz respeito aos outros dois exemplos anteriormente previstos no art. 575º/1 CódMVM que foram afastados, e bem em nosso entender, do art. 182º/2b) CódVM, uma vez que estão relacionados com matérias da competência exclusiva dos accionistas: eram eles os casos antes previstos nas alíneas d) e e) daquela norma do CódMVM, respectivamente, *"Alienar ou adquirir participações sociais importantes, ou celebrar contratos-promessa de alienação ou aquisição de tais participações"* e *"Realizar operações de fusão ou cisão ou celebrar acordos para o efeito".*

Face à natureza meramente exemplificativa do actual art. 182º/2b), ambas as situações poderiam continuar por ele abrangidas, uma vez que manifestamente representam alterações relevantes da situação patrimonial. Contudo, são matérias da competência exclusiva dos accionistas: no segundo caso exige-se mesmo a sua aprovação pela AG (arts. 100º/2 e 120º CSC), pelo que não fazia, por isso, muito sentido limitar os poderes da administração relativamente a matérias que não são da sua competência fora da OPA, mas sim, exclusivamente e a todo o tempo, da competência dos accionistas.

De igual modo, na medida em que a norma do art. 182º/1 diz somente respeito aos poderes dos membros do órgão de administração da sociedade visada, nada impede que os accionistas, no decorrer da OPA, celebrem quaisquer tipo de acordos com terceiros destinados a alienar as respectivas participações sociais e dos quais constem eventuais compromissos quanto a uma futura gestão, celebrando para esse efeito um acordo parassocial, matéria, esta, da competência exclusiva dos accionistas e no pressuposto da não intervenção do órgão de administração ou de qualquer dos seus membros[414].

---

[412] Cfr. ob. cit., p. 202. V. também p. 312, onde o Autor sublinha que se tal cláusula existisse no contrato o seu funcionamento estaria, porém, neste caso vedado pelo anterior art. 575º/1a) CódMVM (correspondente ao actual 182º/1).

[413] V. *Estudos de Direito Comercial...* cit., p. 242.

[414] Em nosso entender, parece-nos claro que decorre também do dever de agir de boa fé e lealdade de comportamento (art. 181º/5d)) não poderem os membros da administração da sociedade visada manter contactos no âmbito do conselho de administração (ou fora dele) no decurso de uma OPA, com vista a alienar uma determinada participação accionista e a celebrar um novo acordo parassocial com vista a promover a estabilidade accionista. Isto porque violam o princípio da igualdade de tratamento dos accionistas e da salvaguarda dos objectivos do oferente e do êxito da oferta, com a agravante de perturbarem a livre apreciação sobre o respectivo mérito e oportunidade por parte dos accionistas (única parte legítima para o efeito nos termos do art. 182º). Parece-nos óbvio que

Entre outros actos proibidos de praticar pela sociedade visada, importa questionar as transacções na pendência da oferta, enquanto manobra para frustrar a oferta, quer diminuindo o número de valores mobiliários da sociedade visada disponíveis para o oferente – o que poderia inviabilizar a aquisição do controlo pretendido pelo oferente –, quer provocando a subida acentuada do valor de mercado desses valores mobiliários – o que tornaria menos aliciante o preço proposto pelo oferente (encarecendo a oferta).

A este respeito façamos uma breve referência ao anterior CódMVM para dizer que era filosofia deste diploma *"impedir que [a sociedade visada], através da aquisição das suas próprias acções por ela mesma, pelos membros dos seus órgãos de administração e fiscalização, por accionistas hostis à oferta ou por outras pessoas que actuem em concertação com as referidas, frustrem a operação"*[415].

Este anterior diploma dispunha nos termos do seu art. 568º/4 que ficava vedado, durante o período da OPA e nos mercados secundários ou fora deles, as transacções sobre valores mobiliários objecto da oferta por parte da sociedade visada, das sociedades em relação de domínio ou de grupo, os membros dos seus órgãos de administração e as pessoas que actuem em concertação com elas.

Em comentário a esta norma SINDE MONTEIRO/ALMENO DE SÁ defenderam que a mesma abrangia todas as transacções sobre valores mobiliários emitidos pela sociedade visada (da categoria do que são objecto da oferta ou dos que integram a contrapartida), efectuadas por pessoas que actuem em concertação com a sociedade visada, ou seja, por todos aqueles que se opõem à oferta e que tentam frustrar o seu êxito, sejam eles os accionistas de controlo, os membros do órgão de administração da sociedade visada[416] ou de outra socie-

---

tais medidas se destinam, claramente, a inviabilizar a oferta, retirando aos seus destinatários a possibilidade de se pronunciarem livremente, quer sobre aquela proposta, quer sobre o desempenho dos membros do órgão de administração, bem como de beneficiarem do prémio de controlo oferecido na OPA. Ao promover a estabilidade accionista poderão estar igualmente a contrariar a regra da livre transmissibilidade de acções (art. 328º CSC).

[415] Cfr. § 21 do Preâmbulo do DL nº 142-A/91. Importa aqui realçar que a aquisição de acções próprias só acontecerá quando a aquisição ocorrer por parte da própria sociedade, ou de sociedade sua dependente (art. 325º-A CSC), através do respectivo órgão de administração (mediante deliberação prévia ou não da AG, nos termos do art. 319º CSC).

[416] Sobre as transacções com acções da sociedade visada no decorrer da vida normal da sociedade a Recomendação 86 do *Livro Branco sobre Corporate Governance em Portugal* (p. 159) estipula que os accionistas com posições relevantes, os administradores e os quadros superiores com acesso a informação privilegiada na sociedade devem apresentar ao conselho de administração informação completa e detalhada sobre as operações que efectuem com valores mobiliários da sociedade (visada) e de sociedades por esta participadas.

IV. REGRA DE NÃO FRUSTRAÇÃO DA OPA: LIMITAÇÃO DE PODERES DA ADMINISTRAÇÃO

dade que com ela esteja em relação de domínio ou de grupo[417], acrescentando que o legislador pretendia "... *vedar aos diversos intervenientes no processo da OPA, aí incluídos os accionistas de controlo que pretendem manter o status quo*[418], *a efectivação de transacções que obstem ao sucesso de uma oferta pública de aquisição já anunciada*"[419].

Actualmente o CódVM não contém qualquer norma equivalente, limitando-se a referir expressamente (no art. 181º/5a)) que o órgão de administração da sociedade visada está obrigado, no período da oferta, a informar diariamente a CMVM[420] acerca das transacções efectuadas pelos seus titulares sobre valores mobiliários emitidos pela sociedade visada ou por pessoas que com esta estejam em alguma das situações previstas no art. 20º/1 (*Imputação de direitos de voto*). Neste caso, não estamos perante a figura de aquisição de acções próprias, mas sim de uma aquisição a título pessoal de acções da sociedade visada por parte dos membros daquele órgão, exigindo o legislador tão só que o mesmo órgão comunique diariamente à CMVM essas mesmas transacções. Trata-se aqui de actos dos membros da administração ou de pessoas em concertação com a sociedade visada, e não de actos do seu próprio órgão de

---

Diferente situação diz respeito às transacções na pendência da oferta por parte do *oferente*, prevista nos termos do art. 180º/1 CódVM, segundo o qual o próprio oferente e as pessoas com ele relacionadas nos termos do mesmo art. 20º, ficam proibidos de, naquele período, negociar fora de mercado regulamentado valores mobiliários da categoria dos que são objecto da OPA ou dos que integram a contrapartida, excepto se forem autorizados pela CMVM, com parecer prévio da sociedade visada (al. a)) e após " (...) *requerimento do oferente com os elementos principais da transacção em vista (...) (art. 100º do Código do Procedimento Administrativo)*" – cfr. João Calvão da Silva, *Ofertas Públicas de Aquisição (Regime Europeu e Português)*, Studia Iuridica 94 – Colloquia – 17, BFDUC, Coimbra Editora, 2009, pp. 163-201 (172).
No entanto, já podem adquirir no mercado regulamentado valores mobiliários emitidos pela sociedade ou da categoria dos que integram a contrapartida, desde que informem diariamente a CMVM (art. 180º/1b)). O nº 3 desta norma faz ainda referência às transacções realizadas no decurso de uma OPA voluntária ou obrigatória, se efectuadas acima do valor da contrapartida, o que pode ou deve implicar a revisão do preço da contrapartida, respectivamente. Sobre esta matéria v. Paulo Câmara, *Manual...* cit., p. 622 e Hugo Moredo Santos, ob. cit., pp. 361ss.
[417] A este respeito v. o disposto no art. 325º-A/1 CSC que considera como acções próprias da sociedade dominante as acções adquiridas, subscritas ou detidas por uma sociedade daquela dependente.
[418] Os accionistas de controlo (ou não) são sempre livres de adquirir, do decurso da OPA, acções da sociedade visada por forma a dificultar o êxito da oferta, não estando sujeitos a qualquer limitação legal nesse sentido, ao contrário do que acontece com a própria sociedade visada (que consubstancia uma aquisição de acções próprias vedada nos termos dos arts. 181º/5d) e 182º).
[419] Cfr. Sinde Monteiro/Almeno de Sá, ob. cit., p. 430.
[420] Mais tarde, aquando da transposição da *Directiva sobre Abuso de Mercado*, o legislador veio introduzir o novo art. 248º-B (aditado pelo DL nº 52/2006, de 15 de Março) do qual consta um dever geral de comunicação de transacções à CMVM por parte dos dirigentes de emitentes de valores mobiliários admitidos à negociação em mercado regulamentado ou de sociedade que o domine.

administração – este sim inibido nos seus poderes pela norma aqui em apreço (art. 182º/1).

Já no que respeita a aquisições de valores mobiliários objecto da oferta por parte da própria sociedade, designadamente, através do seu órgão de administração (órgão competente para este efeito, mediante deliberação ou não da AG nos termos do art. 319º/1 CSC), já cairemos no âmbito do regime da aquisição de acções próprias[421], consubstanciando uma medida proibida pelo disposto no art. 182º/1, uma vez que as mesmas são susceptíveis de concretizar uma alteração relevante da situação patrimonial da sociedade visada, não se reconduzindo à gestão normal e podendo afectar os objectivos do oferente, pelo que estes actos estarão vedados, salvo autorização da AG para o efeito.

Facilmente se compreende que a sociedade visada ao defender-se da OPA, através da aquisição de acções próprias no decurso da oferta, pode afectar significativamente os intentos do oferente, quando está em causa a pretensão de aquisição do controlo e dificultando deste modo o sucesso da OPA, pois altera a proporção dos direitos de voto detidos pelos accionistas da sociedade, bem como as acções disponíveis para alienar em OPA serão em menor quantidade e com um valor de cotação superior.

Em nosso entender este tipo de transacções cai, desde logo, no disposto no art. 182º/1 estando, portanto, vedadas à sociedade visada no decurso da oferta, tanto mais que a própria CMVM veio no *Parecer da CMVM sobre deveres na OPA* (§ 7) dispor que "*As interferências no regular funcionamento do mercado de valores mobiliários através da aquisição de acções próprias por parte da sociedade visada ... po-*

---

[421] Este regime impõe que uma sociedade não pode adquirir e deter acções próprias representativas de mais de 10% do capital social (salvo raras excepções, cfr. art. 317º/2 e 3 CSC), não podendo deter uma percentagem superior por mais de 3 anos, findo o qual devem as acções, por alienar, ser anuladas (art. 323º/1, 2 e 3 CSC).
A este respeito importa relembrar que a aquisição de acções próprias (quando não proibida pelo contrato de sociedade nos termos do art. 317º/1) depende de deliberação da AG (art. 319º/1 CSC), podendo no entanto a mesma ser decidida pelo conselho de administração (executivo ou não) em certos casos especiais (nos termos do nº 3 da mesma norma), de forma a evitar um prejuízo grave e iminente para a sociedade, devendo aqueles administradores na primeira AG seguinte expor os motivos e as condições das operações efectuadas (nº 4).
Já anteriormente defendemos (cfr. João Cunha Vaz, ob. cit., pp. 89-90) que o lançamento de uma OPA não consubstancia um prejuízo grave e iminente para a sociedade que justifique ignorar a autorização da AG, na medida em que, embora hostil, ela pode representar uma proposta vantajosa para os seus destinatários – conforme aliás já a Comissão entendera aquando da sua exposição de motivos relativa à Proposta alterada de 13ª Directiva de 1997 ao defender que a norma do então art. 8º (actual art. 9º) se aplicava também à aquisição de acções próprias da sociedade visada. Assim, também neste caso é necessário obter uma autorização da AG para efeitos de alterar a estrutura do capital da sociedade visada e permitir que os accionistas frustrem ou não a oferta. No mesmo sentido v. Orlando Guiné, *Da Conduta (Defensiva)... cit.*, p. 41 (nota 40).

IV. REGRA DE NÃO FRUSTRAÇÃO DA OPA: LIMITAÇÃO DE PODERES DA ADMINISTRAÇÃO

dem preencher o tipo legal de crime de manipulação de mercado" (art. 379º CódVM), na medida em que podem conduzir a uma elevação anormal dos preços, tanto mais que o órgão de administração está vinculado a deveres especiais de boa fé e lealdade (art. 181º/5d) CódVM)[422].

Deveres, estes, que levam a que outros actos estejam, igualmente, vedados à administração da sociedade visada na pendência da OPA, designadamente, o financiamento da realização de ofertas concorrentes: nos termos do § 2 daquele Parecer "*A sociedade visada em oferta pública de aquisição não pode financiar, sequer parcialmente, directa ou indirectamente, ou por qualquer modo custear a obtenção de financiamento relativamente a ofertas concorrentes*", uma vez que os membros da sua administração estão vinculados a um dever geral de lealdade, corolário da gestão fiduciária da propriedade societária que deve respeitar os interesses de longo prazo de todos os accionistas.

É nossa convicção que nos encontramos perante dois casos de aquisição de acções próprias (pela própria sociedade ou através do financiamento de terceiro), sendo que ambos estariam vedados pelo nosso legislador, designadamente, pelo dever de boa fé e lealdade previsto no art. 181º/5d) CódVM e pela proibição de empréstimos e garantias para a aquisição de acções próprias prevista no art. 322º/1 CSC[423], respectivamente. No mesmo sentido o *Parecer da CMVM sobre deveres na OPA* vem proibir esses mesmos dois actos.

Todavia, também nos parece como verdadeiro que ambos os casos são susceptíveis de alterar a situação patrimonial da sociedade visada, pelo que estariam igualmente vedados no decurso da oferta pela norma do art. 182º/1, uma vez verificados os restantes requisitos desta norma (como nos parece ser o presente caso), pelo que devem cair no âmbito dos *outros actos proibidos infra* analisados na alínea D.) do presente Ponto.

Já quanto às transacções efectuadas, nesse mesmo período, sobre valores mobiliários emitidos pela sociedade visada por parte dos membros do órgão de administração da sociedade visada ou por parte de pessoas que com aquela estejam em concertação (art. 20º CódVM), o legislador limita-se a exigir que as mesmas sejam diariamente comunicadas à CMVM, nos termos do art. 181º/5a), uma vez que não estamos perante uma situação de aquisição de acções pró-

---

[422] A CMVM entende ainda que a aquisição de acções próprias no contexto de uma OPA atento o seu alcance defensivo, seja este ou não o seu propósito exclusivo, não beneficia das cláusulas de salvaguarda previstas no art. 8º da Directiva nº 2003/06/CE (*Abuso de Mercado*), conforme decorre do art. 3º do Regulamento (CE) nº 2273/2003, de 22 de Dezembro de 2003 (que estabelece as modalidades de aplicação daquela Directiva).

[423] Ou seja, esta norma proíbe o financiamento para a aquisição de acções próprias por terceiro, sendo nulos os contratos ou actos unilaterais da sociedade que violem aquela disposição (art. 322º/3 CSC).

prias, mas tão só de uma aquisição de acções da sociedade a título pessoal por sua conta e risco, não caindo no âmbito do art. 182º/1, o qual diz apenas respeito a actos do órgão de administração da sociedade visada.

É possível sermos levados a pensar que desta forma a sociedade visada poderia facilmente contornar a norma do 182º/1, através da aquisição de acções da sociedade por intermédio de terceiro. No entanto, acresce dizer que nos termos do art. 316º/2 CSC, uma sociedade não pode encarregar outrem de, em nome deste mas por conta da sociedade, subscrever ou adquirir acções dela própria, pertencendo estas para todos os efeitos à pessoa que as subscreveu ou adquiriu (nº 3) e sendo nulos os actos pelos quais a mesma sociedade tenha adquirido essas acções (nº 6).

Por fim, uma breve palavra para nos referirmos à possível aquisição de acções da sociedade visada por intermédio de uma sociedade sua dependente. A este respeito o legislador considera que as acções de uma sociedade anónima subscritas, *adquiridas* ou detidas por uma sociedade daquela dependente, directamente ou indirectamente nos termos do art. 486º CSC, consideram-se para todos os efeitos, acções próprias da sociedade dominante (cfr. art. 325º-A/1 CSC)[424], pelo que pode-se equiparar a uma aquisição de acções próprias (vedada nos termos da lei antes mencionados). Já os casos excepcionais permitidos por lei cairão então dentro do âmbito do art. 182º/1 (proibidos no decorrer de uma OPA), não se chegando a colocar a *supra* mencionada questão do âmbito subjectivo mais abrangente.

B. Gestão Normal (Corrente)

Esta proibição somente abrange os actos do órgão de administração que não são de gestão normal, ou seja, apenas aqueles que não se enquadrem na ges-

---

[424] Aplicando-se então o regime estabelecido nos termos dos arts. 316º a 319º e 321º a 325º (todos do CSC), nomeadamente, consideram-se suspensos todos os direitos inerentes às acções.
Uma questão aqui se nos levanta: estarão igualmente abrangidas pela norma do art. 325º-A/1 CSC (e consequentemente proibidas pelo art. 182º/1 CódVM) as transacções efectuadas por pessoas que estejam com a sociedade visada na situação prevista na alínea b) do nº 1 do art. 20º (em relação de domínio) nos termos do art. 181º/5a) (ambos do CódVM), uma vez que aquela norma do CSC parece somente abranger sociedades e não pessoas singulares? Embora para efeitos do CódVM (art. 21º) se considere uma relação de domínio aquela existente entre uma *pessoa singular* ou colectiva e uma sociedade quando aquela possa exercer sobre esta uma influência dominante – estando portanto esta situação também abrangida pelos arts. 20º e 181º/5a) (ambos do CódVM) –, já para efeitos dos arts. 325º-A/1 e 486º/1 (ambos do CSC) parece somente existir uma relação de domínio quando uma sociedade (a dominante) exerce, *directamente ou por sociedades ou pessoas que preencham os requisitos indicados no art. 483º/2*, uma influência dominante sobre uma outra sociedade (a dependente), pelo que dúvidas se nos levantam aqui quanto à aplicação do disposto no art. 325º-A/1 na qualificação das transacções em apreço como aquisições de acções próprias e à sua proibição nos termos do art. 182º/1. Sobre esta matéria v. PAULA COSTA E SILVA, ob. cit.

IV. REGRA DE NÃO FRUSTRAÇÃO DA OPA: LIMITAÇÃO DE PODERES DA ADMINISTRAÇÃO

tão corrente da sociedade que decorrem do dever de administrar por parte daquele órgão e que, como tal, tenham um carácter excepcional[425].

Ficam portanto de fora desta norma – sendo permitidos no decurso da oferta – os actos necessários ao normal funcionamento da actividade da sociedade, sem os quais esta ficaria paralisada e seria seriamente prejudicada. Todos os actos inerentes à gestão corrente da sociedade estarão fora do âmbito de aplicação desta norma inibitória.

Registe-se que a lei refere expressamente, na norma do art. 182º/1, que a administração não pode praticar actos que não se reconduzam à *gestão normal* da sociedade, apesar de o legislador europeu limitar-se a enunciar no Preâmbulo da Directiva que *"deverão ser limitados os poderes do órgão de administração de uma sociedade visada em relação a certas operações de carácter excepcional, sem impedir indevidamente a sociedade visada de prosseguir o curso normal das suas actividades"* (cfr. § 16). De facto o seu art. 9º/2 (quanto aos actos proibidos e que carecem de aprovação pela AG) não faz qualquer alusão a este critério da gestão normal, limitando-se no seu nº 3 (quanto às decisões tomadas previamente mas ainda por executar) a dispor que a AG "... *deve aprovar ou confirmar qualquer decisão que não se insira no quadro normal das actividades da sociedade...*". No entanto, agiu bem o nosso legislador em manter este requisito da não recondução dos actos à gestão normal, na medida em que é decisivo salvaguardar o normal funcionamento da sociedade visada no decurso da oferta, tal como veremos mais à frente.

Antes de mais, sublinhe-se que em termos legais não existe um conceito de gestão corrente no CSC, devendo entender-se por gestão do dia-a-dia da sociedade (*day-to-day business*), cingindo-se o legislador societário a dispor que compete ao órgão de administração gerir as actividades da sociedade (art. 405º) e a enumerar os poderes de gestão (art. 406º), para de seguida no art. 407º/3 dispor que o contrato de sociedade pode autorizar o conselho de administração a delegar num ou mais administradores ou numa comissão executiva a *gestão corrente* da sociedade[426].

Todavia, não nos podemos esquecer de que o conceito de gestão normal é mais abrangente do que o conceito de gestão corrente para efeitos da presente

---

[425] No mesmo sentido o *City Code* dispõe na sua Rule 21 "... *(v) enter into contracts otherwise than in the ordinary course of business*".
[426] *Vide*, igualmente, o nº 2 da mesma norma, segundo o qual a delegação de poderes de gestão não pode abranger as matérias previstas nas alíneas a) a m) do art. 406º. Da leitura conjugada dos nºs 2 e 3 do art. 407º facilmente se conclui que os poderes enunciados no art. 406º não dizem respeito à gestão corrente da sociedade. No mesmo sentido COUTINHO DE ABREU, *Governação...* cit., p. 41, afirma que *"Há que interpretar extensivamente o nº 4 do art. 407º, de modo a excluir da delegação também as matérias indicadas nas als. e) e g) a j)"*, uma vez "... *que todos estes actos e decisões são gestão da mais importante, inabitual e infrequente"*, não podendo incluir-se na "gestão corrente" da sociedade.

norma, pois esta última reconduz-se a actos de mero expediente e não implica qualquer alteração patrimonial relevante. Ou seja, a gestão normal abarca poderes que vão para além da mera gestão do dia-a-dia por parte do administrador delegado ou da comissão executiva. Pelo que os actos proibidos por esta norma serão todos aqueles que vão para além da gestão corrente, bem como da gestão normal da sociedade, abrangendo, portanto, todos aqueles actos que não sejam necessários ou inerentes ao normal funcionamento da sociedade, e que tenham um carácter excepcional ou extraordinário[427].

Em nosso entender, esta norma deverá somente abranger actos de natureza extraordinária, pelo que deverão ficar de fora do seu âmbito todos e quaisquer actos relacionados com o normal funcionamento da actividade da sociedade visada, cabendo ao órgão de administração, embora limitado nos seus poderes, o dever de administrar e zelar pelo seu normal funcionamento. Ou seja, se por um lado temos de limitar os poderes da administração para acautelar o sucesso da oferta e a eventual realização de uma mais-valia por parte dos accionistas, também é verdade que o mesmo órgão deverá manter os poderes básicos necessários para assegurar a gestão normal da sociedade e assim evitar que os accionistas se vejam colocados na contingência de vender as suas acções em OPA para evitar os prejuízos decorrentes de uma limitação desproporcionada//desajustada dos poderes de gestão no decorrer da oferta.

Isto é, se por um lado, a gestão do dia-a-dia é essencial para o curso normal das actividades da sociedade visada, por outro, a oferta pode não ter sucesso por diversos motivos, designadamente: pela não verificação das condições do oferente ou pela não aceitação dos destinatários, sendo então essencial acautelar os interesses dos accionistas que podem querer optar por se manter na sociedade. Mais uma vez é do interesse destes que a sociedade mantenha a sua gestão corrente, sem que do processo da oferta resultem prejuízos desproporcionados para a sociedade, sendo, igualmente, do interesse do oferente, caso a oferta tenha sucesso, encontrar aquela numa situação favorável.

Em conclusão, a norma do art. 182º/1 deve abranger todas as operações que não são efectuadas no curso normal das actividades da sociedade ou que não são conformes as práticas normais do mercado, ou seja, aquelas medidas de carácter estratégico que, pela sua relevância e impacto material, possam com-

---

[427] Sobre a distinção entre gestão corrente e gestão normal v. ORLANDO GUINÉ, *Da Conduta (Defensiva)*... cit., pp. 157-158.
Quanto ao conceito de gestão normal, o mesmo Autor utiliza vários critérios: 1) a alta direcção, 2) a conservação/impacto patrimonial, 3) o objecto social, 4) a comparabilidade, e 5) em particular, a estratégia social, concluindo que nenhum deles é suficiente, por si só, para o efeito e que este conceito deverá ser entendido num sentido aberto e flexível, que apresenta todos aqueles elementos, cuja importância relativa é variável consoante cada caso concreto (pp. 159-169).

IV. REGRA DE NÃO FRUSTRAÇÃO DA OPA: LIMITAÇÃO DE PODERES DA ADMINISTRAÇÃO

prometer decisões da futura administração. Daqui resulta que a administração visada deverá limitar-se a tomar as decisões essenciais para a vida normal da sociedade e evitar praticar actos extraordinários no decurso da oferta. Tal como antes mencionado, e perante uma OPA, os membros do órgão de administração estão limitados à gestão corrente da sociedade, o que colide com o mencionado dever típico de administrar (mais abrangente) que decorre, no decurso da vida normal da sociedade, da sua qualidade de administrador.

C. Afectação dos Interesses do Oferente

Não se pretende impedir todas as medidas excepcionais, mas tão só aquelas que possam comprometer o êxito da oferta. Assim, de entre as medidas de carácter excepcional, a lei somente proíbe as que possam afectar (directa ou indirectamente)[428] os objectivos anunciados pelo oferente (no anúncio preliminar – cfr. art. 176º/1g) CódVM).

A afectação dos objectivos tem de ser significativa considerando-se como tal sempre que ela *impossibilite a condição a que o oferente sujeitou a oferta*[429], pese embora entendamos que a norma do 182º/1 deva abranger igualmente todos os actos que possam afectar os objectivos do oferente, incluindo aqueles praticados sem intenção de prejudicar a oferta mas que sejam susceptíveis de ter esse resultado, ou que o tenham efectivamente prejudicado[430]. É, pois, nosso entendimento que esta norma deve aplicar-se a todas as medidas defensivas reactivas, sejam elas subjectivas ou objectivas, uma vez que estipula "... *e que possam afectar ...* ", ou seja, independentemente da intenção e centrando-se no possível ou efectivo resultado[431]. Por outro lado, quantos mais objectivos forem anun-

---

[428] A título de exemplo, a aquisição de acções próprias ou o aumento de capital pode afectar indirectamente os objectivos do oferente na medida em que podem frustrar os seus intentos em adquirir o controlo ou podem tornar esta aquisição mais onerosa, tornando assim mais difícil o sucesso da OPA, enquanto a venda de jóias da coroa (importantes parcelas do activo) pode afectá-los de uma forma directa, quando oferente tem como alvo precisamente aqueles activos.

[429] Cfr. ORLANDO GUINÉ, *A Transposição da Directiva* ... cit., p. 33. Devemos sublinhar que, nos termos do art. 176º/2, a sujeição da oferta a qualquer condição só é eficaz se constar do anúncio preliminar, de modo a acautelar as expectativas dos destinatários da oferta e em nome da segurança jurídica.

[430] Salvo o caso – previsto na alínea a) do art. 182º/3 CódVM e tratado mais à frente – relativo a actos que resultem de obrigações assumidas antes do conhecimento do lançamento da oferta que, por se tratarem de actos de gestão normal, deverão ficar fora do âmbito do art. 182º/1, os quais, embora muitas vezes praticados sem a intenção de prejudicar a oferta, acabam por ter esse efectivo resultado.

[431] De igual modo ORLANDO GUINÉ, *Da Conduta (Defensiva)...* cit., p. 23, faz a distinção entre medidas defensivas objectivas – que se limitam a seguir a estratégia da sociedade e têm um resultado anti-OPA – e as subjectivas – adoptadas com intuito de frustrar o êxito da oferta.

ciados pelo oferente maior será a probabilidade dessa afectação ser significativa e maior será o leque de actos vedados à administração da sociedade visada.

A Directiva por sua vez dispõe que o acto seja susceptível de conduzir à frustração da oferta (art. 9º/2 e 3). Este terceiro requisito parece-nos decisivo, uma vez que um determinado acto da administração pode ser susceptível de alterar de modo relevante a situação patrimonial da sociedade e não se reconduzir à sua gestão normal mas, no entanto, não preencher este último requisito, caso em que ele não será proibido. Ou seja, estes três requisitos são cumulativos.

Com esta medida o legislador protegeu, também, os interesses do oferente a par dos interesses dos destinatários da oferta. Com vista a acautelar o êxito da oferta, e em nome de uma racionalidade económico-financeira do fenómeno que são as OPA enquanto instrumento decisivo para a reestruturação empresarial e para o mercado do controlo societário, pretendeu-se acima de tudo salvaguardar os objectivos e intenções de quem promoveu a oferta. Aliás, podemos ir mais longe, afirmando que o legislador visou assegurar o sucesso da oferta, privilegiando os interesses do oferente em relação a outros possíveis interesses conflituantes, designadamente, os daqueles accionistas ou administradores que se opõem à oferta por forma a perpetuar a sua posição de controlo e influência na sociedade visada[432].

Prosseguimos com a análise dos possíveis interesses/objectivos do oferente. De acordo com certos Autores[433], vários factores estão subjacentes ao lançamento de uma OPA. Pode acontecer que a mesma surja em resultado *da não verificação dos pressupostos de um mercado eficiente*, a saber: inexistência de custos de agência e de assimetrias de informação e uma gestão eficiente. Melhor dizendo, um oferente pode lançar uma OPA porque (i) reconhece que existem elevados custos de agência resultantes da administração da sociedade visada promover os interesses pessoais em detrimento dos interesses da sociedade; ou (ii) porque aquela está subavaliada pelo mercado em virtude de nem toda a informação societária se encontrar disponível e reflectida no seu valor de mercado; ou (iii) porque se verifica uma ineficiente gestão dos factores produtivos.

Ainda no quadro de um mercado eficiente destacamos os seguintes possíveis interesses dos oferentes inerentes à OPA: a) alcançar sinergias empresa-

---

[432] Não obstante, por vezes, apenas possuírem uma participação social minoritária (constituindo um grupo minoritário de controlo). V. no mesmo sentido, SINDE MONTEIRO/ALMENO DE SÁ, ob. cit., pp. 423-427.

[433] V. CLÁUDIA LOPES/HELENA OLIVEIRA/CARLOS CUNHA, ob. cit., p. 49. Ainda sobre as características das sociedades alvo, ou seja, daquelas com uma maior propensão a serem alvo de uma OPA (portanto, mais *opáveis*) v. pp. 50-51.

IV. REGRA DE NÃO FRUSTRAÇÃO DA OPA: LIMITAÇÃO DE PODERES DA ADMINISTRAÇÃO

riais ou financeiras[434]; b) diversificar as actividades ou reforçar a posição no mercado; c) com fins puramente especulativos; d) actuar como mero *raider*, ao pretender obter um lucro imediato mediante o desmantelamento subsequente da sociedade visada (ou seja, quando o oferente pretende assumir o controlo da sociedade para a desmantelar e para alienar algumas das suas parcelas, a fim de obter lucros rápidos); e) afastar uma empresa concorrente, etc.[435].

Neste contexto, e tendo em conta esta obrigação de não frustrar a oferta, podemos questionar se não é provável que os interesses do oferente sejam, por vezes, privilegiados unilateralmente em detrimento dos interesses das outras partes envolvidas no processo da OPA?

Por exemplo, se o oferente anunciar que é sua intenção reestruturar a sociedade visada procedendo a despedimentos consideráveis no interesse da sociedade oferente, daí resultará necessariamente uma perda de lucros para os accionistas minoritários e credores e uma perda de emprego para os trabalhadores. Não nos podemos esquecer que nem todas as intenções por parte do oferente serão benignas, ou seja, existem ofertas com objectivos perversos, por exemplo, porque meramente especulativas. Do mesmo modo, aquando da avaliação desta norma, devemos ter em consideração o risco de o oferente assumir muitas vezes o controlo da sociedade para a desmantelar e alienar as suas parcelas com vista ao lucro fácil.

Ora, estando a administração da sociedade visada obrigada a zelar pelos interesses da sociedade e seus accionistas, resulta claro e razoável que perante estas situações de OPA indesejáveis a respectiva administração possa adoptar medidas defensivas benignas porque consideradas necessárias para combater aquelas ofertas e assim salvaguardar o interesse da sociedade (embora, uma vez

---

[434] Cfr. *idem*, pp. 48-49, várias sinergias empresariais são possíveis: a) *Financeira* – visa uma estrutura de capitais mais favorável, nomeadamente, uma maior capacidade de endividamento, menor custo de acesso a capital, sendo que as empresas com baixo nível de endividamento são mais vulneráveis; b) *Distribuição* – com o objectivo de conseguir uma presença mais forte no mercado, aproveitando a carteira de clientes para oferecer os seus próprios produtos; c) *Operacional* – para obter economias de escala e de gama, permitindo ganhos efectivos na utilização dos factores produtivos pelo melhor aproveitamento da estrutura existente; d) *Marketing* – procura de uma melhor imagem com uma redução efectiva das despesas com publicidade; e) *Estratégica* – crescimento da empresa por via externa; e f) *Fiscal* – com o objectivo de diminuir o lucro tributável, quando a empresa a adquirir apresenta prejuízos.

[435] Sobre esta matéria v. ainda RAÚL VENTURA, ob. cit., pp. 126-127, onde o Autor distingue sete tipos de OPA consoante o propósito do oferente: 1) *OPA estratégica* com propósito industrial; 2) *OPA táctica* preocupada com a força financeira da visada; 3) *OPA metafórica* pretende reforçar a imagem através de um nome; 4) *OPA complementar* com motivo estratégico de complementaridade; 5) *OPA diversificação* numa lógica estratégica e financeira; 6) *OPA mania* conjuga o financeiro e a imagem; 7) *OPA sinérgica* com propósitos financeiros, estratégicos e de imagem.

verificados os três referidos requisitos cumulativos, esses actos tenham de ser autorizados pela AG no decurso da OPA, tal como veremos mais à frente).

Directamente relacionada com esta matéria está uma outra (já aflorada), que diz respeito ao momento a partir do qual deverá "nascer" esta limitação. Entendemos como razoável que esta limitação só possa ser aplicada eficazmente a partir do momento em que o órgão de administração da sociedade visada receba o anúncio preliminar da oferta, do qual constam os objectivos do oferente: daí que o DL nº 219/2006, de 2 de Novembro[436] (no seu art. 2º) tenha vindo a acrescentar a obrigação de o oferente enunciar desde logo no anúncio preliminar, embora de uma forma sumária, os seus objectivos (art. 176º/1g) CódVM), de modo a que aquele órgão esteja na posse de todos os elementos que lhe permitam aferir dos termos da sua limitação, salvaguardando, assim, melhor os interesses do oferente.

A sociedade visada só estará inibida nos seus poderes após ter recebido o anúncio preliminar, pelo que quaisquer actos que preencham cumulativamente os três requisitos atrás enunciados não estão vedados enquanto os objectivos do oferente não lhe forem anunciados – salvo se, como vimos atrás, a mesma sociedade visada tiver conhecimento prévio desses objectivos, cabendo então ao oferente demonstrar que o lançamento da OPA era iminente e que sociedade visada já conhecia os seus objectivos de modo a inibir desde logo os seus poderes de gestão.

Na anterior versão do CódVM, o legislador exigia que estes objectivos fossem apenas anunciados num momento posterior, ou seja, no prospecto da oferta (cfr. art. 138º/1g))[437], deixando então espaço para dúvidas quanto ao momento a partir do qual se aplicava a limitação dos poderes da administração da sociedade visada. Isto porque só após a tomada de conhecimento dos objectivos do oferente é que se poderia avaliar quais os actos susceptíveis de prejudicar esses objectivos e, consequentemente, vedados à sociedade visada.

Se assim não fosse, ou seja, se esses objectivos não constassem desde logo do anúncio preliminar, tal significaria que a sociedade visada ficaria limitada nos seus poderes apenas a partir do prospecto da oferta, momento já um pouco tardio em nosso entender. Ou seja, os objectivos do oferente deverão desde logo constar daquele anúncio de forma a antecipar o momento a partir do qual podemos determinar quais os actos da sociedade visada susceptíveis de

---

[436] Este DL transpôs para o ordenamento jurídico interno a Directiva nº 2004/25/CE do PE e do Conselho, de 21 de Abril relativa às OPA (*Directiva das OPA*).

[437] V. também o mencionado Regulamento CMVM nº 3/2006 (*Ofertas e Emitentes*), no seu Anexo II, Ponto 2.8., que prescreve a informação relativa aos objectivos da aquisição que deve constar do Prospecto da OPA.

IV. REGRA DE NÃO FRUSTRAÇÃO DA OPA: LIMITAÇÃO DE PODERES DA ADMINISTRAÇÃO

afectar os interesses do oferente e que, por isso, aquela sociedade estará inibida de praticar no decorrer da oferta[438].

Uma outra questão prende-se em determinar quais os objectivos do oferente a ter em consideração para este efeito: alguma doutrina chama a atenção para a necessidade de proteger todos os objectivos implícitos da oferta[439], nomeadamente, a intenção de adquirir o controlo da sociedade visada no caso de uma OPA geral.

Uma vez recebido o anúncio preliminar por parte da sociedade visada[440], e ressalvando o objectivo pressuposto ou indirecto em adquirir o controlo daquela, devem ser acautelados somente os objectivos do oferente anunciados expressamente naquele anúncio (ou posteriormente no prospecto da oferta) em nome da certeza jurídica, sendo esta solução a única que permite aferir, de forma segura e efectiva, quais os actos que estarão vedados à sociedade no decorrer da oferta por serem aptos a frustrar os objectivos do oferente. Admitir tutelar outros objectivos pode gerar insegurança e incerteza, uma vez que o oferente poderia deste modo invocar que um qualquer acto seria susceptível de frustrar outros objectivos implícitos (não anunciados ou não conhecidos)[441].

O actual CódVM prevê expressamente que o oferente enumere sumariamente desde logo no anúncio preliminar os objectivos da oferta (cfr. art.

---

[438] Sobre esta matéria Luís Fragoso já defendera em 2005 (antes portanto da revisão do CódVM pelo DL nº 219/2006) a alteração do art. 176º/1 CódVM, no sentido de lhe ser adicionada uma nova alínea relativa aos objectivos do oferente (tal como veio a suceder), para quem *"o sistema de limitação de poderes da sociedade só funciona a partir da recepção do anúncio preliminar pela sociedade visada se tais objectivos constarem obrigatoriamente do dito anúncio"* (cfr. ob. cit., p. 33).

[439] Jorge Brito Pereira, ob. cit., p. 196. Também Orlando Guiné, *Da Conduta (Defensiva)...* cit., p. 174, faz a distinção entre objectivos anunciados pelo oferente e aqueles outros deduzidos, presumidos ou mesmo conhecidos pela administração, ressalvando, no entanto, os objectivos indirectos do oferente, designadamente, que a aquisição do controlo decorra o mais eficiente possível, o qual deverá ser considerado relevante para o efeito, embora não expressamente divulgado nos documentos da oferta.

[440] Todavia, temos de ter em conta a situação particular atrás enunciada em que a sociedade visada toma conhecimento dos objectivos da oferta antes de receber aquele anúncio, pelo que contarão também aqui os objectivos previamente *conhecidos*. Neste caso restará ao oferente demonstrar que o lançamento da OPA era iminente e que aquela visada já conhecia os seus objectivos de modo a inibi-la mais cedo nos seus poderes de gestão.

[441] Luís Fragoso, ob. cit., p. 30, (em comentário anterior à revisão do CódVM pelo DL nº 219/2006) defende que devemos ter somente em atenção os *"objectivos imediatos da aquisição revelados no prospecto"*, argumentando que o legislador exigia no art. 138º/1 que *"o oferente seja perfeitamente claro sobre a sua posição na sociedade visada antes e depois da OPA e o que pretende com a OPA para que os destinatários desta possam ficar perfeitamente esclarecidos"*, bem como pelo disposto nos termos dos arts. 135º e 7º CódVM, que impõem que a informação constante do prospecto da oferta deve ser completa, verdadeira, actual, clara, objectiva e lícita.

176º/1g)), designadamente quanto à continuidade ou modificação da actividade empresarial da sociedade visada e do oferente, na medida em que seja afectado pela oferta e, nos mesmos termos, por sociedades que com estes estejam em relação de domínio ou de grupo[442]. Tudo isto no sentido de os destinatários da oferta poderem avaliar adequada e objectivamente as intenções do oferente relativamente ao destino da sociedade visada, bem como permitir aferir dos actos que a administração pode adoptar no decurso da oferta. O facto de a lei enunciar de um modo detalhado os possíveis objectivos do oferente e exigir que este os descreva em pormenor, parece demonstrar a sua intenção em proteger somente os interesses expressamente previstos pelo oferente nos documentos da oferta, e não quaisquer outros.

Em nome de uma mais segura aferição dos actos susceptíveis de *"afectar de modo significativo os objectivos anunciados pelo oferente"* esta parece ser a solução que melhor protege os interesses dos accionistas da sociedade visada e do oferente, sempre em nome da certeza jurídica. Se por um lado, é do interesse daqueles conhecer devidamente todos os objectivos do oferente de modo a formarem um juízo fundamentado sobre a oferta, é igualmente do interesse deste último enumerar expressamente todos os seus objectivos de modo a alargar o número de actos que a administração da sociedade visada fica inibida de praticar.

D. Outros Actos Proibidos

Entre os outros actos proibidos pela norma do art. 182º/1, devemos, antes de mais, chamar a atenção para a nova alínea c) do seu nº 2[443], nos termos da qual a limitação de poderes da administração abrange também os *actos de execução de decisões tomadas antes do período inibitório*[444] *e que ainda não tenham sido parcial ou totalmente executados*. Pelo que o órgão de administração está também limitado quanto à prática destes actos, necessitando para o efeito da aprovação por parte da AG.

---

[442] Já o art. 138º/1g) exigia que esta informação constasse do prospecto da oferta, bem como aquela relativa à manutenção e condições de emprego dos trabalhadores, quanto à manutenção da qualidade de sociedade aberta da sociedade visada e quanto à manutenção da negociação em mercado regulamentado dos valores mobiliários objecto da oferta.

[443] Esta nova alínea c) foi introduzida aquando da transposição para o ordenamento jurídico interno da *Directiva das OPA* (cfr. art. 2º do DL nº 219/2006), no sentido de ajustar a norma do art. 182º/2 ao disposto no art. 9º/3 desta Directiva.

[444] Ou seja, as decisões tomadas *"antes do período ali referido"* (nos termos da letra da lei), leia-se [*antes do período referido no número anterior*] (cfr. 182º/2), que é o período de limitação de poderes previsto no nº 1 da mesma norma.

IV. REGRA DE NÃO FRUSTRAÇÃO DA OPA: LIMITAÇÃO DE PODERES DA ADMINISTRAÇÃO

Esta nova disposição vem no seguimento do art. 9º/3 da Directiva, segundo o qual as decisões que *devam ser tomadas*[445] antes do início do período da oferta e que não tenham sido ainda parcial ou totalmente aplicadas, devem ser aprovadas ou confirmadas em sede de AG quando não fizerem parte da gestão normal da sociedade e forem susceptíveis de frustrar a oferta.

Da letra da lei da nova alínea c) poderia resultar que a limitação de poderes da sociedade visada abrangia não só os actos previstos no nº 1 (incluindo os exemplos do nº 2 b)), mas também e para além destes (*"estende-se"* nos termos da letra da alínea c)), os actos de execução de decisões tomadas antes da oferta e ainda não executados, *mesmo que estes não caíssem no âmbito do princípio geral enunciado no nº 1 por não preencherem qualquer um dos três requisitos cumulativos aí previstos*[446].

No entanto, o nº 3 do art. 9º da Directiva faz referência expressa a dois dos critérios em causa – *"decisão que não se insira no curso normal das actividades da sociedade e cuja aplicação seja susceptível de conduzir à frustração da oferta"*. Mais acresce que esta nova alínea c) se limitou a dar cumprimento e a transpor para o nosso direito interno o disposto naquela norma da *Directiva das OPA*. Por fim, o número 2 da norma do art. 182º começa por dispor *"Para efeitos do número anterior"*, pelo que também daqui se depreende que esta nova disposição se limita a densificar e a desenvolver o seu número 1 do qual constam os requisitos da inibição em apreço.

Devemos, assim, concluir que, de entre aqueles actos que preencham esses mesmos requisitos (alteração da situação patrimonial, fora da gestão normal e afectação dos objectivos do oferente), também se devem incluir, todavia, aqueles que tenham sido praticados em execução de decisões tomadas anteriormente ao período de inibição e ainda não parcial ou totalmente executados[447].

Deste modo, e como veremos mais à frente, o legislador pretendeu evitar que a OPA seja frustrada pela execução de decisões tomadas anteriormente, como por exemplo, aquelas destinadas a inviabilizar uma eventual OPA. Em nosso entender, toda e qualquer decisão anterior à oferta e cuja execução/apli-

---

[445] Onde deve-se ler *"decisões tomadas"*, pois se devem ser tomadas antes daquele período é porque ainda não foram tomadas antes do mesmo, o que não tem sentido, tal como defende ORLANDO GUINÉ, *Da Conduta (Defensiva)...* cit., p. 177.
[446] Sublinhado nosso.
[447] Por sua vez ORLANDO GUINÉ, *Da Conduta (Defensiva)...* cit., p. 179, defende que *"O disposto a contrario no art. 182º/2-c) acaba, assim, por corresponder a uma excepção, implícita ou oculta, ao disposto no art. 182º/1 do CVM"*, devendo cumprir-se três requisitos para que a administração possa actuar ao abrigo desta alínea c): (i) uma decisão prévia que requeira a prática de determinados actos, (ii) uma actuação prévia (ao lançamento da OPA) ao abrigo daquela decisão e (iii) o acto em questão deve ser requerido pela decisão em causa.

cação aconteça no seu decurso terá de ser confirmada (ratificada) em sede de AG, neste mesmo período, de modo a permitir que os seus destinatários (accionistas da sociedade visada) se possam pronunciar devidamente informados das respectivas condições.

Para este efeito, entendemos, face ao disposto no art. 9º/3 da Directiva, ser imperativo proceder a uma interpretação extensiva do disposto na norma do art. 182º/2c) do nosso Código. Assim, para além das decisões do próprio órgão de administração, defendemos que as mesmas considerações valem relativamente a decisões tomadas anteriormente pela própria AG e as quais carecem agora, em sede de OPA, da sua confirmação. Tal como a Directiva dispõe que "*a assembleia-geral de accionistas deve aprovar ou confirmar qualquer decisão*" tomada antes do período inibitório, a AG deverá no decurso da oferta *aprovar* não só os actos de execução de decisões do órgão de administração abrangidos e proibidos por esta norma, mas também *confirmar* os actos de execução das suas próprias decisões tomadas anteriormente e que de igual modo estão abrangidos e proibidos pela mesma norma. Em resumo, a presente limitação de poderes do art. 182º/1 estende-se igualmente aos actos de execução de *decisões da AG* nos termos da alínea c) do 182º/2, uma vez preenchidos os três requisitos cumulativos ali previstos, os quais terão agora de ser alvo de confirmação por parte da AG no decurso da oferta[448]. De igual modo se acautelam os accionistas contra decisões tomadas pela administração quando esta suspeite da iminência de uma OPA ainda não formalmente lançada[449].

Para além destes actos expressamente previstos pelo art. 182º/2 (que densificam e desenvolvem o principio geral do nº 1), temos de ter em atenção outros actos proibidos que, muito embora não expressamente previstos, se subsumem no espírito desta norma. Tal remete-nos para o mencionado *Parecer da CMVM sobre deveres na OPA* e do qual constam outras actuações que devem estar vedadas à administração da sociedade visada.

Desta forma, e para além das duas situações atrás descritas – aquisição de acções próprias e financiamento de ofertas concorrentes –, a administração da sociedade visada não pode facultar informação privilegiada, designadamente a potenciais oferentes concorrentes, na medida em que essa informação deve previamente ser tornada pública (cfr. § 3 daquele Parecer). Para esse efeito, e nos termos do art. 378º CódVM é proibida a utilização de informação privilegiada, em particular no decurso de uma OPA, em nome do respeito pela igualdade de tratamento entre investidores e de modo a evitar assimetrias de informação.

---

[448] Tal como veremos *infra* Ponto 2.5. (*Situações Análogas*) do presente Capítulo.
[449] ISABEL TORRES, ob. cit., p. 49.

IV. REGRA DE NÃO FRUSTRAÇÃO DA OPA: LIMITAÇÃO DE PODERES DA ADMINISTRAÇÃO

Ainda de acordo com o mesmo Parecer da CMVM (§ 6), a divulgação de informação publicitária pela sociedade visada (ou por quem actue por sua conta) relativa à oferta está sujeita a autorização da CMVM (nos termos do art. 121º/2 CódVM) e a mesma não pode solicitar procurações para representação em AG, em nome do primado dos accionistas que vigora no período da oferta (§ 8)[450].

No presente contexto, e tendo presentes outros actos proibidos pela norma do art. 182º, resta-nos falar aqui das restantes medidas reactivas *supra* mencionadas, de modo a avaliarmos se as mesmas devem ou não cair dentro do âmbito de aplicação desta norma inibitória.

Desde logo a *Significant Acquisition*[451], a *Recapitalisation* e os *Standstill Agreements*[452] constituem outras tantas medidas defensivas proibidas pelo art. 182º/1, na medida em que todas elas consubstanciam actos susceptíveis de alterar de modo relevante a situação patrimonial da sociedade visada que não se reconduzam à gestão normal da sociedade e que possam afectar de modo significativo os objectivos do oferente: se nos dois primeiros casos a aquisição torna-se mais onerosa, no terceiro os destinatários da oferta nem são chamados a pronunciar-se sobre o seu mérito, pelo que a administração da sociedade visada está inibida de os praticar no decurso da oferta, salvo, claro está, se tiver obtido a necessária autorização da AG.

Próxima da *Significant Acquisition* merece particular atenção a *Estratégia Fat Man* traduzida na aquisição de activos por um preço superior ao de mercado para tornar a sociedade menos atractiva para o oferente, a qual estará sempre sujeita a prévia autorização da AG, na medida em que preenche, à partida, os três requisitos cumulativos para efeitos de aplicação da *non-frustration rule* prevista no art. 182º.

Importa aqui sublinhar a respeito da *Recapitalisation* que a sociedade visada se propõe oferecer mais dinheiro aos seus accionistas, nomeadamente através da distribuição de um mais elevado ou especial dividendo, nos termos do art. 294º/1 CSC. A título de exemplo, tal sucedeu no caso da OPA da SONAE sobre a PT, onde a administração desta última utilizou o excesso de liquidez para propor à AG a aprovação do pagamento de dividendos aos accionistas

---

[450] De acordo com o § 10 do *Parecer da CMVM sobre deveres na OPA*, a violação das normas legais onde assenta o presente Parecer pode constituir contra-ordenação muito grave ou crime.
[451] Uma aquisição significativa por parte da sociedade visada incrementará necessariamente o valor da sociedade, tornando assim mais onerosa e menos atractiva a sua aquisição por parte do oferente.
[452] Neste tipo de acordos o oferente compromete-se a não prosseguir com a oferta mediante o pagamento de uma avultada compensação financeira por parte da sociedade visada.

(nos termos dos arts. 31º/1 e 294º/1 CSC – *direitos aos lucros do exercício*) e assim desencorajar a venda das acções em OPA[453].

Tal como vimos antes a aquisição de acções próprias cai dentro do âmbito dos actos proibidos de praticar pela administração[454]. Assim, relativamente à *Share buy-back*, nos termos do art. 317º/2 CSC, uma sociedade não poderá, em princípio, adquirir e deter acções próprias representativas de mais de 10% do seu capital, salvo nos casos previstos na lei (v. nº 3). Acontece que, nos termos do art. 324º/1a) CSC, todos os direitos inerentes às acções próprias consideram-se suspensos (com excepção de receber novas acções em aumento de capital por incorporação de reservas), pelo que fica mais acessível, para o grupo de controlo, a aquisição da maioria necessária para controlar a sociedade, bem como fica reduzido o número de acções que podem ser adquiridas pelo oferente, diminuindo, assim, as probabilidades de uma OPA hostil[455], sendo sempre necessária a autorização prévia da AG.

Já a *White Squire* e a *Sale of Crown Jewels* estão expressamente previstas pelo nosso legislador no art. 182º/2b) como exemplos de alterações relevantes da situação patrimonial da sociedade visada. Daqui resulta que, por não se tratar de actos de gestão normal, parece-nos claro que estão abrangidas pela inibição do art. 182º/1, na medida em que são susceptíveis de afectar os objectivos do oferente: a primeira torna mais difícil e onerosa a aquisição do controlo societário e a segunda desvaloriza a sociedade (o mesmo valendo para a mencionada medida defensiva de *reestruturação*).

Por esta via, e pese embora a administração possa ter competência para deliberar um aumento de capital nos termos do art. 456º/1 CSC, o certo é que faz todo o sentido que este órgão esteja limitado (no decurso de uma OPA) nos poderes atribuídos pelo contrato de sociedade relativamente à aprovação de um aumento de capital através da emissão de acções ou outros valores mobiliários que confiram direito à sua subscrição ou aquisição. Apesar de a venda de activos da sociedade ser da competência do CA em conformidade com o dis-

---

[453] Sobre a *distribuição de bens aos sócios* v. ORLANDO GUINÉ, *Da Conduta (Defensiva)*... cit., p. 34, e CARLOS FERREIRA DE ALMEIDA, "Direito a Dividendos no Âmbito de Oferta Pública de Aquisição", in Direito dos Valores Mobiliários, Vol. V (2004), Coimbra Editora, pp. 29-89. A este respeito CORREIA DA SILVA/GOERGEN/ RENNEBOOG, *Dividend Policy and Corporate Governance*, Oxford University Press, 2004, p. 35, debatem a importância que a política de dividendos pode ter enquanto mecanismo alternativo de controlo em sociedades onde não exista, por exemplo, um controlo efectivo por parte dos accionistas maioritários.
[454] No mesmo sentido JOÃO CALVÃO DA SILVA, *Ofertas Publicas de Aquisição* ... cit., p. 189, defende que aos exemplos de actos proibidos previstos pelo legislador na norma do art. 182º/2b) "*deve acrescentar-se a proibição da share buy back de acções próprias (art. 316º e segs. do Código das Sociedades Comerciais)*".
[455] Cfr. A. TEIXEIRA GARCIA, ob. cit., p. 292.

IV. REGRA DE NÃO FRUSTRAÇÃO DA OPA: LIMITAÇÃO DE PODERES DA ADMINISTRAÇÃO

posto nos arts. 406º/e) e 373º/3 *a contrario* (CSC), face a uma OPA esta matéria deve ficar sujeita a autorização prévia da AG. Isso mesmo entende o próprio legislador ao considerá-la expressamente como uma alteração relevante da situação patrimonial da sociedade e não como um acto de gestão normal, restando tão-somente verificar se afecta os objectivos do oferente (o que, em princípio, acontecerá).

Quanto ao lançamento de uma contra-OPA (*Pac-man Defense*), apesar de poder contribuir para a valorização das acções da sociedade visada, parece não restarem dúvidas de que a mesma é susceptível de alterar de modo relevante a situação patrimonial na medida em que exige, por parte daquela, um avultado esforço financeiro para tomar o controlo da sociedade oferente. Mais acresce que não se reconduz a um mero acto de gestão corrente da sociedade, antes pelo contrário consubstancia um acto excepcional da vida societária, o que a concretizar-se, afectará necessariamente os objectivos do oferente, que verá agora a sua própria sociedade alvo de uma OPA, podendo mesmo fazer cair a sua oferta inicial de modo a desviar os fundos necessários para melhor poder defender-se da contra-OPA[456]. No entanto, e apesar de se enquadrar no tipo legal dos actos restringidos pelo art. 182º/1, temos de ter em conta que esta medida defensiva, tal como todas as outras restringidas nos termos desta norma, poderão ser adoptadas pela sociedade visada mediante autorização expressa da AG convocada exclusivamente para o efeito durante o prazo da oferta, tal como veremos no Ponto seguinte.

Também a *Aquisição de acções do oferente* e a *Whitemail*, porque certamente preenchem os mencionados requisitos cumulativos de aplicação da norma do art. 182º/1, não são permitidos no decurso de uma OPA sem a prévia autorização por parte dos accionistas. A primeira exige um elevado esforço financeiro, como que ameaçando a sociedade oferente (podendo colocá-la numa situação de participações recíprocas) e a segunda, embora possa legitimamente atrair uma oferta concorrente, implica uma emissão de acções e a sua venda a um preço de desconto a uma sociedade próxima, elevando o custo da aquisição para o oferente e dificultando a aquisição do controlo.

Igualmente na *Targeted Repurchase* – recompra das acções alvo da OPA por parte a sociedade visada a um preço abaixo do valor de mercado de modo a frustrar o êxito da oferta – parece-nos claro que estarão preenchidos os requisitos da norma do art. 182º/1, sendo sempre necessária a prévia autorização da AG.

---

[456] A concretização destas duas OPA (inicial e contra-OPA) pode culminar numa situação de participações cruzadas, *supra* mencionada e prevista no art. 485º/1 CSC, daí resultando a impossibilidade, por parte da sociedade que tenha comunicado mais tarde essa participação, em adquirir novas acções da outra sociedade (485º/2), o que vem de certo modo limitar o alcance desta medida defensiva (contra-OPA).

Já outras medidas defensivas reactivas, antes mencionadas, parecem ser permitidas pelo nosso legislador, designadamente, a *People Pill*, salvo se o oferente indicar expressamente, entre os objectivos enunciados no anúncio preliminar ou no prospecto da oferta, que está interessado em manter aquela administração ou algum dos seus membros – o que nos parece uma hipótese pouco provável.

A procura de uma oferta concorrente por parte da administração da sociedade visada (*White Knight*) é admitida expressamente pelo nosso legislador (de entre as várias excepções ao regime do art. 182º/1), tal como veremos mais adiante.

A invocação das *Anti-trust laws* e a "*Winning the Argument*" são também meios legítimos de defesa ao dispor da sociedade visada para combater uma OPA em curso. Cabe-lhe recorrer a todos os meios legais (substantivos e processuais) para dificultar o processo da oferta, bem como a todos os argumentos com vista a demonstrar perante os accionistas o quanto a oferta em causa é inoportuna, nomeadamente, quanto ao seu preço e condições. Do mesmo modo, o *Lobbying* parece-nos uma medida perfeitamente razoável de tomar no decurso de uma OPA.

A idêntica conclusão devemos chegar relativamente à estratégia de *Killer Bees*, ou seja, quando são contratadas sociedades de advogados e bancos de investimento para organizar a defesa contra uma OPA hostil e tornar a aquisição menos atractiva para o oferente, o mesmo se aplicando à mencionada estratégia de *Bankmail* – quando um banco próximo da sociedade visada recusa financiamento ao oferente. Tais medidas defensivas não nos parecem estar abrangidas pela norma do art. 182º/1.

Em jeito de conclusão, resulta que a administração da sociedade visada terá, no decorrer da OPA, de se cingir à *gestão normal* da sociedade e, no que respeita à sua defesa, salvo as raras excepções permitidas pelo legislador, limitar-se a prestar informação aos accionistas – favorável sobre a sociedade e desfavorável sobre a oferente, com vista a convencê-los a não aceitar a oferta e apelando à sua lealdade[457] – e a contestar a oferta, se for o caso, junto das autoridades competentes em termos de direito da concorrência (AdC), de supervisão (CMVM) ou junto dos tribunais comuns.

No que respeita à litigação táctica teremos ainda de questionar se esta medida defensiva não estará igualmente abrangida pela proibição do art. 182º/1, sendo necessária a autorização da AG para o efeito. Parece-nos claro que esta se traduz num acto excepcional de gestão e pode afectar significativamente os

---

[457] Podendo, no entanto, os seus titulares adquirir no mercado acções da sociedade visada, com o correspondente dever diário de informação nos termos do art. 181º/5a) CódVM.

interesses do oferente ao inviabilizar ou atrasar o processo da OPA, restando--nos questionar se um prolongado impasse e os avultados custos processuais daí resultantes não poderão também reflectir-se na situação patrimonial da sociedade visada.

Mais uma vez temos de ter em atenção os interesses legítimos que esta norma procura salvaguardar: se por um lado, é do interesse do oferente que a OPA tenha sucesso, devendo este encontrar a sociedade visada tal e qual ela estava ao momento do anúncio preliminar (e que o processo da oferta não seja indevidamente perturbado), também é verdade que os destinatários da oferta estão interessados em participar no prémio de controlo, pelo que a administração da sociedade visada, ao dificultar a OPA, está a prejudicar a sociedade e a desviar daqueles uma proposta potencialmente vantajosa[458].

Assim sendo, pode parecer mais razoável que os accionistas devam ter também, neste caso particular, uma palavra sobre a oportunidade da litigação táctica. Contudo, não nos podemos esquecer que o problema da *litigation* perante os tribunais comuns não se coaduna muito bem com o *timing* apertado do processo de uma OPA. Já todo e qualquer recurso, por parte da administração visada, junto da CMVM e da AdC são legítimos quando efectuados nos termos da lei – e compatíveis com o prazo da oferta com os correspondentes efeitos suspensivos –, não sendo necessária para o efeito qualquer autorização prévia por parte da AG de accionistas.

2.4. Excepções

Uma vez analisado o regime inibitório dos poderes da administração da sociedade visada, temos de ter em atenção que o mesmo apresenta, no entanto, algumas excepções de modo a melhor salvaguardar os interesses envolvidos, designadamente, os interesses dos accionistas destinatários da oferta, da sociedade visada e até do próprio oferente.

Desde logo, o legislador nacional ressalva três situações de excepção a esta limitação, todas elas previstas no nº 3 do art. 182º, a saber: a) Os actos que resultem do cumprimento de obrigações assumidas antes do conhecimento do lançamento da oferta; b) Os actos autorizados por força de AG convocada exclusivamente para o efeito durante o período de limitação de poderes; e c) Os actos destinados à procura de ofertas concorrentes.

Se o primeiro caso tem mais em vista proteger a sociedade visada e o próprio oferente (no cumprimento das suas obrigações), já os outros dois visam

---

[458] Embora, tal como já referido antes, alguma doutrina defenda que o litígio em tribunal por parte da sociedade visada pode ter como resultado o aumento do prémio a pagar pelo oferente – cfr. PAULO CÂMARA, *Defensive measures...* cit., p. 6.

precisamente salvaguardar os interesses dos destinatários da oferta. Para além destes três casos, o art. 182º/6 prevê ainda uma cláusula de reciprocidade, a qual se traduz no afastamento desta regra ou limitação de poderes quando a sociedade oferente não esteja sujeita a um regime equivalente.

Deste modo, o legislador nacional seguiu em grande linha a Proposta de Directiva anterior, mais rígida em relação à Directiva em vigor, uma vez que esta última acabou por deixar uma larga margem de manobra aos EM na definição do respectivo regime.

A. Cumprimento de Obrigações Prévias

Em relação à primeira excepção, temos a dizer que aquelas obrigações, porque assumidas em momento anterior ao conhecimento da oferta e dos seus objectivos (aos quais se acede com a recepção do anúncio preliminar), não o foram certamente com a intenção de frustrar o êxito da oferta que ainda não existia e, portanto, não se trata de actos decididos em reacção àquela. Mesmo sem essa intenção, e se for esse o seu resultado, entendemos que também não devem cair no âmbito do 182º/1, uma vez que constituem actos de gestão normal da sociedade, no cumprimento de uma obrigação anteriormente assumida[459]. Pretende-se deste modo, não frustrar o êxito da oferta pela actuação da administração, sem prejudicar o normal funcionamento da sociedade.

Acresce igualmente que do seu incumprimento resulta responsabilidade contratual para a sociedade e um eventual prejuízo para os actuais/futuros accionistas (aí incluído o oferente), pelo que não nos parece razoável limitar a sociedade quanto a este tipo de actos[460]. Importa, também, sublinhar que faz todo o sentido proteger os terceiros de boa fé que contrataram com a sociedade, interessados no cumprimento, por parte desta, das respectivas obrigações e que nada têm a ver com a ocorrência da OPA.

Mais releva fazer uma breve nota sobre esta primeira excepção para sublinhar o seguinte: esta excepção legal só é aplicável se a obrigação anteriormente assumida se vencer durante o prazo da oferta, caso contrário a sociedade visada

---

[459] No mesmo sentido, Luís FRAGOSO, ob. cit., p. 34.

[460] A este respeito ORLANDO GUINÉ, *Da Conduta (Defensiva)...* cit., p. 186, chama a atenção para o facto de a administração da sociedade visada poder no caso concreto entender incumprir o contrato em questão com as devidas consequências jurídicas, cabendo-lhe decidir da oportunidade do cumprimento desde que este seja devido.

No entanto, não nos podemos esquecer que este incumprimento não pode consubstanciar ele mesmo uma medida defensiva proibida nos termos do art. 182º/1, como por exemplo, a venda de uma jóia da coroa da sociedade. Ou seja, a visada poderá sempre optar por não cumprir uma determinada obrigação assumida previamente perante terceiro, continuando, todavia, limitada nos seus poderes ao abrigo do disposto naquela norma.

IV. REGRA DE NÃO FRUSTRAÇÃO DA OPA: LIMITAÇÃO DE PODERES DA ADMINISTRAÇÃO

poderia neste período cumprir antecipadamente a obrigação (cujo vencimento só ocorreria após a oferta) para fazer frustrar a OPA e os objectivos anunciados pelo oferente[461].

Neste contexto a doutrina chama ainda a atenção para o caso de a sociedade visada ter contraído, anteriormente ao conhecimento do anúncio preliminar da OPA, uma obrigação cujo prazo tenha sido deixado ao seu arbítrio, restando então ao oferente demonstrar que o cumprimento *voluntário* da obrigação durante a oferta é susceptível de alterar de modo relevante a situação patrimonial da sociedade visada, que não se reconduz à gestão normal da sociedade e que é apto a afectar de modo significativo os objectivos por si anunciados. Tratando-se de uma obrigação sem prazo, a sociedade visada, que está limitada nos seus poderes, pode sempre cumprir essa obrigação depois de concluída a OPA, sem que isso implique qualquer incumprimento contratual ou prejuízo para aquela[462].

Por fim, e ainda relativamente a esta primeira excepção, resta-nos referir que este tipo de actos previstos no art. 182º/3a), permitidos no decurso da oferta porque surgem no cumprimento de obrigações previamente assumidas, distinguem-se daqueles outros actos de execução de decisões tomadas antes do período inibitório (e vedados à administração nos termos do art. 182º/2c)), as quais, por sua vez, têm de ser confirmadas em AG durante esse mesmo período.

Temos de fazer aqui dois breves reparos quanto ao disposto nestas duas normas, designadamente: por um lado, não se compreende porque é que o art. 182º/2c) fala em decisões tomadas *antes do período ali referido* (leia-se o período do nº 1, ou seja, o período inibitório) e o art. 182º/3a) já fala em obrigações assumidas *antes do conhecimento do lançamento da oferta*, sendo certo que ambos dizem respeito sempre ao mesmo momento, ou seja, ao momento anterior ao período inibitório, o qual entendemos que se inicia com o conhecimento do lançamento da oferta nos termos do 182º/1, e que se equipara à recepção do anúncio preliminar nos termos do art. 182º/2a); por outro lado, devemos ter em linha de conta que o primeiro caso diz respeito a actos de execução de decisões anteriores e ainda não executadas (do foro meramente interno da sociedade), enquanto o segundo diz respeito a actos no cumprimento de obrigações

---

[461] Diferente posição assume Luís MENEZES LEITÃO, para quem a norma do art. 182º/3a) permite à administração o cumprimento de " *quaisquer obrigações assumidas antes da oferta, independentemente do prazo de vencimento das mesmas* (cfr. *As Medidas Defensivas...* cit., p. 71). Não podemos efectivamente concordar com esta posição, caso contrário seria muito fácil para a administração da sociedade visada frustrar os objectivos do oferente através do cumprimento antecipado de uma obrigação.

[462] Cfr. Luís FRAGOSO, ob. cit., pp. 33-34. Ver igualmente JORGE BRITO PEREIRA, ob. cit., p. 197.

antes assumidas (perante terceiros) e ainda não vencidas, cujo incumprimento resultaria em responsabilidade contratual para a sociedade, com prejuízos daí decorrentes para os accionistas da sociedade, incluindo o oferente enquanto potencial accionista.

B. Autorização dos Accionistas
A segunda excepção prevista pelo nosso legislador nacional assenta na intervenção da AG para a adopção de medidas defensivas reactivas (art. 182º/3b) CódVM). Esta intervenção autorizante da AG advém do primado accionista no decurso de uma OPA, devendo a mesma ser *exclusivamente* convocada para o efeito, ou seja, não poderão dela constar outros pontos da ordem de trabalhos (com vista a uma maior consciencialização dos accionistas), devendo tais deliberações ser aprovadas por uma maioria qualificada de modo a proteger mais uma vez os interesses dos accionistas e do oferente.

O CódVM na sua versão anterior dispunha que a AG fosse convocada *especificamente* para o efeito, pelo que daqui se conclui que o legislador quis realçar a necessidade de uma AG convocada única e *exclusivamente* para efeitos de autorização da medida de defesa (anti-OPA) em causa, e não para qualquer outro efeito. Temos, assim, que qualquer AG que seja convocada com vista à obtenção da autorização de uma medida defensiva nos termos da norma do art. 182º/3b) deve ser somente convocada para esse fim e não outro. Consideramos muito oportuna e clara a intenção do legislador em fazer realçar a necessidade de os accionistas se focalizarem na apreciação da OPA em causa, ao salvaguardar expressamente que aquela AG se destine exclusivamente à aprovação das medidas defensivas em causa (no sentido de uma maior consciencialização por parte dos accionistas)[463].

O legislador pretendeu deste modo dar ênfase àquela deliberação e ao especial poder de os accionistas se pronunciarem sobre a OPA, tomando uma maior consciencialização quanto à importância da sua intervenção nesta matéria e ao poder de se oporem à oferta em causa através da adopção de medidas defensivas. Mais uma vez, foi determinante para esta alteração legislativa a premissa de que são os accionistas, destinatários da oferta, que se devem pronunciar sobre o respectivo mérito e não a administração da sociedade visada. Razão pela qual se justifica que sejam os titulares dos valores mobiliários emitidos pela sociedade visada quem deve determinar o êxito da oferta, os quais

---

[463] Diferente posição é assumida por ORLANDO GUINÉ, *Da Conduta (Defensiva)...* cit., pp. 199-201, que adopta uma posição crítica relativamente ao âmbito restrito desta convocatória, chamando especial atenção para o facto de a respectiva ordem de trabalhos dever poder abranger outras matérias, permitindo, portanto, *"que possa ser tomada mais do que uma deliberação nesses termos numa mesma Assembleia Geral"*, em nome do princípio da economia dos meios.

IV. REGRA DE NÃO FRUSTRAÇÃO DA OPA: LIMITAÇÃO DE PODERES DA ADMINISTRAÇÃO

poderão autorizar, em sede de AG, a administração a praticar quaisquer actos fora da gestão normal, mesmo aqueles que sejam susceptíveis de afectar os objectivos anunciados pelo oferente.

No entanto, para que a intervenção da AG seja relevante para o efeito, o legislador nacional exige que esta autorização seja convocada e deliberada durante o período de inibição da sociedade visada delimitado no art. 182º/1, de modo a que os accionistas decidam com pleno conhecimento da oferta concreta. Torna-se evidente que foi intenção clara do legislador acautelar que os accionistas decidam sobre a adopção de medidas defensivas e a oportunidade e mérito da oferta após conhecerem devidamente os objectivos do oferente e as condições da oferta.

Acontece que actualmente o art. 182º/3b) CódVM (na versão do DL nº 219//2006) vem especificar que esta autorização seja concedida "... *durante o período mencionado no nº 1*" (à semelhança do que está previsto no art. 182º/4 CódVM referente àquela autorização); isto é, o período no qual a sociedade visada está inibida de praticar determinados actos e que pode não coincidir com o prazo da oferta tal como vimos antes (nos termos do art. 183º), podendo mesmo até mediar um período de tempo considerável entre o início da limitação de poderes (o qual deve, em nosso entender, coincidir com a recepção do anúncio preliminar) e o início do período da oferta (após o respectivo registo junto da CMVM). Faz portanto todo o sentido que a AG possa, desde logo, ser convocada a partir do momento em que a administração esteja inibida nos seus poderes[464].

Nos termos do art. 182º/4b), o quórum deve ser suficientemente representativo da estrutura accionista da sociedade visada, exigindo-se aqui uma maioria deliberativa qualificada: aquela exigida para a alteração dos estatutos, ou seja, 2/3 dos votos emitidos, quer a AG reúna em primeira ou em segunda convocação, em conformidade com o art. 386º/3 CSC[465]. Este quórum reforçado

---

[464] O mesmo art. 182º/3b) dispunha na versão anterior do CódVM que a convocação da AG deveria ocorrer "...*durante o prazo da oferta.*" A este respeito já JORGE BRITO PEREIRA, ob. cit., p. 198 (nota 46), chamava a atenção para o facto de "... *a interpretação correcta da lei permitirá a convocação e a realização da Assembleia em qualquer momento dentro do período de inibição, independentemente de estar ou não em curso o prazo da oferta*".
Também ORLANDO GUINÉ, *Da Conduta (Defensiva)*... cit., p. 195, veio defender que "*a norma necessitava de ser devidamente interpretada, porque era teleologicamente necessário que a Assembleia Geral pudesse ser convocada a partir do momento em que se iniciasse a limitação dos poderes da Administração*".
[465] No entanto, para que possam deliberar, em primeira convocatória, sobre esta matéria, devem estar presentes ou representados accionistas que detenham, pelo menos, acções correspondentes a 1/3 do capital social (art. 383º/2 CSC). Tal como antes mencionado, já em segunda convocação se estiverem presentes ou representados accionistas detentores de, pelo menos, metade do capital social, a mesma deliberação pode ser tomada pela maioria dos votos emitidos (art. 386º/4 CSC).

vem precisamente garantir um maior consenso quanto a uma matéria decisiva para os accionistas da visada como o é a adopção de uma medida defensiva, a qual pode constituir um obstáculo à realização de uma mais-valia por parte daqueles enquanto destinatários da oferta. Verificamos assim que não basta uma maioria simples (que, em regra, controla a sociedade) para aprovar a medida defensiva em questão, exigindo-se uma maioria qualificada para o efeito, o que de certa forma pode facilitar o sucesso da oferta e a consequente realização de uma apetecível mais-valia[466].

Todavia, ainda relativamente a este quórum deliberativo, temos de ter em conta o disposto no art. 182º-A/1b) CódVM que prevê que as sociedades sujeitas a lei pessoal portuguesa podem prever estatutariamente que as restrições previstas nos estatutos ou em acordos parassociais, referentes ao exercício do direito de voto fiquem suspensas, não produzindo efeitos na AG convocada nos termos do mencionado art. 182º/3b) – para efeitos da aprovação de medidas defensivas no decurso da OPA –, deixando, portanto, tal matéria a cargo da liberdade contratual dos accionistas[467].

Mais acresce que aquele quórum qualificado é também exigido pelo legislador para a distribuição antecipada (no decurso da oferta) de dividendos e de outros rendimentos (art. 182º/4b) CódVM), os quais poderão representar um forte atractivo para que os accionistas não vendam as suas acções na OPA.

Por fim, não nos podemos esquecer de que o contrato de sociedade pode sempre exigir maiorias mais apertadas.
Quanto aos accionistas que não concordem com aquela deliberação autorizante da medida defensiva em causa, como por exemplo, a alienação de activos da sociedade, os mesmos podem reagir se provarem que aquela deliberação foi abusiva nos termos do art. 58º/1b) CSC.
[466] Em sentido contrário o *City Code* (*Rule* 21) exige apenas uma maioria simples (50%+1) para este efeito, com eventuais prejuízos para os interesses dos destinatários da oferta, na medida em que se torna mais fácil para os accionistas maioritários (ou de controlo) frustrarem a oferta.
[467] Esta norma decorre do disposto no art. 11º/3 da Directiva, segundo o qual as restrições em matéria de direito de voto previstas nos estatutos ou no acordo parassocial da sociedade visada ficam sem efeito na AG que decide a aplicação de medidas defensivas no decurso da oferta nos termos do seu art. 9º, podendo os EM afastar ou não esta *break-through rule* ao abrigo do regime facultativo ou da cláusula de reciprocidade (art. 12º da Directiva).
Uma diferente *break-through rule* está prevista no art. 182º-A/1c): quando na sequência de uma OPA, seja atingido pelo menos 75% do capital social com direito de voto, não são aplicáveis ao oferente as restrições relativas à transmissão e ao direito de voto, nem podem ser exercidos direitos especiais de designação ou de destituição de membros do órgão de administração da sociedade visada (em transposição do art. 11º/4 da Directiva). O legislador entendeu que tais restrições deveriam ser afastadas, uma vez que o novo accionista maioritário detém uma maioria qualificada de três quartos dos direitos de voto – que implicou, por sua vez, um elevado esforço financeiro –, estando também devidamente acautelados os interesses dos minoritários.

IV. REGRA DE NÃO FRUSTRAÇÃO DA OPA: LIMITAÇÃO DE PODERES DA ADMINISTRAÇÃO

Devemos chamar ainda a atenção para aquelas situações em que a AG delibera sobre matérias da sua própria competência no decorrer de uma OPA: entendemos que os dois mencionados requisitos relativos à respectiva deliberação – exclusivamente convocada e aprovada no decurso da OPA (182º/3b)) e por uma maioria qualificada (182º/4b)) – devem-se aplicar igualmente a estes casos[468]. Não faria sentido de outro modo, uma vez que os interesses a acautelar, independentemente da origem da deliberação, são precisamente os mesmos: realçar a importância de uma matéria essencial para os accionistas da sociedade visada, assim como reunir um consenso alargado no seio destes para garantir o sucesso da OPA e a consequente realização de uma mais-valia, cabendo então à administração da visada executar as suas deliberações ou as da própria AG[469].

Um breve nota para sublinhar que a deliberação em causa deverá ser suficientemente específica quanto ao acto que pretende autorizar por parte da administração da sociedade visada. Ou seja, aquela deliberação autorizante da AG deve especificar expressamente quais os termos concretos da medida defensiva anti-OPA que se pretende aprovar no decurso da oferta, tal como por exemplo, quais os termos da alienação de activos, seu montante máximo, etc.

Deste modo, a AG de accionistas da sociedade visada pode no decorrer de uma oferta autorizar, por uma maioria qualificada, a prática de actos – susceptíveis de alterar a situação patrimonial da sociedade que não se reconduzam à gestão normal daquela – que possam comprometer o êxito da oferta ou os objectivos do oferente. Para tal é necessário que aquela deliberação seja tomada (i) com conhecimento pleno das condições da oferta, (ii) durante o período de inibição de poderes da sociedade visada, (iii) mediante uma maioria qualificada e (iv) diga exclusivamente respeito à prática do acto em causa (seja específica).

Daqui se conclui que a autorização para a prática de actos que estão vedados à administração da sociedade visada nos termos do art. 182º/1 deverá ser concedida por AG *convocada e realizada* no período de inibição que decorre a partir do momento em que aquela tome conhecimento do lançamento da oferta, o qual se deve tomar como certo com a recepção do anúncio preliminar, até ao apuramento do resultado ou até à cessação, em momento posterior, do respectivo processo.

No mesmo sentido, a Directiva no seu art. 9º dispõe que a administração da sociedade visada é obrigada a obter a autorização prévia da AG de accionistas

---

[468] No mesmo sentido ORLANDO GUINÉ, *Da Conduta (Defensiva)*... cit., pp. 212-213.
[469] Pelo que também se aplicam os requisitos previstos nos termos do art. 182º/3b) e 4b) nos casos em que a AG delibera, no decorrer de uma OPA, sobre matérias que já lhe competiam fora da OPA, tais como por exemplo a aquisição e alienação de acções próprias (arts. 319º/1 e 320º/1 CSC) ou a distribuição anual de dividendos (art. 376º/1b) CSC).

para o efeito antes de empreender qualquer acção susceptível de conduzir à frustração da oferta, nomeadamente, antes de proceder a qualquer emissão de valores mobiliários susceptível de impedir de forma duradoura que o oferente assuma o controlo da sociedade visada.

Em suma, entendemos que é essencial dar aos accionistas a oportunidade de estes conhecerem as condições da oferta para depois se pronunciarem sobre a adopção de qualquer medida defensiva anti-OPA. Medida esta que poderá, face às condições vantajosas da oferta em causa, ir contra a sua intenção de venda e, em consequência, de beneficiar do prémio de controlo pago pelo oferente bem como da oportunidade de saída da sociedade. Assim, no caso de uma alteração do controlo de uma sociedade, deve-se garantir aos seus accionistas que sejam eles próprios a decidir o destino daquela, o que só poderá acontecer no seio de uma AG de accionistas (realizada no decurso da oferta)[470].

Por fim, e ainda relacionada com esta segunda excepção prevista pelo nosso legislador, resta-nos acrescentar que uma OPA não obrigatória pode ficar condicionada (nos termos do art. 176º/2 CódVM) à não autorização pela AG da prática – por parte da administração – de actos proibidos pelo art. 182º/1. Isto é, o oferente pode condicionar a sua oferta à verificação da condição resolutiva de não autorização, por parte da AG, de actos vedados à administração no decurso da oferta[471], devendo desde logo fazer constar essa mesma condição do anúncio preliminar da OPA, nos termos do mencionado art. 176º/2[472].

Uma vez comentada esta excepção à regra de não frustração da oferta, interessa-nos agora observar uma outra matéria que realça igualmente o primado accionista: *a derrogação do dever de lançamento de OPA em resultado de fusão*, cuja *ratio legis* reside precisamente no facto de este tipo de operação exigir a intervenção dos accionistas de ambas as sociedades na aprovação do projecto de fusão apresentado pelas respectivas administrações[473].

---

[470] Nesta mesma lógica de raciocínio, e tal como *supra* referido, insere-se o disposto no art. 9º/3 da Directiva, relativo às decisões que devam ser tomadas antes do início do período da oferta e que não tenham sido ainda parcial ou totalmente aplicadas, as quais devem ser aprovadas ou confirmadas pela AG desde que preencham os restantes requisitos da inibição de poderes.
[471] Diferente situação é aquela em que própria administração visada sujeita a eficácia de um determinado acto (consubstanciando uma medida defensiva anti-OPA) praticado em violação do disposto no art. 182º/1 a uma condição suspensiva: o insucesso da OPA.
[472] Ainda nos termos do art. 124º CódVM, a oferta só pode ser sujeita a condições (constantes do anúncio preliminar) que correspondam a um interesse legítimo do oferente e que não afectem o normal funcionamento do mercado (124º/3), e cuja verificação não pode depender do oferente (124º/4).
[473] Cfr. arts. 98º/1, 100º/2, 383º/2 e 386º/3, todos do CSC.

IV. REGRA DE NÃO FRUSTRAÇÃO DA OPA: LIMITAÇÃO DE PODERES DA ADMINISTRAÇÃO

A norma do art. 187º/1 CódVM obriga ao lançamento de uma oferta sobre a totalidade das acções e de outros valores mobiliários emitidos por essa sociedade que confiram direito à sua subscrição ou aquisição, àquele cuja participação em sociedade aberta ultrapasse, directamente ou nos termos do nº 1 do art. 20º, um terço ou metade dos direitos de voto correspondentes ao capital social[474].

Acontece que o disposto nesta norma não se aplica quando a ultrapassagem[475] do limite de direitos de voto relevantes nos termos dessa mesma norma resultar da fusão de sociedades, e se da deliberação da AG da sociedade emitente dos valores mobiliários em relação aos quais a oferta seria dirigida constar expressamente que da operação resultaria o dever de lançamento de OPA (art. 189º/1c) CódVM)[476].

Facilmente se compreendem as razões que estiveram por detrás desta disposição e que levaram o legislador nacional a aceitar derrogar o dever de lançamento de OPA quando esteja em causa a aquisição do controlo de uma sociedade através de fusão: desde logo, porque a lei obriga à aprovação do projecto de fusão pelos respectivos accionistas, os quais têm assim a oportunidade de se

---

[474] Sobre o regime do dever de lançamento de OPA ao abrigo do CódVM (nos termos do art. 187º CódVM) v. J. P. MENEZES FALCÃO, *"A OPA Obrigatória – Fundamentos sobre o Regime do Novo Código dos Valores Mobiliários"*, in Direito dos Valores Mobiliários, Vol. III (2001), Coimbra Editora, pp. 179-227, PAULO CÂMARA, *O Dever de Lançamento...* cit., bem como JORGE BRITO PEREIRA, *A OPA Obrigatória*, Almedina 1998, sobre o anterior regime do art. 527º do CódMVM.
A este respeito JOSÉ NUNES PEREIRA, *Quinze anos de codificação...* cit., p. 279, defendia que *"Este mecanismo destinava-se a garantir a paridade de accionistas na distribuição do prémio de controlo, bem como a possibilidade de o accionista deixar a sociedade quando o domínio sofresse alteração"*.
[475] Todavia, temos de ter em atenção que de uma operação de fusão nem sempre resulta o dever de lançamento de uma OPA, por não serem ultrapassados os limiares legais estabelecidos para o efeito. Assim, da relação de troca numa fusão entre accionistas da sociedade incorporante e incorporada pode não resultar um aumento das respectivas participações suficiente para lhes conferir uma percentagem de votos igual ou superior aos limites previstos, neste caso um terço dos direitos de voto, não havendo portanto lugar à obrigação de lançar uma OPA – no mesmo sentido v. J. MIGUEL JÚDICE e outros (ob. cit., p. 46).
[476] Estamos aqui perante um dos três casos em que o legislador aceita derrogar a regra da OPA obrigatória. Os outros dois são: quando a ultrapassagem daquele limiar resultar (i) da aquisição de valores mobiliários por efeito de OPA lançada sobre a totalidade dos valores mobiliários referidos no art. 187º CódVM emitidos pela sociedade visada, sem nenhuma restrição quanto à quantidade ou percentagem máximas de valores mobiliários a adquirir e com respeito dos requisitos estipulados no art. 188º CódVM (*Contrapartida*) ou (ii) da execução de plano de saneamento financeiro no âmbito de uma das modalidades de recuperação ou saneamento previstas na lei.
Importa ainda realçar que qualquer destas situações de derrogação mencionadas tem de ser objecto de declaração pela CMVM, requerida e imediatamente publicada pelo interessado, nos termos do art. 189º/2 – figura, esta, que se distingue de uma outra, a *suspensão do dever*, prevista na norma do art. 190º, ambos do CódVM.

pronunciar sobre o mérito e a oportunidade da operação em causa[477]. Donde se conclui que *ratio legis* da regra da OPA obrigatória está salvaguardada, ou seja, o princípio da igualdade e a protecção dos accionistas minoritários[478]. Dito de outro modo, quando o dever de lançamento de OPA resulta de uma operação de fusão, como consequência necessária dos termos em que a mesma foi aprovada pelos accionistas, o fim último da norma da OPA obrigatória está acautelado: a intervenção dos accionistas na decisão sobre a proposta de aquisição//tomada do controlo da sociedade.

Poder-se-ia, no entanto, contra-argumentar que o princípio da igualdade de tratamento dos accionistas não está devidamente assegurado, uma vez que, apesar de estarmos perante uma operação amigável, sucede que o nosso legislador apenas exige a sua aprovação por parte de uma maioria qualificada, podendo ficar de fora, deste modo, alguns dos accionistas que se oponham à fusão. A este respeito parece-nos suficiente a protecção concedida, para o efeito, pelo nosso legislador (CSC) aos accionistas minoritários opositores, nomeadamente, pelo disposto nos respectivos arts. 103º/2 (*Deliberação*)[479] e 105º (*Direito de exoneração dos sócios*), em especial esta última norma, que garante àqueles um direito de saída da sociedade mediante o pagamento de um preço justo[480].

Também se poderia afirmar que a OPA obrigatória é sempre geral e, portanto, dirigida a todos os accionistas da sociedade visada, enquanto titulares de valores mobiliários emitidos por esta sociedade, estando assim assegurado o princípio da igualdade de tratamento, enquanto para a aprovação da fusão basta uma maioria qualificada de dois terços dos accionistas de cada uma das sociedades envolvidas, pelo que não abrange todos os accionistas.

---

[477] Cfr. o disposto na norma do art. 100º/2 CSC. V. também o art. 7º/1 da Terceira Directiva em matéria de direito das sociedades, relativa à fusão das sociedades anónimas (Directiva 78/855//CEE – JO L 295/36, de 20.10.78).

[478] Sobre uma eventual concorrência de vários interesses conflituantes aqui envolvidos, é nosso entendimento que devemos acautelar ambos de igual modo: por um lado, o interesse dos titulares de valores mobiliários enquanto destinatários da oferta e, por outro, o interesse da liberdade comercial dos accionistas, traduzida e consubstanciada nas suas deliberações em sede de AG. No mesmo sentido já nos pronunciámos em momento anterior – cfr. João Cunha Vaz, ob. cit., pp. 231-232.

[479] Ao exigir, em certos casos, o consentimento dos sócios prejudicados para efeitos de registo da fusão, nomeadamente quando alterar a proporção das suas participações sociais em face dos restantes sócios da mesma sociedade.

[480] Este direito de exoneração pode ser atribuído por lei ou por contrato de sociedade, e concede aos accionistas em causa o direito de exigir, no prazo de um mês a contar da data da deliberação que aprovou a fusão, que a sociedade adquira ou faça adquirir a sua participação social (105º/1), mediante uma contrapartida calculada nos termos do art. 1021º CC por um ROC ou pelo tribunal (105º/2).

IV. REGRA DE NÃO FRUSTRAÇÃO DA OPA: LIMITAÇÃO DE PODERES DA ADMINISTRAÇÃO

Todavia, importa aqui realçar que, embora uma OPA (obrigatória) geral tenha como destinatários todos os accionistas da sociedade visada, colocando-os numa situação de igualdade de oportunidades, o certo é que a mesma pode ser combatida através de uma medida defensiva anti-*takeover* aprovada em sede de AG por uma maioria qualificada idêntica. Deste modo, um similar quórum deliberativo de accionistas é exigido para efeitos de aprovação de uma fusão ou para efeitos de inviabilizar uma OPA através da aprovação de uma medida defensiva. Já no que respeita à OPA em si mesma, o seu sucesso dependerá do grau de aceitação por parte dos accionistas, para o qual será sempre determinante, entre outros factores, o prémio de controlo oferecido.

C. Procura de Ofertas Concorrentes

A terceira excepção diz respeito à procura de ofertas concorrentes e está prevista na norma da alínea c) do art. 182º/3 CódVM: facilmente se percebe que as mesmas podem trazer benefícios para os accionistas, uma vez que pode surgir uma oferta mais favorável, bem como pode fazer com que a primeira oferta seja melhorada. Do mesmo modo o legislador europeu exceptua a procura de outras ofertas (concorrentes) entre os actos permitidos no decorrer da OPA (art. 9º/2 da Directiva).

Significa isto, que o legislador permite também que o órgão de administração da sociedade visada promova o lançamento, por parte de um terceiro, de uma oferta concorrente com vista a que ela seja mais favorável que a primeira – medida defensiva reactiva também conhecida por *White Knight*[481]. A sua admissibilidade resulta claramente do facto de ela se traduzir em melhores condições para os accionistas, uma vez que o art. 185º/5 CódVM exige que *"A contrapartida da oferta concorrente deve ser superior à antecedente em pelo menos 2% do seu valor e não pode conter condições que a tornem menos favorável"*. Daqui resulta que esta medida defensiva não prejudica a situação patrimonial da sociedade visada, estando, portanto, excluído um dos requisitos legais cumulativos da inibição de poderes da sociedade visada[482].

---

[481] Alguns Autores contestam o carácter positivo desta excepção, sublinhando que por vezes a oferta concorrente pode ser prejudicial para os accionistas quando exerce sobre estes um efeito coercivo, obrigando-os a aceitar essa mesma oferta (*collective action problems and the pressure to accept the bid*), embora os accionistas minoritários estejam protegidos pela regra da OPA obrigatória a um preço equitativo (art. 5º da Directiva) – v. THOMAS PAPADOPOULOS, ob. cit., pp. 123-124. Ainda sobre o respectivo regime da Directiva v. KEMPERINK/STUYCK *"The Thirteenth Company Law Directive And Competing Bids"*, Common Market Law Review, Vol. 45, Nº 1 (2008), pp. 93-130.

[482] Quanto aos princípios que norteiam as ofertas concorrentes, devemos chamar a atenção, antes de mais, para o facto de aquelas estarem sujeitas às regras gerais aplicáveis às OPA, com as alterações constantes dos arts. 185º, 185º-A e 185º-B (todos do CódVM). Assim, temos o princípio da

Ainda neste contexto devemos chamar a atenção para o facto de os accionistas da sociedade visada que pretendam opor-se activamente à OPA terem ao seu dispor um meio normal e legítimo de a combater: podem eles próprios, ou em conjunto com terceiros, lançar uma oferta concorrente sobre a sociedade visada.

Assim, e uma vez lançada uma OPA, os administradores da sociedade visada e os accionistas hostis à oferta (em princípio o grupo de controlo) não estão impedidos de a combater; no entanto, deverão fazê-lo no respeito pela transparência do mercado, pela igualdade de tratamento e pelos direitos adquiridos, através do lançamento de uma oferta concorrente, a qual terá necessariamente de ser mais vantajosa que a inicial. Deste modo, qualquer potencial oferente (o accionista maioritário, por exemplo) que se oponha à OPA inicial poderá concorrer abertamente e em iguais condições pela tomada de controlo da sociedade em causa, respeitando a transparência do mercado e a concorrência[483], ou seja, em igualdade de condições.

---

identidade segundo o qual uma oferta só é concorrente na medida em que incida sobre a mesma categoria de valores mobiliários objecto da oferta inicial (185º/1) e o princípio da *igualdade* segundo o qual não pode incidir sobre uma quantidade de valores mobiliários inferior ao da oferta inicial (185º/4), não pode conter condições menos favoráveis que esta última (185º/5) e a sociedade visada deve assegurar igualdade de tratamento entre oferentes quanto à informação prestada (185º/7). Sobre este último princípio REQUICHA FERREIRA, ob. cit., pp. 295ss., chama a atenção para a sua especial relevância com a introdução pelo legislador da excepção, agora em análise, à *non--frustration rule*: a *White Knight* prevista nos termos do art. 182º/3c).
Entre as várias condições da oferta e de modo a aferir dos termos mais favoráveis da concorrente, devemos ter em consideração a *cláusula de sucesso*, ou seja, o número mínimo de aceitações (as quais podem agora ser revogadas até ao último dia do período de aceitações, nos termos do art. 185º-A/6) de que o oferente faz depender a eficácia da sua oferta: para este efeito devemos contabilizar o número ou a percentagem de capital social e/ou direitos de voto que cada oferente pretende adquirir e não aquele com que pretende chegar ao fim do processo, contando para isso com a percentagem de capital social e/ou direitos de voto que já detinha à data do lançamento da oferta – cfr. *Parecer Genérico da CMVM relativo a Ofertas Públicas Aquisição Concorrentes*, de 08.08.2000, p. 6, disponível em *http://www.cmvm.pt*.
Por fim, para uma breve descrição dos poucos casos de ofertas concorrentes ocorridos entre nós, v. REQUICHA FERREIRA, ob. cit., pp. 159-161, que define esta figura *"como a OPA preliminarmente anunciada na pendência de outra OPA sobre valores mobiliários emitidos pela mesma entidade e com o mesmo conteúdo, independentemente de esses valores estarem admitidos à negociação em mercado regulamentado"* (p. 169).
[483] *"E não pela via "paralela" dos pactos mais ou menos ocultos, das actuações concertadas, das negociações privadas"* – cfr. SINDE MONTEIRO/ALMENO DE SÁ, ob. cit., p. 447, em comentário ao anterior CódMVM.
A este respeito, temos de ter em atenção que de acordo com o disposto no art. 185º/3, não podem lançar uma oferta concorrente as pessoas que estejam com o oferente inicial ou com o oferente concorrente anterior em alguma das situações previstas no nº 1 do art. 20º CódVM (*Imputação de*

IV. REGRA DE NÃO FRUSTRAÇÃO DA OPA: LIMITAÇÃO DE PODERES DA ADMINISTRAÇÃO

Por falar em concorrência, importa aqui sublinhar que esta medida defensiva já não apresenta a desvantagem decorrente do anterior art. 185º, uma vez que actualmente, e na versão do DL nº 219/2006, ambos os oferentes (inicial e concorrente) podem rever a sua oferta, tal como resulta do novo art. 185º-B CódVM[484].

Temos de fazer aqui uma breve referência aos prazos e processos das ofertas concorrentes: antes de mais o art. 185º-A/1 CódVM prevê que a oferta concorrente deve ser lançada até ao quinto dia anterior àquele em que termine o prazo da oferta inicial[485]. Para depois o seu nº 3 dispor que com o lançamento tempestivo de uma oferta concorrente o prazo das ofertas deve ser coincidente, devendo cada OPA concorrente respeitar o prazo mínimo previsto no art. 183º/1 CódVM, ou seja: deverá ter pelo menos duas semanas, em nome da igualdade de tratamento para os oferentes e destinatários da mesma. Daqui resulta que a oferta concorrente e a inicial devem coincidir no tempo, e como o prazo mínimo da concorrente é de duas semanas, poderá haver lugar à prorrogação do prazo da oferta inicial. No entanto, entendemos que ambas as OPA (inicial e concorrente) devem terminar na mesma data[486]. Somente esta pode ser a nossa interpretação da intenção do legislador porque, caso contrário, resultaria uma clara desvantagem para a sociedade visada, a qual ficaria, face a

---

direitos de voto), salvo autorização da CMVM a conceder caso a situação que determina a imputação cesse antes do registo da oferta.

Para uma análise detalhada da matéria das ofertas concorrentes v. REQUICHA FERREIRA, ob. cit., HUGO MOREDO SANTOS, *Ofertas Concorrentes*, Coimbra Editora, 2008, bem como o *Parecer Genérico da CMVM relativo a Ofertas Públicas de Aquisição Concorrentes* (*supra* cit.).

[484] Esta norma dispõe que "*O lançamento de oferta concorrente e a revisão de qualquer oferta em concorrência conferem a qualquer oferente o direito de proceder à revisão dos termos da sua oferta, independentemente de o ter feito ou não ao abrigo do artigo 184º*". Na versão anterior do CódVM o lançamento de oferta concorrente permitia ao oferente inicial rever os termos da sua oferta, possibilidade, essa, que já não estava ao alcance do concorrente (cfr. antigo art. 185º/4, versão de 1991).

Ainda de entre os *direitos dos oferentes anteriores* (nos termos do art. 185º-B/4), o lançamento de oferta concorrente permite ao oferente inicial, em alternativa à revisão, revogar a sua oferta nos termos do art. 128º CódVM.

[485] Ainda de acordo com a mesma norma, é proibida a publicação do anúncio preliminar em momento que não permita cumprir com o prazo de lançamento (185º-A/2) e a CMVM indeferirá o pedido de registo da oferta se concluir pela impossibilidade de decisão em tempo que permita o lançamento tempestivo da oferta (185º-A/4).

[486] No mesmo sentido, ANTÓNIO PEREIRA DE ALMEIDA, ob. cit., p. 807, bem como HUGO MOREDO SANTOS, *Ofertas...* cit., p. 157, onde este último defende que "*os períodos de aceitação das ofertas em concorrência devem terminar todos no mesmo dia, ainda que os prazos de cada uma delas sejam diferentes e que os respectivos períodos de aceitação hajam tido início em dias diferentes, desde que todas as ofertas em concorrência tenham um prazo mínimo de duas semanas*", em nome do princípio da igualdade de tratamento entre oferentes e de oportunidades entre destinatários das ofertas concorrentes.

uma oferta concorrente, limitada nos seus poderes de gestão por um período de tempo demasiado longo. Aliás, na mesma linha de pensamento, e nos termos do nº 5 do art. 185º-A, os prazos para o oferente requerer o registo e para a administração visada enviar e publicar o relatório sobre a oferta concorrente vêem-se consideravelmente reduzidos.

Por fim, directamente relacionada com o regime das ofertas concorrentes pode surgir uma outra questão, relativa à legitimidade de uma terceira sociedade apresentar uma proposta de fusão com a sociedade visada no decurso de uma OPA[487].

Acontece que esta proposta de fusão permitir-lhe-ia tomar o controlo da sociedade visada sem, por um lado, ter de lançar uma OPA (concorrente) dirigida a todos os titulares de valores mobiliários representativos do seu capital social – o que implicaria necessariamente um maior esforço financeiro –, e por outro, sem ter de sujeitar-se ao regime mais apertado das ofertas concorrentes, designadamente, em termos de contrapartida e condições da oferta, bem como em termos de prazos processuais[488].

Neste contexto, e em nome do princípio da igualdade de tratamento, a CMVM defendeu, e bem em nosso entender, que a terceira sociedade (proponente da fusão) estava obrigada a lançar uma oferta concorrente caso pretendesse adquirir o controlo da sociedade visada sujeitando-se ao correspondente regime mais apertado (arts. 185ºss. CódVM), ou então devia pura e simplesmente retirar a proposta de fusão apresentada[489].

Antes de mais não podemos deixar de concordar com esta posição da CMVM, desde logo, e em primeiro lugar, pelo facto de a proposta de fusão vir perturbar todo o processo da OPA, em particular, o poder de decisão dos accionistas destinatários da oferta, devendo ser assegurado que estes tomem uma decisão adequada e fundamentada.

Em segundo lugar, aquela proposta poderia consubstanciar uma forma de aquisição do controlo da sociedade visada sem se sujeitar ao regime mais exi-

---

[487] Tal como sucedeu no decorrer da OPA à CIMPOR, com a proposta de fusão com a sociedade visada apresentada por uma terceira sociedade (a Camargo Corrêa).

[488] No caso da OPA à CIMPOR, a sociedade oferente veio invocar que a proposta de fusão entretanto apresentada discriminava os accionistas e criava condições assimétricas entre as duas propostas, sendo que a primeira *"se destina a obter o controlo da sociedade em condições mais favoráveis do que as que seriam impostas a um oferente concorrente, em contradição com o regime das ofertas publicas de aquisição"* – cfr. requerimento da CSN de 14.01.2010, disponível para consulta em http://www.cmvm.pt.

[489] Cfr. Comunicado da CMVM emitido em 16.01.2010, disponível para consulta em http://www.cmvm.pt, no qual informou ter notificado a proponente da fusão (Camargo Corrêa) do início de procedimento administrativo com vista a que esta sociedade conformasse a sua proposta de fusão ao regime das ofertas concorrentes ou a retirasse, e se abstivesse de a publicar ou divulgar e de praticar quaisquer actos com ela relacionados.

IV. REGRA DE NÃO FRUSTRAÇÃO DA OPA: LIMITAÇÃO DE PODERES DA ADMINISTRAÇÃO

gente das OPA concorrentes, mais favorável para os accionistas em termos de condições de preço e mais apertado para o oferente em termos de prazos da oferta, sendo que o regime das OPA é aquele que melhor protege os accionistas minoritários[490].

Assim, e em nosso entender, esta posição da CMVM poderá mesmo ter feito jurisprudência na defesa das OPA, pois a estratégia da sociedade proponente da fusão aproveitava as dúvidas sobre a aplicação do art. 182º/1 CódVM, ou seja, sobre a limitação dos poderes da administração da sociedade visada no decurso de uma OPA, nomeadamente para avaliar uma proposta de fusão, ou mais importante, para submeter um projecto de fusão à respectiva AG no decorrer da oferta. Consideramos mais uma vez, como factor essencial, a defesa dos interesses dos destinatários da oferta, o que obriga qualquer parte interessada na aquisição do controlo da sociedade visada (no decurso de uma OPA) a sujeitar--se ao regime mais exigente das ofertas concorrentes[491].

D. Reciprocidade

Por fim, a última excepção ao regime da limitação de poderes da administração consiste na aplicação da regra da reciprocidade – nos termos do disposto do art. 182º/6 CódVM – segundo a qual aquele regime é afastado quando a sociedade oferente não esteja sujeita na sua jurisdição às mesmas regras ou seja dominada por uma sociedade não sujeita às mesmas regras relativas à *non-frustration rule*. Esta norma veio no seguimento do previsto pelo legislador europeu no art. 12º/3 da *Directiva das OPA*, que dispõe que os EM podem dispensar as

---

[490] Entre os argumentos contra esta posição da CMVM, poder-se-á afirmar que a "proposta"de fusão, embora firme e vinculativa, ficaria sempre sujeita à aprovação das respectivas AG, tal como uma OPA fica condicionada à aceitação dos accionistas. Por outro lado, podem-se também levantar dúvidas sobre a legitimidade da CMVM para impedir que um projecto de fusão seja submetido à AG para ser aprovado, ou para impedir que um projecto de fusão prossiga, contrariando, desse modo, o interesse da liberdade contratual dos accionistas daquelas sociedades. Contudo, em nosso entender a CMVM decidiu adequadamente em nome do princípio da igualdade de tratamento entre (potenciais) oferentes e de oportunidades entre os accionistas, destinatários das ofertas concorrentes.

[491] Por fim, ainda a respeito desta matéria temos de ter em atenção o disposto no *Parecer da CMVM sobre deveres na OPA* (§ 3), segundo o qual "*A administração da sociedade visada não pode facultar informação privilegiada designadamente a potenciais oferentes concorrentes*". Está assim vedada a utilização de informação privilegiada (art. 378º CódVM), em particular na pendência de uma OPA, de modo a respeitar a igualdade de tratamento entre investidores e evitar assimetrias informativas, designadamente em relação à informação a transmitir a potenciais oferentes concorrentes, sendo que, se há elementos sensíveis que a administração da visada pretenda transmitir a um potencial oferente, eles devem ser previamente tornados públicos. Tudo isto na mesma linha de pensamento do já mencionado princípio da igualdade de tratamento entre oferentes quanto à informação prestada pela sociedade visada (art. 185º/7 CódVM).

sociedades sujeitas ao regime inibitório de poderes da administração visada da aplicação desse mesmo regime, caso aquelas sejam alvo de uma oferta lançada por uma sociedade não sujeita também ela a este regime ou por uma sociedade controlada, directa ou indirectamente, por uma dessas sociedades.

No que concerne ao seu âmbito de aplicação, importa aqui fazer duas breves notas: a primeira relativa à expressão *"mesmas regras"* e a segunda referente à respectiva aplicação à sociedade dominante da oferente.

É nosso entendimento que o que se pretende aqui abranger com esta norma de excepção são precisamente aquelas sociedades oferentes que não estejam sujeitas às *"mesmas regras"*, ou seja, às quais não é aplicável um regime similar à *non-frustration rule* ou *passivity rule*, o qual não tem de ser exactamente igual mas cujo resultado terá de ser equivalente: a limitação dos poderes da administração da sociedade visada no decurso de uma OPA.

Ou seja, o que o legislador pretende é proteger essencialmente as sociedades nacionais que sejam alvo de ofertas lançadas por parte de sociedades estrangeiras, elas mesmas não limitadas nos seus poderes de administração quando alvo de uma OPA. Pretende-se, portanto, equiparar regimes similares ou equivalentes quanto ao resultado obtido, no que respeita à inibição de poderes por parte da administração visada, cabendo então à CMVM, face à sua posição privilegiada junto de outros reguladores estrangeiros, um papel decisivo na avaliação dessa equivalência ou equiparação de regimes[492].

Algumas dúvidas também podem surgir quanto ao alcance da aplicação da presente cláusula da reciprocidade relativamente aos casos em que, embora a sociedade oferente esteja sujeita *às mesmas regras*, já não o esteja a sociedade sua dominante. Não poderia ser de outro modo? Como se justifica que a excepção da reciprocidade seja aplicável quando o oferente esteja sujeito a uma regra similar mas já o não esteja a sua sociedade dominante? De acordo com a letra da nossa lei bastará a não sujeição por parte da sociedade dominante da oferente ao regime da *non-frustration rule* para afastá-lo quanto à sociedade visada, embora a oferente esteja ela própria sujeita a esse mesmo regime. Do mesmo modo o legislador europeu dispõe que as sociedades visadas podem ser dispensadas da aplicação deste regime inibitório se forem alvo de uma oferta lançada

---

[492] Já por várias vezes a CMVM se pronunciou sobre a equivalência de regimes e a aplicação da regra da reciprocidade, parecendo-nos suficientes para esse efeito, pelo menos no que respeita ao regime da *non-frustration rule*, os critérios constantes da Directiva (arts. 3º/1c) e 9º). Por exemplo, no caso da OPA à CIMPOR, a CMVM solicitou esclarecimentos junto das entidades de supervisão competentes ao abrigo das leis luxemburguesa (sociedade oferente) e brasileira (sociedade mãe), no sentido de saber se estes regimes previam uma semelhante limitação dos poderes da administração da sociedade visada, ou se, em nome da regra da reciprocidade, deveria ser afastada a norma do art. 182º/1.

IV. REGRA DE NÃO FRUSTRAÇÃO DA OPA: LIMITAÇÃO DE PODERES DA ADMINISTRAÇÃO

por uma sociedade que não aplique este mesmo regime "*ou por uma sociedade controlada, directa ou indirectamente, por uma dessas sociedades*".

Acontece que, em nosso entender, o que o legislador pretendeu acautelar foi precisamente a aplicação de um regime equiparado ou equivalente nas relações transatlânticas, mais particularmente tendo em conta que as sociedades norte-americanas não estão sujeitas ao regime da *non-frustration rule* ou equivalente, as quais, por sua vez, controlam ou são dominantes em relação a outras sociedades, estas, sim, já sujeitas a um regime equivalente.

O mesmo pode acontecer, por exemplo, quando uma qualquer sociedade inglesa (sujeita à *non-frustration rule*) dominada por uma sociedade holandesa (não sujeita a um regime equivalente) lance uma OPA sobre uma sociedade nacional (sujeita ao regime do art. 182º/1). Ou seja, aquela sociedade oferente poder-se-ia defender de uma (contra-)OPA através da adopção de medidas defensivas por parte da sua dominante (não limitada nos seus poderes de administração), pelo que também aqui fará sentido que a sociedade visada afaste aquele regime inibitório em nome da cláusula da reciprocidade e, por conseguinte, se possa defender através da adopção de medidas defensivas nos casos em que a dominante da oferente também não esteja sujeita às mesmas regras.

Já a situação inversa levanta-nos dúvidas, designadamente, aquela em que a sociedade oferente não está ela própria sujeita a um regime equivalente ao da *non-frustration rule*, mas é controlada por uma outra sujeita a esse mesmo regime. Fará sentido também aqui que se aplique a regra da reciprocidade e se afaste a limitação de poderes administração da sociedade visada? Da letra da lei parece resultar que bastaria que uma daquelas sociedades, oferente ou sua dominante, não estivesse sujeita às mesmas regras (ou a um regime equivalente) para aplicar a regra da reciprocidade e, assim, afastar o regime do art. 182º/1.

No entanto, temos mais uma vez de olhar para o escopo desta norma: face aos interesses dos destinatários da oferta e do próprio oferente entendemos que no caso em apreço não deve ser afastada a limitação dos poderes da sociedade visada, uma vez que não se justifica a aplicação da regra da reciprocidade[493]. Tanto mais que o controlo da oferente reside agora numa outra sociedade (dominante), a qual está ela própria limitada nos seus poderes porque sujeita a um regime equivalente ao do art. 182º/1 (*non-frustration rule*).

Da mesma forma que este argumento vale para a situação inversa (*supra* analisada) também aqui se justifica que a visada esteja limitada nos seus pode-

---

[493] De igual forma ORLANDO GUINÉ não encontra "*justificação para que a excepção de reciprocidade seja aplicável naquelas situações em que o oferente não esteja sujeito a uma regra similar mas o esteja a sua sociedade dominante*" – cfr. *Da Conduta (Defensiva)...* cit., pp. 189-190, onde o Autor baseia a sua posição apresentando alguns exemplos com resultados alcançados desajustados.

res no decurso da oferta. Pois, caso a sociedade oferente não esteja sujeita a um regime similar mas seja controlada por uma outra, ela própria, sujeita à limitação de poderes da administração, faz igualmente sentido garantir que a sociedade visada continue sujeita ao regime inibitório do art. 182º/1 e se encontre, portanto, limitada na sua defesa anti-OPA tal como o está igualmente a sociedade dominante da oferente. Para que tal aconteça basta que aquela exerça ou possa exercer sobre esta, directa ou indirectamente, uma influência dominante.

Por último, e tal como veremos mais à frente, resta-nos sublinhar que é nosso entendimento que o resultado da aplicação da regra da reciprocidade pode desvirtuar a *ratio legis* da presente norma e é contrário ao pretendido pelo legislador: salvaguardar os interesses dos accionistas enquanto destinatários da oferta, bem como proteger os objectivos do oferente e assegurar o êxito da OPA. Isto porque a sociedade visada, por força da aplicação da regra da reciprocidade que afasta a presente inibição legal, ficará muitas mais vezes em posição de aplicar medidas defensivas que possam comprometer os objectivos do oferente, prejudicando, em última análise, os interesses dos accionistas – em se pronunciarem sobre o mérito da oferta e beneficiarem do respectivo prémio de controlo – e o funcionamento do mercado do controlo societário[494].

---

[494] Um bom exemplo da aplicação da regra da reciprocidade (e dos seus efeitos adversos) verificou-se no *supra* mencionado caso da OPA à CIMPOR, onde se questionava se a sociedade visada estava ou não limitada nos seus poderes de gestão no decurso da mesma. Da letra da lei parecia resultar que a regra da reciprocidade era aqui aplicável nos termos do 182º/6, restando assim averiguar se a sociedade oferente estava também sujeita, nos termos da respectiva lei pessoal, a uma norma equivalente à *non-frustration rule* prevista no art. 182º/1. Poderia a sociedade visada, neste caso, alienar, por exemplo, os seus activos no Brasil, os quais constituíam um alvo essencial para o oferente, frustrando deste modo os objectivos deste último ou, pelo contrário, estava a administração da sociedade visada limitada nos seus poderes no decurso da OPA?

Depois de a sociedade visada ter apresentado requerimento para que a CMVM se pronunciasse sobre a (in)aplicabilidade à sua administração das limitações decorrentes do art. 182º/1, aquela entidade supervisora, após terem sido efectuadas todas as diligências indispensáveis, informou a sociedade visada que era-lhe inaplicável, no caso concreto, esta norma, uma vez que o oferente não estava sujeito a regime equivalente (cláusula de reciprocidade). Com efeito, quer a oferente (sociedade de direito luxemburguês), quer a sociedade brasileira CSN que a dominava indirectamente, não estavam sujeitas às mesmas regras sobre as limitações do conselho de administração previstas no art. 182º/1, o que determinava uma maior margem de manobra para a sociedade visada na sua defesa anti-OPA, podendo, por exemplo, alienar os seus activos no Brasil, sem a necessária e prévia deliberação da AG. Ou seja, resultava assim do disposto no CódVM (art. 182º/6) que por força da regra da reciprocidade, e uma vez que a sociedade oferente não estava sujeita a idêntica limitação de poderes de administração no direito luxemburguês, a sociedade visada também não estava sujeita a similar limitação no decurso da OPA.

No entanto, a CMVM considerou que, não obstante a inaplicabilidade das referidas limitações, o conselho de administração da sociedade visada estava sujeito aos deveres fiduciários previstos na alínea d) do nº 5 do art. 181º CódVM, designadamente, o dever de agir de boa fé e lealdade de

IV. REGRA DE NÃO FRUSTRAÇÃO DA OPA: LIMITAÇÃO DE PODERES DA ADMINISTRAÇÃO

2.5. Situações Análogas?

Resta-nos agora analisar outras duas situações aparentemente análogas mas que caem fora do âmbito das excepções (antes enunciadas) permitidas por lei: se a primeira era anteriormente prevista pelo anterior CódMVM, tendo sido entretanto afastada pelo actual CódVM, já a segunda está relacionada com a problemática da existência de uma autorização prévia (à OPA) por parte da AG.

Quanto à primeira, o anterior legislador (do CódMVM) contemplava uma outra excepção ao regime da limitação dos poderes da sociedade visada: o seu art. 575º/3 dispunha que a CMVM podia, mediante solicitação do órgão de administração daquela sociedade e com audiência prévia do oferente, autorizar a prática dos actos proibidos por essa norma[495], quando os considerasse necessários para a oportuna defesa ou realização de interesses relevantes e inadiáveis da sociedade.

Esta disposição parecia então justificar-se face à morosidade e formalidades na convocação da AG incompatíveis, por vezes, com a urgência da medida defensiva. Assim o entendia alguma doutrina[496], para quem tal excepção fazia sentido face às dificuldades em obter em tempo útil a necessária autorização da AG, o que actualmente nos parece pouco verosímil dado terem sido encurtados os prazos de convocação da AG. Neste contexto, o legislador europeu veio prever que os EM possam estabelecer regras que permitam a convocação de uma AG de accionistas a curto prazo, na condição de esta assembleia não ocorrer num prazo inferior a duas semanas a contar da data da sua convocação (art. 9º/4 da Directiva).

---

comportamento – cfr. Comunicado da CMVM emitido em 21.01.2010, disponível para consulta em *http://www.cmvm.pt*.
Por outro lado, e no pressuposto da aplicação da regra da reciprocidade que afastava a limitação dos poderes da administração visada no decurso da OPA, a oferente viria a condicionar a eficácia da oferta a uma série de pressupostos e condicionantes equivalentes ao disposto na norma do art. 182º/1 CódVM – cfr. § 12 e) e f) do anúncio preliminar, disponível em *http://www.cmvm.pt*.
[495] A. TEIXEIRA GARCIA, ob. cit., p. 308, chamava a atenção para o facto de esta autorização da CMVM não poder abranger todos os actos proibidos pelo então art. 575º/1 do CódMVM (correspondente ao actual art. 182º/2 CódVM), ou seja, a CMVM apenas podia autorizar aqueles actos que eram, fora do período da oferta, da competência do órgão de administração e não da competência da AG, tais como aqueles então previstos nas alíneas a), b) e e) daquela norma, "*a menos que tal competência lhe tenha sido atribuída pelo pacto social*": por exemplo, devemos relembrar que a norma do art. 456º/1 CSC prevê que o contrato de sociedade pode autorizar a administração a aumentar o capital social.
Para uma síntese comparativa entre este dois diplomas nacionais relativos à regulação dos valores mobiliários v. JOSÉ NUNES PEREIRA, *Quinze anos de codificação...* cit.
[496] JORGE BRITO PEREIRA, *A Limitação dos poderes...* cit., p. 199.

Nesta linha de pensamento o próprio legislador nacional (através do DL nº 219/2006) veio agora agilizar para 15 dias o prazo de convocatória da AG a realizar no período de limitação de poderes (art. 182º/4a) CódVM), de modo a facilitar a convocação e realização daquela AG dentro do prazo da oferta. Com vista a encurtar o período de inibição de poderes da administração visada, reduziu-se, deste modo, o prazo necessário para convocar a AG, derrogando a regra geral prevista nos termos do art. 377º/4 CSC, segundo a qual a convocatória teria de ser efectuada com pelo menos trinta ou vinte e um dias de antecedência, consoante os casos[497].

Não podemos deixar de aplaudir o legislador por ter afastado do actual CódVM aquela primeira excepção ao eliminar o poder discricionário até então atribuído à CMVM, na medida em que dotou o processo da OPA de uma maior transparência e certeza jurídica, bem como devolveu, e bem em nosso entender, aos accionistas da sociedade visada (destinatários da oferta) a exclusiva legitimidade para autorizarem a prática de actos defensivos susceptíveis de frustrar o êxito da oferta.

A segunda situação aqui em análise diz respeito à possibilidade de a administração da sociedade visada actuar na sequência de uma autorização prévia da AG, que tenha previsto expressamente a utilização de uma medida defensiva na eventualidade de uma OPA. Por exemplo, caso tenha deliberado previamente um aumento de capital e expressamente previsto a sua utilização futura em caso de OPA (*defesa diferida*).

Também aqui defendemos que será mais conveniente e desejável que os destinatários da OPA confirmem aquela autorização prévia, na pendência da mesma, ou seja, após terem pleno conhecimento das condições concretas da oferta de modo a não ficarem vinculados a uma deliberação anterior, a qual pode, face àquelas condições, ver agora o seu sentido alterado.

Embora tal resultado nos parecesse, à primeira vista, difícil de alcançar, actualmente face ao mencionado encurtamento dos prazos de convocação da AG, parece-nos ser mais consentânea com o actual regime a necessidade dessa autorização prévia ser confirmada pela AG no decurso do período da oferta de forma a legitimar a prática da medida defensiva em causa.

Assim sendo, o órgão de administração só poderá aplicar a medida defensiva anti-OPA previamente deliberada, se a mesma for confirmada pelos accionistas no decurso da oferta. Embora se pudesse contra-argumentar que aquele

---

[497] O DL nº 49/2010, de 19 de Maio, fixou para as sociedades abertas um prazo mínimo de 21 dias entre a divulgação da convocatória e a data da reunião da AG, tendo em vista assegurar aos accionistas o tempo suficiente para analisar a informação e determinar o sentido do seu voto (novo art. 21º-B CódVM).

IV. REGRA DE NÃO FRUSTRAÇÃO DA OPA: LIMITAÇÃO DE PODERES DA ADMINISTRAÇÃO

órgão estaria legitimado para praticar aquela medida (porque previamente aprovada pelos accionistas), contudo, entendemos que foi intenção do legislador exigir, para estes casos, que a AG autorizante seja convocada e realizada no decurso da oferta de modo a que os accionistas decidam se, perante aquela, porventura mais vantajosa, pretendem defender-se ou se optam por aceitá-la e vender as suas acções.

Decorre, aliás, da própria letra da lei que exceptuam-se os *actos autorizados por força de assembleia-geral convocada exclusivamente para o efeito durante o período mencionado no nº 1* (art. 182º/3b)), pelo que é bem notória a intenção do legislador em legitimar somente os actos autorizados no período de inibição da sociedade visada, ou seja, após a tomada de conhecimento das condições da oferta pelos seus destinatários. No mesmo sentido, o legislador europeu refere expressamente (art. 9º/2 da Directiva) que a autorização da AG é obrigatória pelo menos a partir do momento em que o órgão de administração da sociedade visada recebe as informações sobre o lançamento da oferta (referidas no art. 6º/1 da Directiva)[498]. O mesmo legislador prescreve ainda que a AG deve aprovar ou *confirmar* qualquer decisão que não se insira no quadro normal das actividades da sociedade (art. 9º/3), do que parece poder depreender-se que esta limitação de poderes é aplicável também a decisões prévias da AG. Tudo de modo a que os destinatários da oferta possam decidir sobre a mesma com pleno conhecimento das respectivas condições – devidamente informados, portanto[499].

---

[498] Todavia, a *Directiva das OPA* vai ainda mais longe ao prever que os EM possam antecipar o momento a partir do qual essa autorização deva ser obtida, nomeadamente, logo que aquele órgão tome conhecimento da iminência da oferta (art. 9º/2).
A este respeito importa tecer um comentário crítico, uma vez que não podemos interpretar literalmente esta disposição, pois parece-nos pouco razoável, ou mesmo pouco provável, que os accionistas da sociedade visada autorizem a prática de determinado acto defensivo face à mera iminência da oferta, portanto, sem conhecimento adequado das suas condições e dos objectivos do oferente. O que o legislador europeu pretendeu foi, sim, permitir que os EM antecipassem o momento da limitação de poderes da sociedade visada para salvaguarda dos destinatários e do êxito da oferta. Contudo, melhor esteve o nosso legislador ao exigir que essa mesma autorização seja concedida após o conhecimento do seu lançamento (equiparado à recepção pela sociedade visada do anúncio preliminar), momento a partir do qual poderemos aferir dos actos proibidos e os destinatários da oferta já estarão aptos a pronunciar-se (em sede de AG) sobre as condições e os objectivos do oferente, e a tomar uma decisão devidamente informada sobre a medida defensiva em causa.
[499] Posição idêntica já tinha a Comissão assumido anteriormente na sua exposição de motivos em comentário ao art. 8º da Proposta alterada de 13ª Directiva de 1990 (*supra* citada), p. 7, segundo a qual *"toda a autorização anterior da Assembleia Geral deverá ser confirmada pelos accionistas no decurso da oferta"*.

Entendemos, portanto, que a medida defensiva deve ser confirmada no decurso da oferta pelos seus destinatários, os quais aquando da primeira deliberação ainda não tinham em seu poder a informação necessária para tomar uma decisão devidamente informada sobre a OPA entretanto lançada. Deste modo, deve-lhes ser dada nova oportunidade para decidirem sobre a aplicação da medida defensiva em questão no pleno conhecimento das condições da oferta.

Neste mesmo sentido, o *Relatório Winter I* veio defender que apenas após o lançamento da oferta é que os accionistas estão em condições de poder tomar uma decisão adequada sobre a aplicação de uma medida defensiva, na medida em que somente nesse momento poderão considerar todas as circunstâncias relevantes para a sua tomada de decisão[500]. Ou seja, aquando da referida aprovação os accionistas não estavam conscientes das futuras condições do mercado, não tinham a informação sobre a performance da sociedade até ao presente, nem conheciam as condições da actual oferta. As circunstâncias sob as quais eles decidiram aprovar a aplicação de uma medida anti-OPA alteraram-se, pelo que será mais razoável exigir, no decurso do respectivo processo, a sua confirmação[501].

Poder-se-ia também contra-argumentar que os accionistas, enquanto únicos "donos" da sociedade, são livres de decidir pela aplicação de medidas defensivas em caso de futura OPA, mesmo sabendo de antemão que aquelas medidas poderão ser prejudiciais face a uma oferta concreta bastante vantajosa; ou seja, eles gozam de livre autonomia para tomar decisões que lhes sejam potencialmente prejudiciais. Assim, face a uma oferta favorável eles não poderiam afastar a anterior decisão e aceitar a oferta? Tal não nos parece tão simples, uma vez que ficariam vinculados à sua decisão anterior e estariam obrigados a afastá-la de modo a evitar que a administração, entretanto legitimada para o efeito, interferisse no desenlace da oferta[502].

Mais tarde a Comissão na exposição de motivos em comentário ao art. 9º da Proposta de Directiva de 2002 (*supra citada*), p. 9, viria a acrescentar que "*No contexto de uma alteração do controlo da sociedade visada, é importante garantir que o futuro desta sociedade seja decidido pelos seus proprietários. É este o motivo pelo qual a Assembleia Geral deve pronunciar-se expressamente sobre uma dada oferta*".

[500] Cfr. *Relatório Winter I*, pp. 27-28.

[501] Também João Calvão da Silva, *Ofertas Públicas de Aquisição* ... cit., p. 191, faz referência às medidas defensivas preventivas *ratificadas* em AG *exclusivamente* convocada para esse efeito, acrescentando em seguida que o órgão de administração "*não deve sequer opor-se à oferta com fundamento em autorização prévia de medidas preventivas, se não executadas já parcial ou totalmente*" (p. 194).

[502] A. Ferrell, ob. cit., p. 573, defende que os accionistas devem ser livres de atribuir *ex ante* poderes à administração para a prática de medidas defensivas em caso de OPA, devendo esta deliberação prévia valer para o efeito no decurso da oferta, justificando que aqueles ao fazê-lo estão conscientes dos riscos que correm pelo facto de nesse momento ainda não conhecerem dos méritos de uma oferta concreta. De igual modo A. Teixeira Garcia, ob. cit., p. 249, considera suficiente

IV. REGRA DE NÃO FRUSTRAÇÃO DA OPA: LIMITAÇÃO DE PODERES DA ADMINISTRAÇÃO

O que nos leva a um outro argumento relevante a favor da necessidade da confirmação daquela deliberação prévia: se assim não fosse, os accionistas estariam a passar um "cheque em branco" ao órgão de administração da sociedade visada, cujos interesses nem sempre coincidem com os interesses dos destinatários da oferta e, nessas circunstâncias, o primeiro poderia facilmente colocar em causa o êxito da OPA ao executar essa deliberação prévia. Ou seja, face a uma OPA hostil, a administração visada tudo faria para salvaguardar o seu lugar, inclusive, executar aquela deliberação logo após o lançamento da OPA, sem que os accionistas, destinatários da oferta, se pronunciassem sobre a mesma.

Ainda de modo a reforçar a nossa posição, podemos igualmente equiparar a presente situação aos actos de execução de decisões tomadas antes da OPA e ainda não total ou parcialmente executados, os quais hoje estão vedados e são proibidos pelo disposto nos arts. 182º/2c) CódVM e 9º/3 Directiva. Daqui também poderíamos concluir que o órgão de administração não está legitimado para a prática da medida defensiva em causa em execução da deliberação anterior, sendo sempre necessária a confirmação dessa deliberação pelos accionistas no decorrer da oferta.

Em jeito de síntese conclusiva, ao contrário do que defendemos em momento anterior[503], e para melhor justificar a evolução do nosso posicionamento, apresentámos os seguintes argumentos: a introdução pelo CódVM do novo art. 182º/2c) relativo à proibição dos actos de execução de decisões anteriores (e ainda não total ou parcialmente executados), aos quais se podem equiparar os actos agora em análise; e a posição entretanto proferida pelo *Relatório Winter I supra* transcrita e que foi adoptada pelo nosso legislador ao legitimar somente os actos autorizados por força de AG *convocada exclusivamente para o efeito durante o período mencionado no nº 1*[504], ou seja, depois de os destinatários da oferta

---

uma autorização prévia da AG desde que esta tenha previsto expressamente a possibilidade de utilização de uma medida defensiva em caso de OPA.
Igualmente ORLANDO GUINÉ, *Da Conduta (Defensiva)...* cit., p. 198, considera que a administração visada deve poder executar uma deliberação dos accionistas quando aprovada previamente por uma maioria qualificada exigida nos termos da lei e a qual tenha previsto expressamente a eventualidade de uma OPA, apontando ainda como solução adequada que aquela deliberação tivesse sido tomada nos dezoito meses precedentes – à semelhança do disposto no art. 182º-A/7 CódVM (para as cláusulas estatutárias referentes à suspensão de eficácia das restrições relativas à transmissão e ao direito de voto). Para uma análise detalhada dos argumentos a favor e contra sobre a matéria, v. PETER MÜLBERT, *Make It or Break It...* cit., pp. 724-726.
[503] Embora a nossa actual posição vá no mesmo sentido da posição por nós antes considerada como desejável nos termos do anterior CódVM, cfr. JOÃO CUNHA VAZ, ob. cit., pp. 91 e 189.
[504] Leia-se o período de inibição da sociedade visada, nos termos da letra do art. 182º/3b).

conhecerem devidamente as condições desta⁵⁰⁵. Esta é sem dúvida a solução que melhor protege o sucesso da oferta, bem como os interesses dos accionistas da sociedade visada – entretanto devidamente informados –, na medida em que lhes permite confirmar a sua decisão anterior, bem como, face aos inerentes custos de agência e conflitos de interesses, afasta tentações egoísticas por parte dos membros do órgão de administração da sociedade visada⁵⁰⁶.

Por fim, uma breve palavra para reforçar o que já foi *supra* mencionado: se aquela autorização da AG deve ocorrer somente após o lançamento da OPA, também é certo que a assembleia deve poder ser convocada desde logo a partir do momento que se inicia a limitação dos poderes do órgão de administração (recepção do anúncio preliminar pela visada) e não apenas com o início do período da oferta (com o registo da oferta) que pode não coincidir e começar uns dias depois, tal como vimos antes.

Nesse sentido, foi alterado o art. 182º/3b) CódVM que mencionava expressamente a AG convocada especificamente para o efeito *"durante o prazo da oferta"*, para agora abranger os actos autorizados por AG convocada exclusivamente para o efeito *"durante o período mencionado no nº 1"*, ou seja, o período inibitório que limita os poderes da sociedade visada⁵⁰⁷. Temos assim, que não fazia sentido a administração estar limitada quanto à prática de determinado acto e a AG não poder ser imediatamente chamada a pronunciar-se com vista a autorizá-lo.

3. Natureza Jurídica

Antes de mais temos de sublinhar a natureza especial da norma do art. 182º, cujo âmbito de aplicação se circunscreve ao contexto de uma OPA, e a qual depende claramente de uma opção de política legislativa. Tal como veremos mais à frente, o legislador europeu deixou aquela opção ao critério de cada EM

---

⁵⁰⁵ Raúl Ventura, ob. cit., pp. 199-200, parece adoptar posição semelhante àquela por nós aqui defendida, ao não considerar relevante para este efeito a autorização prévia da AG. Também Luís Fragoso, ob. cit., p. 35 (nota 53), recusa as deliberações prévias, adiantando *"... que, havendo uma deliberação prévia, a administração da sociedade visada executá-la-ia de imediato retirando, assim, a possibilidade de os destinatários da oferta reverem a deliberação prévia antes de conhecerem os concretos termos da oferta"*.

⁵⁰⁶ No mesmo sentido, a presente limitação deve aplicar-se, igualmente, às situações em que a AG tenha anteriormente delegado no órgão de administração o poder para este deliberar um aumento de capital. Donde concluímos que é razoável exigir-se que, face a uma OPA, os accionistas devam sempre confirmar ou revogar em sede de AG (centro de definição do interesse da sociedade) – e durante o período de inibição – a deliberação eventualmente concedida num período anterior e relativa à delegação do mencionado poder.

⁵⁰⁷ Ou seja, a anterior versão do CódVM (aprovado pelo DL nº 486/99, de 13 de Novembro) foi alterada pelo mencionado DL nº 219/2006.

IV. REGRA DE NÃO FRUSTRAÇÃO DA OPA: LIMITAÇÃO DE PODERES DA ADMINISTRAÇÃO

como resposta às divergências no seio da U.E., prescrevendo um *regime facultativo* (e uma *cláusula de reciprocidade*) no que respeita à aplicação da regra de não frustração da oferta (*non-frustration rule*).

3.1. Norma de Diligência *versus* Competência e Sanção Jurídica

De modo a compreendermos a natureza jurídica desta norma, temos de questionar se estamos perante uma mera norma de conduta/diligência e de responsabilidade dos membros do órgão de administração (no âmbito dos seus deveres), ou se devemos ir mais longe e considerá-la como uma norma de competência (no âmbito dos seus poderes). A este respeito devemos lembrar que a letra do CódVM prescreve no art. 181º os *deveres da sociedade visada* para depois no art. 182º falar em *limitação dos poderes* daquela sociedade. Dúvidas aqui se nos levantam. Efectivamente quem está limitado não é propriamente a sociedade visada mas sim o seu órgão de administração. E de facto resta saber se estamos perante competências inerentes a este órgão na sua qualidade de entidade responsável pela gestão da sociedade, as quais são limitadas ou restringidas no decurso de uma OPA.

Também o legislador europeu nada refere a este respeito, limitando-se a dispor que a sociedade visada é obrigada a obter a autorização prévia para o efeito e tendo como epígrafe do art. 9º os *deveres* daquele órgão, embora nos seus Considerandos 16 e 21 refira expressamente *"limitados os poderes"* e *"que limitam os poderes"*, respectivamente. De igual modo, não podemos deixar de ter em linha de conta que o nosso legislador não fala em actos que aquele órgão *não deve* praticar mas sim naqueles actos que ele *não pode* praticar, pelo que nos parece que não tem competência para o efeito, porque estão fora do âmbito dos poderes que lhe são atribuídos por lei[508].

Ou seja, e no que respeita à sua consequência jurídica, devemos ficar pela mera responsabilização dos titulares do órgão de administração nos termos dos arts. 72º e 79º, ou devemos ir mais longe e defender também a ineficácia do acto nos termos do art. 409º/1 e a nulidade da deliberação daquele órgão nos termos do disposto nos arts. 411º/1 e 433º/1, todos do CSC?

---

[508] ORLANDO GUINÉ, *A Transposição da Directiva...* cit., pp. 38-40, concluía que a norma do art. 182º tratava-se de uma norma de diligência/conduta e não de competência, porque contém conceitos indeterminados devendo substituir-se no respectivo título/epígrafe *poderes* por *deveres* e chamando a atenção para o título do art. 9º da Directiva (*Deveres do órgão de administração da sociedade visada*), onde se estipula que aquele órgão está obrigado a obter uma autorização prévia da AG de accionistas antes de empreender determinados actos – fixando, portanto, um dever.
Mais recentemente o mesmo Autor vem concluir pela ineficácia, perante a sociedade, do acto praticado em violação do disposto na norma do art. 182º/1 – cfr. *Da Conduta (Defensiva)...* cit., p. 223.

Assim, relativamente à vinculação da sociedade, tendo o conselho de administração poderes exclusivos para a representar (art. 405º/2 CSC), esta fica vinculada para com terceiros pelos actos praticados pelos seus administradores, dentro dos poderes que a lei lhes confere (art. 409º/1 CSC).

Sucede que a norma do art. 182º/1 do CódVM vem precisamente limitar certos poderes deste órgão no decurso de uma OPA, pelo que temos de avaliar em que medida os actos por ela proibidos (praticados pela administração sem a autorização devida da AG) vinculam a sociedade perante terceiros[509].

Estamos, portanto, perante uma limitação legal dos poderes de gestão dos membros da administração, os quais estão dependentes de uma autorização prévia da AG, restando saber se bastará responsabilizar os administradores para com a sociedade pelos danos a esta causados por actos praticados em violação dos seus deveres gerais legais ou contratuais (art. 72º/1 CSC[510]) ou perante os accionistas e o oferente pelos danos que directamente lhes tenham causado no exercício das suas funções, nos termos do art. 79º/1 CSC[511]? Ou se

---

[509] No pressuposto de que esta vinculação visa precisamente proteger terceiros de boa fé, devemos levantar a seguinte questão: pode a sociedade visada opor-lhes a limitação de poderes resultante da norma do 182º/1, se o terceiro tiver conhecimento, ou não puder ignorar, face às circunstâncias, que o acto praticado não respeitava essa mesma norma, aplicando aqui, por analogia, o disposto no art. 409º/2 CSC relativo às limitações de poderes resultantes do seu objecto social?

[510] A este respeito importa delimitar o âmbito de funcionamento do princípio da *BJR* previsto entre nós no art. 72º/2 CSC e que exclui a responsabilidade dos membros da administração: (i) por um lado, ele não se aplica aos casos de violação de proibições ou obrigações previstas na lei (com é aqui o nosso caso), estando a sua fronteira delimitada pelos deveres gerais dos administradores. Daqui resulta que os administradores que aprovaram a medida defensiva proibida pela norma do 182º/1 nunca poderão invocar aquela norma para excluir a sua responsabilidade ao provar que agiram em termos informados, livres de qualquer interesse pessoal e segundo critérios de racionalidade empresarial: (ii) por outro lado, este mesmo princípio só funciona no âmbito da responsabilidade dos administradores para com a sociedade, e não para com os sócios e terceiros, ao que se aplicará o disposto na norma do art. 79º CSC.
No mesmo sentido, ANTÓNIO PEREIRA DE ALMEIDA, ob. cit., p. 286, conclui que a *BJR* constitui *"uma regra de avaliação da responsabilidade dos administradores perante a sociedade – e não uma causa de justificação – contanto que não se verifique a violação de deveres específicos"*. Sobre a aplicação deste princípio no direito português, v. referências *supra* mencionadas.
Também ORLANDO GUINÉ, *Da Conduta (Defensiva)*... cit., p. 125, advoga uma interpretação restritiva desta norma, no sentido de que aquele juízo somente se deve aplicar quando esteja em causa o mau cumprimento do dever geral de administrar e não o incumprimento dos seus deveres de conduta específicos, o mesmo valendo para os deveres especiais que recaem no decurso da OPA nos termos do art. 182º/1, isto é, a *BJR* não se aplica à conduta dos administradores no decorrer da oferta, conduta essa que está sujeita à *non-frustration rule*, ou seja, à proibição prevista por aquela norma.

[511] Uma vez que não existe qualquer relação contratual funcional entre os administradores e os sócios ou terceiros, esta responsabilidade será sempre delitual, no sentido de que decorre da violação

IV. REGRA DE NÃO FRUSTRAÇÃO DA OPA: LIMITAÇÃO DE PODERES DA ADMINISTRAÇÃO

devemos ir mais longe e questionar se os actos proibidos, e entretanto praticados, sem a necessária autorização por parte dos accionistas, são eficazes e vinculam a sociedade perante terceiros (art. 409º/1 CSC) e se a deliberação da administração em causa é nula porque o seu conteúdo não está, por natureza, sujeito a deliberação do conselho de administração (411º/1b) CSC) ou porque é ofensivo de um preceito legal imperativo (411º/1c) CSC)?

A CMVM no *Relatório Final da Consulta Pública nº 11/2005 sobre o Anteprojecto de Diploma de Transposição da Directiva das OPA* (§ 11º, *in fine*) também questiona se a presente infracção ao disposto no art. 182º/1 *"corresponde tão-só a responsabilidade dos membros do órgão de administração, nos termos normais, ou se também se lhes restringe a competência para a prática do acto em nome da sociedade"*, caso em que o acto seria ineficaz e a respectiva deliberação nula, a existir, de acordo com aquela entidade.

Esta segunda hipótese parece-nos sem dúvida a solução que melhor protege os interesses tutelados pela norma do art. 182º/1, ou seja: os interesses dos accionistas da sociedade visada, destinatários da oferta, bem como os interesses do oferente. Esta é aquela que vai mais ao encontro da *ratio* legis desta norma, uma vez que é a solução que melhor protege o êxito da oferta, bem como a que mais eficazmente retira as consequências da "neutralidade" da administração na defesa dos interesses que aqui importa acautelar.

Pode-se concluir que os actos praticados pelos membros do órgão de administração da sociedade visada em violação do disposto na norma do art. 182º/1 são ineficazes perante terceiros e não vinculam a sociedade, uma vez que aqueles actuam fora dos poderes que a lei lhes confere, mais concretamente, violando a inibição legal dos seus poderes de gestão no decurso de uma OPA. Estamos, assim, perante uma norma de competência (e correspondente ineficácia), tanto mais que a própria letra da lei fala em limitação de *poderes* e em actos que aquele órgão não *pode* praticar (e não em actos que ele não *deve* praticar), cabendo então à AG, no decorrer da oferta, a competência exclusiva para esse efeito[512].

---

de obrigações legais pré-existentes. Sobre a matéria da responsabilidade civil dos administradores das sociedades anónimas, v. ANTÓNIO FERNANDES DE OLIVEIRA, ob. cit., pp. 327-335, COUTINHO DE ABREU, *Responsabilidade Civil dos Administradores de Sociedades*, IDET, Cadernos, nº 5, Almedina, 2007, PEDRO CAETANO NUNES, *Responsabilidade Civil...* cit., ANTÓNIO MENESES CORDEIRO, *Da Responsabilidade Civil...* cit. e JOÃO SOARES DA SILVA, "Responsabilidade civil dos administradores de sociedades: os deveres gerais e a Corporate Governance", in ROA 57, Vol. II, 1997, pp. 605-628.

[512] Por sua vez ANTÓNIO SOARES/RITA OLIVEIRA PINTO, ob. cit., p. 870, entendem que o art. 182º/1 não prejudica o disposto na norma do art. 373º/3 CSC, segundo o qual, sobre matérias de gestão da sociedade, os accionistas só podem deliberar a pedido do órgão de administração Ou seja, entendem estes Autores que esta norma do CódVM *"não determina uma transferência de competências de matérias de gestão do órgão de administração da Sociedade Visada para a sua Assembleia Geral, mas antes exige um autorização prévia dos accionistas para a prática de determinados actos de gestão pela respectiva adminis-*

Esta questão prende-se, assim, directamente com os limites legais dos poderes de representação dos administradores e o valor dos seus actos praticados sem a autorização da AG (quando exigida pela lei). Também aqui se deve defender solução idêntica àquela que resulta do regime geral, prescrito pelo art. 409º/1 CSC: a sociedade fica vinculada para com terceiros pelos actos praticados pelos seus administradores, dentro dos poderes que a lei lhes confere, donde podemos concluir, *a contrario*, que os actos praticados pelos membros do órgão de administração em nome da sociedade e fora dos poderes conferidos pela lei são ineficazes, não a vinculam perante terceiros, desde logo, pelo facto de aqueles não terem, neste caso, poderes de representação da sociedade[513].

Alguma doutrina por sua vez, acrescenta que "*a ineficácia do acto não parece justificar-se em todos os cenários*", sendo "*que o acto praticado é, por regra, ineficaz perante a sociedade – pelo menos durante a pendência da OPA e, após o final desta, se a mesma tiver sido bem sucedida*"[514].

Também em nosso entender somente faz sentido levantar a questão da ineficácia do acto praticado em violação do disposto no art. 182º/1 (não se aplicando nenhuma das excepções previstas no art. 182º/3) durante a pendência

tração", concluindo pela nulidade da deliberação, por contrariar um preceito legal imperativo (art. 411º/1c) CSC) – já não sendo, portanto, por vício de conteúdo nos termos do art. 411º/1b) CSC – e que os actos praticados são insusceptíveis de afectar os direitos adquiridos por terceiros de boa fé (art. 61º/2 CSC) – cfr. p. 872. Sobre esta matéria v. igualmente COUTINHO DE ABREU, *Governação*... cit., pp. 109ss. Em conclusão, temos de sublinhar que independentemente da posição a tomar quanto à causa de nulidade daquela deliberação (alíneas b) ou c) do art. 411º/1) o mais relevante é que o resultado será sempre o mesmo: nulidade da deliberação do órgão de administração.

[513] No mesmo sentido v. ALEXANDRE SOVERAL MARTINS, *Os Poderes de Representação*... cit., pp. 178-186, para quem os actos praticados pelos administradores, sem que tenha tido lugar a intervenção prévia de outro órgão exigida por lei (a AG, neste caso), deverão ser considerados ineficazes e, como tal, não vinculam a sociedade, uma vez que aqueles actuam fora dos poderes que a lei lhes confere (p. 186).
Sobre esta matéria da representação e vinculação da sociedade PAULO OLAVO CUNHA, ob. cit., pp. 765ss., conclui que caso esta não tenha poderes de representação, tem de assumir o acto praticado, ficando vinculada, mas somente quando actua dentro dos limites da lei. Caso contrário – como sucede aqui na presente violação do disposto do art. 182º/1 CódVM – a sociedade não fica vinculada uma vez que a administração ultrapassou os limites impostos por lei.

[514] Cfr. ORLANDO GUINÉ, *Da Conduta (Defensiva)*... cit., pp. 221 e 223, respectivamente, chegando mesmo a afirmar que "*a solução mais adequada passaria, assim, por considerar que a eficácia de um acto praticado pela Administração em violação do disposto no art. 182º/1 do CVM (não se aplicando nenhuma das excepções) se encontra, antes, sujeita a uma condição legal suspensiva, o acto somente sendo eficaz perante a sociedade caso a OPA venha a ser votada ao insucesso*". Portanto, para este Autor é aconselhável que a administração sujeite sempre a prática de actos em violação daquela norma (fora dos casos de excepção) à condição voluntária suspensiva do insucesso da OPA (p. 221). Sobre as dificuldades que se podem levantar a terceiros na tomada de conhecimento da vinculação da sociedade pelo acto em questão v. *idem* pp. 219-220.

III. DEVERES DOS MEMBROS DO ÓRGÃO DE ADMINISTRAÇÃO E MEDIDAS DEFENSIVAS

da OPA e, após a mesma, quando esta tenha sucesso, caso contrário a sua ineficácia deixa de se equacionar ou mesmo de se justificar nessa mesma medida, uma vez que são afastados os pressupostos da referida norma: a protecção dos accionistas da sociedade visada em realizar uma mais-valia e o acautelar dos objectivos do oferente. Ou seja, quando a OPA é votada ao insucesso (porque não aceite pelos accionistas, por exemplo), deixa de questionar-se a eficácia perante a sociedade de actos que a administração tenha praticado fora dos seus poderes na pendência da OPA[515].

Somente faz sentido limitar os poderes da administração da visada e retirar eficácia dos actos por esta praticados fora dos poderes que lhe são conferidos por lei, após o lançamento e durante a pendência da oferta. Uma vez terminado o respectivo processo, aqueles mesmos actos, praticados durante a OPA contra o disposto no art. 182º/1, serão ineficazes caso a oferta tenha tido sucesso e o oferente tenha adquirido o controlo da sociedade: apenas nestes casos importa salvaguardar os objectivos do oferente retirando eficácia à medida defensiva anti-OPA[516]. Tanto mais, que somente nestes casos de sucesso da OPA faz sentido garantir que aquele acto não vincule a sociedade perante terceiros, acto, esse, que terá certamente sido praticado com o intuito de frustrar o êxito da oferta e de prejudicar os objectivos do oferente.

No que respeita aos interesses de terceiros, estes parecem-nos acautelados uma vez que, devidamente aconselhados, facilmente podem tomar conhecimento desta particular situação da vida da sociedade visada face à natureza pública do anúncio preliminar e da convocatória e deliberação da AG, percebendo, desta forma, se o acto em questão vincula ou não a sociedade.

A par da questão da ineficácia daquele acto perante terceiros, acresce discutir sobre a validade da deliberação do conselho de administração, a qual, a existir no decurso de uma OPA, deve ser considerada nula nos termos do art. 411º/1c) CSC, uma vez que o seu conteúdo é ofensivo de um preceito legal imperativo – neste caso o art. 182º/1 CódVM.

---

[515] Quanto muito, eventualmente, restará avaliar se a medida defensiva em causa – praticada em violação do disposto no art. 182º/1 – foi determinante para, ou influenciou de algum modo, o insucesso da OPA.
[516] Não nos podemos esquecer que o oferente terá outra saída possível: a prática de actos em violação do disposto no art. 182º/1 pode legitimar o oferente a modificar ou revogar a oferta, em prazo razoável e mediante autorização da CMVM, por *alteração das circunstâncias*, uma vez verificados os requisitos enunciados no art. 128º: *"Em caso de alteração imprevisível e substancial das circunstâncias que, de modo cognoscível pelos destinatários, hajam fundado a decisão de lançamento da oferta, excedendo os riscos a esta inerentes..."*. Sobre esta matéria v. PAULA COSTA E SILVA, *"Oferta Pública e alteração das circunstâncias"*, in Direito dos Valores Mobiliários, Vol. IV (2003), Coimbra Editora, pp. 127-146.

Por exemplo, não compete ao órgão de administração aprovar a aplicação de uma medida defensiva após o lançamento de uma OPA, pelo que essa deliberação é nula. Melhor dizendo, essa deliberação incide sobre matérias para as quais aquele órgão não tem competência, pelo que o mesmo não podia pronunciar-se validamente sobre a aplicação de uma medida defensiva anti-OPA, matéria da competência exclusiva da AG, pelo menos, no decurso da oferta[517].

Temos, assim, que face ao disposto no art. 182º/1 e 3/b) CódVM, aquele órgão está inibido de praticar, no decorrer da OPA, determinados actos destinados a frustrar o êxito da oferta, não tendo competência para deliberar sobre essas matérias, pelo que qualquer eventual deliberação por parte da administração nesse sentido será nula por vício de conteúdo (art. 411º/1 CSC).

Ainda nos termos do art. 412º/1 CSC, o próprio órgão de administração ou a AG[518] podem declarar a nulidade dessa deliberação, a requerimento de qualquer administrador, do conselho fiscal ou de qualquer accionista com direito de voto[519]. Entretanto, os administradores não devem, *antes da declaração de nulidade*, subentenda-se, executar ou consentir que sejam executadas deliberações nulas, de acordo com o disposto no art. 412º/4 CSC[520]. Ou seja, a questão não

---

[517] No mesmo sentido RAÚL VENTURA, ob. cit., p. 557, entende que *"Por natureza, não estão sujeitas a deliberação do conselho de administração matérias que não respeitem à gestão da sociedade e ainda aquelas que, por lei, sejam da competência exclusiva de outro órgão social, por exemplo da assembleia geral dos accionistas"*.

[518] A este respeito devemos ter em conta que a declaração de nulidade pela AG das deliberações do conselho de administração não afecta, perante terceiros, os actos praticados pelos administradores com poderes para vincular a sociedade (art. 409º/1 CSC). A este respeito o art. 61º/2 CSC dispõe que a declaração de nulidade não prejudica os direitos adquiridos de boa fé por terceiros, com fundamento em actos praticados em execução da deliberação. Contudo, sucede que no caso em apreço os administradores actuaram fora dos poderes conferidos por lei (em violação do disposto no art. 182º CódVM que atribui competência exclusiva à AG para o efeito), pelo que os seus actos serão ineficazes perante terceiros, tal como vimos antes.

[519] Podendo fazê-lo dentro do prazo de um ano a partir do conhecimento da irregularidade mas nunca depois de decorridos três anos após a data da deliberação (art. 412º/1 CSC).

[520] Sob pena de incorrerem em responsabilidade civil perante a sociedade (art. 72º/1 CSC), sócios e terceiros (art. 79º CSC). De realçar que a norma do art. 72º/5 afasta a responsabilidade civil dos administradores para com a sociedade quando o acto ou omissão assente em deliberação dos sócios, ainda que anulável – o que não acontece, no entanto, no presente caso, pois estamos perante uma deliberação nula.

Uma questão importante vem sendo levantada pela doutrina no que respeita ao âmbito de aplicação da norma do art. 412º/4 CSC, designadamente quanto à sua aplicação a deliberações da AG nulas. De acordo com JOÃO CALVÃO DA SILVA, *Estudos Jurídicos...* cit., p. 112, *"Incumbirá, portanto, aos administradores verificarem se uma deliberação da Assembleia é nula, caso em que não a devem executar (art. 412º, nº 4), mostrando assim como a Assembleia não pode esvaziar os poderes dos administradores inerentes ao cargo nem dispensar-lhes o cumprimento dos deveres impostos por lei"*. Também PAULO OLAVO CUNHA, ob. cit., p. 771, entende que esta norma se aplica a todas as deliberações nulas, seja qual for a sua fonte, AG ou conselho de administração, bem como RAÚL VENTURA, ob. cit., p. 562.

IV. REGRA DE NÃO FRUSTRAÇÃO DA OPA: LIMITAÇÃO DE PODERES DA ADMINISTRAÇÃO

se levanta depois de declarada nula a deliberação do conselho de administração por parte de um dos órgãos competentes para o efeito, mas sim no período anterior, no qual os seus membros devem abster-se de praticar actos de execução daquela deliberação em representação da sociedade[521].

No entanto, a AG pode ainda, *no período da oferta*, substituir por uma deliberação sua a deliberação nula do órgão de administração que versou sobre matéria da sua exclusiva competência, nos termos da norma do art. 412º/3 CSC conjugada com a norma do art. 182º/3b) CódVM.

Assim, ao contrário da situação em que a AG delibera, a pedido do órgão de administração, sobre matérias de gestão da sociedade que são da competência daquele órgão (ao abrigo do disposto na norma do art. 373º/3 CSC), o legislador vem limitar no art. 182º/1 CódVM os poderes de gestão deste mesmo órgão no decurso da OPA e exigir uma deliberação da AG sobre determinadas matérias da gestão societária, de modo a acautelar os interesses dos accionistas da sociedade visada, destinatários da oferta, bem como o êxito da mesma.

Se no primeiro caso temos que as deliberações da AG não subordinam o conselho de administração (salvo cláusula do contrato de sociedade em contrário), nem são vinculativas para a sociedade (cfr. art. 405º/1), também é verdade que essas mesmas deliberações da AG (sobre matérias de gestão sem o prévio pedido da administração) são nulas[522].

Embora possa parecer decorrer o contrário da letra desta norma, a qual refere única e expressamente as *deliberações do conselho* (cfr. nºs 1 e 3), bem como do art. 411º/1 CSC que apenas prescreve que *"São nulas as deliberações do conselho de administração"*, é nosso entendimento que a norma do art. 412º/4 CSC diz respeito a todas deliberações, tanto do conselho de administração como da AG, tanto mais que decorre directamente da lei (art. 405º CSC) ser competência do primeiro executar as deliberações da segunda. Assim, apesar de o nº 4 do art. 412º CSC apenas referir *que não devem ser executadas deliberações* sem especificar o órgão que as emite, parece resultar que o legislador também pretendeu vincular os membros do órgão de administração relativamente à não execução das deliberações nulas da AG (nos termos do art. 56º CSC).

[521] No caso da deliberação da administração não existir, os seus membros estão inibidos de praticar todos os actos proibidos nos termos do art. 182º/1, sob pena de ineficácia.

[522] De acordo com o disposto no art. 56º/1c) CSC são nulas as deliberações sociais cujo conteúdo não esteja, por natureza, sujeito a deliberação dos sócios, como acontece no presente caso em que a AG interfere na esfera da competência exclusiva do órgão de administração. Ou seja, esta norma diz respeito àquelas deliberações que, pela sua natureza, não são da competência dos accionistas. Assim também o entende PEDRO MAIA, *Função e Funcionamento...* cit., pp. 153-154.
Neste contexto devemos ter, de igual modo, em linha de conta o disposto no art. 57º CSC relativo à iniciativa do órgão de fiscalização quanto a deliberações nulas da AG com vista à promoção da respectiva declaração judicial nos termos gerais dos arts. 286º e 289ºss. CC.
Por outro lado, qualquer sócio pode requerer, no prazo de dez dias, a suspensão judicial da execução de uma deliberação da AG se esta ofender a lei ou os estatutos e demonstrando que essa execução pode causar dano apreciável, nos termos do art. 396º/1 do CPC. E, por fim, nas socieda-

Já o mesmo não sucede no caso aqui em apreço, uma vez que é a própria lei (art. 182º/3b) CódVM) que atribui competência à AG para deliberar, no decorrer da oferta, sobre a prática, por parte da administração, de actos de gestão proibidos pelo seu nº 1 e que consubstanciam medidas defensivas malignas anti-OPA. No entanto, os mesmos actos praticados pelos administradores em violação do disposto dessa norma, sem a autorização devida da AG, são igualmente ineficazes e não vinculam a sociedade, e a respectiva deliberação, a existir, é nula, tal como defendemos antes.

Por fim, umas breves palavras para reforçar que de acordo com a CMVM[523] a questão da sanção jurídica em apreço deve ser resolvida em sede dogmática do direito das sociedades e não do direito dos valores mobiliários, o que de certa forma explica a inexistência no CódVM de qualquer sanção para a violação, por parte do órgão de administração, do disposto no art. 182º/1. Temos de concluir que esta omissão remete-nos para as regras gerais do CSC, devendo-se invocar a ineficácia daqueles actos proibidos (art. 409º/1) e a nulidade da correspondente deliberação do órgão de administração, a existir (art. 411º/1c)). Parece-nos ter sido clara a intenção do legislador em resolver esta matéria nos termos gerais do CSC[524].

Deste modo e, ao contrário do anterior regime do CódMVM[525], o legislador actual parece qualificar esta matéria como exclusivamente societária, ao não prever expressamente qualquer sanção para tal violação no art. 393º CódVM (*Ofertas públicas*). Ter-se-á limitado a sancionar, com contra-ordenação grave, a violação, por parte da sociedade visada, de certos deveres de informação, nos termos do art. 393º/4d), deveres estes todos eles decorrentes do disposto no art. 181º (*Deveres da sociedade visada*)[526].

---

des abertas, é ainda possível requerer a suspensão de deliberações sociais inválidas, nos termos do art. 24º CódVM, matéria esta tratada *infra* no Ponto seguinte.

[523] Cfr. *Relatório Final da Consulta Pública nº 11/2005 sobre o Anteprojecto de Diploma de Transposição da Directiva das OPA*, (§ 11º).

[524] Designadamente, dos arts. 72º (*Responsabilidade de membros da administração para com a sociedade*), 79º (*Responsabilidade para com os sócios e terceiros*), ou indo mais longe, dos arts. 409º (*Vinculação da sociedade*) e 411º (*Invalidade de deliberações*), todos do CSC.

[525] Este diploma previa expressamente uma sanção jurídica para a violação deste dever da administração da sociedade visada (previsto nos termos do seu art. 575º) ao fazê-la incorrer em contra-ordenação grave, punível com coima entre 300.000 e 150.000.000 escudos nos termos do art. 671º/24e) daquele diploma.

[526] Designadamente, o dever de publicar relatório sobre a oferta e de o enviar à CMVM e ao oferente, o dever de informar a CMVM sobre as transacções realizadas sobre valores mobiliários que são objecto da oferta, o dever de informar os trabalhadores, ou seus representantes, sobre o conteúdo dos documentos da oferta e do seu relatório e o dever de divulgar o parecer, preparado pelos trabalhadores, quanto às repercussões da mesma a nível do emprego.

IV. REGRA DE NÃO FRUSTRAÇÃO DA OPA: LIMITAÇÃO DE PODERES DA ADMINISTRAÇÃO

Por sua vez, parece-nos limitada e vaga a solução apresentada por alguma doutrina[527], que questiona se a presente violação da norma do art. 182º/1 não deveria ser qualificada como contra-ordenação menos grave nos termos do art. 400º/1a), consubstanciada numa violação de deveres não referidos nos arts. anteriores mas previstos no CódVM. Também é discutível a opção do legislador em deixar esta matéria a cargo do direito das sociedades, restando questionar se não estamos perante uma verdadeira lacuna legal a ser colmatada numa próxima revisão do CódVM, no sentido de sancionar esta violação com uma contra-ordenação grave à semelhança do que sucedia com o anterior CódMVM.

Tanto mais que o art. 17º da Directiva obriga os EM a determinar o regime das sanções aplicáveis às infracções das disposições nacionais de transposição da presente Directiva – devendo estas sanções ser efectivas, proporcionais e dissuasivas –, bem como a tomar todas as medidas necessárias para assegurar a respectiva aplicação, o que parece não se ter verificado no presente caso, bem como reforça o carácter insuficiente da posição doutrinal *supra* referida.

3.2. Impugnação das Deliberações do Órgão de Administração

A respeito da deliberação viciada do conselho de administração, levanta-se aqui uma outra importante questão, a saber: os accionistas podem única e exclusivamente impugnar socialmente, junto da AG e do órgão de administração, a validade de uma deliberação deste último órgão tal como previsto na lei, ou poderão também impugná-la por via judicial? Ou seja, se lhes é expressamente permitido requerer a declaração de nulidade daquela deliberação pela AG ou pelo próprio órgão de administração (nos termos do art. 412º/1 CSC), poderão os mesmos recorrer directamente, no decurso de uma OPA, aos tribunais para impugnar a deliberação em causa?

---

[527] Cfr. ORLANDO GUINÉ, *Da Conduta (Defensiva)...* cit., p. 216 (nota 446).
O mesmo Autor levanta ainda uma importante questão: o legislador sanciona com contra-ordenação muito grave *a violação dos deveres relativos à realização de transacções na pendência da oferta* (art. 393º/2 al. j) CódVM), o que parece sobrepor-se ao disposto na alínea h) do nº 4 do mesmo art., que qualifica como contra-ordenação grave a violação pelo oferente, ou por pessoas que com ele estejam em alguma das situações previstas no art. 20º CódVM, da proibição de negociação *fora de mercado regulamentado* de valores mobiliários da categoria dos que são objecto da oferta ou dos que integram a contrapartida sem a autorização prévia da CMVM.
Em nosso entender, não pode ter sido essa a intenção do legislador: esta segunda sanção (contra-ordenação grave) diz respeito à violação do disposto no art. 180º/1a) CódVM (v. também arts. 180º/1b) e 393º/4i), ambos do CódVM). Qual será então o alcance do mencionado art. 393º/2j)? Poderá ele estar relacionado com o disposto no art. 182º? Parece-nos que não, desde logo, face às respectivas epígrafes dos arts. 182º (*Limitação dos poderes da sociedade visada*) e 180º (*Transacções na pendência da oferta*). Donde se questiona que o legislador tenha sido omisso relativamente à sanção da violação da norma do art. 182º/1, remetendo para os termos gerais do CSC.

Antes de entrarmos na questão propriamente dita da impugnabilidade judicial pelos accionistas das deliberações do órgão de administração, temos de tecer aqui duas particulares considerações, uma vez que estamos perante uma norma especial, o art. 182º CódVM, aplicável somente em caso de OPA.

Primeiro, a presente questão não parece ter grande alcance prático no decurso de uma OPA, uma vez que o decorrer do processo judicial não é de todo compatível com a celeridade do prazo da oferta, o qual decorre normalmente entre duas e dez semanas (com eventual prorrogação)[528]. Pelo que não fará muito sentido os accionistas da sociedade visada recorrerem para os tribunais quando se sintam lesados pela deliberação da sua administração – que visa frustrar o êxito da oferta violando o disposto na norma do art. 182º/1. Daqui resulta ser nosso entendimento que, em sede de OPA, os accionistas deverão recorrer pela via social (ou seja, impugnar internamente a deliberação viciada junto dos órgãos da sociedade), via social, essa, que é bem mais célere e compatível para este efeito, o que nos leva à nossa outra consideração particular.

Segundo, e porque estamos no decurso de uma OPA, só faz sentido que os accionistas da sociedade visada (com direito de voto e independentemente do número de acções que detenham) requeiram essa mesma nulidade junto da AG, órgão competente para se pronunciar sobre a aplicação das medidas defensivas anti-OPA. Ou seja, e ao contrário do disposto no art. 412º/1 CSC, entendemos que, face a uma OPA, o órgão de administração não está habilitado para se pronunciar sobre o mérito das suas decisões que violam o disposto na norma do art. 182º/1 CódVM, consideradas nulas nos termos do art. 411º/1c) CSC, pelas mesmas razões invocadas para justificar a limitação dos seus poderes de gestão no decurso de uma OPA. Os membros do órgão de administração não devem executar ou consentir que seja executada essa mesma deliberação (art. 412º/4 CSC), bem como podem, eles próprios, requerer a respectiva nulidade junto da AG (art. 412º/1 CSC).

Tal como vimos antes[529], cabe única e exclusivamente à AG autorizar a prática, por parte do órgão de administração, de actos susceptíveis de frustrar a oferta, uma vez que a oferta é dirigida aos accionistas da sociedade visada e somente estes se devem pronunciar sobre o mérito da oferta e sobre a aplicação, ou não, de uma medida defensiva. Assim sendo, e por idênticas razões, entendemos que somente resta aos accionistas neste caso particular convocar a AG para que este órgão se pronuncie sobre o mérito da deliberação da administração e declare a respectiva nulidade.

---

[528] Tal como vimos antes, e nos termos do art. 183º/2 CódVM, o prazo da oferta pode ser prorrogado pela CMVM, por sua iniciativa ou a pedido do oferente, em determinadas circunstâncias: revisão, oferta concorrente ou protecção dos interesses dos accionistas da sociedade visada.
[529] Nos termos do art. 182º/3b) CódVM.

IV. REGRA DE NÃO FRUSTRAÇÃO DA OPA: LIMITAÇÃO DE PODERES DA ADMINISTRAÇÃO

Acresce sublinhar que, de igual modo, nos termos do art. 412º/3 CSC, só a este órgão accionista compete substituir a deliberação nula da administração por uma deliberação sua, desde que aquela não verse sobre matéria da exclusiva competência do órgão de administração, o que não se verifica no presente caso, antes pelo contrário, uma vez que estamos perante uma matéria da exclusiva competência da AG – a aplicação de medidas defensivas no decurso de uma OPA.

Uma vez declarada nula, pela AG, a deliberação viciada, em violação do disposto do art. 182º/1 CódVM, resta-nos reforçar a ideia de que os actos entretanto praticados pelos administradores são ineficazes perante terceiros, não vinculam a sociedade, uma vez que aqueles agiram fora dos poderes que a lei lhes confere. Isto é, deliberaram sobre uma matéria para a qual não tinham competência agindo, portanto, sem poderes de representação da sociedade. Aliás, estes são ainda responsáveis civilmente perante a sociedade, accionistas e terceiros pelos danos que lhes tenham causado decorrentes do não cumprimento do seu dever de não executar ou consentir que sejam executadas deliberações nulas, previsto nos termos do art. 412º/4 CSC.

Entrando agora na questão propriamente dita da impugnabilidade pelos accionistas das deliberações do órgão de administração[530], podemos começar por argumentar, conforme já mencionado, que a resolução pela via social é certamente muito mais célere e compatível com o desenlace do processo de uma OPA, caso contrário poder-se-ia abrir a porta ao excessivo recurso à via judi-

---

[530] No sentido da impugnação judicial das deliberações do órgão de administração v. RAÚL VENTURA, ob. cit., pp. 558-559, bem como ARMANDO TRIUNFANTE, *A Tutela das Minorias nas Sociedades Anónimas – Direitos Individuais*, cit., pp. 190-206, para quem "*as deliberações do órgão de administração são logo, de forma directa, judicialmente impugnáveis pelos accionistas individuais*" (cfr. p. 201).
Também PAULO OLAVO CUNHA, ob. cit., p. 785, entende que "*... a letra do [CSC] não pode impedir um accionista de recorrer directamente para os tribunais, com a finalidade de propor [...] a declaração de nulidade de uma deliberação da administração (de que tenha conhecimento), sem que o próprio órgão de gestão ou a assembleia geral (ou o conselho geral de supervisão) se tenha(m) de pronunciar previamente*", mas no caso de a própria AG se pronunciar entretanto, declarando a nulidade, então a instância extingue-se naturalmente.
De igual modo, COUTINHO DE ABREU, *Governação...* cit., pp. 135ss., embora admita que "*...às vezes razões de ordem prática impõem o recurso, antes de mais, às vias intra-societárias de impugnação; o recurso directo para os tribunais perturbaria a vida da sociedade*" (p. 138), conclui pela admissibilidade do recurso directo ao tribunal para pedir a declaração de nulidade da deliberação do CA "*... – independentemente dos recursos previstos no art. 412º, ou em simultâneo com estes*" (p. 141), e considerando que o nº 1 desta norma é também aplicável, quanto aos prazos, à arguição judicial.
Por sua vez, ANTÓNIO PEREIRA DE ALMEIDA, ob. cit., p. 480, entende que enquanto a deliberação da administração não tiver sido executada os accionistas não têm legitimidade para a impugnar judicialmente por falta de interesse processual, nos termos do art. 26º/1 CPC.

cial⁵³¹, com a consequente perturbação injustificada da vida societária. Depois, alguma doutrina defende que não deve caber aos accionistas a título individual apreciar do mérito das decisões de gestão, matéria esta da competência exclusiva da AG.

Relativamente a este último argumento não nos podemos esquecer que estamos perante uma OPA, pelo que caberá sempre aos seus destinatários, accionistas da sociedade visada – quer a título individual ou colectivo – apreciar o mérito da oferta e também, por conseguinte, o mérito de qualquer deliberação defensiva do órgão de administração aprovada no decurso da mesma, tanto mais que se trata aqui de uma deliberação nula cujo conteúdo não está sujeito a deliberação deste órgão, por carecer da intervenção da AG nos termos do art. 182º CódVM.

Depois, pode-se questionar se não fará sentido salvaguardar o direito de aqueles impugnarem judicialmente, a todo o tempo (nos termos gerais do art. 286º CC), as deliberações nulas do órgão de administração (art. 411º/1c) CSC). Esta parece ser a solução que melhor salvaguarda os interesses dos accionistas, os quais não ficarão então vinculados aos prazos mais apertados previstos no art. 412º/1 CSC (um ano após o conhecimento ou três após a data da deliberação). Estes mais do que ninguém devem ser protegidos contra a actuação da administração no decurso de uma OPA. Se assim não fosse, essa norma do CSC seria inconstitucional por violar o direito fundamental de acesso aos tribunais (garantido nos termos do art. 20º CRP).

Por último, e ainda a favor da posição aqui defendida, devemos ter em linha de conta que as deliberações do órgão de administração têm mera eficácia interna, uma vez que a sociedade só fica vinculada perante terceiros através dos actos dos administradores dentro dos poderes que a lei lhes confere (art. 409º/1 CSC), e que aqueles poderão estar a executar uma deliberação anterior daquele órgão. Pelo que, entre a eventual deliberação e a execução do acto, a sociedade ainda não está vinculada⁵³², podendo sempre os accionistas requerer, neste caso junto da AG, a declaração da nulidade da deliberação em causa. No entanto, não nos podemos esquecer que neste caso particular os administradores praticaram, no prazo da oferta, um acto proibido pelo disposto no art.

---

⁵³¹ V. o Princípio OCDE III, pp. 41-42 (*O Tratamento Equitativo dos Accionistas*) sobre o direito dos accionistas da sociedade efectivarem os seus direitos ao instaurar um processo judicial contra membros do órgão de administração – o qual deve ser célere e com custos reduzidos, em particular na defesa dos direitos dos accionistas minoritários – mas prevendo *cláusulas de salvaguarda* na actuação dos gestores (como por exemplo, a regra da discricionariedade técnica) de modo a evitar excessivos litígios.

⁵³² ANTÓNIO PEREIRA DE ALMEIDA, ob. cit., p. 479.

IV. REGRA DE NÃO FRUSTRAÇÃO DA OPA: LIMITAÇÃO DE PODERES DA ADMINISTRAÇÃO

182º/1 CódVM, fora, portanto, dos poderes conferidos por lei, pelo que os actos de execução dessa deliberação serão igualmente ineficazes.

Ainda sobre esta matéria PAULO OLAVO CUNHA levanta uma série de questões pertinentes: desde logo entende que *"só tem sentido equacionar a impugnação das decisões de gestão quando as mesmas são oportunamente conhecidas, o que acontece em especial com aquelas que se materializam em actos externos"*[533]. Ou seja, os accionistas só estão em condições de impugnar uma deliberação viciada depois de a conhecerem devidamente, o que só acontece com a sua execução através da prática de certos actos, o que poderia levantar um certo paradoxo, na medida em que o legislador proíbe os administradores de executar as deliberações nulas (cfr. 412º/4 CSC – sob pena de incorrerem em responsabilidade civil), ficando, assim, certamente mais difícil para os accionistas tomar conhecimento e impugnar essas mesmas deliberações. Todavia, uma vez não executadas, já não levantam problemas para os accionistas.

No caso em apreço, se a administração praticar actos em execução de uma deliberação anterior, a existir, nula por violação do disposto no art. 182º/1, verificámos que no decorrer de uma OPA será menos plausível optar pela impugnação judicial face aos apertados prazos da oferta, restando então aos accionistas requererem a nulidade daquela deliberação junto da AG (o único órgão competente para se pronunciar no decurso de uma OPA, designadamente sobre a aplicação de medidas defensivas), sendo esta deliberação da AG – que vier a declarar a nulidade da deliberação do órgão de administração – impugnável nos termos gerais[534].

---

[533] Cfr. ob. cit., p. 786.
[534] Cfr. RAÚL VENTURA, ob. cit., p. 560 e ANTÓNIO PEREIRA DE ALMEIDA, ob. cit., p. 479.
PAULO OLAVO CUNHA, ob. cit., p. 786, questiona igualmente quem tem legitimidade para impugnar a deliberação da AG que concluiu pela invalidade da deliberação da administração. *"Será essa decisão judicialmente contestável? E, em caso afirmativo, por quem? Faz sentido o próprio órgão de gestão, que é também de representação da sociedade, impugnar em nome desta a deliberação da própria assembleia geral? Por que se o fizer, quem representa a assembleia geral?"*, limitando-se a alertar para o facto de *"a aceitar-se a irrecorribilidade da deliberação da assembleia geral, quando se traduz na invalidação da decisão da gestão, estarmos a admitir que os accionistas se imiscuem nos assuntos da gestão, diversamente da limitação que parece resultar do disposto no artigo 373º, nº 2"* (p. 786).
RAÚL VENTURA, ob. cit., p. 560, entende que uma vez declarada nula a deliberação do conselho de administração por qualquer um dos órgãos competentes para efeito (AG ou administração) *"deixa de ter cabimento a intervenção da outra entidade; nem existe recurso de uma para outra. Indeferida por uma dessas entidades a impugnação perante ela, fica também a questão solucionada, não sendo lícito à outra conhecer de idêntica impugnação"*.
Em nosso entender parece fazer sentido reconhecer aos accionistas o direito de impugnar judicialmente esta deliberação da AG nos termos gerais do CC e do CSC (arts. 56ºss.). Todavia, de modo a ganharem tempo e serem mais eficazes, os accionistas podem desde logo requerer a sua suspensão nos termos do mencionado art. 396º/1 CPC ou – tratando-se de uma sociedade aberta (como será

3.3. Limitação da AG?

Questão diferente diz respeito à eventual existência de um dever de lealdade da sociedade visada para com o oferente durante o período da OPA. A este respeito importa ter em atenção o *supra* mencionado art. 181º/5d) CódVM, segundo o qual o órgão de administração da sociedade visada deve *agir de boa fé, designadamente quanto à correcção da informação e quanto à lealdade do comportamento*. Os interesses deste órgão dificilmente coincidem com os interesses dos accionistas, destinatários da oferta, pelo que, devem os seus poderes ser limitados neste especial período.

Entendemos, no entanto, que tal dever de lealdade recai somente sobre aquele órgão, decorrente do princípio geral de lealdade e de boa fé da administração perante os seus accionistas. Assim, nessa medida, apenas os poderes do órgão de administração estão limitados durante este período, o mesmo já não se podendo afirmar relativamente à AG de accionistas daquela sociedade, pois estes são os destinatários de uma OPA, enquanto proposta contratual de aquisição das suas acções, e cujos interesses deverão ser protegidos pela administração, sobre a qual recai um dever geral de informação e de lealdade (art. 181º/5d)).

Daqui decorre ser nosso entendimento que os accionistas da sociedade visada não estão vinculados (em sede de AG, ou qualquer outro tipo de situação) a qualquer dever de lealdade para com o oferente[535], uma vez que eles são destinatários de uma proposta contratual por parte deste, sendo ambos partes interessadas numa relação bilateral relativa à compra e venda de valores mobiliários por eles detidos. Donde resulta não fazer qualquer sentido que sobre estes recaia um dever de lealdade para com o oferente (potencial comprador) durante o processo da OPA. Aliás, e tal como vimos antes, a AG de accionistas

---

certamente o caso da sociedade visada) e nos termos da norma do art. 24º CódVM (*Suspensão de deliberação social*) – os accionistas detentores (isolada ou conjuntamente) de acções correspondentes, pelo menos, a 0,5% do capital social podem interpor uma providência cautelar de suspensão (da execução) de deliberação social (nº 1). Também qualquer accionista (independentemente da sua participação) pode instar, por escrito, o órgão de administração a abster-se de executar a deliberação social que considere inválida, explicitando os respectivos vícios (nº 2, conjugado com o art. 412º/4 CSC). Sendo que, se a deliberação vier a ser declarada nula ou anulada, os membros daquele órgão que procedam à sua execução sem tomar em consideração o requerimento apresentado nos termos do número anterior são responsáveis pelos prejuízos causados (nº 3).

Para uma análise mais detalhada da norma deste art. 24º, v. ARMANDO TRIUNFANTE, *A Tutela das Minorias nas Sociedades Anónimas – Direitos Individuais,* Coimbra Editora, Setembro de 2004, pp. 206ss., bem como PAULO OLAVO CUNHA, ob. cit., pp. 655ss.

[535] No mesmo sentido v. PAULO CÂMARA, *Manual...* cit., p. 625, e JORGE BRITO PEREIRA, *A Limitação dos poderes...* cit., p. 201, para quem "... *parece-nos difícil, perante o direito constituído nacional, defender a limitação dos poderes da Assembleia Geral*".

IV. REGRA DE NÃO FRUSTRAÇÃO DA OPA: LIMITAÇÃO DE PODERES DA ADMINISTRAÇÃO

da sociedade visada pode mesmo deliberar, no decurso da oferta, autorizando a administração daquela sociedade a praticar actos susceptíveis de frustrar os objectivos do oferente. Assim, o mencionado dever de lealdade da sociedade visada recai, sim e apenas, sobre o seu órgão de administração, o qual deverá zelar pelos interesses dos seus accionistas, bem como não frustrar o êxito da oferta. Tal como decorre do art. 182º/1 *in fine*, este órgão não pode praticar actos susceptíveis de afectar de modo significativo os objectivos anunciados pelo oferente, salvo autorização da AG de accionistas em sentido contrário.

Numa primeira abordagem poderá parecer mais difícil compreender qual a razão de um dever de lealdade da administração da sociedade visada perante *o oferente*, devendo aquela somente zelar pelos interesses dos seus accionistas. No entanto, facilmente se compreende que, se o oferente ficou vinculado a adquirir os valores mobiliários objecto da OPA e representativos do capital daquela sociedade, também faz sentido que sobre aquele órgão recaia um dever de não os desvalorizar, garantindo, desta forma, que o primeiro possa adquirir a sociedade tal qual ela exista no momento do lançamento da oferta (tanto mais que o próprio legislador inibe aquele órgão da prática de actos que possam afectar os objectivos anunciados pelo oferente).

Resta-nos questionar se o mesmo raciocínio não deve valer igualmente para os accionistas, destinatários da proposta de aquisição. Sobre estes não deverá também recair, logo após o lançamento da oferta, um dever de lealdade no sentido de preservar o valor das participações a adquirir? Ou seja, podem estes, em sede de AG e no decurso da OPA, deliberar no sentido de desvalorizar essas mesmas participações ou, pelo contrário, recai também sobre estes um dever geral de lealdade perante o oferente[536]?

---

[536] Sobre a eventual existência de um dever de lealdade da sociedade visada, incluindo a própria AG, para com o oferente durante o período da oferta, v. ANTÓNIO MENEZES CORDEIRO *Ofertas Públicas...* cit., p. 277. Este Autor entende que os deveres de informação e de lealdade presentes no anterior art. 575º do CódMVM (correspondente ao actual 182º) são concretizações do princípio da boa fé, estando aqui em causa não apenas actuações da administração mas também da própria AG, afirmando que *"A boa fé exige que a própria assembleia geral respeite um valor que já vincula o oferente"*. Igualmente J. MIGUEL JÚDICE e outros, ob. cit., p. 220, questionam se a própria AG deve ter os seus poderes limitados no decurso da OPA em nome da protecção dos interesses dos pequenos accionistas, defendendo tal posição como uma linha possível de evolução das normas sobre limitação dos poderes da sociedade visada.
Por sua vez, LUÍS FRAGOSO, ob. cit., p. 37, admite que a AG está limitada no decurso da OPA, embora num sentido diferente: (i) de forma indirecta, porque já não pode aplicar a defesa diferida, uma vez que a deliberação autorizante tem de ocorrer durante o processo da OPA; (ii) e forma directa, na medida em que essa mesma deliberação, deve ser tomada por uma maioria qualificada, nos termos do art. 182º/4b), tornando assim mais difícil obter deliberações anti-OPA.

Em nosso entender, não nos parece plausível tal dever, tanto mais que o próprio legislador (art. 182º) permite que os accionistas deliberem no sentido de autorizar o órgão de administração a praticar actos que frustrem os interesses do oferente, desde que essa deliberação tenha sido aprovada por uma maioria qualificada em sede de AG convocada exclusivamente para esse efeito durante o prazo de inibição da sociedade visada.

Concluímos, portanto, que a norma do art. 182º/1 estipula um princípio geral de lealdade que recai sobre o órgão de administração, aplicando-se exclusivamente aos actos deste órgão. Assim, não condiciona as deliberações aprovadas pela AG na pendência da oferta, com excepção da exigência de uma maioria qualificada para a autorização da prática dos actos inibidos nesse mesmo período. Por sua vez, os accionistas da sociedade visada, enquanto destinatários da oferta, são os principais interessados no seu êxito, pelo que não faz sentido impor sobre os mesmos qualquer limitação, ou um qualquer dever de lealdade para com o oferente.

Uma questão diferente se coloca: em que medida o art. 64º CSC (e o art. 3º/1c) da Directiva), que obriga o órgão de administração da sociedade visada a agir tendo em conta os interesses da sociedade no seu conjunto, é compatível com o art. 182º/1 CódVM (e o art. 9º da Directiva) que obriga o mesmo órgão a abster-se de praticar actos no interesse da sociedade. A este respeito temos de ter em consideração o que foi antes exposto a respeito dos interesses dos accionistas destinatários da oferta e do próprio oferente serem privilegiados unilateralmente em detrimento dos interesses das outras partes envolvidas no processo da OPA, podendo, *inclusive*, ir contra o próprio interesse da sociedade.

Acontece que, estando os membros da administração da sociedade visada obrigados a zelar pelos interesses da sociedade e seus accionistas, resulta claro e razoável que perante situações de OPA indesejáveis (meramente especulativas ou que visem somente desmantelar a sociedade), a respectiva administração possa adoptar certas medidas defensivas benignas porque consideradas necessárias para combater aquelas ofertas, embora sempre no pressuposto desses actos serem autorizados pela AG no decorrer da oferta, uma vez que o mesmo órgão não pode impedir os destinatários da OPA de decidirem sobre o mérito da mesma (cfr. art. 3º/1c) *in fine* da Directiva).

A este respeito importa ainda sublinhar que caso o disposto na norma do art. 182º não seja aplicável, por faltar algum dos pressupostos cumulativos previstos no nº 1 ou por se aplicar alguma das situações do regime de excepção previsto no nº 3, então os membros do órgão de administração da sociedade visada continuarão sempre vinculados nos termos do regime fiduciário previsto no art. 64º/1b) CSC, ou seja, deverão respeitar os deveres de lealdade no interesse da sociedade e atendendo aos interesses de longo prazo dos seus accionistas[537], bem como o dever específico de agir de boa fé no decurso de uma OPA (art. 181º/5d) CódVM).

4. Observações ao Regime Europeu

Temos por assente que a limitação dos poderes da administração da sociedade visada na pendência de uma OPA constitui um decisivo mecanismo de governo societário para assegurar a protecção adequada dos accionistas, bem como para garantir um mais eficiente mercado do controlo societário.

Uma vez analisado o regime vigente, entre nós, relativo à regra de não frustração da oferta (*non-frustration rule*), importa agora debruçar-nos sobre o regime da *Directiva das OPA* e seu alcance e efeitos em termos de harmonização europeia nesta matéria, bem como da sua transposição para o direito nacional, o qual aliás já levara em linha de conta, antes da aprovação daquele diploma comunitário, alguns dos seus princípios.

Tal como oportunamente explanado, o ordenamento jurídico português acolhe, em grande medida, as soluções consagradas pela *Directiva das OPA*, designadamente, no que respeita à limitação dos poderes da administração da sociedade visada, ao restringir consideravelmente a utilização de medidas defensivas anti-OPA no decurso da oferta, favorecendo o desenvolvimento de uma OPA sem entraves de modo a garantir o seu êxito. Tudo em nome da transparência do mercado e da igualdade de tratamento dos accionistas, enquanto princípios informadores do regime que disciplina as OPA.

4.1. A Regra de Não Frustração e a *Directiva das OPA*

Embora a Directiva preveja a *non-frustration rule* no art. 9º/2 e 3, a sua aplicação é, no entanto, deixada ao critério dos EM; ou seja, é facultativa para estes a aplicação da regra que estabelece que o conselho de administração da sociedade visada deve obter a autorização prévia dos seus accionistas antes de tomar medidas de defesa. Ou seja, a Directiva veio instituir, precisamente por proposta Portuguesa, um *regime facultativo* (art. 12º), que deixa aos EM várias opções a seguir relativamente à adopção de medidas defensivas reactivas:

(i) Adoptar a *non-frustration rule*, exigindo que as sociedades cotadas não adoptem medidas defensivas após a oferta destinadas a frustrá-la, e sujeitar a sua aplicação à cláusula de reciprocidade; ou

(ii) Adoptar essa mesma regra mas não a sujeitando à cláusula de reciprocidade; ou

---

[537] Sobre a conjugação do regime destas duas disposições legais v. ORLANDO GUINÉ, *Da Conduta (Defensiva)...* cit., p. 223.

(iii) Afastar aquela regra – permitindo que as sociedades sejam livres de adoptar medidas defensivas –, mas deixando, no entanto, às sociedades a opção reversível de, mediante decisão dos accionistas, fazerem aplicar essa mesma regra;

Ou seja, o legislador europeu veio instituir um sistema de *opt-out* segundo o qual os EM podem permitir às sociedades estabelecidas no seu território a possibilidade de afastar a aplicação do regime geral previsto no art. 9º/2 e 3 (*Regime A*) e assim instituir um regime alternativo (*Regime B*) no qual é afastada a *non-frustration rule* onde a sociedade visada é livre de adoptar as medidas defensivas que entender por convenientes no decorrer da OPA[538].

Face aos diferentes mecanismos e estruturas do direito das sociedades dos vários EM, a Directiva autoriza estes a não exigir às sociedades estabelecidas nos respectivos territórios que apliquem as disposições que limitam os poderes do órgão de administração da sociedade visada no decurso de uma OPA (art. 9º/2 e 3)[539]. Em tal caso, todavia, os EM deverão, em contrapartida, dar às sociedades estabelecidas nos respectivos territórios a opção – reversível, sublinhe-se – de aplicar essas mesmas normas, devendo essa decisão ser tomada pela respectiva AG.

Isto é, caso um EM opte pelo regime B as sociedades com sede social no respectivo território têm a faculdade de optar pelo regime A, sendo que essa opção é reversível. No entanto, o contrário já não se verifica: se um EM optar pelo regime A as respectivas sociedades ficam vinculadas ao regime do art. 9º (*non-frustration rule*). Melhor dizendo, se um determinado EM optar por impor este regime inibitório então as respectivas sociedades já não terão alternativa nem direito de opção e ficarão elas próprias vinculadas no decurso da oferta, tal como sucede entre nós com o art. 182º CódVM.

Temos, portanto, que o legislador europeu previu uma dupla opção: uma para os EM, na adopção ou não do regime da *non-frustration rule*, e outra para as respectivas sociedades, as quais, em função da escolha por parte de cada EM, poderão ou não optar por adoptar esse mesmo regime, caso o respectivo EM deixe margem para tal.

---

[538] Luís MENEZES LEITÃO, *As Medidas Defensivas...* cit., p. 75.
[539] Tal como *supra* mencionado, a Directiva no seu art. 12º/1 e 2 permite igualmente aos EM que afastem o disposto na norma do seu art. 11º (*Não oponibilidade das restrições em matéria de transmissão de valores mobiliários e direito de voto*), tendo este regime sido entretanto transposto para o direito nacional pela norma do art. 182º-A CódVM.
Em relação a este tipo de medidas defensivas preventivas, devemos salientar, todavia, que caso uma sociedade proteja ou "blinde" os respectivos estatutos, estará de igual modo vinculada a divulgá-las ao mercado, com a consequente desvalorização dos seus títulos.

IV. REGRA DE NÃO FRUSTRAÇÃO DA OPA: LIMITAÇÃO DE PODERES DA ADMINISTRAÇÃO

Caso os EM reservem o direito de não exigir que as sociedades com sede nos respectivos territórios apliquem a regra de não frustração da oferta (*o disposto no art. 9º/2 e 3*), a decisão por parte de uma sociedade no sentido de aplicar esta norma deve ser tomada pela AG de accionistas por uma maioria qualificada idêntica àquela exigida para a alteração aos estatutos, e comunicada às autoridades de supervisão competentes para o efeito[540].

Todavia, a par deste regime facultativo, a Directiva permite igualmente que os EM deixem de aplicar as normas que proíbem as medidas defensivas no caso de o oferente não estar sujeito a idêntico regime (*cláusula de reciprocidade* – art. 12º/3). Ou seja, caso a sociedade visada tenha optado pelo regime inibitório (*Regime A*) e seja alvo de uma OPA por parte de um oferente sujeito ao regime alternativo (*Regime B*), então a primeira estará dispensada de cumprir as normas do art. 9º/2 e 3 e, consequentemente, a sua administração já não estará limitada nos seus poderes, podendo adoptar medidas defensivas no decurso da oferta.

O legislador europeu previu, assim, uma cláusula de reciprocidade ao prescrever que os EM podem dispensar as sociedades, submetidas às disposições dos nºs 2 e 3 do art. 9º (regra de não frustração da oferta), da aplicação destas disposições caso sejam alvo de uma oferta, que por força do regime facultativo, não está sujeita àquelas disposições ou por uma sociedade controlada, directa ou indirectamente, por uma dessas sociedades. Tal como veio a suceder entre nós no art. 182º/6 CódVM, que prevê que o regime previsto nesta norma não é aplicável a OPA dirigidas por sociedades oferentes que não estejam sujeitas às mesmas regras ou que sejam dominadas por sociedade que não se sujeite às mesmas regras.

No entanto, o contrário já não se verifica: se um EM optar por não aplicar a cláusula de reciprocidade então as respectivas sociedades ficarão vinculadas ao regime do art. 9º (*non-frustration rule*), se for o caso, mesmo quando sejam alvo de uma OPA por parte de uma sociedade oferente não sujeita, também ela própria, àquele regime restritivo.

O legislador europeu vem exigir que a aplicação de qualquer medida em conformidade com o disposto nesta norma do art. 12º/3 fique sujeita à autorização da AG da sociedade visada concedida menos de 18 meses antes da divulgação da oferta nos termos do art. 6º/1 (art. 12º/5) – ou seja, nos 18 meses anteriores ao início do período de inibição.

---

[540] Mais concretamente, à autoridade de supervisão do EM onde a sociedade tenha sede social e a todas as outras dos EM onde os seus títulos estejam admitidos à negociação num mercado regulamentado ou onde a sua admissão tenha sido requerida – nos termos do art. 12º/2 - 2ª parte da Directiva.

Podem-se levantar aqui algumas dúvidas quanto à interpretação da letra da lei: o legislador pretende que aquela medida defensiva adoptada por força da cláusula de reciprocidade contra um oferente não sujeito à *non-frustration rule* seja alvo de autorização por parte dos accionistas da visada nos 18 meses que antecedem o lançamento da OPA. Ou, pelo contrário, diz directamente respeito ao poder que cada sociedade terá, nestes casos, de afastar o regime restritivo que lhe é aplicável: isto é, essa autorização diz respeito à aplicação da própria cláusula de reciprocidade, dispondo o legislador que cada sociedade pode, em sede de AG, autorizar previamente a sua administração na adopção de medidas defensivas em caso de OPA por parte de um oferente não sujeito à *non-frustration rule*, desde que o faça nos 18 meses antecedentes?

Conforme *supra* defendemos – no contexto das *Situações Análogas* (Ponto 2.5.) –, faria muito mais sentido optarmos por esta segunda interpretação, uma vez que consideramos que toda e qualquer medida defensiva deve ser autorizada no decurso e perante uma oferta concreta.

Esta foi também a interpretação que resultou do *Relatório da Comissão relativo à Implementação da Directiva*, pelo que parece-nos óbvio optarmos pela mesma linha de pensamento. Em conformidade com este documento "*A cláusula de reciprocidade só pode ser usada se for autorizada pelo EM e pela AG da sociedade visada*", sublinhando de seguida que "(...) *os accionistas precisam regularmente (a cada 18 meses) de conceder autorização prévia para a administração aplicar medidas defensivas numa situação de reciprocidade*"[541].

Também a doutrina vem interpretando neste sentido a norma do art. 12º/5, ao entender que o processo de decisão para aplicação da regra de reciprocidade comporta dois níveis: uma aplicação legislativa pelos EM e, subsequentemente, uma aplicação individual por parte das sociedades em causa[542].

Acontece, porém, que o nosso legislador além de ter imposto o regime inibitório como obrigatório na norma do art. 182º/1 – não deixando margem de

---

[541] Comissão Europeia "*Report on the implementation of the Directive on Takeover Bids*", Bruxelas, 21.02.2007 [SEC (2007) 268], pp. 5 e 6, respectivamente (tradução nossa).
[542] Cfr. THOMAS PAPADOPOULOS, ob. cit., p. 135.
Na mesma linha de raciocínio PAUL DAVIES/SCHUSTER/GHELCKE, ob. cit., p. 21, sublinham estes dois momentos: a opção por parte dos EM na aplicação da regra de reciprocidade e a necessidade de uma autorização prévia da AG (nos 18 meses anteriores à oferta) da sociedade visada para a prática de medidas defensivas (afastando a regra de não frustração da oferta) quando estiver perante um oferente não sujeito a um regime equivalente.
Já CHIARA MOSCA, *The Takeover Bids Directive: An Opportunity for Europe or simply a Compromise?*, Bocconi University, Paolo Baffi Centre Research Paper Nº 2009-64, p. 18 (disponível em *http://www.ssrn.com*), inclina-se mais para a interpretação alternativa no sentido de que aquela autorização prévia diz respeito a uma particular medida defensiva, alertando igualmente para as dificuldades na sua obtenção.

IV. REGRA DE NÃO FRUSTRAÇÃO DA OPA: LIMITAÇÃO DE PODERES DA ADMINISTRAÇÃO

manobra para as sociedades nacionais o poderem afastar –, também impôs a excepção de reciprocidade que permite afastar aquele regime em caso de ofertas lançadas por sociedades estrangeiras não sujeitas às mesmas regras (art. 182º/6).

Dito de outro modo, o nosso legislador transpôs directamente para o direito nacional a aplicação da cláusula de reciprocidade, a qual se aplica automaticamente sem necessidade de qualquer decisão adicional por parte dos accionistas para o efeito, numa linha de pensamento mais proteccionista, não deixando margem de manobra para os accionistas poderem, em sede de AG, confirmar (previamente) a aplicação da regra da reciprocidade, violando assim o disposto na Directiva. O caso português parece ter sido o único a aplicar a excepção da reciprocidade desta forma particular, aplicando-se automaticamente a todos os casos, por força da lei, sem necessidade, portanto, de uma aprovação prévia por parte da AG de accionistas da sociedade visada[543].

Faz sentido que o legislador nacional, em nome da defesa dos interesses dos accionistas, lhes confira a faculdade de eles se poderem pronunciar sobre a aplicação da cláusula de reciprocidade? Ou terá sido, antes, no seu interesse que o mesmo legislador previu a aplicação automática daquele regime e a consequente possibilidade de adoptarem medidas defensivas, com vista a melhor se protegerem contra oferentes não sujeitos à *non-frustration rule*? Não nos podemos esquecer que o nosso sistema não aderiu ao regime facultativo previsto pelo legislador europeu, tendo imposto o regime inibitório, pelo que, se por um lado, todas as sociedades visadas estão limitadas nos seus poderes de administração no decurso de uma OPA, também é verdade que essa mesma limitação é afastada automaticamente caso sejam alvo de uma OPA por parte de um oferente não sujeito a um regime equivalente.

---

[543] PAUL DAVIES/SCHUSTER/GHELCKE, ob. cit., p. 43, consideram que *"Portugal é de alguma forma um caso excepcional, na medida em que a legislação em vigor não exige uma autorização prévia dos accionistas para efeitos de aplicação da excepção de reciprocidade. Pelo contrário, aplica-se automaticamente contra oferentes que não estejam sujeitos às mesmas regras. Isto claramente não cumpre os requisitos estabelecidos no artigo 12º/5 da Directiva"* (tradução nossa). Contudo, relativamente à *break-through rule* o nosso legislador previu a necessidade de uma deliberação renovada em cada dezoito meses (cfr. art. 182º-A/7 – suspensão de eficácia de restrições relativas à transmissão e ao direito de voto). Para um comentário crítico desta norma v. REQUICHA FERREIRA, ob. cit., p. 475, que conclui também pela necessidade da *re-aprovação* da respectiva cláusula de reciprocidade.
Por sua vez, o legislador espanhol seguiu à risca o disposto no art. 12º/5 da Directiva, nos termos do art. 28º/5 (§ 2) do Real Decreto 1066/2007, segundo o qual a decisão relativa à aplicação da cláusula de reciprocidade está sujeita a autorização prévia por parte da AG tomada nos 18 meses antes do lançamento da OPA – *"Cualquier decisión que se adopte en virtud de lo dispuesto en el párrafo anterior requerirá autorización de la junta general de accionistas ..., adoptada, como máximo, dieciocho meses antes de que la oferta pública de adquisición se haya hecho pública"*.

Terá o nosso legislador pretendido afastar possíveis dúvidas de interpretação relativas à norma do art. 12º/5? Ou terá ambicionado ir mais além que o legislador europeu substituindo-se aos accionistas na decisão de fazer sempre aplicar a regra da reciprocidade de modo a assegurar um efectivo proteccionismo contra oferentes estrangeiros não sujeitos a um regime equivalente?

Em suma, e no que respeita ao regime nacional das OPA, este parece-nos ser um regime equilibrado na defesa dos interesses dos accionistas da sociedade visada e na promoção do mercado do controlo societário, restando-nos, contudo, questionar se estaremos perante uma situação em que o nosso legislador possa ser mais exigente ou mais restritivo do que o previsto na Directiva[544], tal como sucedeu com a aplicação automática da excepção de reciprocidade.

Relativamente ao regime europeu previsto pela *Directiva das OPA*, concluímos, assim, que esta deixa aos EM considerável liberdade de escolha sobre uma matéria nuclear do regime jurídico das ofertas públicas de aquisição: a limitação, ou não, dos poderes do órgão de administração da sociedade visada durante o período da oferta, permitindo, ainda, que aqueles concretizem, nas respectivas jurisdições, os efeitos da falta de reciprocidade entre os regimes aplicáveis ao oferente e à sociedade visada no que concerne à matéria em questão.

4.2. Comentário Crítico: Harmonização Limitada?

Antes de mais, importa sublinhar que o comentário crítico e a proposta de revisão da *Directiva das OPA* adiante expostos cingem-se ao regime facultativo e à cláusula de reciprocidade relativamente à aplicação da regra de não frustração da oferta (art. 9º, objecto do presente estudo), deixando de fora a análise de idênticos regimes na aplicação da *break-through rule* (art. 11º) – os quais estão igualmente previstos no art. 12º daquele diploma europeu[545].

Neste contexto, e em nome da defesa dos interesses de todos accionistas e de uma mais eficaz harmonização europeia (*level playing field*), importa aqui questionar se a presente Directiva não terá deixado uma excessiva margem de manobra no que respeita ao regime da regra de não frustração ou limitação dos poderes da administração da sociedade visada na pendência da OPA. Embora a Directiva postule o primado da decisão dos accionistas no que respeita à adopção de medidas defensivas reactivas, uma vez que aqueles terão sempre de se

---

[544] Conforme previsto no art. 3º/2b) da Directiva, o qual dispõe, para efeitos da observância dos princípios previstos no nº 1, que os EM podem estabelecer condições adicionais e disposições mais restritivas do que aquelas exigidas pela Directiva para regulamentar as OPA.

[545] Tal como *supra* referido, a introdução desta norma do art. 12º (*Regime facultativo*) traduziu-se numa solução de compromisso entre as exigências de integração europeia e os interesses proteccionistas dos vários EM, a qual veio tornar mais difícil alcançar o desejado *level playing field* neste domínio.

pronunciar em sede de AG no decorrer da OPA (art. 9º), também é verdade que deixa aberta a possibilidade de os EM afastarem esse mesmo regime, apesar de cada sociedade poder sempre optar por aplicar a *non-frustration rule* (não se conhecendo qualquer exemplo até à data) – mediante decisão, reversível, da AG comunicada à entidade de supervisão competente.

Interessa, pois, questionar se os principais objectivos da harmonização da regulamentação das OPA estarão comprometidos por este regime facultativo, o qual pode dar lugar a um espaço europeu com normas de conduta muito díspares, na medida em que confere aos vários EM ampla discricionariedade nesta matéria, com o consequente risco de coexistência de diferentes regimes e de distorção da concorrência no seio da U.E.

Acresce, ainda, que este regime facultativo pode não providenciar protecção adequada aos accionistas da sociedade visada (em particular aos minoritários), uma vez que a não limitação dos poderes da administração daquela sociedade no decurso de uma oferta pode inviabilizá-la e assim afastar aqueles accionistas do prémio de controlo e do direito de saída da sociedade.

Já o legislador nacional foi peremptório ao impor sérias restrições aos poderes da administração da sociedade visada no decurso de uma OPA (cfr. art. 182º na versão do DL nº 219/2006), fazendo assim aplicar o regime previsto no art. 9º da Directiva – pese embora tenha adoptado a cláusula de reciprocidade nos termos da norma do art. 182º/6. Tal como vimos antes, aquela norma proíbe a prática de actos susceptíveis de alterar de modo relevante a situação patrimonial da sociedade visada (apresentando exemplos no art. 182º/2b)) que não se reconduzam à gestão normal da sociedade e que possam afectar os objectivos e intenções anunciados pelo oferente. Deste modo, o legislador nacional seguiu de perto a Proposta de Directiva anterior (mais rígida) – que impunha a *non-frustration rule* –, ao contrário da presente Directiva (mais flexível) que prevê um regime facultativo[546].

Resta-nos por agora tentar responder à segunda questão desde logo colocada no início do presente trabalho (cfr. Introdução):

Qual o nível mínimo desejável de harmonização europeia neste domínio (capaz de promover o normal funcionamento do mercado do controlo societário europeu) e qual o papel da *Directiva das OPA* na aplicação de um regime uniforme das OPA, em particular, no que respeita à regra de não frustração da oferta, tendo em consideração as diferentes práticas e tradições nacionais dos EM?

---

[546] Quanto às medidas preventivas o legislador nacional fez uso do regime facultativo ao permitir a suspensão voluntária da eficácia das restrições transmissivas e de direito de voto (art. 182º-A CódVM).

A. Regime Facultativo

Depois de uma enorme polémica em torno das várias Propostas de 13ª Directiva do direito da sociedades, as quais avançavam com um regime obrigatório quanto à aplicação da *non-frustration rule* por parte da administração da sociedade visada[547], a Directiva aprovada em 2004 veio deixar um considerável espaço de manobra aos EM, adoptando um regime facultativo no que respeita à limitação dos poderes daquele órgão no decurso de uma OPA. Deste modo veio o legislador europeu regular o equilíbrio de poderes entre accionistas e administração naquele particular período da vida da sociedade, deixando aos EM a faculdade de optarem por limitar ou não os poderes do órgão de administração da visada.

Na mesma linha do que vimos anteriormente, este regime facultativo apresenta um duplo sentido: por um lado, é conferida aos EM a possibilidade de reservar o direito de não exigir às sociedades – cuja sede social se situe no respectivo território – que apliquem a regra de não frustração da oferta; por outro, e no caso de os EM fazerem uso dessa faculdade, devem ser dadas àquelas sociedades a opção (reversível) de aplicarem essa mesma regra, através de decisão tomada em sede de AG por uma maioria qualificada (e comunicada à entidade de supervisão competente).

Não nos podemos esquecer que o presente tema das medidas defensivas reactivas e da limitação dos poderes da administração na pendência de uma OPA é uma questão essencial do governo das sociedades, uma vez que constitui um mecanismo de controlo interno, o qual procura regular os conflitos de interesses entre accionistas, sociedade e administradores, resultantes da separação entre a propriedade e o controlo societário, bem como trata do reforço dos direitos dos accionistas, em especial dos minoritários.

Importa, assim, questionar se esta ampla margem de manobra deixada aos EM no que respeita à aplicação da limitação dos poderes da administração não pode colocar em causa (i) os principais objectivos do *corporate governance* supra mencionados e ora relembrados – *o reforço dos direitos dos accionistas e a eficiência e competitividade das sociedades europeias* – bem como (ii) os princípios da Directiva das OPA – *o primado accionista e a proporcionalidade entre capital e controlo*.

Acresce que o mesmo regime facultativo poderá levar a um incremento de medidas defensivas reactivas no seio da Europa, daí resultando uma maior

---

[547] Desde logo a Proposta de 13ª Directiva de 1996 prescrevia a *mandatory non-frustration rule* no seu art. 8º, em torno do qual se gerou uma longa discussão, com particular oposição por parte de vários EM (em particular, Alemanha e Holanda). De igual modo, a Proposta de Directiva de 2002 veio sugerir essa mesma regra obrigatória mas salvaguardando uma outra: a *break-through rule*. Sobre a história da aprovação da Directiva v. mais em detalhe *supra* Capítulo II – Ponto 2.

IV. REGRA DE NÃO FRUSTRAÇÃO DA OPA: LIMITAÇÃO DE PODERES DA ADMINISTRAÇÃO

necessidade de regras de *corporate governance* focalizadas na crescente responsabilização dos administradores perante os accionistas e a sociedade nos EM que tenham optado por afastar a *non-frustration rule*. Já nos restantes casos (como é o caso do sistema português) os accionistas terão sempre uma última palavra a dizer (em sede de AG convocada para o efeito no decurso da OPA) sobre a aplicação de medidas defensivas, cabendo somente a estes decidir sobre o sucesso (ou insucesso) da oferta.

No entender de KLAUS HOPT, esta Directiva veio ajudar a afastar algumas barreiras artificiais existentes entre os vários EM, promover a concorrência e contribuir para o desenvolvimento do mercado do controlo societário nos EM onde este ainda era inexistente[548]. O mesmo Autor viria a considerar mais tarde, aliás, que a norma do art. 9º *"estabelece um modelo que é particularmente relevante para aqueles países e sociedades que têm diversos tipos de posições accionistas. Nessa medida, o compromisso da opção constante da Directiva no Art. 12º é bem melhor do que teria sido uma versão atenuada da regra da não frustração da oferta..."*[549].

É nossa convicção, no entanto, que tal resultado parece insuficiente face às elevadas expectativas criadas, durante os longos anos de discussão, em torno da aprovação da *Directiva das OPA*. Se é certo que este diploma, considerado no seu todo, foi sem dúvida um passo decisivo no longo caminho da construção de um mercado do controlo societário mais eficiente e integrado, já no que à limitação dos poderes da sociedade visada diz respeito, é nosso entendimento que o regime facultativo instituído pelo legislador europeu pecou por defeito, pois deixou um largo espaço para incertezas e abusos por parte da administração visada, tudo em detrimento dos interesses dos respectivos accionistas minoritários, os quais representam precisamente a parte mais vulnerável que urge acautelar.

Num cenário de concorrência de regimes, HERTIG/MCCAHERY são mais cépticos quanto às vantagens de um *level playing field* nesta matéria, defendendo que o regime europeu das OPA deveria dar aos EM a possibilidade de escolha entre as normas da Directiva e o respectivo regime nacional, o que estimularia a concorrência entre os regimes dos diferentes EM e, em consequência, con-

---

[548] Cfr. *European Company Law and Corporate Governance...* cit., p. 22.
[549] Cfr. *Desenvolvimentos Recentes...* cit., p. 39, onde o mesmo Autor faz uma apreciação global positiva da presente Directiva, na medida em que representa um importante avanço em matéria de regulamentação das OPA ao apresentar normas bem implementadas, bem como traz a certeza jurídica necessária para as sociedades europeias aquando da tomada das suas decisões de investimento. V. também MARCO VENTORUZZO, ob. cit., pp. 67-68, que aponta uma série de benefícios e vantagens da *Directiva das OPA*.

tribuiria para um melhoramento generalizado destas normas⁵⁵⁰. Todavia, acabariam por admitir mais tarde que, do ponto de vista do mercado de capitais, seria preferível estipular um regime mínimo comum sobre a *non-frustration rule* por razões de transparência e coordenação e que a mesma deveria ser adoptada na medida em que é muito importante para os accionistas⁵⁵¹.

Outros Autores⁵⁵² vão mais longe e chegam mesmo a questionar se não teria feito mais sentido deixar total liberdade aos EM na regulamentação desta matéria. Não podemos anuir com tal posição uma vez que a presente Directiva estabelece normas e princípios mínimos comuns, os quais constituem decisivos padrões orientadores na regulamentação das ofertas públicas de aquisição no seio da U.E., criando assim um nível mínimo de harmonização essencial para a segurança dos intervenientes e para a protecção dos accionistas, factores essenciais para o desenvolvimento do mercado europeu de controlo societário, enquanto parte integrante do mercado interno europeu.

Poder-se-ia contra-argumentar, alegando que a falta de total harmonização nesta matéria não resulta, necessariamente, em significativas disparidades ao nível das regulamentações nacionais, e que o espaço de manobra deixado a cargo dos EM pode ter um efeito positivo na regulamentação das OPA, uma vez que essa mesma flexibilidade permite que esses mesmos EM acolham as diferentes práticas e tradições societárias⁵⁵³.

---

⁵⁵⁰ HERTIG/MCCAHERY, *Company and Takeover Law...* cit., p. 34.
MARCO VENTORUZZO, ob. cit., p. 66 (nota 159) afirma que num contexto de concorrência de regimes nacionais poderia parecer contraproducente uma sociedade adoptar espontaneamente o regime que condiciona a sua capacidade de defesa contra uma OPA hostil. No entanto, tal opção é justificada pela lógica da concorrência de regimes, na medida em que uma sociedade pode atrair mais facilmente investidores (e assim reduzir o custo do capital) ao introduzir normas que melhor assegurem a protecção dos accionistas minoritários, mesmo que aquelas não sejam impostas por lei (de natureza voluntária). Todavia, o mesmo Autor acaba por concluir que tal pressupõe uma efectiva concorrência entre os vários regimes societários europeus, a qual ainda está longe de ser alcançada.
⁵⁵¹ HERTIG/MCCAHERY, *An Agenda for Reform...* cit., p. 35.
Conforme *supra* mencionado, e em relação à harmonização do direito das sociedades europeu em termos gerais, estes mesmos Autores viriam ainda a sugerir uma "*pro-choice approach*": ou seja, a sua implementação gradual e alternativa aos regimes nacionais – cfr. *Optional rather than Mandatory...* cit., pp. 25-26.
⁵⁵² V. por todos MATTEO GATTI, *Optionally Arrangements and Reciprocity in the European Takeover Directive*, EBOR, Vol. 6 (2005), pp. 553-579.
⁵⁵³ Assim, por exemplo, a possibilidade dada pela Directiva aos EM para anteciparem o momento de aplicação da regra de não frustração pode ter como resultado enfraquecer as sociedades nacionais face a iminentes ofertas hostis estrangeiras, uma vez que reduz a eficiência das medidas defensivas anti-OPA ao deixar menos margem ao órgão de administração para as aplicar, pelo que, nos parece que os legisladores nacionais não tenderão a antecipar a duração deste período

IV. REGRA DE NÃO FRUSTRAÇÃO DA OPA: LIMITAÇÃO DE PODERES DA ADMINISTRAÇÃO

Todavia, se esta harmonização mínima deixa somente algum espaço para os EM adoptarem soluções diferentes, já o facto de prever um regime facultativo quanto à aplicação da *non-frustration rule* deixa uma larga margem de manobra para os EM afastarem este regime, trazendo então um elevado grau de incerteza na regulamentação das OPA na Europa, colocando em causa a adequada harmonização nesta matéria, tanto mais que faz depender a aplicação daquele regime de uma cláusula de reciprocidade.

Em nosso entender, os principais objectivos do legislador europeu nesta matéria – defesa dos accionistas, eficiente mercado do controlo societário e harmonização europeia desta matéria – parecem-nos comprometidos com a aprovação da presente *Directiva das OPA*, em especial no que toca à grande margem de manobra deixada aos EM relativamente aos poderes do órgão de administração no decurso de uma OPA. Este regime facultativo torna o controlo das sociedades europeias menos contestável (menos opável) e, em consequência, mais onerosa a sua aquisição, perturbando o normal funcionamento do mercado do controlo societário europeu, ao permitir que os EM não adoptem a *non-frustration rule*. Assim, as sociedades sitas no seu território podem resistir mais eficazmente à alteração do controlo societário face a uma OPA hostil – sendo que também podem optar, reversivelmente, por adoptar essa regra, embora não sejam conhecidos casos relevantes do exercício dessa opção.

Se por um lado, a norma do art. 12º prevê um regime facultativo deixando aos EM a liberdade de não limitarem os poderes da administração na pendência de uma OPA, abrindo assim espaço para possíveis prejuízos para os accionistas e para um mercado do controlo societário menos eficiente, ao tornar esse controlo menos contestável, por outro, deixa espaço para diferentes regimes e práticas europeias afastando-se da tão desejada harmonização. O correcto funcionamento daquele mercado do controlo exige um contínuo esforço no sentido de unificar as exigências no que respeita aos poderes da administração da sociedade visada no decurso da oferta. Pode-se assim concluir que face à grande disparidade de opções deixada ao dispor dos vários EM, designadamente, no que respeita à *non-frustration rule* (art. 9º), esta Directiva parece falhar no

---

limitativo. Ou seja, embora a Directiva deixe uma considerável flexibilidade na sua aplicação, por vezes tal não resulta em diferentes regimes nacionais, os quais em nome de um certo proteccionismo, bem como de uma maior segurança jurídica, tenderão a adoptar regimes mais uniformes. De outro modo, o mesmo resultado pode ser obtido em diferentes contextos através de meios diferentes. Um outro exemplo: o mesmo limiar mínimo de 30% dos direitos de voto que torna o lançamento de uma OPA obrigatório tem certamente um efeito diferente num país com o capital largamente disperso e noutro com uma maior concentração do capital. Ou seja, as diferentes estruturas accionistas sugerem que diferentes limiares podem ser apropriados para alcançar o mesmo resultado na aplicação da norma da OPA obrigatória em diferentes contextos económicos.

seu propósito principal: harmonizar as regulamentações europeias em matéria de OPA e proteger os direitos dos accionistas da sociedade visada.

THOMAS PAPADOPOULLOS[554] também se manifesta céptico quanto à eficácia da Directiva, indo ainda mais longe ao reconhecer que o regime facultativo ou opcional relativo às duas disposições fundamentais (arts. 9º e 11º) conjugado com a cláusula de reciprocidade, faz com que a Directiva não tenha qualquer efeito significativo na integração do mercado de controlo societário europeu, na promoção da mobilidade societária transfronteiriça, na protecção dos accionistas e na protecção da liberdade de estabelecimento, rematando: *"The Directive does not really exist"*[555].

Esta ideia de falhanço no seu papel harmonizador é ainda mais reforçada quando alguma doutrina (FERRARINI/MILLER[556]) conclui que quando as sociedades estão melhor protegidas contra aquisições hostis – como por exemplo, nas jurisdições com estruturas accionistas concentradas (controlo familiar) – a regulamentação das OPA tende a ser mais permissiva ou liberal (e menos protectora da sociedade visada) – o que não veio a suceder com a presente Directiva – do que em jurisdições em que as sociedades estão mais expostas a uma aquisição hostil, dando como exemplos de regimes que favorecem potenciais oferentes os casos do Estado de Delaware (EUA) e do Reino Unido.

Apesar de tudo não podemos deixar de destacar que na larga maioria dos EM (Europa continental), a estrutura accionista é mais estável e o respectivo controlo societário bem menos contestável (ou menos transferível), tendo o legislador europeu, no entanto, deixado uma larga margem de defesa anti-OPA para que as sociedades europeias possam proteger ou perpetuar aquela estrutura e aquele controlo, perturbando deste modo o normal funcionamento do mercado de controlo societário – essencial para uma protecção adequada dos accionistas, enquanto principal objectivo da Directiva[557].

---

[554] Cfr. *"The Mandatory Provisions of the EU Takeover Bid Directive and Their Deficiencies"*, Law and Financial Markets Review, Vol. 1, Nº 6, pp. 525-533, Novembro 2007.

[555] O mesmo Autor viria mais tarde a reafirmar, relativamente ao regime do art. 12º, que a Directiva tem um impacto limitado sobe a consolidação do mercado de controlo societário, não sendo capaz de demover os obstáculos culturais e institucionais à criação daquele mercado, mas reconhecendo, no entanto, que a mesma pode contribuir para um movimento nessa direcção – cfr. *EU law ... cit.*, pp. 39 e 213. No mesmo sentido v. também do mesmo Autor *"The European Union Directive on Takeover Bids: Directive 2004/25/EC"*, International and Comparative Corporate Law Journal, Vol. 6, Nº 3, 2008, pp. 13-103. Por sua vez, também VANESSA EDWARDS, ob. cit., p. 438, conclui pelo reduzido impacto da presente Directiva.

[556] Cfr. ob. cit., p. 43.

[557] Comparando o regime inglês com aquele que predomina na Europa continental, MARTYNOVA/ /RENNEBOOG, *The Performance of the European... cit.*, pp. 31-32, defendem que esta última carece de uma eficiente regulamentação das OPA, onde o respectivo mercado é muito menos transparente

IV. REGRA DE NÃO FRUSTRAÇÃO DA OPA: LIMITAÇÃO DE PODERES DA ADMINISTRAÇÃO

Em jeito de eventual consolação, também poderíamos acrescentar que um regime eficaz da *non-frustration rule* pode efectivamente ter um efeito perverso relativamente ao desejado pelo legislador na protecção dos accionistas da sociedade visada, ou seja: se por um lado, este regime incentiva o mercado do controlo societário ao fomentar o fenómeno das OPA mediante a salvaguarda dos interesses daqueles contra as intenções mais egoístas dos seus administradores, também é verdade que um regime restritivo numa fase pós-OPA quanto à adopção de medidas defensivas (reactivas) também incentiva, de certo modo, a existência de medidas defensivas numa fase pré-OPA (preventivas), fomentando a blindagem *a priori* dos estatutos por parte das sociedades contra potenciais oferentes hostis, o que em parte contraria a *ratio legis* que está na base da regra de não frustração da oferta. Desta feita, a sociedade torna-se menos opável ou menos vulnerável quanto à mudança do respectivo controlo.

Tal é tanto mais verdade na medida em que também a Directiva optou por um regime facultativo quanto à *break-through rule*, ou suspensão da eficácia deste tipo de restrições no decurso da OPA, tal como se veio a verificar entre nós (art. 182º-A), deixando uma larga margem de manobra para as sociedades europeias se defenderem de uma OPA hostil ao aplicarem aquelas mesmas restrições preventivas durante o período da oferta – afastando a *break-through rule* e tornando-as oponíveis ao oferente.

Poder-se-á dizer que a presente Directiva traduziu-se num compromisso e que foi este o consenso possível, face às consideráveis resistências por parte de alguns EM (em particular da Alemanha[558] e da Holanda[559]) e às disparidades de

---

– não se conhecendo os termos da transacção de um elevado número de OPA –, daí resultando prejuízos substanciais para os accionistas das sociedades envolvidas (oferente e visada), concluindo que os accionistas ingleses tendem a retirar um maior prémio, face a um regime das OPA mais adequado que lhes confere um maior poder de negociação na OPA.

[558] Sobre o mercado alemão e os respectivos factores que têm contribuído para dificultar a harmonização europeia em matéria das OPA, com especial atenção para o sistema de co-determinação (participação dos trabalhadores nos órgãos sociais), v. THOMAS PAPADOPOULOS, *EU Law* ... cit., p. 41.
Todavia, segundo JEFFREY GORDON, ob. cit., p. 556, esta resistência por parte da Alemanha relativamente à *non-frustration rule* e à aprovação da *Directiva das OPA* teria um efeito catalizador no que respeita à reflexão sobre a necessidade de um *level playing field* nesta matéria. O mesmo Autor já se pronunciara antes no mesmo sentido, cfr. "*Convergence on Shareholder Capitalism: An Internationalist Perspective*", in CURTIS MILHAUPT (org.), *Global Markets, Domestic Institutions – Corporate Law and Governance in a New Era of Cross-Border Deals*, Columbia University Press, New York 2003, pp. 214-256 (249), ao concluir que a rejeição alemã da anterior Proposta de Directiva (que limitava a aplicação de medidas defensivas) levou à exigência de uma Directiva mais virada para o funcionamento do mercado do controlo como veículo para a integração económica e política.
[559] Sobre o exemplo do regime holandês tradicionalmente proteccionista v. MCCAHERY/VERMEULEN, *Does the Takeover...* cit., p. 11.

regimes existentes no seio da Europa, e que, sem ele, não teríamos Directiva[560]. Mas também é verdade que não nos parece ter sido a melhor solução aprovar esta Directiva a qualquer preço, nomeadamente, como neste caso, sacrificando os interesses daqueles que o mesmo diploma pretende acautelar em última instância: os accionistas da sociedade visada[561].

Por fim, podemos, ainda, afirmar que houve uma evolução no sentido de uma maior aproximação dos vários regimes existentes no seio da U.E., uma vez que, presentemente, todos os EM têm de prever este regime da *non-frustration rule*, como facultativo ou obrigatório, ou seja, pelo menos facultando às sociedades a escolha por um regime limitativo dos poderes da administração, contrariamente ao que acontecia antes da Directiva, quando alguns EM não previam qualquer disposição equivalente, tais como a Alemanha e a Dinamarca, onde os respectivos accionistas não tinham ao seu dispor a possibilidade de aderir previamente à *non-frustration rule*.

Em nosso entender, torna-se claro que, face à larga margem de manobra deixada a cargo dos EM, não restam dúvidas no sentido de que actualmente a U.E. não se encontra numa situação mais favorável no que respeita ao fenómeno das OPA, na medida em que a maioria dos EM adoptara, previamente à Directiva, um regime equivalente ao da *non-frustration rule*, mas tendo inclusive dois deles transitado do regime obrigatório para o regime facultativo e havendo ainda espaço para outros EM adoptarem posições semelhantes seguindo uma linha de actuação mais proteccionista, frustrando, por esta via, o intuito harmonizador da Directiva e descurando a protecção dos accionistas da sociedade visada.

---

[560] A este respeito McCahery/Vermeulen, *idem*, pp. 11-12, concluem que o regime facultativo adoptado pela Directiva tornou-se muito popular entre os vários EM, por apresentar diversas vantagens face aos diferentes regimes de governo e de propriedade existentes no seio da U.E., concluindo que um único sistema teria um impacto diferente em cada EM com custos elevados e outros resultados indesejáveis.
Também Thomas Papadopoulos, *EU Law ...* cit., p. 39, reconhece que as disposições essenciais da Directiva estão sujeitas ao regime facultativo e à cláusula de reciprocidade devido a compromissos políticos no âmbito do processo legislativo, sendo que aqueles regimes satisfazem todos os EM, independentemente das suas diferenças de jurisdição, concluindo que a alternativa à presente Directiva (*"less-than-perfect"*) que preserva as diferenças existentes seria não termos qualquer tipo de harmonização nesta área (p. 64).
[561] Para alguma doutrina esta Directiva falha no seu objectivo principal de harmonizar ao prever um regime facultativo e fazer depender a sua aplicação da cláusula de reciprocidade. V., entre outros, Marco Becht, ob. cit., pp. 13-14 e Paul Davies/Schuster/Ghelcke, ob. cit., pp. 48ss.

B. Reciprocidade

Pretendemos agora questionar quais os efeitos da aplicação da cláusula de reciprocidade, relativa à regra de não frustração, no funcionamento do mercado do controlo societário e na protecção dos accionistas da sociedade visada, bem como na harmonização desta matéria no seio da U.E. e em termos de concorrência relativamente às sociedades extra-comunitárias.

Se sérias dúvidas se nos levantam quanto à eficácia de um regime facultativo na aplicação da *non-frustration rule*, tendo sido muito críticos quanto ao disposto no art. 12º da Directiva, já o mesmo não é tão evidente quanto à respectiva cláusula de reciprocidade adoptada pelo legislador europeu e transposta, entretanto, para o nosso direito vigente (art. 182º/6 CódVM).

Desde logo, KLAUS HOPT[562] entende que aquela cláusula pode também ter efeitos positivos, na medida em que pode levar a que muitas sociedades adiram voluntariamente à *non-frustration rule* no pressuposto de que não serão alvo de ofertas por parte de sociedades não sujeitas a esta regra inibitória. Ou seja, a aplicação recíproca da limitação dos poderes da sociedade visada pode, na prática, incentivar uma sociedade a adoptar esse mesmo regime inibitório, uma vez convencida de que não será objecto de uma OPA por parte de outra sociedade, ela própria não sujeita ao mesmo regime. Acontece, todavia, que a prática vem contrariar esta suposição ao verificarmos que tal adesão voluntária é praticamente inexistente.

Sem sombra de dúvida que esta Directiva, através da cláusula de reciprocidade entre sociedades oferentes e visadas, foi um passo importante pois veio colocar em igualdade de condições as sociedades europeias quanto à sua capacidade defensiva contra uma OPA hostil, tornando, assim, mais equilibrada a aplicação da regra de não frustração e ficando mais próximo de um campo de operações nivelado em matéria de OPA (*a level playing field on takeovers*). Não era pois razoável que uns EM abolissem as medidas anti-OPA e outros não o fizessem, permitindo assim, às sociedades destes últimos (devidamente protegidas) lançar uma OPA hostil sobre as sociedades indefesas dos primeiros.

No entanto, também é nosso entendimento que esta cláusula de reciprocidade torna o controlo das sociedades europeias menos contestável, pelo que a sua aquisição será mais dispendiosa, com efeitos negativos para o mercado do controlo societário europeu, à semelhança do que *supra* referimos quanto ao regime facultativo, na medida em que vai permitir que a sociedade visada afaste a *non-frustration rule* – caso o oferente não esteja sujeito a um regime equivalente – e se possa defender no decurso de uma OPA resistindo, deste modo,

---

[562] Cfr. *Desenvolvimentos Recentes...* cit., p. 39.

à mudança do controlo, tornando-o menos disputável – com prejuízos para o mercado do controlo societário e para a protecção dos accionistas.

É vasta a crítica, entre a doutrina, relativamente à cláusula de reciprocidade das OPA prevista pela Directiva:

JAAP WINTER (em comentário à Proposta de Directiva de 2002) contestava a necessidade desta cláusula, concluindo que a mesma era conceptualmente errada, de muito difícil, senão impossível, aplicação, e que também não era essencial para obter a desejada equidade, pelo que ansiava que os EM e o PE a excluíssem de uma futura directiva[563]. Mais tarde, após a aprovação da Directiva, o mesmo Autor viria a reforçar a sua crítica, questionando em que medida o seu efeito discriminatório era aceitável ao abrigo da liberdade de estabelecimento e da livre circulação de capitais previstas no TUE[564].

Também MARCO BECHT (em comentário àquela mesma Proposta) defendia que um regime de reciprocidade total restringia o número de potenciais oferentes (às sociedades cotadas sujeitas elas próprias a uma OPA hostil), afectando certamente os interesses dos accionistas minoritários, bem como dificultava e distorcia a reestruturação societária. Defendia ainda que não deveria ser imposta a reciprocidade nas OPA pois tal traria sérias restrições na liberdade contratual dos accionistas europeus[565].

---

[563] Cfr. ob. cit., pp. 18-19, onde este Autor defende que o sistema instituído pelo legislador europeu (*opt-out*) veio trazer consigo várias dificuldades, nomeadamente: a opção pelo *regime B* não é possível a sociedades não europeias e "... *o regime pode ser elidido pelas sociedades, bastando que uma sociedade de regime B, efectue a oferta através de uma sociedade de regime A, que não seja controlada directa ou indirectamente por ela. Finalmente, em caso de OPA concorrentes, não se compreende que o regime possa variar perante as diversas ofertas, salientando-se que a sociedade visada pode ficar sujeita ao regime B, pedindo a uma sociedade desse regime que efectue uma oferta concorrente*" – cfr. tradução de LUÍS MENEZES LEITÃO, *As Medidas Defensivas...* cit., p. 75. Deste modo, verificava-se que a aplicação desta regra podia criar situações impraticáveis, como por exemplo, face a ofertas concorrentes sujeitas a diferentes regimes.

Também CARLOS P. GALEGO "*Reflexiones Sobre la Anunciada Nueva Normativa de OPAS*", in Actualidad Jurídica, Madrid: Dykinson 2006-2007, Homenaje al professor D. Rodrigo Uría González en el centenario de su nacimiento, pp. 143-156, chega mesmo a defender que esta regra, na sua formulação actual, pode levar a resultados absurdos e pouco justificáveis, bem como não serve os propósitos proteccionistas das economias nacionais dos vários EM (pp. 152-153).

[564] Cfr. "*The good, the bad and the ugly of the European Takeover Directive*", in *European Takeovers: The Art of Acquisition*, J. GRANT (org.), Euromoney Books, 2005. No mesmo sentido THOMAS PAPADOPOULOS, *EU Law ...* cit., p. 135, chama a atenção para o facto da actual cláusula de reciprocidade poder dar origem a situações discriminatórias em razão da nacionalidade, contrárias à liberdade de estabelecimento prevista no actual art. 49º do TFUE. Sobre o direito de estabelecimento v. M. GORJÃO-HENRIQUES, ob. cit., pp. 606ss.

[565] Cfr. ob. cit., pp. 12-13. Este Autor viria ainda a analisar a evolução das várias Propostas de 13ª Directiva no que respeita à cláusula de reciprocidade das OPA (pp. 3-4) e seus aspectos negativos (p. 12).

IV. REGRA DE NÃO FRUSTRAÇÃO DA OPA: LIMITAÇÃO DE PODERES DA ADMINISTRAÇÃO

De igual modo PAULO CAMÂRA[566], referindo-se à norma do art. 182º, afirma que o seu âmbito sofreu uma dupla erosão, por via comunitária (quer pela via das ofertas concorrentes, quer pela via da controversa regra da reciprocidade), concluindo que *"reduziram substancialmente o pendor proibitivo da regra consagrada no art. 182º CVM, tornando-a no seu todo mais adaptada ao intrincado novelo de interesses que se cruza no âmbito das OPAs".*

Por fim, também o DTI foi muito crítico em relação à cláusula de reciprocidade aquando da transposição da Directiva para o direito inglês, concluindo que a aplicação desta cláusula colocaria em causa os princípios subjacentes à mencionada *Rule* 21 – pelo que não deveria ser aplicável às sociedades inglesas[567] – e optando por não transpô-la para o *City Code*.

Uma vez analisada e criticada a cláusula de reciprocidade na sua dimensão comunitária, resta-nos colocar uma outra questão a respeito da sua aplicação extra-comunitária: nos termos do art. 12º/3 da Directiva, os EM podem igualmente dispensar as sociedades de se submeterem ao regime da *non-frustration rule* no caso de serem objecto de uma OPA hostil lançada por parte de um oferente não comunitário que não esteja sujeito a esse regime? Ou seja, uma sociedade comunitária sujeita ao regime da "neutralidade" da administração estará dispensada de o aplicar se o oferente for, por exemplo, uma sociedade norte-americana sujeita à *just-say-no rule*? Se por um lado, se pode argumentar que o regime desta Directiva não se aplica àqueles oferentes (porque não comunitários), por outro, também é verdade que faz sentido a sua aplicação em nome da igualdade de condições dos participantes no mercado (*level playing field*).

KLAUS HOPT[568] questiona a posição de certos Autores alemães e franceses segundo os quais "*...a isenção do regime não é válida perante oferentes não comunitários porque estes, desde logo, não podem optar entre a sua submissão ou não ao regime dos Arts. 9º e/ou 11º*", entendendo que tal posição não tem apoio no texto do art. 12º e menos ainda na sua *ratio*, devendo esta questão ser esclarecida pelo TJUE, quando colocada por um tribunal de um EM chamado a decidir numa OPA hostil.

---

[566] Cfr. *Conflito de Interesses...* cit., p. 64.
[567] Cfr. DTI, *Company Law – Implementation Of the European Directive on Takeover Bids – A Consultative Document*, Janeiro 2005, p. 28 (disponível para consulta em http://www.bis.gov.uk). Para melhor fundamentar a sua posição, o DTI apontou ainda uma série de argumentos contra a cláusula de reciprocidade: (i) o actual regime de aquisições aberto apresenta vantagens consideráveis, não devendo ser seguida uma política proteccionista, (ii) ao proteger-se contra países terceiros poderia levar a retaliações e ter consequências negativas para o comércio internacional e (iii) aumentaria a complexidade das normas de implementação da Directiva.
[568] Cfr. *Desenvolvimentos Recentes...* cit., p. 35.

Sem querermos parecer demasiado proteccionistas, e em nome de uma concorrência efectiva no mercado global actual, não nos parece fazer muito sentido que uma sociedade europeia fique inibida de adoptar medidas defensivas no caso de uma OPA hostil lançada, a título de exemplo, por uma sociedade norte-americana ela mesma não sujeita a tal inibição. Imaginemos que a sociedade visada (europeia) lançava uma contra-OPA sobre a sociedade oferente (norte-americana). Daqui resultaria uma situação de desvantagem considerável, uma vez que a primeira estaria demasiado exposta aos ataques da segunda, enquanto esta poderia continuar a adoptar medidas defensivas frustrando assim a contra-oferta. Numa situação destas, entendemos que faz todo o sentido que a cláusula de reciprocidade se aplique igualmente às sociedades não comunitárias, podendo a sociedade europeia afastar a regra de não frustração da oferta e adoptar certas medidas defensivas contra a oferta norte-americana.

Tudo isto na mesma linha de raciocínio da *ratio* da presente norma que procura alcançar um campo de operações nivelado, proporcionando igualdade de condições e oportunidades entre os participantes no mercado (*level playing field*) e de modo a garantir uma sã concorrência entre sociedades comunitárias, e, neste caso, face a outras não comunitárias, como por exemplo, as norte-americanas. Em suma, é nosso entendimento que também aqui se aplica a cláusula de reciprocidade, podendo as sociedades europeias afastar a *non-frustration rule* caso sejam alvo de uma OPA por parte de uma sociedade extra-comunitária não sujeita a esse regime, tornando, por sua vez, os grupos societários europeus mais competitivos face a outros grupos sujeitos à *just-say-no rule*, como acontece com as sociedades norte-americanas.

Em jeito de conclusão final, e no balanço dos aspectos negativos e positivos da presente Directiva, podemos afirmar que este diploma estabelece um regime mínimo comum relativo às OPA, abrindo, no entanto, espaço para atitudes mais proteccionistas e para a indesejada concorrência no que respeita à *non-frustration rule*. Quanto à cláusula de reciprocidade, a mesma apresenta como único aspecto positivo tornar o controlo das sociedades europeias mais defensável face a OPA hostis por parte de sociedades extra-comunitárias (não sujeitas à *non-frustration rule*). A mesma cláusula poderia *a priori* incentivar as sociedades europeias a adoptarem voluntariamente a *non-frustration rule*, o que na realidade não se verificou, pelo que não terá contribuído para um *level playing field on takeovers*.

Acontece que a regra da reciprocidade foi o compromisso possível aquando da aprovação da *Directiva das OPA* face ao desencontro de vontades entre os vários EM e às diversas práticas societárias, embora, em nossa opinião, o respectivo resultado possa desvirtuar a *ratio legis* desta regra e desproteger os accionistas da sociedade visada, comprometendo, de igual modo, o êxito da oferta e acabando, assim, por não impulsionar o fenómeno das OPA.

4.3. Desenvolvimentos e Alternativas

Chegados aqui, devemos começar por destacar que a aprovação da presente Directiva e sua implementação nos diversos EM constituiu certamente um primeiro passo para promover as aquisições transfronteiriças comunitárias e tornar os grupos societários europeus mais competitivos face ao exterior[569].

Resta-nos então avaliar quais os efeitos no que respeita, em particular, à implementação e aplicação da regra de não frustração da oferta no seio da U.E e ao funcionamento do mercado do controlo societário europeu.

Nesta linha de pensamento, importa questionar quais as medidas até então propostas pelas entidades europeias nesta matéria. Segundo o *Relatório da Comissão relativo à Implementação da Directiva*, em 2007, a *non-frustration rule* já era aplicada na quase totalidade dos EM (com excepção de Malta), tendo cinco EM introduzido a excepção de reciprocidade, entre eles, o nosso legislador (art. 182º/6 CódVM).

Ainda de acordo com o mesmo Relatório, muitos EM mostraram-se relutantes em dar maior protagonismo aos accionistas no decurso de uma oferta, tendo, inclusive, adoptado uma atitude proteccionista[570] ao optar pelo *regime facultativo* previsto na norma do art. 12º aquando da transposição da Directiva, acabando esta norma por ter um efeito oposto ao pretendido: alcançar um *level playing field* e eliminar as barreiras existentes no domínio das OPA na Europa de modo a promover um eficiente mercado do controlo societário e salvaguardar os interesses dos accionistas, incluindo os minoritários. Face a esta atitude mais permissiva, o mesmo Relatório concluía também pela necessidade de a Comissão supervisionar atentamente a implementação da Directiva em causa.

Contudo, e de acordo com KLAUS HOPT, não devemos fazer uma leitura tão negativista e proteccionista da transposição da Directiva pelos vários EM, pois não nos podemos esquecer que este diploma comunitário deixa uma grande margem de manobra para os seus destinatários, tendo estes se limitado a fazer uso dessa faculdade face às suas especificidades nacionais. Para este Autor *"tal transposição não é necessariamente apenas proteccionista; dependendo do país, pode bem ser tão-só a preservação da path dependency existente e uma política razoável de transposição «um para um», em vez de ir além disso ou mesmo gold-plating"*[571].

---

[569] CHIARA MOSCA, ob. cit., p. 37, conclui que a presente Directiva tem contribuído para o desenvolvimento de um activo mercado europeu de controlo societário.
[570] Sobre esta actual tendência proteccionista v. Jennifer Hill, *Takeovers, Poison Pills and Protectionism in Comparative Corporate Governance*, ECGI Law Research Paper Nº 170/2010 (disponível em http://www.ecgi.org).
[571] Cfr. *Desenvolvimentos Recentes...*, cit. p. 38.

Após a transposição da Directiva, verificou-se então que a maioria dos EM (14) optou por manter[572] o já existente regime obrigatório da *non-frustration rule* e não aplicou a cláusula de reciprocidade, mantendo assim as respectivas sociedades igualmente opáveis. Por sua vez, outros cinco qualificaram esse mesmo regime obrigatório com um regime excepcional de reciprocidade, como foi o caso do legislador nacional, tornando o controlo menos contestável e as sociedades menos opáveis[573]. Por fim, os restantes oito EM[574] optaram pelo regime facultativo e pela aplicação recíproca da *non-frustration rule*, maximizando as escolhas possíveis para as suas sociedades quanto à limitação dos poderes da administração da visada, tornando-as, deste modo, menos opáveis, sendo que dois destes EM (Itália[575] e Hungria) transitaram de um regime obrigatório, anterior à Directiva, para o regime facultativo por esta previsto[576].

Perante os dados apresentados relativos à implementação da *Directiva das OPA* nos diversos EM, parece que este diploma veio em grande parte manter o

---

[572] Com excepção de cinco EM que não tinham previamente qualquer disposição equivalente: Letónia, Chipre, Malta, Finlândia e Roménia, todos eles com mercados de capitais de reduzida dimensão (com excepção da Finlândia) e onde o fenómeno das OPA hostis é pouco frequente.

[573] A par de Portugal, a Espanha, a França, a Grécia e a Eslovénia.

[574] De entre estes oito EM, seis deles nunca impuseram a *non-frustration rule*, inexistente portanto antes da Directiva, e que se limitaram a adoptar o regime facultativo a par da cláusula de reciprocidade. Países como a Alemanha, a Polónia, a Bélgica, a Dinamarca, o Luxemburgo e a Holanda, cujas legislações societárias são precisamente mais restritivas no que respeita à regulamentação das OPA e mais proteccionistas face a oferentes estrangeiros, foram inclusive alvo de várias decisões contrárias por parte da Comissão e do TJUE.

[575] Sobre a transposição da Directiva para o direito italiano v. DELL'ANTONIA/LUIGI RUSSI, *Offerte Pubbliche di Acquisto: L'Attuazione Della Direttiva Nº 2004/25/CE da Parte Del Legislatore Delegato*, 2008, disponível em http://www.ecgi.org.

[576] Para uma análise mais detalhada do fenómeno da transposição da *Directiva das OPA* nos diversos EM e sua implementação v. PAUL VAN HOOGHTEN, *The European Takeover Directive and its Implementation*, Oxford University Press, New York, 2009, pp. 78-85, CHIARA MOSCA, ob. cit., pp. 5ss. e PAUL DAVIES/SCHUSTER/GHELCKE, ob. cit., pp. 29ss., bem como CARLOS F. ALVES, *"O efeito da família jurídica na transposição da directiva das ofertas públicas de aquisição"*, in Notas Económicas (Revista da FEUC), Nº 27, Junho 2008, pp. 39-56 (47) e JOANA RIBEIRO E SILVA, ob. cit., Anexo II (relativo à transposição à data de 1 de Janeiro de 2007). Ainda sobre a transposição deste diploma para o nosso direito interno, v. ANA SÁ COUTO, *"Breve Comentário à Transposição da Directiva das OPA"*, Cadernos MVM, nº 25 (Dezembro 2006), pp. 70-78.

Em particular, CARLOS F. ALVES constata que os países da família jurídica do *civil law* (origem francesa) adoptaram soluções bem menos favoráveis ao funcionamento do mercado do controlo societário, por um lado, e que os países de *civil law* (de origem escandinava ou alemã) adoptaram soluções mais favoráveis que aqueles pertencentes à família da *common law*, por outro, com excepção do Reino Unido; este último impôs a regra de não frustração, afastou a reciprocidade e impôs um limiar baixo (30%) para a OPA obrigatória (ficando apenas por impor a *break-through* rule), com a consequente maior protecção dos interesses dos accionistas minoritários.

IV. REGRA DE NÃO FRUSTRAÇÃO DA OPA: LIMITAÇÃO DE PODERES DA ADMINISTRAÇÃO

status quo – tornando, inclusive em alguns EM, o controlo menos contestável e as respectivas sociedades menos opáveis – ficando bem longe do seu propósito inicial[577]: implementar a *mandatory non-frustration rule* em todos os EM.

Tanto mais que a maioria dos EM que transpôs esta regra com carácter obrigatório já a adoptara anteriormente à aprovação da Directiva (com a agravante de aqueles dois que transitaram para o regime facultativo), tendo inclusive cinco EM qualificado o regime obrigatório com a excepção de reciprocidade, e os outros seis que não previam, antes da Directiva, qualquer regime limitativo dos poderes da administração no decorrer de uma OPA, terem tão só adoptado o regime facultativo, sem que nenhuma das respectivas sociedades tenha entretanto adoptado nos seus estatutos a *non-frustration rule*.

Como resultado destas atitudes mais proteccionistas assistimos a um nivelamento por baixo[578], com prejuízos para a eficácia do mercado do controlo societário europeu enquanto mecanismo de *corporate governance*.

Todos estes factores conjugados, com particular atenção para a qualificação deste regime através da regra da reciprocidade e da referida transição para o regime facultativo, terão limitado o seu efeito restritivo no que toca aos poderes da administração no decurso de uma OPA e, portanto, enfraquecido a

---

[577] Cfr. anteriores Propostas de Directiva (de 1989, 1996 e 2002).
Sobre as dificuldades de aplicação da Directiva e os obstáculos ainda existentes no mercado das *takeovers*, v. KLAUS HOPT *"Obstacles to Corporate Restructuring: Observations from a European and German Perspective"*, in MICHEL TISON e outros (org.), *Perspectives in Company Law and Financial Regulation. Essays in Honour of Eddy Wymeersch*, Cambridge University Press, 2009, pp. 373-396.

[578] L. BEBCHUK/COHEN, ob. cit., p. 5, concluem que sistemas mais permissivos quanto à aplicação de medidas defensivas tendem a aumentar a capacidade de manter na sua jurisdição as sociedades nacionais e de atrair o estabelecimento de sociedades estrangeiras.
GOERGEN/MARTYNOVA/RENNEBOOG, ob. cit., pp. 5-6 (tradução nossa) citando L. BEBCHUK/ /COHEN afirmam que *"a principal razão para uma sociedade se estabelecer noutro país reside no facto de a mesma ser atraída por um regime que proporcione aos administradores um vasto leque de medidas defensivas anti-OPA. Assim sendo, a concorrência entre os diferentes regimes nacionais para atrair sociedades estrangeiras pode de facto prejudicar o bom corporate governance. Idênticas tendências podem ocorrer como resultado das fusões & aquisições transfronteiriças. Sociedades provenientes de países com um regime das OPAs menos amigável tornam-se alvos mais difíceis (e, em consequência, têm mais oportunidades para procurar alvos no estrangeiro), enquanto sociedades de países cujo regime seja mais amigável tornam-se mais opáveis. Uma vez que a sociedade visada tende a adoptar o regime da sociedade oferente então é espectável que o mercado de controlo societário transfronteiriço evolua no sentido de se nivelar pelo regime das OPAs menos amigável e se torne menos eficiente na sua função de vigilante da actuação dos administradores"*.
Todavia, MARTYNOVA/RENNEBOOG, *Spillover of Corporate Governance Standards in Cross-Border Mergers and Acquisitions*, ECGI Finance Working Paper Nº 197/2008, p. 17 (disponível em <u>http://www. ecgi.org</u>), viriam mais tarde a chegar a idêntica conclusão, acrescentando, contudo, que as aquisições transfronteiriças entre sociedades com diferentes padrões de *corporate governance* podem gerar sinergias no sentido de uma melhoria desses padrões, em particular, no que respeita à protecção dos direitos dos accionistas.

intenção inicial do legislador europeu em tornar as sociedades europeias mais opáveis, pelo que, relativamente ao futuro, e de acordo com o art. 19º/1 da Directiva, caberá ao Comité de Contacto – nomeado para facilitar a aplicação harmonizada deste diploma – aconselhar a Comissão sobre eventuais aditamentos ou alterações deste diploma[579].

Entretanto, os EM dispuseram de dois anos após a aprovação da Directiva para efectuar a sua transposição (até 20 de Maio de 2006), estando prevista uma cláusula de revisão (art. 20º)[580] que permite à Comissão propor, com base na experiência adquirida no que respeita à aplicação da Directiva, uma adaptação do texto cinco anos após a data-limite de transposição, devendo, para o efeito, os EM informar anualmente aquele órgão comunitário sobre as OPA relativas às sociedades cujos valores mobiliários estejam admitidos à negociação nos seus mercados regulamentados e sobre toda a informação conexa relevante para compreender o funcionamento do mercado das OPA[581].

Assim, em nosso entender, e uma vez decorridos cinco anos após a data--limite de transposição (Maio de 2011), cabe agora à Comissão reexaminar a presente Directiva e, tendo em conta o respectivo estado de aplicação face aos *supra* referidos questionários e relatórios de implementação existentes, propor a sua revisão em virtude da atitude proteccionista entretanto adoptada por parte de alguns EM.

Neste seguimento, foi entretanto publicado em Junho de 2012 o Relatório da Comissão sobre a aplicação da Directiva na sequência do Estudo *Marccus Partners*, Relatório, esse, que concluiu que "... *a não-aplicação das regras facultativas não parece ter sido obstáculo de monta para as ofertas públicas de aquisição na UE, porquanto os stakeholders (as partes interessadas) indicam que há possibilidades suficientes de neutralizar as defesas contra aquisições. A esta luz, e considerando também a inexistência de justificações económicas para uma alteração da situação, não parece adequado,*

---

[579] No entanto, devemos sublinhar que não cabe a este órgão apreciar do mérito das decisões tomadas pelas várias entidades nacionais de supervisão em casos individuais – cfr. art. 19º/2 da Directiva.

[580] No âmbito do CESR foi entretanto criado um grupo de trabalho responsável pela *Directiva das OPA* e presidido por EDDY WYMEERSCH, o qual será decisivo para efeitos de uma revisão futura deste diploma.

[581] Foi neste contexto que a Comissão, em 16 de Dezembro de 2008, enviou aos EM um questionário destinado a obter informação relativa às OPA entretanto lançadas nos respectivos mercados ou sobre valores mobiliários admitidos à negociação no respectivo mercado regulamentado, designadamente, informação relativa à nacionalidade das sociedades envolvidas, aos resultados das ofertas e qualquer outra informação relevante para efeitos da aplicação deste diploma – v. *Commission's Checklist on Article 20 of the Directive on Takeover Bids*, DG MARKT F2/ET D (2008) 74062, Bruxelas 16.12.2008, bem como *Instructions for the Completation of the European Commission's Ckecklist on Article 20 of the Directive*, DG MARKT F2/ET D (2008) 74038, Bruxelas 12.12.2008.

IV. REGRA DE NÃO FRUSTRAÇÃO DA OPA: LIMITAÇÃO DE PODERES DA ADMINISTRAÇÃO

na fase atual, propor que as disposições facultativas da Diretiva se tornem obrigatórias." (cfr. p. 8).

Todavia, e pelas razões a seguir enunciadas, é nossa convicção que a Comissão deverá fazer uso da prerrogativa de revisão da presente Directiva no sentido de (i) eliminar o *regime facultativo* concedido aos EM relativamente à aplicação da regra de não frustração da oferta e, em consequência, (ii) reduzir substancialmente o campo de aplicação da respectiva *cláusula de reciprocidade* no âmbito das sociedades europeias[582].

Tudo de modo a eliminar a existente margem de manobra deixada a cargo dos EM, afastando as disparidades existentes no que respeita à aplicação da *non-frustration rule* e assim alcançar um efectivo *level playing field* em matéria de OPA, ao impor um regime mais restritivo quanto à limitação dos poderes da administração da sociedade visada: este será determinante para promover as aquisições transfronteiriças no seio da U.E. e o correcto funcionamento do mercado do controlo societário europeu[583].

Concluímos, portanto, que o legislador europeu deverá antes de mais eliminar o actual regime facultativo e impor a regra de não frustração da oferta (*non-frustration rule*) como regime padrão a vigorar em todos os EM, em nome de uma maior protecção dos accionistas da sociedade visada e como incentivo ao fenómeno das *takeovers*, tornando, assim, o regime das OPA mais atractivo do ponto de vista dos potenciais oferentes[584]. Isto contrariando a anterior oposição dos vários EM ao regime obrigatório, bem como aqueles que consideravam que o actual regime facultativo resultou do compromisso possível e que a alternativa era não ter aprovado a Directiva. No mesmo sentido, THOMAS PAPA-

---

[582] Esta posição agora por nós defendida aproxima-se daquela adoptada pelo CódVM, na medida em que o art. 182º/1 impôs a regra de não frustração para todas as sociedades, optando por um regime vinculativo (salvo as três situações de excepção atrás mencionadas – cfr. nº 3 – transpostas da Directiva), mas indo, no entanto, mais longe ao fazer aplicar a cláusula de reciprocidade de uma forma automática (cfr. nº 6).
[583] No mesmo sentido MCCAHERY/RENNEBOOG/RITTER/HALLER, *"The Economics of the Proposed European Takeover Directive"*, in FERRARINI/HOPT/WINTER/WYMEERSCH (org.), ob. cit., pp. 575-646 (633) advogam a aplicação de um regime simples e rigoroso quanto à regra de não frustração (sem desvios), de modo a evitar custos e a reduzir a incerteza para potenciais oferentes, apontando inclusive como exemplo de fonte de incerteza os desvios previstos pelo regime alemão das OPA.
[584] Diferente posição é adoptada por LUCA ENRIQUES, *European Takeover Law: The Case for a Neutral Approach*, University College Dublin Working Papers in Law, Criminology & Socio-Legal Studies, Research Paper Nº 24/2010, que defende uma perspectiva neutral por parte da Comissão no que respeita à regulamentação das OPA – designadamente aquando da futura revisão da Directiva –, a qual não deve promover (através da regra de não frustração) nem dificultar (através da regra da OPA obrigatória) a actividade das OPA, concluindo que deve caber a cada sociedade decidir o quanto contestável deverá ser o seu controlo – cfr. *Abstract*.

DOPOULOS afirma que *"Ninguém poderá excluir a possibilidade de eliminar os regimes de opt-out e de reciprocidade e as várias deficiências substanciais numa futura alteração da Directiva"*[585].

No seguimento do primado accionista, e face a uma oferta indesejável, poderíamos equacionar igualmente salvaguardar a faculdade individual por parte de cada sociedade em afastar (*opting out*) o regime vinculativo que limita os poderes da administração, mediante deliberação da AG no decorrer de cada OPA.

Todavia, tal solução iria desvirtuar o regime vinculativo agora proposto, permitindo à sociedade visada facilmente contorná-lo, em particular aquelas sociedades estabelecidas num EM mais proteccionista, ou sociedades menos contestáveis/opáveis com estrutura accionista concentrada (mais resistentes a uma transferência de controlo), dispostas desde logo a dar "carta branca" à administração para esta aplicar as medidas defensivas que entender por convenientes.

Poderia, igualmente, abrir uma porta para que outras sociedades presentemente sujeitas ao regime da *non-frustration rule* pudessem optar por afastar este regime, a qualquer título, invocando para tal um sério prejuízo para a sociedade face a uma oferta indesejável, caindo numa situação próxima do actual regime facultativo – com prejuízos no funcionamento do mercado de controlo societário e na protecção dos accionistas. Do mesmo modo que nenhuma sociedade adoptou, entretanto, a *non-frustration rule* (*opting in*) nos EM com regime facultativo, o mais certo é que num futuro regime vinculativo as sociedades tendessem a "abusar" de uma cláusula de *opting out*.

Por fim, face a uma oferta indesejável ou meramente especulativa, por exemplo, parece-nos mais do que suficiente a actual margem de defesa (regime de excepção) ao dispor dos accionistas da sociedade visada, designadamente: (i) autorizar, em AG e no decurso de uma OPA, a prática de medidas defensivas destinadas a frustrar o êxito da oferta e (ii) a procura de ofertas concorrentes[586].

Uma vez contestado e afastado o regime facultativo bem como a possibilidade de uma *opting out* individual, importa realçar que os accionistas (em particular os minoritários) da sociedade visada ficariam mais protegidos pelo re-

---

[585] Cfr. *EU Law*...cit., p. 213.
De igual modo BLANAID CLARKE, *Reinforcing the Market for Corporate Control*, University College Dublin Working Papers in Law, Criminology & Socio-Legal Studies, Research Paper Nº 39/2010. p. 22 (disponível em http://www.ecgi.org), advoga a necessidade de revisão da presente Directiva, designadamente no que respeita à alteração da disposição relativa ao regime facultativo e à cláusula de reciprocidade, bem como para assegurar uma maior transparência das estruturas de propriedade e controlo, com vista a melhor proteger os direitos dos accionistas. O mesmo Autor já anteriormente sublinhara as limitações da Directiva – cfr. *"The Takeover Directive: Is a Little Regulation Better Than No Regulation"*, European Law Journal, Vol. 15, Issue 2, Março 2009, pp. 174-197.
[586] Salvaguardando igualmente a aplicação da cláusula de reciprocidade que poderá afastar a limitação dos poderes da sociedade visada.

IV. REGRA DE NÃO FRUSTRAÇÃO DA OPA: LIMITAÇÃO DE PODERES DA ADMINISTRAÇÃO

gime da regra da não frustração, a qual contraria a tendência dos accionistas de controlo para manter a sua posição contra a vontade da maioria dos accionistas interessados em realizar uma mais-valia face a uma oferta atractiva.

Assim sendo, o regime inibitório da administração passaria a ser vinculativo (aplicando-se de modo automático) para todos os EM – os quais já não teriam margem de manobra para definir *a priori* qual o regime aplicável –, bem como para as respectivas sociedades – às quais também já não caberia a faculdade de optar *a posteriori* pelo regime a aplicar.

Tal como *supra* sublinhado, a matéria da aplicação de medidas defensivas no decurso da OPA deverá ser da exclusiva competência dos accionistas (destinatários da oferta) e somente a eles cabe decidir sobre a oportunidade e o mérito da oferta em causa, frustrando ou não o seu êxito.

Quanto ao primado accionista, poder-se-á sempre contra-argumentar que nas sociedades com o capital mais concentrado (dominante na Europa continental) assiste-se a uma certa passividade por parte da maioria dos accionistas (minoritários), que têm dificuldade em controlar o poder em sede de AG, a qual é normalmente dominada pelos accionistas maioritários e pela administração da sua confiança[587], embora venhamos assistindo a um crescente papel dos investidores institucionias determinados em combater este absentismo accionista.

Todavia, e relativamente ao sistema em vigor, a solução por nós avançada apresentaria uma série de vantagens, designadamente:

Em primeiro lugar, retiraria o poder de decisão aos EM, cujas políticas são muitas vezes influenciadas por um certo nacionalismo económico e seguem uma tendência proteccionista, justificando-se, todavia, um prazo de transposição razoável para fazer face à resistência de certos EM na adopção de uma norma equivalente[588].

Em segundo lugar, depois de tantos anos decorridos está afastado o fantasma da intenção inicial do legislador europeu no sentido de um regime obrigatório para todos, o qual parece-nos agora mais viável, fruto da mencionada

---

[587] Isabel Torres, ob. cit., p. 52.
[588] Importa realçar que os EM terão sempre ao seu dispor o regime de excepção já previsto pelo legislador europeu que permite à sociedade visada (i) adoptar medidas defensivas mediante *autorização prévia dos accionistas* – art. 9º/2 – ou inclusive (ii) afastar a limitação de poderes do respectivo órgão de administração quando for alvo de uma OPA por parte de um oferente não sujeito a um regime restritivo equivalente – 12º/3 (*reciprocidade*).
Por outro lado, poderão sempre valer-se do regime facultativo e da cláusula de reciprocidade relativamente à *break-through rule* (art. 11º), fazendo aplicar ao oferente (no decurso da oferta) medidas defensivas preventivas (previstas nos estatutos ou no acordo parassocial), nomeadamente as restrições em matéria de transmissão de valores mobiliários e direito de voto.

tendência convergente das diferentes práticas societárias existentes no seio da U.E, não nos parecendo, no entanto, que a mera obrigação de divulgar ao mercado o regime em vigor (cfr. arts. 10º[589] e 12º/4[590] da Directiva) constitua factor suficiente, por si só, para pressionar as sociedades a adoptar a regra de não frustração da oferta[591].

Em terceiro lugar, esta seria também uma solução intermédia e de equilíbrio entre os vários interesses envolvidos, na medida em que evita que os accionistas passem um cheque em branco à sua administração para a prática de medidas defensivas no decorrer da oferta, o que aconteceria certamente se o legislador permitisse que aqueles lhe concedessem *ex ante* autorização nesse sentido mediante uma alteração dos estatutos para o efeito[592]. Por outro lado, os accionistas têm como alternativa o regime excepcional (vigente) que proporciona às sociedades a faculdade de, após o lançamento de uma OPA, adoptarem medidas defensivas (mediante autorização da AG) se for essa a vontade accionista – em nome da defesa dos destinatários da oferta e dos interesses do oferente.

---

[589] Em particular, a já mencionada norma do art. 10º/3: obrigação por parte do órgão de administração (das sociedades admitidas à negociação) de apresentar à AG anual de accionistas um relatório explicativo sobre as matérias a serem divulgadas ao mercado, tais como, participações qualificadas, restrições à transmissão de valores mobiliários e em matéria de direitos de voto e acordos parassociais.

[590] Esta norma obriga os EM a assegurar a divulgação *"sem demora"* das disposições aplicáveis às respectivas sociedades, designadamente quanto à regra de não frustração da oferta: regime facultativo e cláusula de reciprocidade.

[591] Em sentido diferente, THOMAS PAPADOPOULOS, *EU Law* ... cit., p. 103, considera que a obrigação de divulgação ao mercado do regime em vigor coloca as sociedades sobre pressão para adoptar o regime facultativo previsto pelo legislador europeu, na mesma linha de raciocínio da filosofia assente no conhecido princípio *"comply or explain"*, acrescentando que *"Este incentivo, que estimula a aplicação de disposições facultativas, contribui para a integração do mercado de controlo societário europeu e para o estabelecimento de um regime das OPA mais uniforme e seguro ao nível da UE"* (p. 104, tradução nossa), concluindo que *"Takeover legislation will be harmonized from the bottom up"* (p. 127).
Também STEFAN GRUNDMANN, ob. cit., p. 440, chama a atenção para o facto de dever ser tornada pública a opção de cada sociedade que não queira limitar os poderes da administração no decurso de uma OPA, com consequências certamente em termos da sua valorização no mercado, cabendo a este, portanto, avaliar da bondade daquela opção tomada pela sociedade em nome da defesa dos interesses dos accionistas.

[592] Posição próxima desta é defendida por PAUL DAVIES/SCHUSTER/GHELCKE, ob. cit., pp. 54-56, que entendem que devem ser os accionistas a decidir sobre a aplicação da regra de não frustração da oferta, devendo esta decisão ser renovada em sede de AG num determinado período de tempo suficientemente longo para que se produzam os efeitos disciplinadores do mercado, como por exemplo em cada cinco anos. Tal como *supra* referido neste Capítulo (Ponto 2.5. – *Situações Análogas*), não podemos concordar com este tipo de solução.

IV. REGRA DE NÃO FRUSTRAÇÃO DA OPA: LIMITAÇÃO DE PODERES DA ADMINISTRAÇÃO

Em quarto lugar, poderíamos deste modo afastar a incerteza jurídica resultante das dificuldades de interpretação do actual regime facultativo da *non-frustration rule*, o qual, conjugado com a cláusula de reciprocidade, pode levar a situações muito complexas e difíceis de dirimir, fruto do elevado número de hipóteses e de combinações possíveis[593]. Por sua vez, o âmbito de aplicação daquela cláusula, e seus efeitos negativos, seriam substancialmente reduzidos.

Em quinto lugar, esta seria a solução mais consentânea com o estipulado no princípio geral do art. 3º/1c) da Directiva, que prevê que o órgão de administração da sociedade visada *"deve agir tendo em conta os interesses da sociedade no seu conjunto e não pode impedir os titulares de valores mobiliários [objecto da OPA] de decidirem sobre o mérito da oferta"*. Em nosso entender, a actual faculdade concedida aos EM no sentido de não adoptarem a regra de não frustração da oferta entra em conflito com este princípio, e a consequente livre aplicação de medidas defensivas levanta sérios obstáculos à aquisição do controlo de uma sociedade por parte de potenciais oferentes, comprometendo, assim, a liberdade de estabelecimento e a livre circulação de capitais[594].

Depois, a mesma solução iria também ao encontro do actual movimento de *corporate governance* traduzido no mencionado maior activismo accionista por parte dos investidores institucionais, os quais vêm assumindo um papel cada vez mais determinante na vida e na gestão das sociedades cotadas (no mercado de capitais em geral) e estão certamente interessados na promoção do mercado do controlo societário.

Por fim, estaria mais conforme com o propósito harmonizador da Directiva e com o desejável *level playing field on takeovers and in the european market for corporate control*, essencial para afastar as distorções da concorrência a que estão sujeitas as sociedades europeias, ao eliminar a discricionariedade deixada aos EM e o pluralismo de soluções sobre a matéria. O facto de a presente Directiva ter constituído o resultado de um compromisso político, fruto do consenso possível na altura, não afastou certamente o seu intuito primordial de harmonização, o qual ficou muito aquém do desejado.

No que respeita à reciprocidade entre sociedades oferente e visada prevista pelo legislador europeu, embora esta torne certamente as sociedades menos

---

[593] Cfr. *supra* sublinhado no Ponto anterior.
[594] Por sua vez, THOMAS PAPADOPOULOS, *EU Law* ... cit., p. 201, defende que, à luz do actual regime facultativo, as sociedades que não adoptem a regra de não frustração da oferta, somente devem aplicar as medidas defensivas adequadas que respeitem aquele mesmo princípio e, em consequência, a liberdade de estabelecimento prevista no Tratado, acrescentando que *"Mesmo num caso de opt-out, o órgão de administração não deve impedir os accionistas de decidirem sobre o mérito de uma oferta adequada e que possa ser benéfica para eles, caso contrário aquele órgão não estará a agir tendo em conta os interesses da sociedade no seu conjunto"* (tradução nossa) – cfr. art. 3º/1c) Directiva.

opáveis ou contestáveis, prejudicando o funcionamento do mercado do controlo societário e a protecção dos accionistas minoritários, entendemos que deverá continuar a ser aplicada, em nome da igualdade de tratamento face às sociedades extra-comunitárias não sujeitas à *non-frustration rule* ou regime equivalente, caso contrário as sociedades europeias ficariam demasiado expostas face a OPA hostis por parte de sociedades estrangeiras (em particular as norte-americanas) com larga margem de manobra de defesa anti-OPA[595]. Apesar das crescentes proximidades entre os regimes europeu e norte-americano, continuam a existir muitas disparidades entre eles, designadamente, e desde logo, no que diz respeito à concepção do interesse social e à adopção de medidas defensivas.

Relativamente às OPA entre sociedades europeias (ou exclusivamente comunitárias, portanto), o campo de aplicação da regra de reciprocidade vê-se amplamente reduzido, justificando-se o afastamento da limitação dos poderes da sociedade visada somente em dois casos excepcionais:

(i) no caso de uma sociedade ser alvo de uma OPA por parte de uma outra sociedade europeia (portanto, sujeita à *non-frustration rule*) mas dominada por uma outra estrangeira não sujeita a regime equivalente – nos mesmos termos antes analisados e cfr. disposto nos arts. 12º/3 Directiva e 182º/6 CódVM[596];

(ii) ou no caso de uma sociedade ser alvo de duas ofertas concorrentes, uma delas europeia e a outra extra-comunitária não sujeita à *non-frustration rule* ou regime equivalente, podendo então a sociedade visada afastar igualmente o regime inibitório vinculativo e defender-se contra a oferente europeia, caso contrário criar-se-ia uma situação desajustada na medida em que ela ficaria limitada nos seus poderes somente quanto a uma das ofertas[597].

---

[595] CHIARA MOSCA, ob. cit., p. 35, questiona se um EM poderá optar pelo regime da regra de não frustração apenas para aquisições europeias, deixando as sociedades livres para frustrar ofertas extra-comunitárias, concluindo que tal discriminação é legítima.

[596] Tal como defendemos antes, o mesmo já não valerá relativamente a uma situação inversa, ou seja, não se justifica a aplicação da cláusula de reciprocidade quando a sociedade oferente (estrangeira) não está sujeita à *non-frustration rule*, mas é dominada por uma outra (europeia ou não) sujeita a um regime equivalente. Neste caso a sociedade visada estará limitada nos seus poderes no decurso da OPA.

[597] Esta parece-nos ser a solução mais razoável e a mais consentânea com a igualdade de tratamento entre oferentes. Todavia, poder-se-á sempre contra-argumentar que a mesma é injusta para o oferente comunitário (sujeito à *non-frustration rule*), o qual se vê prejudicado pelo facto de o outro oferente não estar sujeito a regime equivalente Por outro lado, a mesma solução pode levar a sociedade visada a procurar uma oferta concorrente extra-comunitária (não sujeita a regime equivalente), de modo a afastar a limitação de poderes da administração na pendência da OPA e, assim, conseguir adoptar as medidas defensivas pretendidas. Em sentido semelhante v. REQUICHA FERREIRA, ob. cit., p. 487, relativamente à aplicação da *break-through rule*.

IV. REGRA DE NÃO FRUSTRAÇÃO DA OPA: LIMITAÇÃO DE PODERES DA ADMINISTRAÇÃO

Restará sublinhar que nestes dois casos, por aplicação da regra da reciprocidade, o regime vinculativo da regra de não frustração da oferta será afastado entre sociedades europeias, sendo então determinante o papel da entidade de supervisão competente para efeitos de avaliação da equivalência dos regimes em causa.

Uma vez proposta a imposição da *non-frustration rule* como regime único no seio da U.E., a respectiva cláusula de reciprocidade deixará, em consequência, de ter grande margem de aplicação entre as sociedades europeias, uma vez que todas elas estarão, em princípio, sujeitas à limitação de poderes da administração visada no decorrer de uma OPA, salvaguardando aqueles dois casos excepcionais.

Deste modo, com um campo de aplicação reduzido, a regra da reciprocidade vê igualmente afastados todos os efeitos negativos que lhe são inerentes e atrás apontados, beneficiando, assim, o funcionamento do mercado do controlo societário europeu ao tornar as sociedades europeias bem mais opáveis ou contestáveis entre si, e melhorando a protecção dos accionistas minoritários.

Em síntese, defendemos um regime vinculativo para os EM no que respeita à regra da não frustração da oferta[598], salvaguardando a aplicação da respectiva cláusula de reciprocidade (cfr. art. 12º/3[599]), passando esta última a ter uma

---

[598] Com a consequente eliminação do regime facultativo previsto na norma do art. 12º/1 e 2.

[599] Com ressalva, no entanto, de algumas dúvidas relativamente ao disposto no art. 12º/5 da Directiva, que exige uma autorização prévia (nos 18 meses antecedentes), por parte da sociedade visada, para efeitos de aplicação da cláusula de reciprocidade.
A este respeito temos de emitir algumas considerações: (i) Por um lado, aquela disposição pode levantar algumas dificuldades de interpretação, tal como vimos *supra*; (ii) Por outro, devemos questionar se fará sentido continuar a exigir adicionalmente aos accionistas que regularmente autorizem previamente a administração para aplicar medidas defensivas numa situação de reciprocidade – na continuação de uma lógica do primado accionista –, ou se não será mais exequível a aplicação automática da mesma regra conforme resulta do disposto na nossa norma do art. 182º/6.
Face ao reduzido campo de aplicação da cláusula de reciprocidade, praticamente limitado às OPA lançadas por parte de sociedades extra-comunitárias (salvo muito raras excepções) – conforme por nós agora proposto –, temos sérias dúvidas, parecendo-nos razoável aplicar a reciprocidade sem necessidade de decisão prévia dos accionistas, mas nada impedindo, no entanto, que os mesmos afastem esta cláusula no decurso da OPA se for essa a sua vontade.
Todavia, a manter-se esta exigência da Directiva resta-nos questionar se o nosso legislador não estará vinculado a alterar a respectiva norma do CódVM, ou se pelo contrário estará dentro dos limites estabelecidos pela Directiva designadamente (i) nos termos do 12º/3 que dispõe que *"Nas condições determinadas pela lei nacional..."* ou (ii) ou mesmo nos termos do art. 3º/2b), que permite aos EM *estabelecer condições adicionais ou disposições mais restritivas do que aquelas exigidas pela presente directiva para regulamentar as ofertas*. Em nosso entender a presente situação (art. 182º/6) não parece cair dentro de qualquer um destes âmbitos.

incidência maior relativamente às sociedades extra-comunitárias (não sujeitas a um regime equivalente), do que aquela verificada entre sociedades europeias, doravante todas elas vinculadas à *non-frustration rule*, salvo nas duas situações particulares *supra* mencionadas. Tudo isto em nome da igualdade de oportunidades entre sociedades oferente(s) e visada.

Uma breve palavra final para relembrar e destacar que tratámos aqui apenas do regime facultativo e da cláusula de reciprocidade no que respeita à aplicação da regra de não frustração da oferta, não sendo nossa intenção analisar a matéria da *break-through rule* (art. 11º da Directiva) – relativa à não aplicação ao oferente das restrições em matéria de transmissão de valores mobiliários e direito de voto (previstas nos estatutos ou no acordo parassocial da sociedade visada) –, reflexo do mencionado princípio da proporcionalidade entre o capital e o controlo (uma acção/um voto) e também decisiva para o funcionamento do mercado do controlo societário.

Por agora, resta-nos ter em especial atenção o art. 11º/3 que dispõe que as restrições em matéria de direito de voto ficam sem efeito na AG que tomar uma decisão sobre eventuais medidas defensivas nos termos do art. 9º, uma vez que essas restrições poderiam comprometer a referida autorização accionista destinada a ultrapassar ou excepcionar a regra de não frustração da oferta[600]. De igual modo, deveria ser questionado o regime facultativo previsto no art. 12º da Directiva que permite aos EM afastar esta *break-through rule*. Todavia, esta é uma matéria que colide com a liberdade contratual dos accionistas, pelo que a sua imposição será certamente objecto de uma muito maior resistência por parte dos seus destinatários[601] [602].

---

[600] De acordo com REQUICHA FERREIRA, ob. cit., p. 471, "*Procura-se evitar que, com base nesta restrição do direito de voto, uma minoria de accionista continue a assegurar o controlo da sociedade e a eleger a maioria dos membros do órgão de administração, permitindo que outros accionistas tenham a possibilidade real de rejeitar a tomada de medidas defensivas não sendo para o efeito impedidos pela desproporção da distribuição de direitos de voto ou pelas distorções da estrutura accionista*".

[601] Desde logo, o nosso legislador previu um regime de *suspensão voluntária de eficácia de restrições de direito de voto* – art. 182º-A/1b). V. também nº 1c) desta norma, que prevê uma *break-through rule* quando o oferente adquirir, na sequência de uma OPA, pelo menos 75% do capital com direito de voto (em transposição do art. 11º/4 da Directiva).

Em relação à imposição da *break-through rule*, esperamos uma muito maior resistência por parte dos EM, na medida em que está directamente relacionada com uma matéria da exclusiva competência dos accionistas – colidindo com a liberdade contratual destes últimos (art. 405º CC), designadamente, em preverem nos estatutos medidas defensivas preventivas –, bem como está muito mais enraizada nas tradições e práticas societárias europeias. Aliás, apenas três EM (Estónia, Letónia e Lituânia) transpuseram esta regra, com carácter vinculativo, para o direito interno.

Verificamos, portanto, que a eficácia do mercado de controlo societário depende não apenas da *non-frustration rule* (objecto do presente estudo), mas também da aplicação da *break-through rule* no decorrer da oferta (ou na primeira AG subsequente), uma vez que ambas promovem o sucesso das

IV. REGRA DE NÃO FRUSTRAÇÃO DA OPA: LIMITAÇÃO DE PODERES DA ADMINISTRAÇÃO

5. O Mercado do Controlo Societário em Portugal

Depois de avaliado e comentado o regime europeu das OPA, chegamos então a uma última questão, bem pertinente e decisiva do nosso ponto de vista, a qual está directamente relacionada com a confiança no mercado por parte dos investidores: o mercado do controlo societário nacional. Resta-nos então averiguar se o nosso mercado do controlo funciona de um modo eficiente e transparente garantindo uma adequada protecção dos interesses dos accionistas das sociedades abertas, daí resultando uma confortável confiança no nosso mercado de capitais.

O ano de 2010 veio trazer um novo ciclo de fusões & aquisições, após a estagnação do mercado do controlo societário na sequência da "crise financeira" iniciada em 2007-2008, a qual terá aberto novas oportunidades de negócio. Como exemplo desta realidade tivemos (em 2009) a OPA da norte-americana *KRAFT FOODS* sobre a britânica *CADBURY*, entre outras.

Em Portugal, temos vindo a assistir a uma actividade crescente de fusões & aquisições. Todavia, o reduzido número de OPA com alteração efectiva de controlo e a rara ocorrência de OPA hostis – como o caso da OPA (sem êxito) da

OPA ao tornar a defesa (reactiva) da sociedade visada menos eficaz e as sociedades mais contestáveis, com benefícios para os accionistas. Depois de defendermos que o órgão de administração deve ter os seus poderes limitados no decurso da oferta, restará saber se as restrições em matéria de transmissão de valores mobiliários e direito de voto não são oponíveis ao oferente – por aplicação da *break-through rule* prevista no art. 11º –, ou se as mesmas continuam a ser-lhe oponíveis – por aplicação do regime facultativo ou da cláusula de reciprocidade (previstos no art. 12º/1 e 3), tornando então a defesa anti-OPA mais eficaz ao oferecer uma maior resistência na transferência do controlo.
Para além destas duas regras concorrerem para o mesmo resultado, temos também de sublinhar que ambas se influenciam mutuamente: assim, por exemplo, uma vez privados da faculdade de aplicar medidas defensivas reactivas (após a oferta), as sociedades poderão tender a blindar (previamente) os respectivos estatutos, aprovando mais medidas defensivas preventivas (cuja divulgação prévia ao mercado terá certamente efeitos nefastos). Pelo que, face à imposição da *non-frustration rule*, haverá certamente uma acrescida resistência à aplicação da *break-through rule*. Sobre o respectivo regime (previsto no art. 11º da Directiva), v. THOMAS PAPADOPOULOS, *EU Law*... cit., pp. 127ss., JOHN C. COATES, *Ownership, Takeovers and EU Law: How Contestable Should EU Corporations Be?*, ECGI Law Working Paper Nº 11/2003, disponível em http://www.ecgi.org, e PETER MÜLBERT, *Make It or Break It*... cit. Entre nós v. REQUICHA FERREIRA, ob. cit., pp. 446ss.

602 Uma breve palavra final para sublinhar que a CMVM submeteu muito recentemente a Consulta Pública (nº 3/2011) um Anteprojecto de alteração desta norma do art. 182º-A CódVM no sentido de tornar obrigatória a suspensão da eficácia das restrições transmissivas e de direito de voto nas sociedades abertas (disponível em http://www.cmvm.pt). Tudo no sentido de abrir o capital das sociedades nacionais aos investidores estrangeiros e de favorecer o lançamento de OPA. V. *Resposta do IPCG* a esta Consulta Pública (disponível em http://www.cgov.pt), a qual veio questionar a oportunidade – face à presente crise financeira e à fase de revisão em que se encontra a *Directiva das OPA* – e o mérito daquele Anteprojecto.

CSN sobre a CIMPOR em finais de 2009[603] – faz com que, à semelhança do que acontece nos outros EM da Europa continental, o governo das sociedades continue a recair essencialmente sobre os mecanismos de controlo interno[604].

O nosso mercado de capitais está ainda muito longe dos activos mercados de controlo societário característicos dos países anglo-saxónicos, cujo número de sociedades admitidas à negociação é muito maior, com elevada liquidez e reduzido número de participações cruzadas, e onde os investidores institucionais desempenham um papel mais activo, com os consequentes efeitos dinamizadores enquanto mecanismo de controlo externo de *corporate governance*.

Podemos afirmar que, no que respeita à transposição da Directiva, o legislador nacional tentou promover as OPA e o funcionamento do mercado do controlo societário ao impor a *non-frustration rule* para todas as sociedades e, assim, reduzir a margem de defesa da administração visada (embora ressalvando a cláusula de reciprocidade reforçada – de aplicação automática), e permitindo que as sociedades abertas – que não tenham valores mobiliários admitidos à negociação em mercado regulamentado – possam afastar nos seus estatutos o limiar (mais baixo) de um terço dos direitos de voto para efeitos do dever de lançamento de OPA[605].

---

[603] Este caso traduziu-se no lançamento, por parte da sociedade CSN CEMENT S. À R.L. (sociedade de direito luxemburguês) totalmente detida pela Companhia Siderúrgica Nacional (sociedade de direito brasileiro) de uma OPA geral e voluntária sobre o capital social da CIMPOR – CIMENTOS DE PORTUGAL, SGPS, SA.
Esta OPA viria a não ter sucesso, uma vez que, no seu decorrer, outras duas sociedades brasileiras do sector – a *Votorantim Cimentos, SA* e a *Camargo Corrêa, SA* – adquiriram diversas participações qualificadas da sociedade visada, acabando, deste modo, por inviabilizá-la. A primeira sociedade acabaria mesmo por celebrar um acordo parassocial com a CGD, com vista a promover a estabilidade accionista da sociedade visada e a reduzir a probabilidade de sucesso da OPA. Para uma análise mais detalhada desta oferta v. o respectivo Prospecto publicado em 27 Janeiro de 2010, bem como outros documentos relativos a esta OPA, todos disponíveis para consulta em http://www.cmvm.pt.
[604] Sobre a reduzida actividade das OPA no mercado nacional, v. entre outros, o *Relatório Anual de 2010 sobre a Actividade da CMVM e sobre os Mercados de Valores Mobiliários*, pp. 114ss., onde são sumariamente descritas as únicas três OPA verificadas nesse mesmo ano. V. também o *Relatório Anual* (de 2009) *sobre a Actividade da CMVM e sobre os Mercados de Valores Mobiliários*, pp. 141ss.: "*Em comparação com o ano transacto, 2009 foi caracterizado pelo aumento das reestruturações empresariais. Tal é evidenciado por um número superior de operações de ofertas públicas de aquisição registadas pela CMVM (4 em 2009 e apenas uma em 2008), ano esse em que se verificaram somente 4 OPAS*" (com um valor global próximo dos 11 milhões de Euros). Relativamente à actividade crescente das OPA após a aprovação do CódVM (ou seja, após 2000 e até 2006, inclusive), v. Requicha Ferreira, ob. cit., pp. 148-149.
[605] Cfr. art. 187º/4. Deste modo promovem-se as OPA, na medida em que se permite a aquisição do controlo societário através de um menor esforço financeiro, já não estando o potencial oferente obrigado a lançar uma OPA sobre a totalidade dos títulos da sociedade, embora com prejuízos para os accionistas minoritários.

IV. REGRA DE NÃO FRUSTRAÇÃO DA OPA: LIMITAÇÃO DE PODERES DA ADMINISTRAÇÃO

5.1. Interferências do Estado e *"Golden Shares"*

Contudo, outros factores vêm convergindo no sentido de perturbar o correcto funcionamento do mercado do controlo societário, designadamente, e fazendo referência aos casos mais recentes, as sucessivas interferências (de forma indirecta) por parte do Estado Português: assim, a título de exemplo, no caso da OPA à CIMPOR o Governo manifestou por diversas vezes o seu interesse em manter o centro de decisão da sociedade visada em mãos nacionais. Razão pela qual estava empenhado em fomentar um entendimento entre os actuais accionistas à data do lançamento da OPA, ou seja, na formação de um núcleo duro que permitisse responder às investidas brasileiras interessadas em tomar posições de controlo na sociedade visada.

Posteriormente, já no decurso da OPA, o Estado Português viria mais uma vez interferir no normal funcionamento do mercado do controlo societário (de forma indirecta, utilizando a participação detida pela CGD) ao promover a estabilidade accionista da sociedade visada, através da celebração de um acordo que envolvia, em simultâneo, a aquisição, por parte da sociedade brasileira Votorantim da participação detida pelo accionista Lafarge, bem como a celebração de um acordo parassocial entre a CGD e aquele novo accionista brasileiro, mediante o compromisso de não ultrapassar uma determinada percentagem minoritária no capital da sociedade visada e de modo a acautelar que o centro de decisão se mantivesse em mãos nacionais.

Já aquando da OPA lançada pela SONAECOM, SGPS, SA, no ano de 2007, sobre o capital da PORTUGAL TELECOM, SGPS, SA (*"PT"*), consideramos ter havido um mau funcionamento do mercado, tanto mais que o Estado Português detinha acções privilegiadas (*"golden shares"*) no capital da sociedade visada.

Diferente situação diz respeito à mencionada figura da OPA estatutária: quando os estatutos de uma sociedade estabelecem o limiar de OPA obrigatória abaixo do limiar legal (20% ou 30%, por exemplo), actuando como medida defensiva. Sobre esta figura jurídica, v. ANTÓNIO MENEZES CORDEIRO, *"A OPA Estatutária..."*, cit., pp. 140ss. e OSÓRIO DE CASTRO, *"Da Admissibilidade das Chamadas "OPA's Estatutárias" e dos seus Reflexos Sobre a Cotação das Acções em Bolsa, Júris Et De Jure"*, Nos vinte anos da Faculdade de Direito da UCP, Porto, 1998. Sobre a admissibilidade da criação estatutária de mecanismos de OPA obrigatória já nos pronunciámos – cfr. JOÃO CUNHA VAZ, ob. cit., pp. 190-191. No mesmo sentido PAULO LOPES MARCELO, ob. cit., pp. 52ss., conclui que este tipo de cláusulas estatutárias são válidas à luz do CódVM (187º: *Dever de lançamento de OPA*) – pois reforçam a protecção dos accionistas minoritários – e do CSC (328º: *Limitações à transmissão de acções*) – uma vez que não impedem a livre transmissão dos títulos. Por sua vez, PAULO CÂMARA, *"O Dever de Lançamento de Oferta Pública e Aquisição no Novo Código dos Valores Mobiliários"*, Cadernos MVM, nº 7 (Abril 2000), pp. 195-268 (229), adopta posição diferente, ao defender que a apreciação deve ser feita caso a caso, podendo estas cláusulas assumir várias configurações: restrição à transmissão de acções, ónus ou encargo, imposição de obrigação aos sócios ou mera estipulação parassocial.

Assim, a oferta tinha ficado subordinada à verificação, até ao seu termo, de uma série de condições, entre elas, a autorização da AG da PT – ainda que condicionada ao sucesso da oferta – para que o oferente adquirisse uma participação superior a 10% do capital da sociedade visada, nos termos do art. 9º dos respectivos estatutos, sem o estabelecimento de qualquer outro limite e a alteração daqueles estatutos, também condicionada ao sucesso da oferta, de modo a que não subsistisse qualquer limite à contagem de votos quando emitidos por um só accionista, em nome próprio ou também como representante de outro.

Acontece, que aquando da realização da AG para este efeito, a desblindagem dos estatutos foi chumbada e, consequentemente, a OPA caiu e nem sequer chegou ao mercado, por não verificação daquelas condições prévias[606]. Ou seja, na sequência desta votação a oferta da SONAECOM ficou sem efeito, uma vez que os estatutos da PT limitavam os direitos de voto de qualquer accionista a 10%, situação que, só por si, inviabilizava qualquer tentativa de assumir uma posição accionista de controlo, como pretendia a oferente. Para o efeito, os accionistas de controlo da PT mobilizaram-se no sentido de proceder a uma eficaz oposição àquela OPA hostil e conseguiram-no em sede da AG convocada no decurso da OPA, ao votar maioritariamente (*com os votos da CGD e a abstenção do accionista Estado*) contra as propostas apresentadas que visavam a alteração dos estatutos da sociedade e a consequente viabilização da OPA[607].

Sucede que alguma doutrina vem reclamando que uma OPA deve ser sempre decidida pelo mercado face à possibilidade de manipulação do direito de voto nas AG, tanto mais em questões essenciais como a alteração do controlo societário[608]. Acresce, em nosso entender, que a AG de accionistas continua a

---

[606] A AG extraordinária da PT (com 67% do capital presente) chumbou a desblindagem dos seus estatutos, tendo 46,58% votado contra e 43,9% a favor, com cerca de 9,52% de abstenções.

[607] Desde logo no Relatório do Conselho de Administração (cfr. p. 7) – disponível para consulta em *http://www.cmvm.pt* –, este órgão considerava que aquela oferta subavaliava significativamente a PT, estando convicto que a mesma era inadequada e recomendava veementemente aos accionistas que a rejeitassem, porque não oferecia um preço justo pelas suas acções, não oferecia prémio de controlo nem partilhava o valor das sinergias.

Por sua vez, o mesmo órgão apresentava um compromisso de maximização do valor accionista e acreditava que o seu plano de gestão continuava a proporcionar um valor mais atractivo para os accionistas da PT, nomeadamente, através da distribuição de dividendos extraordinários e de acções da PTM.

[608] No entender de ANTÓNIO BORGES (em entrevista ao Jornal Público a 04.06.07) *"Uma OPA deve sempre chegar ao mercado, só o mercado é verdadeiro. Nas AG nunca está o universo dos accionistas e há hoje cada vez mais casos de deturpação do voto, com a chamada compra do voto... Consegue-se, através de transacções praticamente impossíveis de detectar, que muitos accionistas abdiquem do seu direito de voto e vendam os seus votos a outros, o que torna a AG muito menos legítima... quando se trata de questões absolutamente decisivas, como fusões, mudança de controlo é indispensável que se vá ao mercado".*

representar por excelência o melhor meio de participação accionista na vida de uma sociedade, sendo certo que em sociedades abertas com o capital largamente disperso existe um considerável distanciamento dos assuntos da sociedade por parte dos muitos e pequenos accionistas. A gestão fica então a cargo de uma administração da confiança dos accionistas de controlo, os quais tendem a controlar o poder de decisão em sede de AG, embora tal como vimos antes, se verifique actualmente um crescente activismo accionista, com particular atenção para o papel decisivo dos investidores institucionais no sentido moralizador da consciência accionista e na protecção dos respectivos interesses, papel este, no entanto, ainda diminuto no nosso pouco desenvolvido mercado de capitais.

Uma outra forma de interferência (mais directa) do Estado no funcionamento do mercado do controlo societário, diz respeito à existência de *"golden shares"*[609], ou seja, acções públicas privilegiadas *stricto sensu*[610] em grandes sociedades estratégicas, participações essas que se vêm revelando, em nosso entender, promíscuas no sentido de perturbar o normal funcionamento daquele mercado e afectando consideravelmente a confiança dos investidores. Actualmente em tempos de crise económica ganha maior importância a disputa entre, por um lado, os neoliberais, que consideram a livre circulação de capitais e de serviços como os pilares da U.E. e do mercado único e, por outro lado, alguns dos próprios EM, que pretendem proteger-se contra essa política, adoptando posições mais proteccionistas. Tal foi precisamente o que aconteceu com o veto do governo português à proposta, apresentada em 2010, por parte da TELEFÓNICA, SA para a aquisição da participação de 50% detida pela PT na BRASILCEL, NV, sociedade detentora do controlo da VIVO PARTICIPAÇÕES, SA. Este veto ocorreu mesmo contra a vontade da maioria (73,9%) dos accionistas da PT presentes ou representados[611], tendo, então, o governo português votado contra a proposta de compra apresentada pela Telefónica, justificando o uso da *"golden share"* (500 acções privilegiadas) na AG da PT pela necessidade de defender os interesses nacionais em sectores estratégicos como

---

[609] Entretanto eliminadas pelo DL nº 90/2011, de 25 de Julho.
[610] Sobre a delimitação deste conceito NUNO CUNHA RODRIGUES, *"As "golden-shares" no direito português"*, in Direito dos Valores Mobiliários, Vol. VII (2007), Coimbra Editora, pp. 191-231, afirma que *"visamos as participações sociais detidas por entes públicos que, em resultado de uma intervenção legislativa derrogatória do regime geral das sociedades comerciais, conferem poderes especiais intra-societários que não estão ao alcance de um privado"* (p. 194). Ainda sobre esta matéria v. PEDRO DE ALBUQUERQUE/MARIA DE LURDES PEREIRA, *As "Golden Shares" do Estado Português em Empresas Privatizadas: Limites à sua Admissibilidade e Exercício*, Coimbra Editora, 2006.
[611] Encontravam-se presentes ou representados accionistas titulares de acções representativas de 68,7% do capital social da PT, tendo sido admitido o voto relativamente a 62,9% do capital.

o era o sector das telecomunicações, o qual apresentava uma importância decisiva para a nossa economia. Deste modo, o Estado Português, através das acções privilegiadas por si detidas, votou contra a proposta, tendo aquela oferta sido rejeitada de acordo com a interpretação do Presidente da Mesa da AG sobre os estatutos da PT, apesar dos votos favoráveis por parte de uma considerável maioria qualificada.

Em Julho de 2010, o TJUE[612] pronunciou-se no sentido da ilegalidade destes direitos especiais do Estado Português, porque incompatíveis com o Tratado, constituindo uma restrição não justificada à livre circulação de capitais (o que, no entanto, não implicou de imediato a alteração dos estatutos da PT). Assim, considerou aquele tribunal que ao manter na PT direitos especiais a favor do Estado e de outras entidades públicas, atribuídos em conexão com acções privilegiadas ("*golden shares*") do Estado naquela sociedade, a República Portuguesa não cumpriu as obrigações que lhe incumbiam por força do art. 63º/1 do TFUE (ex-art. 56º/1)[613].

Em causa está sobretudo a conformidade com a livre circulação de capitais, que conduziu a uma série de acções judiciais intentadas pela Comissão contra vários EM, entre os quais Portugal. A Jurisprudência do TJUE tem considerado contrárias ao Tratado estas cláusulas estatuárias, salvo se: a) proporcionais ao objectivo visado, b) não introduzirem discriminações em função da nacionalidade do adquirente e c) corresponderem ao exercício vinculado de um critério preciso (e não discricionário) pré-estabelecido. Ou seja, de acordo com aquele tribunal, as medidas nacionais que restrinjam a livre circulação de capitais

---

[612] Este Acórdão surgiu no seguimento de um processo desencadeado a 31 de Janeiro de 2008 pelo Executivo comunitário, com base no argumento de que os direitos especiais detidos pelo Estado Português na PT violavam as regras do Tratado e segundo o qual *"Com efeito, estas "golden shares" atribuem ao Estado português uma influência sobre as tomadas de decisão da empresa susceptível de desencorajar os investimentos por parte de operadores de outros Estados-Membros"*. O mesmo Acórdão viria a rejeitar os argumentos invocados pelo Estado Português, considerando que a detenção daqueles direitos especiais não era adequada nem proporcional para garantir o objectivo prosseguido de segurança pública – cfr. Acórdão do TJUE de 08.07.10 no âmbito do processo C-171/08 Comissão/República Portuguesa (JO C 234/4, de 28.08.10) e disponível para consulta em *http://www.curia.europa.eu*.

[613] O próprio Presidente da Comissão admitira dias antes que a oposição do executivo comunitário à *"golden share"* detida pelo Estado Português na PT era uma questão meramente jurídica, e não política *"e muito menos ideológica"*, na medida em que violava a livre circulação de capitais prevista naquela norma.

Já em 2007 o TJUE se tinha pronunciado contra a Alemanha: *"Ao manter em vigor as disposições da Lei Volkswagen que limitam o direito de voto a um máximo de 20%, fixam a minoria de bloqueio em 20% e conferem ao Estado Federal e ao Land da Baixa Saxónia o direito de designarem, cada um, dois representantes no conselho geral e de supervisão, a República Federal da Alemanha não cumpriu as suas obrigações que lhe incumbem por força da livre circulação de capitais"* – cfr. Acórdão do TJUE no Processo C-112/05 Comissão/República Federal da Alemanha (JO C 315/5, de 22.12.07).

IV. REGRA DE NÃO FRUSTRAÇÃO DA OPA: LIMITAÇÃO DE PODERES DA ADMINISTRAÇÃO

podem ser justificadas pelas razões previstas no Tratado, nomeadamente, por razões de segurança pública, mas desde que sejam *adequadas* para garantir a realização do objectivo prosseguido e sejam *proporcionais* a esse mesmo objectivo[614].

Uma breve palavra final, no que respeita a esta matéria, para sublinhar que a *Directiva das OPA* no seu Considerando 20 refere que todos os direitos especiais na titularidade dos EM deverão ser analisados à luz da livre circulação de capitais, acrescentando na norma do art. 11º/7 que a *break-through rule* (*Não oponibilidade das restrições em matéria transmissão de valores mobiliários e direito de voto*) não se aplica no caso de os EM serem titulares de valores mobiliários na sociedade visada que lhes confiram direitos especiais[615] e no caso de direitos especiais previstos na lei nacional, desde que ambos sejam compatíveis com o Tratado. No entanto, certamente que não entram aqui as mencionadas "*golden shares*", porque ilegais à luz do Tratado por violarem a livre circulação de capitais.

Se é certo que outras matérias devem merecer igual atenção no sentido de garantir o normal funcionamento do mercado do controlo, em particular aquelas relativas a outro tipo de restrições ao direito de voto, entre elas, o princípio da proporcionalidade entre o capital e o controlo societário – uma acção/um voto (art. 384º/1 CSC) – ou os próprios *voting caps*, também é certo que esta matéria das "*golden shares*" (acções privilegiadas que atribuem direitos especiais de voto)[616] continuava até muito recentemente tão presente em mercados como o nosso, assumindo especial importância na medida em que continuava a distorcer o correcto funcionamento do mercado do controlo societário nacional e violava claramente a livre circulação de capitais[617].

---

[614] Sobre a temática da conformidade das "*golden shares*" com o direito comunitário, v. mais em pormenor NUNO CUNHA RODRIGUES, ob. cit., pp. 197ss. e KLAUS HOPT, *A Harmonização...* cit., pp. 233ss., bem como as *supra* referidas (Capítulo II – Ponto 1.) decisões do TJUE de 04.06.2002 comentadas por PAULO CÂMARA, *The End of the Golden...* cit.

[615] Esta norma viria a ser transposta para o nosso direito interno pelo art. 182º-A/8, que dispõe que a *break-through rule* não se aplica no caso de um EM ser titular de valores mobiliários da sociedade visada que lhe confira direitos especiais. Para um comentário crítico desta norma, v. PAULO CÂMARA, *Ofertas públicas...* cit., pp. 194-195.

[616] A este respeito ORLANDO GUINÉ, *Da Conduta (Defensiva)...* cit., p. 57, questiona se o TJUE (aquando do seu acórdão sobre a "*Lei Volkswagen*") "*não esteve já mais preocupado com o tal princípio da proporcionalidade (...) do que com a temática das acções douradas propriamente dita*".

[617] Contudo, devemos salientar que no *Memorando da Troika* (Ponto 8.1.) o Governo Português se comprometeu a eliminar as "*golden shares*" e todos os outros direitos especiais estabelecidos por lei ou nos estatutos das sociedades com cotação pública que dão direitos especiais ao Estado – tudo em nome da transparência e da sã concorrência no mercado nacional – o que acabou por acontecer efectivamente através do DL nº 90/2011, de 25 de Julho.

5.2. Imputação de Direitos de Voto

Por fim, e com vista a uma mais completa avaliação do funcionamento do nosso mercado do controlo, resta-nos levantar uma questão referente à matéria da *imputação de direitos de voto*: mais concretamente, os termos da norma do art. 20º CódVM e da actuação em concertação[618] enquanto elemento do tipo que determina a constituição da obrigação de lançamento de OPA[619].

Sucede que a doutrina vem interpretando esta norma de modo idêntico para efeitos do cômputo dos direitos de voto no âmbito do dever de informação de participações qualificadas e no âmbito do dever de lançamento de OPA. Ao fazer imputar direitos de voto ao participante para além daqueles de que seja titular ou usufrutuário, a mesma norma visa dar a conhecer aos accionistas e ao mercado o conjunto das participações qualificadas que resultem do exercício, pelo participante, da sua autonomia privada em determinar a vida da sociedade.

Nas palavras de Osório de Castro *"o sentido e a finalidade deste concreto preceito são manifestamente o de imputar ao participante os direitos de voto cujo exercício se considere ser por ele influenciado ou influenciável, já no uso de alguma faculdade jurídica, já num plano puramente fáctico"*[620].

Porém, esta norma tem um carácter instrumental relativamente aos regimes que condiciona e os princípios subjacentes à *Directiva da Transparência* e à obrigação de divulgação de participações qualificadas (art. 16º CódVM) são distintos daqueles que norteiam a *Directiva das OPA* e a obrigação de lançamento de uma OPA (art. 187º CódVM). Em consequência, em nosso entender a mesma norma deve ser interpretada diferentemente nas duas situações, sendo que, no

---

Um breve reparo ainda para salientar a nossa estranheza relativamente à *categoria especial* das acções a privatizar que somente poderão ser detidas pelo Estado ou por entidades que pertençam ao sector público – cfr. art. 2º daquele diploma em alteração ao art. 60º do DL nº 76-A/2006.

[618] Esta norma inspirou-se na definição de *"Persons acting in concert"* (do *City Code*), a qual abrange aqueles que, ao abrigo de um acordo ou contrato (formal ou informal), cooperam com vista a obter ou consolidar o controlo de uma sociedade ou a frustrar o êxito de uma oferta, indicando para o efeito seis casos de presunção dessa concertação. Em sentido semelhante, o art. 2º/1d) da Directiva relativo à definição de *"Pessoas que actuam em concertação"* realça o facto de a concertação poder verificar-se do lado do oferente (para obter o controlo) ou do lado da sociedade visada (para impedir o êxito da oferta).

[619] Sobre esta matéria v., em particular, Hugo Moredo Santos, *Transparência, OPA Obrigatória e Imputação de Direitos de Voto*, Coimbra Editora, 2011, Paula Costa e Silva, *"A Imputação de direitos de voto na oferta pública de aquisição"*, in Direito dos Valores Mobiliários, Vol. VII (2007), Coimbra Editora, pp. 403-442, bem como João Mattamouros Resende, *A Imputação de Direitos de Voto no Mercado de Capitais*, Universidade Católica Editora, 2010, e Osório de Castro *"Imputação de Direitos de Voto No Código dos Valores Mobiliários"*, Cadernos MVM, nº 7 (Abril de 2000), pp. 161-193.

[620] Cfr. *A imputação de Direitos de Voto... cit.*, p. 167.

IV. REGRA DE NÃO FRUSTRAÇÃO DA OPA: LIMITAÇÃO DE PODERES DA ADMINISTRAÇÃO

âmbito da OPA obrigatória, qualquer um dos títulos de imputação, previstos nas diversas alíneas do seu nº 1, deverá ser analisado à luz da intenção do participante em adquirir o controlo da sociedade em causa[621].

Ora vejamos: no entender da CMVM o objectivo da imputação de direitos de voto à luz do CódVM "*é o de tornar transparentes as relações de potencial influência no exercício do direito de voto respeitante a acções representativas do capital social de sociedades abertas*", sendo necessária uma aplicação criteriosa dos critérios legais de imputação, em atenção aos objectivos que lhe estão subjacentes[622].

Trata-se de melhorar a protecção dos investidores e de reforçar a sua confiança nos mercados de valores mobiliários, assegurando que estes mercados funcionem correctamente através de uma política adequada de informação, sendo decisiva a identificação de participações qualificadas quanto à evolução da estrutura accionista e da própria cotação no mercado. Este dever de informação resulta essencialmente da possibilidade de os accionistas, detentores de uma participação relevante, poderem designar os membros da administração e, desse modo, influenciar a gestão da sociedade.

Já a imputação enquanto elemento do tipo que determina a constituição da obrigação de lançamento de OPA decorre desde logo da necessidade de aferirmos do controlo real e efectivo de uma sociedade aberta, pelo que temos de averiguar quem exerce efectivamente o controlo, ou seja, quem tem legitimidade para exercer os direitos de voto, independentemente da titularidade da respectiva participação social. Pelo que, para efeitos de determinar a constituição da obrigação de lançar uma OPA, devem ser imputados a uma pessoa singular/sociedade todos os direitos de voto que ela controle efectivamente.

Desde logo o art. 187º/1 CódVM prescreve o dever de lançar uma OPA geral para "*Aquele cuja participação em sociedade aberta ultrapasse, directamente ou nos termos do nº 1 do artigo 20º, um terço ou metade dos direitos de voto correspondentes ao capital social...*"[623], pelo que facilmente se percebe a importância desta norma relativa à imputação dos direitos de voto, na medida em que a regra da OPA obrigatória depende da detenção directa ou indirecta de determinada percentagem de direitos de voto que são calculados por via de imputação.

---

[621] No entanto, não nos podemos esquecer que o controlo pode não consubstanciar uma situação de domínio (ou influência dominante) nos termos da lei (arts. 21º CódVM e 486º CSC). Para integração do art. 20º e sua interpretação, será determinante identificar os critérios de intenção de aquisição de controlo para efeitos da constituição do dever de lançamento de OPA.
[622] Cfr. *Parecer Genérico sobre Imputação de Direitos de Voto a Fundos de Pensões*, emitido pela CMVM a 26.05.2006, disponível para consulta em http://www.cmvm.pt.
[623] V. também o disposto no art. 187º/2, que permite afastar a presunção de domínio (influência dominante).

Vimos antes que a principal razão de ser da OPA obrigatória residia na protecção dos accionistas minoritários face a uma posição de controlo/domínio nas sociedades abertas, no sentido do exercício de uma influência dominante no seio da sociedade, aparecendo tal obrigação, portanto, associada à aquisição ou alteração do controlo societário. Ou seja, a regra da OPA obrigatória visa proteger os direitos dos accionistas em situações de alteração de controlo, designadamente, o direito de vender as suas acções e de beneficiar do prémio de controlo proposto pelo oferente[624].

Temos de ter em atenção que as diversas alíneas do nº 1 do art. 20º foram transpostas da *Directiva da Transparência* (com excepção da alínea h))[625], ou seja, correspondem a situações que consubstanciam um dever de informar o mercado relativamente a uma participação qualificada, tendo o nosso legislador, no seu art. 20º CódVM, enumerado todas e mais algumas situações de actuação em concertação ou de imputação de direitos de voto para efeitos do dever de informar o mercado da detenção de uma participação qualificada (*"No cômputo das participações qualificadas consideram-se..."* – cfr. nº 1).

Todavia, entendemos que faz sentido questionar este lato âmbito de aplicação da norma em caso de OPA, designadamente, para efeitos da detenção da percentagem (acima de um terço ou de metade) dos direitos de voto que determina a obrigação de lançar uma OPA geral sobre a sociedade visada (nos termos do mencionado art. 187º/1).

PAULA COSTA E SILVA defende, igualmente, que a imposição do dever de lançamento de OPA pressupõe o exercício de domínio dos direitos de voto, e que somente se constitui nas situações de imputação de direitos de voto que

---

[624] Sobre a problemática da *ratio legis* do dever de lançamento de OPA, v. PEDRO PAIS DE VASCONCELOS, *"Concertação de accionistas, exoneração e OPA obrigatória em sociedades abertas"*, in Direito das Sociedades em Revista, Almedina, Março 2010, Ano 2, Vol. 3 – Semestral, pp. 11-48 (20ss.).

[625] Esta alínea h) diz respeito aos direitos de voto *"Detidos por pessoas que tenham celebrado algum acordo com o participante que vise adquirir o domínio da sociedade ou frustrar a alteração de domínio ou que, de outro modo, constitua um instrumento de exercício concertado de influência sobre a sociedade participada"* – presumindo-se serem instrumento deste exercício os acordos relativos à transmissibilidade de acções representativas do capital social daquela sociedade (cfr. nº 4), podendo, no entanto, essa presunção ser ilidida perante a CMVM, mediante prova de que a relação estabelecida com o participante é independente da influência, efectiva ou potencial, sobre a sociedade participada (cfr. nº 5).
Importa sublinhar que o disposto nesta alínea h) foi introduzido na nossa ordem jurídica pelo mencionado DL nº 219/2006, cujo principal objectivo foi transpor para a ordem interna a *Directiva das OPA* (de modo a acomodar a noção de exercício concertado de direitos de voto), sendo que essa mesma alínea prevê uma norma geral, a qual deverá ser afastada verificando-se qualquer um dos pressupostos previstos numa das restantes alíneas (normas especiais) do nº 1. Sobre esta matéria ver PAULA COSTA E SILVA, *Sociedade aberta...* cit., pp. 562ss.

IV. REGRA DE NÃO FRUSTRAÇÃO DA OPA: LIMITAÇÃO DE PODERES DA ADMINISTRAÇÃO

pressuponham o domínio. No mesmo sentido, a norma do art. 187º/2 CódVM prevê que não é exigível o lançamento de OPA quando, ultrapassado o limiar de um terço, a pessoa que a ela estaria obrigada prove perante a CMVM não ter o domínio da sociedade visada nem estar com esta numa relação de grupo[626].

A mesma Autora defende que *"Também o próprio art. 20º concorre para este resultado. Com efeito, em diversas das suas alíneas se prevê a imputação de votos desde que estes sejam susceptíveis de controlo por aquele a quem são imputados"* [627], concluindo por uma interpretação restritiva ou condicionada desta norma no contexto da constituição da obrigação de lançamento de OPA[628].

Verifica-se, assim, que o art. 20º/1 CódVM vem sendo aplicado em toda a sua plenitude para efeitos dos deveres de comunicação das participações qualificadas. No entanto, importa rever o respectivo âmbito de aplicação no contexto do mercado do controlo societário, designadamente, para efeitos da constituição do dever de lançamento de OPA.

Em nosso entender a interpretação da norma do art. 20º/1 deve ser restrita para efeitos da constituição da obrigação de lançamento de OPA, no sentido de que cada um dos títulos de imputação (previstos nas diversas alíneas) deve ser analisado à luz da intenção do participante em adquirir o controlo da sociedade em causa.

Portanto, os títulos de imputação dos direitos de voto só deverão ser relevantes para efeitos do cômputo dos direitos de voto em sede de OPA obrigatória quando o seu titular tiver por intenção adquirir o controlo da sociedade visada. Pelo que concluímos então que as circunstâncias que determinam a

---

[626] Daqui resulta que a sociedade em causa poderá sempre demonstrar *não exercer uma influência dominante* sobre a sociedade visada. Idêntica conclusão – de que a obrigação de lançar OPA pressupõe o domínio dos direitos de voto – pode-se retirar igualmente do seu número 4, segundo o qual aquele limiar de um terço pode ser afastado pelos estatutos das sociedades abertas (que não tenham valores mobiliários admitidos à negociação).

[627] Cfr. *A Imputação de direitos de voto...* cit., p. 440. Mais tarde a mesma Autora voltaria a debruçar-se sobre a problemática relação entre o domínio e a OPA obrigatória – cfr. *Sociedade Aberta ...* cit., pp. 564ss.

[628] Também JOÃO SOARES DA SILVA alerta para o facto de que *"se possa pensar estar a ir longe demais ao aplicar à determinação do dever de lançamento de oferta pública de aquisição normas que cobram pleno sentido apenas no quadro dos deveres de informação (...)"*, advogando pela necessidade de uma interpretação cautelosa com as *"devidas adaptações"* – cfr. "Algumas Observações em Torno da Tripla Funcionalidade da Técnica de Imputação de Votos no Código dos Valores Mobiliários", Cadernos MVM, nº 26 (Abril de 2007), pp. 46-58 (53-55).

Já ORLANDO GUNÉ conclui que *"O dever de comunicação de participação qualificada comunga de um mesmo substracto com o dever de lançamento de OPA, justificando-se que tais direitos de voto igualmente sejam tidos em conta para esses efeitos"* – cfr. "Do Contrato de Gestão de Carteiras e do Exercício do Direito de Voto: OPA Obrigatória, Comunicação de Participação Qualificada e Imputação de Direitos de Voto", in Direito dos Valores Mobiliários, Vol. VIII (2008), Coimbra Editora, pp. 151-181 (179).

imputação para efeito de constituição da obrigação de lançamento de OPA não coincidem com a imputação relevante para efeito de constituição dos deveres de informação (das participações qualificadas), com a consequente interpretação restrita do art. 20º/1 CódVM no contexto da OPA obrigatória.

Uma vez concluído que faz sentido uma interpretação restrita desta norma para efeitos do art. 187º/1 CódVM, a aquisição do controlo societário far-se-á através de um menor esforço financeiro, reduzindo os casos de obrigatoriedade de lançamento de uma OPA geral com o consequente melhor funcionamento do mercado do controlo societário.

Todos estes factores *supra* analisados, aliados ao baixo número de sociedades admitidas à negociação, à forte concentração do capital, ao elevado número de participações cruzadas e à reduzida liquidez do nosso mercado de capitais, faz com que seja diminuto o protagonismo do mercado do controlo no governo das sociedades nacionais[629]. Tal é demonstrado desde logo pelos sucessivos falhanços de OPA verificados nos últimos anos (como por exemplo, os casos BPI e CIMPOR), as quais foram recusadas pelos respectivos accionistas de controlo (entrincheirados) e cujas acções desvalorizaram muito desde então, tendo os correspondentes pequenos accionistas perdido uma excelente oportunidade de realização de mais-valias[630].

---

[629] No que respeita à situação nacional do governo das sociedades, v. *Relatório Anual sobre o Governo das Sociedades Cotadas em Portugal* (2011) relativo ao ano de 2009, do qual se retiram várias importantes conclusões: (i) Reduzida dispersão do capital e estrutura accionista estável; (ii) Predominância do modelo "latino"; (iii) Reduzido peso dos administradores independentes; (iv) Percentagem considerável de capital social presente nas AG – tendo ultrapassado em média os 2/3.
Também a OCDE concluiu, aquando da avaliação do grau de implementação dos Princípios OCDE, que em Portugal, apesar do elevado grau de desenvolvimento dos princípios e das práticas de governo das sociedades, ainda prevalecem algumas debilidades na prática das sociedades cotadas: (i) um número insuficiente de independentes nos órgãos de administração; (ii) uma influência decisiva dos maiores accionistas nos resultados das AG; e (iii) um baixo grau de intervenção dos accionistas institucionais na vida das sociedades, onde os accionistas institucionais estrangeiros são mais activos nas AG.
Ainda de acordo com o mencionado *Relatório Anual sobre o Governo das Sociedades Cotadas em Portugal* (2011), p. 77, quanto ao Grupo de Recomendações que aqui nos interessa, as Recomendações I.6.3, referente à não existência de medidas defensivas de erosão do património da sociedade em caso de transmissão do controlo, e I.6.1, relativa à adopção de medidas defensivas contra OPA que sejam prejudiciais ao interesse da sociedade e dos seus accionistas, são, respectivamente, cumpridas por todas e por 96% das sociedades. No extremo oposto, a Recomendação I.6.2, relativa à limitação de direitos de voto e sua confirmação periódica, regista apenas um cumprimento médio de 14%, respeitante a uma única sociedade à qual esta recomendação é aplicável. Tal deveu-se ao facto de a mesma não ser aplicável na maioria das sociedades, em virtude de nestas não existirem limitações estatutárias aos direitos de voto.
[630] Também ABEL MATEUS, ob. cit., p. 136, sublinha que as OPA são fundamentais para o funcionamento da economia de mercado ao contestar a gestão (ineficiente) das empresas, alertando

IV. REGRA DE NÃO FRUSTRAÇÃO DA OPA: LIMITAÇÃO DE PODERES DA ADMINISTRAÇÃO

Vimos, assim, assistindo a uma tendência proteccionista por parte de alguns EM (Portugal incluído) – empenhados em conservar em mãos nacionais o controlo de sociedades estratégicas –, que deve ser combatida através (i) de práticas de *corporate governance* mais transparentes – mormente, tornando o controlo cada vez mais proporcional ao capital investido (*uma acção/um voto*) – e (ii) de um regime europeu das OPA mais apertado – sobretudo no que respeita à *non--frustration rule*, essencial para assegurar um activo mercado do controlo societário ao promover as OPA enquanto mecanismo disciplinador de administrações menos eficientes.

para o problema das barreiras estatutárias ao sucesso de uma OPA que restringem o movimento de capitais no seio da Europa.

Capítulo V
Conclusões

1. A *ratio* do *corporate governance*, tradicionalmente associada ao conflito de agência (propriedade/controlo) e à procura de mecanismos de alinhamento de interesses (accionistas/administradores), destacando-se, entre outros, as OPA hostis, o mercado do controlo societário e os códigos de boas práticas, vem actualmente ganhando um sentido mais abrangente, resultado de um movimento de reflexão e de uma maior intervenção reguladora, liderados pelos investidores institucionais, na procura de novos mecanismos de controlo – em resposta aos escândalos financeiros verificados e à actual crise económico-financeira.

2. Embora se verifique uma adesão crescente às melhores práticas de governo (factor de concorrência) no sentido de uma maior transparência e responsabilização dos membros do órgão de administração perante os accionistas, a política legislativa europeia de *corporate governance* deverá sempre assentar numa auto-regulação (*soft law* mais flexível) mitigada ou ponderada por normas legais imperativas, e auxiliada por uma apertada supervisão (*monitoring*).

3. A par da convergência internacional dos vários modelos de *corporate governance* no sentido de um modelo híbrido, faz sentido a aprovação de um "*Código Europeu*" com princípios comuns sobre a matéria (assente na filosofia *comply or explain*) – cujo cumprimento assentará na pressão exercida por parte do mercado e dos investidores institucionais – e que servirá como factor estimulador na consciencialização europeia do bom governo, essencial para reforçar a segurança e a confiança dos investidores.

4. O papel dos investidores institucionais internacionais tem sido decisivo nos mercados de capitais, ao exportar boas práticas de *corporate governance* e ao

promover um maior activismo accionista na fiscalização da gestão, que pressionam através de uma estratégia de saída (*exit*) – quando a gestão não lhes agrada – ou de uma estratégia de expressão (*voice*) – optando por influenciá-la ou mesmo substituí-la. Contudo, apesar de incrementarem a *performance* societária, estes investidores devem igualmente ser objecto de um qualquer tipo de controlo (problema de agência), podendo os *media* assumir aqui um papel decisivo enquanto *monitoring monitors*.

5. No que respeita à adicional harmonização do direito europeu das sociedades, ainda que existam matérias que comportam tão-somente uma harmonização mínima dos princípios gerais – com concorrência entre regimes nacionais –, outras exigem uma acrescida segurança, como é o caso da *Directiva das OPA*, essencial para reforçar a posição concorrencial das sociedades europeias e para o desenvolvimento de um mercado único de capitais, constituindo um primeiro contributo para o mercado europeu do controlo societário mais integrado e eficiente.

6. Apesar de os interesses da sociedade e dos accionistas aproximarem-se no decurso normal da vida da sociedade, cabendo ao órgão de administração dar atenção primordial aos interesses comuns dos accionistas (concepção contratualista), sem no entanto descurar o conjunto dos demais interesses (*stakeholders*), contudo, na pendência de uma OPA aqueles mesmos interesses surgem dissociados, devendo primordialmente ser acautelados os interesses individuais dos accionistas, enquanto destinatários da oferta em causa, ou seja, na sua qualidade de titulares dos valores mobiliários objecto de uma OPA.

7. Face a uma OPA hostil, os accionistas de controlo e a administração tendem a actuar em concertação na adopção de medidas defensivas reactivas destinadas a dificultar o sucesso da oferta e a perpetuar a sua posição de influência na sociedade visada. No entanto, nem todas as medidas defensivas são indesejáveis ou malignas – muitas destinam-se a proteger a sociedade contra ofertas especulativas ou a alcançar um melhor preço –, pelo que devemos encontrar um justo equilíbrio na sua aplicação de modo a não perturbar o funcionamento do mercado do controlo societário.

8. O CódVM impõe a regra de não frustração da oferta, cuja *ratio legis* (potenciadora do efeito coercivo das OPA) assenta essencialmente na protecção dos interesses dos accionistas destinatários da oferta, nomeadamente, a igualdade de tratamento, a realização de mais-valias, a censura dos membros da administração e o direito de saída, para além dos interesses do oferente e de um mais eficiente mercado do controlo.

9. Em consequência, cabe unicamente aos accionistas da sociedade visada decidir sobre a adopção de uma medida defensiva, depois de conhecidas as condições concretas da oferta em causa – o que só poderá acontecer no seio de

V. CONCLUSÕES

uma AG *convocada exclusivamente* (e realizada) para o efeito no período de inibição de poderes. Daqui resulta também que a administração da sociedade visada não estará legitimada a actuar na sequência de uma autorização prévia da AG (para adopção de medida defensiva em caso de OPA), devendo esta autorização ser confirmada pelos accionistas naquele mesmo período.

10. A norma do art. 182º/1 CódVM deve ser repensada no que respeita ao seu âmbito de aplicação: *objectivo*, ao acautelar todos os casos em que esteja em causa a *mera intenção* de, ou a efectiva, aquisição do controlo da sociedade visada; *subjectivo*, ao abranger igualmente os actos das sociedades em relação de grupo com a sociedade visada; *temporal*, ao aplicar-se antes da recepção do anúncio preliminar, caso a administração daquela sociedade tenha conhecimento antecipado dos objectivos de uma oferta (iminente).

11. Não obstante a inaplicabilidade da *non-frustration rule* (art. 182º/1) – por força da cláusula de reciprocidade, por exemplo –, os membros do órgão de administração da sociedade visada continuam sujeitos aos deveres fiduciários previstos no art. 181º/5d) CódVM, designadamente, o dever de agir de boa fé, quanto à correcção da informação e quanto à lealdade do comportamento no decurso da OPA, do qual decorre, desde logo, a obrigação de não promover/ / estabelecer contactos para alienar uma determinada participação accionista a um terceiro com vista a frustrar o êxito da oferta.

12. No que respeita à sua natureza jurídica, os actos praticados pelos membros do órgão de administração da sociedade visada em violação do disposto na norma do art. 182º/1 CódVM serão ineficazes perante terceiros e não vinculam a sociedade porque aqueles actuam sem poderes de representação (art. 409º/1 CSC, *a contrario*), sendo nula a respectiva deliberação, uma vez que o seu conteúdo é ofensivo daquele preceito legal imperativo (art. 411º/1c) CSC).

13. A questão da sanção jurídica é deixada a cargo do direito das sociedades e não do direito dos valores mobiliários, restando questionar se não estamos perante uma lacuna a ser colmatada numa próxima revisão do CódVM, na medida em que não está prevista qualquer sanção contra-ordenacional correspondente, em violação do disposto no art. 17º da Directiva que exige a aplicação de uma sanção efectiva, proporcional e dissuasiva para a infracção das disposições da sua transposição para o direito interno dos EM.

14. Por sua vez, o legislador europeu deixou uma grande margem de manobra aos EM relativamente à aplicação da regra de não frustração da oferta, promovendo a indesejável concorrência entre os vários regimes nacionais e comprometendo a harmonização mínima na matéria, o que, conjugado com a cláusula de reciprocidade – que permite à administração aplicar medidas defensivas quando o oferente não está sujeito a regime equivalente –, torna o controlo das sociedades europeias menos contestável, comprometendo a defesa dos accionistas e o funcionamento do mercado do controlo societário.

15. Em consequência, e de modo a promover as aquisições transfronteiriças no seio da U.E., a *Directiva das OPA* deverá ser revista (à luz do seu art. 20º) no sentido de eliminar o actual *regime facultativo* relativo à aplicação da regra de não frustração da oferta, impondo-a aos EM e fazendo aplicar doravante a todas as sociedades europeias a limitação dos poderes do órgão de administração na pendência de OPA.

16. Relativamente ao sistema em vigor, esta solução apresenta uma série de vantagens: afasta tentações proteccionistas, segue a actual tendência convergente das diferentes práticas societárias, elimina as dificuldades de interpretação da presente Directiva e reduz substancialmente o campo de aplicação da cláusula de reciprocidade e seus efeitos negativos, pondera os diversos interesses envolvidos, está mais conforme com o princípio geral previsto no seu art. 3º/1c) e com a liberdade de estabelecimento e a livre circulação de capitais, enquadra-se no actual movimento de *corporate governance* traduzido num maior activismo accionista por parte dos investidores institucionais (interessados na promoção do mercado do controlo societário) e, por fim, ajusta-se ao propósito harmonizador da Directiva e ao desejável *level playing field on takeovers*.

17. Ressalvando algumas dúvidas relativamente à exigência de autorização prévia da AG[631], a cláusula de reciprocidade deve ser aplicada nos mesmos termos face às sociedades extra-comunitárias, em nome da igualdade de tratamento, na medida em que muitas destas não estão sujeitas a um regime equivalente – em particular as norte-americanas sujeitas à *just-say-no rule*. Contudo, e no que respeita às OPA entre sociedades europeias, o seu campo de aplicação fica substancialmente reduzido (a casos excepcionais), daí resultando um melhor funcionamento do mercado do controlo societário e uma maior protecção dos accionistas, ao tornar as sociedades europeias mais opáveis ou contestáveis entre si.

18. De igual modo, deveria ser questionado o regime facultativo que permite aos EM afastar a *break-through rule*, relativa à não aplicação ao oferente das restrições em matéria de transmissão de valores mobiliários e direito de voto[632]. Todavia, esta é uma matéria que colide com a liberdade contratual dos accionistas, pelo que a sua imposição será certamente objecto de uma muito maior resistência por parte dos seus destinatários, tanto mais face à eventual imposição da *non-frustration rule* (por nós agora sugerida).

19. O funcionamento do mercado do controlo societário nacional tem sido alvo de diversas interferências por parte do Estado Português, interessado em manter o centro de decisão nacional de certas sociedades estratégicas, fa-

---

[631] Concedida no prazo de 18 meses que antecede o lançamento da oferta, nos termos do art. 12º/5 da Directiva.
[632] Nesta mesma linha de pensamento a CMVM veio propor recentemente um sistema impositivo no que respeita ao regime da *break-through rule* (Anteprojecto de alteração ao art. 182º-A CódVM).

V. CONCLUSÕES

zendo uso para esse efeito, nomeadamente, dos seus direitos especiais (*"golden shares"*), tendo já o TJUE se pronunciado várias vezes no sentido da sua ilegalidade, porque incompatíveis com o Tratado (livre circulação de capitais) – ressalvando razões excepcionais de segurança pública –, pelo que os mesmos também não estarão abrangidos para efeitos do art. 11º/7 da Directiva (*break-through rule*), na linha do princípio *uma acção/um voto*[633].

20. A norma do art. 20º/1 CódVM (*imputação de direitos de voto*) deve ser, para efeitos da constituição do dever de lançamento de OPA, interpretada de um modo restrito no sentido de que os títulos de imputação dos direitos de voto – previstos nas suas diversas alíneas e relevantes para efeitos do dever de informação de participações qualificadas – só devem ser relevantes para efeitos do cômputo dos direito de voto em sede de OPA obrigatória quando o seu titular tiver por intenção adquirir o controlo da sociedade em causa, reduzindo, assim, substancialmente os casos de OPA obrigatória e promovendo o mercado do controlo.

21. Todos estes factores associados ao baixo número de sociedades admitidas à negociação, à forte concentração do capital, ao diminuto papel dos investidores institucionais, ao elevado número de participações cruzadas e à reduzida liquidez do nosso mercado de capitais, faz com que seja escasso o protagonismo do mercado do controlo societário no governo das sociedades nacionais, apesar de o legislador nacional ter dado indícios claros no sentido de tentar promover as OPA e o funcionamento daquele mercado ao impor a regra de não frustração da oferta como vinculativa.

22. Em jeito de síntese e de conclusão final do nosso trabalho, entendemos que, no seguimento das principais tendências do movimento de *corporate governance* – maior regulamentação, crescente activismo accionista (com particular atenção para os investidores institucionais) e convergência internacional –, tendo em conta a harmonização do direito europeu das sociedades e face os deveres específicos dos administradores no decurso de uma oferta, é essencial a aplicação de um regime europeu das OPA uniforme, em particular, através da imposição da *non-frustration rule* (à semelhança do que sucede entre nós), a qual é decisiva para activar o mercado do controlo societário ao fomentar as OPA enquanto mecanismo disciplinador dos administradores, bem como para reforçar o primado dos accionistas e o papel da AG na vida societária, tendo sempre como fim último alcançar um mercado europeu (de capitais e de sociedades) mais integrado. Trata-se, enfim, também de uma questão de vontade política em dar mais um passo – em igualdade de condições e não a diferentes velocidades – na construção da U.E.

---

[633] Cfr. *supra* mencionado, o Governo Português aprovou entretanto o DL nº 90/2011, de 25 de Julho, que eliminou estes direitos especiais – no seguimento do acordado com a U.E.

BIBLIOGRAFIA

AAVV, *O Governo das Organizações – A vocação universal do corporate governance*, Almedina, 2011.

AAVV, *Aquisição de Empresas*, Coimbra Editora (Colecção Sérvulo & Associados), 2011.

AAVV, *Código das Sociedades Comerciais em Comentário*, Vol. I (Artigos 1º a 84º), Almedina, 2010.

AAVV, *Conflito de Interesses no Direito Societário e Financeiro – Um Balanço a Partir da Crise Financeira*, Almedina, 2010.

AAVV, *The Anatomy of Corporate Law – A Comparative and Functional Approach*, Oxford University Press, Second Edition, 2004.

ABREU, COUTINHO DE, "*Corporate Governance em Portugal*", IDET, Miscelâneas Nº 6, Almedina, 2010, pp. 7-47.

— *Curso de Direito Comercial*, Vol. II das Sociedades, 3ª edição, Almedina, 2010.

— *Governação das Sociedades Comerciais*, 2ª edição, Almedina, 2010.

— "*Deveres de Cuidado e de Lealdade dos Administradores e Interesse Social*", in *Reforma do Código das Sociedades*, IDET, Colóquios nº 3, Almedina, 2007, pp. 15-47.

— *Responsabilidade Civil dos Administradores de Sociedades*, IDET, Cadernos nº 5, Almedina, 2007.

— *Da Empresarialidade (as empresas no direito)*, Almedina, 1996.

ADAMS/LICHT/SAGIV, *Shareholders and Stakeholders: How do Directors Decide?*, ECGI Finance Working Paper Nº 276/2010, disponível em *http://www.ecgi.org*.

AGGARWAL/EREL/FERREIRA/MATOS, "*Does Governance Travel Around the World? Evidence from Institutional Investors*", ECGI Finance Working Paper Nº 267/2010, disponível em *http://www.ecgi.org*.

AGRAWAL/JAFFE, *Do Takeover Targets Under-perform? Evidence from Operating and Stock Returns*, 2002, disponível em *http://www.ecgi.org*.

ALBUQUERQUE, PEDRO DE/PEREIRA, MARIA DE LURDES, *As "Golden Shares" do Estado Português em Empresas Privatizadas: Limites à sua Admissibilidade e Exercício*, Coimbra Editora, 2006.

ALEXANDRE, ISABEL, "*Investidor Institucional, Não Investidor Institucional Equiparado e Investidor Comum*", in Direito dos Valores Mobiliários, Vol. V (2004), Coimbra Editora, pp. 9-27.

ALLEN, WILLIAM, "*The Corporate Director's Fiduciary Duty of Care and the Business Judgment Rule Under U.S. Corporate Law*", in HOPT/KANDA/ROE/ WYMEERSCH/ PRIGGE (org.), *Comparative Corporate Governance – The State of The Art and Emerging Research*, Oxford University Press, 1998, pp. 307-331.

ALMEIDA, ANTÓNIO PEREIRA DE, *Sociedades Comerciais e Valores Mobiliários*, Coimbra Editora, 6ª edição, 2011.

ALMEIDA, CARLOS FERREIRA DE, "*Direito a Dividendos no Âmbito de Oferta Pública de Aquisição*", in Direito dos Valores Mobiliários, Vol. V (2004), Coimbra Editora, pp. 29-89.

ÁLVAREZ, MIGUEL ÁNGEL, *La OPA Transfronteriza: Determinación y Ámbito de la Ley aplicable en el Marco de Controlo Europeo*, Universidad de Santiago de Compostela, 2007.

ALVES, CARLOS F., "*O efeito da família jurídica na transposição da directiva das ofertas públicas de aquisição*", in Notas Económicas (Revista da FEUC), Nº 27, Junho 2008, pp. 39-56.

— "*Uma Perspectiva Económica sobre as (Novas) Regras de Corporate Governance do Código das Sociedades Comerciais*", in *Jornadas em Homenagem ao Professor Doutor Raúl Ventura, A Reforma do CSC*, Almedina 2007, pp. 173-195.

— *Os Investidores Institucionais e o Governo das Sociedades: Disponibilidade, Condicionantes e Implicações*, Almedina, Junho de 2005.

— "*Deverão os investigadores institucionais envolver-se no governo das sociedades?*", Cadernos MVM, nº 8 (Agosto 2000), pp. 93-123.

ALVES, CARLOS F./MENDES, VICTOR, "*As Recomendações da CMVM Relativas ao Corporate Governance e a Performance das Sociedades*", Cadernos MVM, nº 12 (Dezembro 2001), pp. 57-88.

ANDENAS, MADS / KEYNON-SLADE, *EC Financial Market Regulation and Company Law*, Sweet & Maxwell, Londres, 1993.

ANDRADE, MARGARIDA COSTA, "*Algumas considerações sobre a oferta pública de aquisição de acções simples e voluntária no regime jurídico português*", BFDUC (2002), pp. 699-744.

ANTONIA, DELL'/RUSSI, LUIGI, *Offerte Pubbliche di Acquisto: L'Attuazione Della Direttiva Nº 2004/25/CE da Parte Del Legislatore Delegato*, 2008, disponível em http://www.ecgi.org.

ANTUNES, JOSÉ ENGRÁCIA, "*Os «Hedge Funds» e o Governo das Sociedades*", in Direito dos Valores Mobiliários, Vol. IX (2009), Coimbra Editora, pp. 9-70.

— *Os Grupos de Sociedades – Estrutura e Organização Jurídica da Empresa Plurissocietária*, 2ª edição revista e actualizada, Coimbra, Almedina 2002.

ARMOUR, J., *Who Should Make Corporate law? EC Legislation versus Regulatory Competition*, ECGI Law Working Paper Nº 54/2005, disponível em http://www.ecgi.org.

ARMOUR, J./BLACK/CHEFFINS, *Is Delaware Losing its Cases?*, ECGI Law Working Paper Nº 151/2010, disponível em *http://www.ecgi.org*.

ARMOUR, J./SKEEL, *Who Writes the Rules for Hostile Takeovers, and Why? – The Peculiar Divergence of US and UK Takeover Regulation*, ECGI Law Working Paper Nº 73/2006, disponível em *http://www.ecgi.org*.

ASKER/FARRE-MENSA/LJUNGQVIST, *Does the Stock Market Harm Investment Incentives?*, ECGI Finance Working Paper Nº 282/2010 (disponível em *http://www.ecgi.org*).

ATANASSOV, J., *"Quiet Life or Managerial Myopia: Is the Threat of Hostile Takeovers Beneficial for Technological Innovation"*, 2007, disponível em *http://www.lcb.uoregon.edu*.

BAUMS, T., *"European Company Law beyond the 2003 Action Plan"*, ECGI Law Working Paper Nº 81/2007, disponível em *http://www.ecgi.org*.

BEBCHUK, L., *"The Case Against Board Veto in Corporate Takeovers"*, The University of Chicago Law Review, Vol. 69, 2002, pp. 973-1035, disponível em *http://www.law.harvard.edu*.

BEBCHUK, L./COHEN, *"Firms Decisions Where to Incorporate"*, ECGI Finance Working Paper Nº 03/2002, disponível em *http://www.ecgi.org*.

BEBCHUK, L./COHEN/SPAMANN, *"The Wages of Failure: Executive Compensation at Bear Stearns and Lehman 2000--20008"*, ECGI Finance Working Paper Nº 287/2010, disponível em *http://www.ecgi.org*.

BEBCHUK, L./HART, *"Takeover Bids vs Proxy Fights in Contests for Corporate Control"*, ECGI Law Finance Paper Nº 04/2002, disponível em *http://www.ecgi.org*.

BEBCHUK, L./FERREL, A. *"On Takeover Law and Regulatory Competition"*, in The Business Lawyer, Vol. 57, 2002, pp. 1047-1068.

BECHT, MARCO, *Reciprocity in Takeovers*, ECGI Law Working Paper Nº 14/2003, disponível em *http://www.ecgi.org*.

BECHT, MARCO/BOLTON/RÖEL, *Corporate Governance and Control*, ECGI Finance Working Paper Nº 02/2002 (updated 2005), disponível em *http://www.ecgi.org*.

BECHT, MARCO/FRANKS/GRANT, *Hedge Fund Activism in Europe*, ECGI Finance Working Paper Nº 283/2010, disponível em *http://www.ecgi.org*.

BERGHE, VAN DEN, *"Corporate Governance in a Globalising World: Convergence or Divergence? A European Perspective"*, Kluer Academic Publishers, 2002.

BERGLÖF/BURKART, *"European Takeover Regulation"*, in Economic Policy, Vol. 36, 2003, pp. 171-213, disponível em *http://www.ecgi.org*.

BERICK, JOSHUA/SHROPSHIRE, TOM, *"The EU Takeover Directive in Context: a comparision to US Takeover Rules"*, in PAUL VAN HOOGHTEN, *The European Takeover Directive and its Implementation*, Oxford University Press, New York, 2009.

BERLE, A. / MEANS, G., *The Modern Corporation and Private Property*, The Macmillan Company, New York, 1932.

BIANCHI/CIAVARELLA/NOVEMBRE//SIGNORETTI *"Comply or Explain? Investor protection through Corporate Governance Codes"*, ECGI Finance Working Paper Nº 278/2010, disponível em *http://www.ecgi.org*.

BRANCO, SOFIA RIBEIRO, *Direito dos Accionistas à Informação – O Mesmo Direito Vinte Anos Depois?*, Almedina, Dezembro de 2008.

BROWN, GARY *"Changing Models in Corporate Governance – Implications of the US Sarbanes-Oxley Act"*, in HOPT//WYMEERSCH/KANDA/BAUM (org.), *Corporate Governance in Context – Corporations, States, and Markets in Europe, Japan, and the US*, Oxford University Press, 2005, pp. 143-162.

BURKART/PANUNZI *Takeovers*, ECGI Finance Working Paper Nº 118/2006, disponível em *http://www.ecgi.org*.

BURKART/LEE, *The One Share – One Vote Debate: A Theoretical Perspective*, ECGI Finance Working Paper Nº 176/2007, disponível em *http://www.ecgi.org*.

BUTTON, MAURICE (org.), *A Practitioner's Guide to the City Code on Takeovers and Mergers 2002/2003*, City & Financial Publishing.

BUTTON, MAURICE/BOLTON, SARAH (org.), *A Practitioner's Guide to Takeovers and Mergers in the European Union, 1999/2000*, City & Financial Publishing.

BUXBAUM/HOPT, KLAUS, *Legal Harmonization and the Business Enterprise – Corporate and Capital Market Harmonization Policy in Europe and in the USA*, IUE, Florença, 1988.

CADBURY, ADRIAN, *Corporate Governance and Chairmanship. A Personal View*, Oxford University Press, 2002.

CÂMARA, PAULO, *"As ofertas públicas de aquisição"*, in AAVV, *Aquisição de Empresas*, Coimbra Editora (Colecção Sérvulo & Associados), 2011, pp. 157-210.

— *"Conflito de Interesses no Direito Financeiro e Societário – Um Retrato Anatómico"*, in AAVV, *Conflito de Interesses no Direito Societário e Financeiro – Um Balanço a Partir da Crise Financeira*, Almedina, 2010, pp. 9-74.

— *Manual de Direito dos Valores Mobiliários*, Almedina, 2009.

— *"Medidas Regulatórias Adoptadas em Resposta à Crise Financeira: um Exame Crítico"*, in Direito dos Valores Mobiliários, Vol. IX (2009), Coimbra Editora, pp. 71-113.

— *"O Governo das Sociedades e a Reforma do Código das Sociedades Comerciais"*, in AAVV, *Código das Sociedades Comerciais e Governo das Sociedades*, Almedina, 2008, pp. 9-141.

— *"Supervisão e Regulação do Mercado de Valores Mobiliários"*, in Direito dos Valores Mobiliários, Vol. VIII (2008), Coimbra Editora, pp. 39-64.

— *"Os Modelos de Governo das Sociedades Anónimas"*, in Reforma do Código das Sociedades, IDET, Colóquios nº 3, Almedina, 2007, pp. 179-242.

— *"O Governo das Bolsas"*, in Direito dos Valores Mobiliários, Vol. VI (2006), Coimbra Editora, pp. 187-228.

— *"Códigos de Governo de Sociedades"*, Cadernos MVM, nº 15 (Dezembro 2002), pp. 65-90.

— "The End of the "Golden" Age of Privatisations? – The Recent ECJ Decisions on Golden Shares", EBOR Nº 3 (2002), pp. 503-513.

— "O Governo das Sociedades em Portugal: Uma Introdução", Cadernos MVM, nº 12 (Dezembro 2001), pp. 46-55.

— Defensive measures adopted by the board: Current European Trends, OCDE, Dezembro 2000.

— "O Dever de Lançamento de Oferta Pública e Aquisição no Novo Código dos Valores Mobiliários", Cadernos MVM, nº 7 (Abril 2000), pp. 195-268.

— "Os Deveres de Informação e a Formação de Preços no Mercado de Valores Mobiliários", Cadernos MVM, nº 2 (Primeiro Semestre 1998), pp. 79-94.

CÂMARA, PAULO/GABRIELA FIGUEIREDO DIAS, "O Governo das Sociedades Anónimas", in AAVV, O Governo das Organizações – A vocação universal do corporate governance, Almedina, 2011, pp. 43-94.

CARNEY/SHEPHERD, B./SHEPHERD, J., "Delaware corporate law: failing law, failing markets", in A. PACCES (org.), The Law and Economics Of Corporate Governance: Changing Perspectives, Edward Elgar Publishing Ltd, 2010, pp. 23ss.

CASTRO, OSÓRIO DE, "Imputação de Direitos de Voto No Código dos Valores Mobiliários", Cadernos MVM, nº 7 (Abril de 2000), pp. 161-193.

— "Da Admissibilidade das Chamadas "OPA's Estatutárias" e dos seus Reflexos Sobre a Cotação das Acções em Bolsa, Júris Et De Jure", Nos vinte anos da Faculdade de Direito da UCP, Porto, 1998.

— "A Informação no Direito do Mercado dos Valores Mobiliários", in AAVV, Direito dos Valores Mobiliários, Lex, Lisboa, 1997, pp. 333-347.

CHEFFINS, BRIAN, Did Corporate Governance "Fail" During the 2008 Stock Market Meltdown? The Case of the S&P 500, ECGI Law Working Paper Nº 124/2009, disponível em http://www.ecgi.org.

CHEFFINS, BRIAN/BANK, STEVEN, Is Berle and Means a Myth, ECGI Law Working Paper Nº 121/2009, disponível em http://www.ecgi.org.

CLARKE, BLANAID, Reinforcing the Market for Corporate Control, University College Dublin Working Papers in Law, Criminology & Socio-Legal Studies, Research Paper Nº 39/2010, disponível em http://www.ecgi.org.

— "The Takeover Directive: Is a Little Regulation Better Than No Regulation", European Law Journal, Vol. 15, Issue 2, Março 2009, pp. 174-197.

— "The Market for Corporate Control and Implications of the Takeover Directive (2004/25)", in International Corporate Governance After Sarbanes-Oxley, PAUL ALI/GREG GREGORIOU (org.), John Wiley & Sons, Inc., 2006, pp. 267-293.

COATES, JOHN C., Ownership, Takeovers and EU Law: How Contestable Should EU Corporations Be?, ECGI Law Working Paper Nº 11/2003, disponível em http://www.ecgi.org.

COFFEE, JOHN C., "Regulating the market for corporate control: a critical assessment of the tender offer's role in Corporate Governance", Columbia Law Review, 84, 1984, pp. 1145-1296.

COLLEY/DOYLE/LOGAN/STETTINIUS, *What is Corporate Governance?*, McGraw-Hill, 2005.

CORDEIRO, ANTÓNIO MENEZES, "*A crise planetária de 2007/2010 e o governo das sociedades*", in Revista do Direito das Sociedades, Ano 1 (2009) – Número 2, Almedina, pp. 263-286.

— "*Os Deveres Fundamentais dos Administradores das Sociedades (art. 64º/1 do CSC)*", in Jornadas em Homenagem ao Professor Doutor Raúl Ventura, A Reforma do CSC, Almedina 2007, pp. 19-60.

— *Manual de Direito das Sociedades*, Vol. I, Das Sociedades em Geral, 2ª edição, Almedina, 2007.

— *Direito Europeu das Sociedades*, Almedina, 2005.

— "*A Lealdade no Direito das Sociedades*", in ROA 66, 2006, Vol. III, pp. 1033-1065.

— "*A Evolução do Direito Europeu das Sociedades*", in ROA 66, 2006, Vol. I, pp. 87-118.

— "*A 13ª Directriz do Direito das Sociedades (Ofertas Públicas de Aquisição)*", in ROA 64, 2004, Vol. I/II, pp. 97-111.

— "*A OPA estatutária com defesa contra tomadas hostis*", in ROA 58, 1998, pp. 133-145.

— "*Ofertas Públicas de Aquisição*", in AAVV, Direito dos Valores Mobiliários, Lex, Lisboa, 1997, pp. 267-290.

— *Da Responsabilidade Civil dos Administradores das Sociedades Comerciais*, Lex, 1997.

— "*Da tomada de sociedades (take-over): Efectivação, valoração e técnicas de defesa*", in ROA 54, 1994, Vol. III, pp. 761-777.

CORNELLI/KOMINEK/LJUNGQVIST, *Monitoring Managers: Does it Matter?*, ECGI Finance Working Paper Nº 271/2010, disponível em http://www.ecgi.org.

COSTA, RICARDO SANTOS, "*Responsabilidade dos Administradores e Business Judgment Rule*", in Reforma do Código das Sociedades, IDET, Colóquios nº 3, Almedina, 2007, pp. 49-86.

COYLE, BRIAN, "*Risk Awareness and Corporate Governance*", Financial World Publishing, 2ª Edição, 2005.

COUTO, ANA SÁ, "*Breve Comentário à Transposição da Directiva das OPA*", Cadernos MVM, nº 25 (Dezembro 2006), pp. 70-78.

CUNHA, PAULO OLAVO, *Direito das Sociedades Comerciais*, 5ª Edição, Almedina, 2012.

D'AGOSTINI, DANIEL CORRÊA, *A Oferta Pública de Ações como Mecanismo de Proteção à Dispersão Acionária: A Realidade Brasileira da Poison Pill*, Monografia não publicada, São Paulo 2007, disponível em http://www.ibrademp.org.br.

DAVIES, ADRIAN, *Corporate Governance – Boas Práticas de Governo das Sociedades*, 1ª edição, Monitor, Lisboa 2006.

DAVIES, PAUL, *GOWER and DAVIES' Principles of Modern Company Law*, 8ª Edição, 2008.

— "*The Notion of Equality in European Takeover Regulation*", in JENNIFER PAYNE (org.), Takeovers in English and German Law, Hart Publishing, Oxford, 2002, pp. 9-31.

— "*The Regulation of Defensive Tactics in the United Kingdom and the United

States", in KLAUS HOPT/EDDY WYMEERSCH (org.), *European Takeovers – Law and Practice*, Butterworths, Londres, 1992, pp. 195-216.

DAVIES, PAUL/SCHUSTER/GHELCKE, *The Takeover Directive as a Protectionist Tool?*, ECGI Law Working Paper Nº 141/2010, disponível em *http://www.ecgi.org*.

DAVIES, PAUL/HOPT, KLAUS, "*Control Transactions*", in AAVV, *The Anatomy of Corporate Law – A Comparative and Functional Approach*, Oxford University Press, Second Edition, 2004, pp. 157-191.

DEAKIN, S./CARVALHO, F., *System and Evolution in Corporate Governance*, ECGI Law Working Paper Nº 150/2010, disponível em *http://www.ecgi.org*.

DENIS, DIANE/MCCONNELL, JOHN, *International Corporate Governance*, ECGI Finance Working Paper Nº 05/2003, disponível em *http://www.ecgi.org*.

DEY, JOY, *Efficiency of Takeover Defence Regulations: A Critical Analysis of the Takeover Defence Regimes in Delaware and the UK*, 2008, disponível em *http://www.ecgi.org*.

DIAS, GABRIELA FIGUEIREDO, "*A fiscalização societária redesenhada: independência, exclusão de responsabilidade e caução obrigatória dos fiscalizadores*", in *Reforma do Código das Sociedades*, IDET, Colóquios nº 3, Almedina, 2007, pp. 277-334.

— *Fiscalização de sociedades e responsabilidade civil (após a reforma do Código das Sociedades Comerciais)*, Coimbra, 2006.

DIAS, GABRIELA FIGUEIREDO/BEBIANO, ANA/CALDAS, LUÍS FILIPE/CORREIA, MIGUEL PURO, "*Corporate Governance, Administração, Fiscalização de Sociedades e Responsabilidade Civil*", in Corporate Governance – Reflexões I, Comissão Jurídica do IPCG, 2007, pp. 31-71, disponível em *http://www.cgov.pt*.

DTI, *Company Law – Implementation Of the European Directive on Takeover Bids – A Consultative Document*, Janeiro 2005, disponível em *http://www.bis.gov.uk*.

DUARTE, JOSÉ M., *OPA – A Sociedade Visada e os seus Accionistas*, Dissertação de Mestrado (não publicada), UCP, 1998.

DUARTE, TIAGO R., *O Governo das Sociedades (Corporate Governance) – Análise do Desempenho das Sociedades Cotadas em Bolsa Respondentes ao 4º Inquérito da CMVM sobre Práticas Relativas ao Governo das Sociedades*, Dissertação de Mestrado em Gestão/MBA (não publicada), Universidade Técnica de Lisboa – ISEG, 2007.

EASTERBROOK, F./FISCHEL, D., "*Takeover Bids, Defensive Tactics and Shareholders' Welfare*", in Business Law 36 (1981), pp. 1733-1750.

EDWARDS, VANESSA, "*The Directive on Takeover Bids – Not Worth the Paper It's Written On?*", European Company and Financial Law Review, Vol. 1, Nº 4, 2004, pp. 416ss.

EISENBERG, MELVIN, "*Perspectivas de Convergência Global dos Sistemas de Direcção e Controlo das Sociedades*", Cadernos MVM, nº 5 (Agosto 1999), pp. 107ss.

ENRIQUES, LUCA, *European Takeover Law: The Case for a Neutral Approach*, University College Dublin Working Papers in Law, Criminology & Socio-Legal Studies, Research Paper Nº 24/2010, disponível em *http://www.ecgi.org*.

— *Company Law Harmonization Reconsidered: What Role for the EC?*, ECGI Law Working Paper Nº 53/2005, disponível em *http://www.ecgi.org*.

— *EC Company Law Directives and Regulations: How Trivial are They?* ECGI Law Working Paper Nº 39/2005, disponível em *http://www.ecgi.org*.

ENTERRÍA, GARCÍA DE, "*Comentario al artículo 28º del RD 1066/2007 – Defensas frente a las OPAs*", in GARCIA DE ENTERRÍA/SÁENS DE NAVARRETE (org.), *La Regulación de las OPAs. Comentario Sistemático del RD 1066/2007, de 27 de Julio*, Thomson Reuters/Civitas, Madrid 2009.

— *Mercado de Control, Medidas Defensivas y Ofertas Competidoras. Estudios sobre OPAs*, Civitas Ediciones, Madrid, 1999.

ENTERRÍA, GARCIA DE/SÁENS DE NAVARRETE (org.), *La Regulación de las OPAs. Comentario Sistemático del RD 1066/2007, de 27 de Julio*, Thomson Reuters/Civitas, Madrid 2009.

ERKENS/HUNG/MATOS, *Corporate Governance in the 2007-2008 Financial Crises: Evidence from the Financial Institutions Worldwide*, ECGI Finance Working Paper Nº 249/2009, disponível em *http://www.ecgi.org*.

ESPERANÇA, J. P./SOUSA, A./SOARES, E./PEREIRA, I., *Corporate Governance no Espaço Lusófono*, Textos Editores, 2011.

ESTACA, JOSÉ MARQUES, *O Interesse Social nas Deliberações Sociais*, Almedina, 2003.

FALCÃO, J. P. MENEZES, "*A OPA Obrigatória – Fundamentos sobre o Regime do Novo Código dos Valores Mobiliários*", in Direito dos Valores Mobiliários, Vol. III (2001), Coimbra Editora, pp. 179-227.

FAMA/JENSEN, "*Separation of Ownership and Control*", Journal of Law & Economics Vol. 26, 1983, pp. 301-325, disponível em *http://www.ecgi.org*.

FARINHA, J./COSTA, BESSA, "*A Rotação dos Gestores nas Empresas Cotadas Portuguesas*", Cadernos MVM, nº 33 (Agosto 2009), pp. 9-39.

FARRAR, JOHN, *Corporate Governance – Theories, principles, and practice*, Second Edition, Oxford University Press, 2005.

FERRAN, EILÍS, "*The Role of the Shareholder in Internal Corporate Governance: Shareholder Information, Communication and Decision-Making*", in FERRARINI/HOPT/WINTER/WYMEERSCH (org.), *Reforming Company and Takeover Law in* Europe, Oxford University Press, 2004, pp. 417-454.

FERRARINI/MILLER, *A Simple Theory of Takeover Regulation in the United States an Europe*, ECGI Law Working Paper Nº 139/2010, disponível em *http://www.ecgi.org*.

FERRARINI/HOPT/WINTER/WYMEERSCH (org.), *Reforming Company and Takeover Law in* Europe, Oxford University Press, 2004.

FERRARINI/WYMEERSCH (org.), *Investor Protection In Europe – Corporate Law Making, The MiFID and Beyond*, Oxford University Press, 2006.

FERREIRA, ANTÓNIO PEDRO, *O Governo das Sociedades e a Supervisão Bancária – Interacções e Complementaridades*, Quid Juris, 2009.

FERREIRA, BRUNO, "A Responsabilidade dos Administradores e os Deveres de Cuidado Enquanto Estratégias de Corporate Governance – Implicações da Reforma do Código das Sociedades Comerciais", Cadernos MVM, nº 30 (Agosto 2008), pp. 7-18.

— "Os Deveres de Cuidado dos Administradores e Gerentes – Análise dos Deveres de Cuidado em Portugal e nos Estados Unidos da América fora das Situações de Disputa sobre o Controlo Societário", Cadernos MVM, nº 31 (Dezembro 2008), pp. 8-49.

FERREIRA, JOSÉ AMADEU, *Títulos de Crédito e Valores Mobiliários. Sumários das matérias leccionadas no ano lectivo 2002-2003, 1º semestre*, Universidade Nova de Lisboa.

FERREIRA, ORNELAS/TURNER, *Unbundling Ownership and Control*, ECGI Finance Working Paper Nº 172/2007, disponível em *http://www.ecgi.org*.

FERREIRA, REQUICHA, "OPA Concorrente", Direito dos Valores Mobiliários, Vol. X (2011), Coimbra Editora, pp. 135-502.

FERRELL, A., "Why Continental European Takeover Law Matters", in FERRARINI/HOPT/WINTER/WYMEERSCH (org.), ob. cit., pp. 561-574.

FLECHOSO, FREDERICO, "El Gobierno de las Sociedades Cotizadas Y Su Control", Centro de Documentación Bancaria y Bursátil, Madrid 1996.

FLEISCHER, HOLGER, "The Responsability of the Management and Its Enforcement", in FERRARINI/HOPT/WINTER/WYMEERSCH (org.), ob. cit., pp. 373-416.

FONSECA, MARGARIDA/FERREIRA, LUÍS, *O Procedimento de Controlo das Operações de Concentração de Empresas em Portugal – A Prática Decisória da Autoridade da Concorrência à luz da Lei nº 18/2003, de 11 de Junho*, Almedina, Abril de 2009.

FRADA, CARNEIRO DA, "A Business Judgment Rule no Quadro dos Deveres Gerais dos Administradores", in *Jornadas em Homenagem ao Professor Doutor Raúl Ventura, A Reforma do CSC*, Almedina 2007, pp. 61-102.

FRADEJAS/ESCUER, "El mercado para el control de sociedades en España – Características y evolución durante el período 1990-1998", *Boletín económico de ICE (Información Comercial Española)*, Nº 2682, Fevereiro 2001, pp. 9-22.

FRAGATA, FILIPA G., *Business Judgment Rule: Uma cláusula de (ir)responsabilidade dos administradores das sociedades comerciais*, (dissertação de mestrado não publicada), FDUC, 2010.

FRAGOSO, LUÍS, "A OPA Inibitória e a limitação de poderes da sociedade visada – O art. 182º do CVM", Março de 2005, disponível para consulta em *http://www.verbojuridico.net*.

FRANKS/MAYER, "Hostile Takeovers and the Correction of Managerial Failure", Journal of Financial Economics, Vol. 40, Nº 2, 1996, pp. 163-181.

FRANKS/MAYER/RENNEBOOG, *"Managerial Disciplining and the Market for (Partial) Corporate Control in the UK"*, in MCCAHERY/MOERLAND/RAAIJMAKERS /RENNEBOOG (org.), ob. cit., pp. 441-456.

GALEGO, CARLOS P., *"Reflexiones Sobre la Anunciada Nueva Normativa de OPAS"*, in Actualidad Jurídica, Madrid: Dykinson 2006-2007, Homenaje al professor D. Rodrigo Uría González en el centenario de su nacimento, pp. 143-156.

GARCIA, A. TEIXEIRA, *OPA – Da Oferta Pública de Aquisição e Seu Regime Jurídico*, Studia Iuridica 11, BFDUC, Coimbra Editora, 1995.

GATTI, MATTEO, *Optionally Arrangements and Reciprocity in the European Takeover* Directive, EBOR, Vol. 6 (2005), pp. 553-579.

GAUGHIN, PATRICK, *Mergers, Acquisitions, and Corporate Restructurings*, 5ª Edição, University Edition, Johan Wiley & Sons, 2011.

GIÃO, JOÃO SOUSA, *"Conflitos de Interesses entre Administradores e os Accionistas na Sociedade Anónima: Os Negócios com a Sociedade e a Remuneração dos Administradores"*, in AAVV, *Conflito de Interesses no Direito Societário e Financeiro – Um Balanço a Partir da Crise Financeira*, Almedina, 2010, pp. 215-291.

GILSON, RONALD J., *"The Political Ecology of Takeovers: Thoughts on Harmonising the European Corporate Governance Environment"*, in KLAUS HOPT/EDDY WYMEERSCH (org.), ob. cit., pp. 49-75.

GOERGEN/MARTYNOVA/RENNEBOOG, *Corporate Governance Convergence: Evidence from takeover regulation*, ECGI Law Working Paper Nº 33/2005, disponível em http://www.ecgi.org.

GOERGEN/RENNEBOOG, *Shareholder wealth effects of European domestic and cross-border takeover bids*, ECGI Finance Working Paper Nº 08/2003, disponível em http://www.ecgi.org.

GOMES, JOSÉ FERREIRA, *"Conflitos de Interesses entre accionistas nos negócios celebrados entre a sociedade anónima e o seu accionista controlador"*, in AAVV, *Conflito de Interesses no Direito Societário e Financeiro – Um Balanço a Partir da Crise Financeira*, Almedina, 2010, pp. 75-213.

GONÇALVES, DIOGO COSTA, *Fusão, Cisão e Transformação de Sociedades Comerciais – A posição jurídica dos sócios e a delimitação do status quo*, Almedina, Dezembro 2008.

GORDON, JEFFREY, *"An American Perspective on anti-Takeover Laws in the EU: The German Example"*, in FERRARINI/HOPT/WINTER/WYMEERSCH (org.), ob. cit., pp. 541-559.

— *"Convergence on Shareholder Capitalism: An Internationalist Perspective"*, in CURTIS MILHAUPT (org.), *Global Markets, Domestic Institutions – Corporate Law and Governance in a New Era of Cross-Border Deals*, Columbia University Press, New York 2003, pp. 214-256.

GORJÃO-HENRIQUES, M., *Direito da União – História, Direito, Cidadania, Mercado Interno e Concorrência*, 6ª edição, Almedina, 2010.

GROSSMAN, S./HART, O., *"Takeover Bids, the Free-Rider Problem, and the Theory of the Corporation"*, Bell Journal of Economics, Vol. 11, Nº 1, 1980, pp. 42-64.

GRUNDMANN, STEFAN, *"The Market of Corporate Control: The Legal Framework, Alternatives and Policy Considerations"*, in HOPT/WYMEERSCH/ /KANDA/BAUM (org.), ob. cit., pp. 421-446.

GRUNDMANN, S./MOSLEIN, F., *Golden Shares – State Control in Privatised Companies: Comparative Law, European Law and Policy Aspects*, Euredia 2001-02/4.

GUGLER, KLAUS, *Corporate Governance and Economic Performance*, Oxford University Press, 2001.

GUINÉ, ORLANDO, *Da Conduta (Defensiva) da Administração "Opada"*, Almedina, 2009.

— *"Do Contrato de Gestão de Carteiras e do Exercício do Direito de Voto: OPA Obrigatória, Comunicação de Participação Qualificada e Imputação de Direitos de Voto"*, in Direito dos Valores Mobiliários, Vol. VIII (2008), Coimbra Editora, pp. 151-181.

— *"A Transposição da Directiva 2004/25/ CE e a Limitação dos Poderes do Órgão de Administração da Sociedade Visada"*, Cadernos MVM, nº 22 (Dezembro 2005), pp. 21-46.

HANNES, SHARON, *The Hidden Virtues of Antitakeover Defences*, Harvard University School Law Paper nº 354 (03/2002), disponível para consulta em *http://www.law.harvard.edu*.

HERMIDA, ALBERTO, *Fusiones Y OPAS Transfronterizas*, Aranzadi, 2007.

— *"Métodos de Concentración Transfronteriza Intracomunitaria de Sociedades Cotizadas: Fusiones, OPA y Otros Métodos de Alternativos. Las Directivas 2004/25/CE y 2005/56/CE"*, Universidad Complutense – Documentos de Trabajo del Departamento de Derecho Mercantil, 2007.

HERTIG/MCCAHERY, *Optional rather than Mandatory EU Company Law Framework and Specific Proposals*, ECGI Law Working Paper Nº 78/2007, disponível em *http://www.ecgi.org*.

— *"An Agenda for Reform: Company and Takeover Law in Europe"*, in FERRARINI/HOPT/WINTER/WYMEERSCH (org.), ob. cit., pp. 21-49.

— *Company and Takeover Law Reforms in Europe: Misguided Harmonization Efforts or Regulatory Competition?*, ECGI Law Working Paper Nº 12/2003, disponível em *http://www.ecgi.org*.

HERTIG/RUBBEN LEE/MCCAHERY, *Empowering the ECB to Supervise Banks: A Choise-Based Approach*, ECGI Finance Working Paper Nº 262/2009, disponível em *http://www.ecgi.org*.

HILL, JENNIFER, *Takeovers, Poison Pills and Protectionism in Comparative Corporate Governance*, ECGI Law Research Paper Nº 170/2010, disponível em *http://www.ecgi.org*.

HOOGHTEN, PAUL VAN, *The European Takeover Directive and its Implementation*, Oxford University Press, New York, 2009.

Hopkins, Michael, *Corporate Social Responsability & International Development – Is Business the Solution?*, Earthscan, 2007.

HOPT, KLAUS, *The European Company Law Action Plan Revisited: An Introduc-*

tion, ECGI Law Working Paper Nº 140/2010, disponível em *http://www.ecgi.org*.
— "*Obstacles to Corporate Restructuring: Observations from a European and German Perspective*", in MICHEL TISON e outros (org.), *Perspectives in Company Law and Financial Regulation. Essays in Honour of Eddy Wymeersch*, Cambridge University Press, 2009, pp. 373-396.
— "*Desenvolvimentos Recentes da Corporate Governance na Europa, Perspectivas para o Futuro*", IDET, Miscelâneas Nº 5, Almedina 2008, pp. 10-39.
— *Comparative Company Law*, ECGI Law Working Paper Nº 77/2006, disponível em *http://www.ecgi.org*.
— *European Company Law and Corporate Governance: Where Does the Action Plan of the European Commission Lead?*, ECGI Law Working Paper Nº 52/2005, disponível em *http://www.ecgi.org*.
— "*A Harmonização do Regime das Ofertas Públicas de Aquisição (OPAs) na Europa*", in Direito dos Valores Mobiliários, Vol. V (2004), Coimbra Editora, pp. 215-239.
— "*Takeover Regulation in Europe – The battle for the 13th directive on takeovers*", Australian Journal of Corporate Law, Vol. 15, 2002, disponível em *http://www.law.yale.edu*.
— "*Common Principles of Corporate Governance in Europe?*", in MCCAHERY/MOERLAND/RAAIJMAKERS/RENNEBOOG (org.), ob. cit., pp. 176-204.
HOPT, KLAUS/LEYENS, P., *Board Models in Europe. Recent Developments of International Corporate Governance Structures in Germany, the United Kingdom, France, and Italy*, ECI, Law Working Paper Nº 18/2004, disponível em *http://www.ecgi.org*.
HOPT/WYMEERSCH/KANDA/BAUM (org.), *Corporate Governance in Context – Corporations, States, and Markets in Europe, Japan, and the US*, Oxford University Press, 2005.
HOPT/KANDA/ROE/WYMEERSCH/PRIGGE (org.), *Comparative Corporate Governance – The State of The Art and Emerging Research*, Oxford University Press, 1998.
HOPT, KLAUS/WYMEERSCH, EDDY, (org.), *Comparative Corporate Governance – Essays and Materials*, de-Gruyter, 1997.
— (org.) *European Takeovers – Law and Practice*, Butterworths, Londres, 1992.
HUERTA, JAIME P., "*El procedimiento de las OPA y su relación con otros reguladores. Defensa de la competencia y sectores económicos regulados*", in RIMV, 2008, nº 24, pp. 16-26.
JARILLO, MARIA, *Las normas de conducta de los administradores de las sociedades de capital*, Colección Biblioteca de Derecho de los Negocios, LA LEY, 2002.
JENSEN, M., "*Éxito y Fracaso de los Sistemas de Control Interno*", Harvard Duesto Business Review, Nº 66, 1995, pp. 68-85.
— "*Value Maximization, Stakeholder Theory, and the Corporate Objective Function*", in European Financial Management, Vol. 7, nº 3, pp. 297-317, disponível em *http://www.ssrn.com*.

JENSEN, M./MECKLING, W. "*The Theory of the Firm: Managerial Behavior, Agency Costs and Ownership Structure*", Journal of Financial Economics, Vol. 3, nº 4, 1976, pp. 305-360.

JÚDICE, J. MIGUEL/ANTAS, M. LUISA/ FERREIRA, ANTÓNIO A./PEREIRA, JORGE BRITO, *OPA – Ofertas públicas de aquisição (legislação comentada)*, Semanário Económico, 1992.

KARMEL, ROBERTA, "*Self-regulation and the future of Securities Law*", in Direito dos Valores Mobiliários, Vol. X (2011), Coimbra Editora, pp. 567-592.

KEMPERINK/STUYCK, "*The Thirteenth Company Law Directive And Competing Bids*", Common Market Law Review, Vol. 45, Nº 1 (2008), pp. 93-130.

KIRCHNER/PAINTER, "*Takeover Defenses under Delaware Law, the Proposed Thirteenth EU Directive and the New German Takeover Law: Comparison and Recommendations for Reform*", Illinois Law and Economics Working Paper Nº LE02-006, Março 2002, disponível em http://www.ecgi.org.

— *Towards a European Modified Business Judgment Rule for Takeover Law*, EBOR (2000), texto disponível em http://www.ecgi.org.

LANGEVOORT, DONALD, "*Sarbanes-Oxley, Global Competitiveness, and the Future of U.S. Securities Regulation*", Direito dos Valores Mobiliários, Vol. VIII (2008), Coimbra Editora, pp. 183-200.

LANNOO/KHACHATURYAN, "*Reform of Corporate Governance in the EU*", EBOR, Vol. 5, Nº 1 (2004), disponível em http://www.ecgi.org.

LEITÃO, LUÍS MENEZES, "*As Medidas Defensivas Contra Uma Oferta Pública de Aquisição Hostil*", in Direito dos Valores Mobiliários, Vol. VII (2007), Coimbra Editora, pp. 57-76.

— "*A Responsabilidade Civil no Âmbito da O.P.A.*", in Direito dos Valores Mobiliários, Vol. IV (2003), Coimbra Editora, pp. 111-125.

LELAND/PYLE, *Information Asymmetries, Financial Structure, and Financial Intermediation*, in *Financial Markets and Incomplete Information*, R&L Pub., Londres, 1989.

Liu, Han-Wei, "*The Non-Frustration Rule of the UK City Code on Takeover and Mergers and Related Agency Problems: What are the Implications for the EC Takeover Directive?*", The Columbia Journal of Europe Law Online, Vol. 17, 2010, disponível em http://www.cjel.net.

LOPES, CLÁUDIA/OLIVEIRA, HELENA/ /CUNHA, CARLOS, "*O Jogo das estratégias nas OPA – caso Sonae/ Portugal Telecom*", disponível em http://www.ctoc.pt.

MAASSEN/BOSCH, VAN DEN/VOLBERDA, "*The importance of disclosure in Corporate Governance self-regulation across Europe: A review of the Winter Report and the EU Plan*", International Journal of Disclosure and Governance, Vol. 1, Nº 2 (2004), pp. 146-159.

MAEIJER/GEENS (org.), *Defensive Measures against Hostile Takeovers in the Common Market*, Graham & Trotman, Londres, 1990.

MAGALHÃES, VÂNIA FILIPE, "*A conduta dos administradores das sociedades anónimas: deveres gerais e interesse social", in Revista do Direito das Sociedades, Ano 1 (2009) – Número 2, Almedina, pp. 389-417.

MAIA, PEDRO, *Voto e Corporate Governance*, Dissertação de Doutoramento (não publicada), FDUC, 2010.

— *Função e Funcionamento do Conselho de Administração da Sociedade Anónima*, Studia Iuridica 62, BFDUC, Coimbra Editora, 2002.

MANNE, H., "Mergers and the Market for Corporate Control", The Journal of Political Economy, Vol. 73, Nº 2. (April 1965), pp. 110-120, disponível em http://jstor.org.

MARCELO, PAULO LOPES, *A Blindagem da Empresa Plurissocietária*, Almedina, 2002.

MARQUES, MAFALDA GOUVEIA/FREIRE, MÁRIO "A Informação no Mercado de Capitais", Cadernos MVM, nº 3 (Segundo Semestre 1998), pp. 111-123.

MARQUES, MÁRIO/TEIXEIRA, CLAÚDIA, "A Responsabilidade Social das Empresas e o Desempenho Organizacional", Revista de Estudos Politécnicos, 2008, Vol. VI, Nº 10, pp. 149-164.

MARTINS, ALEXANDRE SOVERAL, *Valores Mobiliários [Acções]*, IDET, Cadernos, nº 1, Almedina, 2003.

— *Os Poderes de Representação dos Administradores de Sociedades Anónimas*, Studia Iuridica 34, BFDUC, Coimbra Editora, 1998.

MARTYNOVA/RENNEBOOG, Spillover of Corporate Governance Standards in Cross-Border Mergers and Acquisitions, ECGI Finance Working Paper Nº 197/2008, disponível em http://www.ecgi.org.

— *The Performance of the European Market for Corporate Control: Evidence from the 5th Takeover Wave*, ECGI Finance Working Paper Nº 135/2006, disponível em http://www.ecgi.org.

MATEUS, ABEL, "As Ofertas Públicas de Aquisição e a Lei da Concorrência", in Direito dos Valores Mobiliários, Vol. IX (2009), Coimbra Editora, pp. 115-140.

MATHIESEN, H., *Managerial Ownership and Financial Performance*, Ph.D. Thesis, Copenhagen Business School, Denmark 2002.

MATOS, PEDRO VERGA, "A Relação entre os Accionistas e os Gestores de Sociedades Cotadas: Alguns Problemas e Soluções", Cadernos MVM, nº 33 (Agosto 2009), pp. 92-104.

MCCAHERY/MOERLAND/RAAIJMAKERS/RENNEBOOG (org.), *Corporate Governance Regimes, Convergence and Diversity*, Oxford University Press, 2002.

MCCAHERY/RENNEBOOG/RITTER/ /HALLER, "The Economics of the Proposed European Takeover Directive", in FERRARINI/HOPT/WINTER/ /WYMEERSCH (org.), ob. cit., pp. 575-646.

MCCAHERY/VERMEULEN, *Does the Takeover Bids Directive Need Revision?*, Tilburg Law School Legal Studies Research Paper Nº 05/2010, disponível em http://www.ecgi.org.

— "Corporate Governance Crises and Related Party Transactions: A Post-Parmalat Agenda", in HOPT/WYMEERSCH/KANDA/BAUM (org.), ob. cit., pp. 215-245.

MENDONÇA, JORGE RIBEIRO, "*A Tomada de Sociedade através Oferta Pública de Aquisição*", in RFDL, XLV, nºs 1 e 2, Coimbra Editora, 2004, pp. 47-81.

MILHAUPT, CURTIS (org.), *Global Markets, Domestic Institutions – Corporate Law and Governance in a New Era of Cross-Border Deals*, Columbia University Press, New York, 2003.

MONTEIRO, A. PINTO, *Contrato de Agência – Anotação*, 7ª edição, Almedina, 2010.

MONTEIRO, ALVES, *A Responsabilidade Social das Empresas (RSE)*", Cadernos MVM, nº 21 (Agosto 2005), pp. 65-70.

MONTEIRO, SINDE/SÁ, ALMENO DE, "*Do Combate a uma OPA em curso*, in RJUM, nº 1, 1998, pp. 407-459.

MOSCA, CHIARA, *The Takeover Bids Directive: An Opportunity for Europe or simply a Compromise?*, Bocconi University, Paolo Baffi Centre Research Paper Nº 2009-64, disponível em http://www.ssrn.com.

MUELLER, DENNIS, "*The Economics and Politics of Corporate Governance in the European Union*", in FERRARINI, G./WYMEERSCH, E. (org.), ob. cit, pp. 3-29.

MUFFAT- JEANDET, "*OPA: L'Adoption d'une Directive Européenne*", Cadernos MVM, nº 19 (Dezembro de 2004), pp. 46-56.

MÜLBERT, PETER, "*Corporate Governance of Banks*", in Direito dos Valores Mobiliários, Vol. X (2011), Coimbra Editora, pp. 503-535.

— "*Make It or Break It: The Break-Through Rule as a Break-Through for the European Takeover Directive?*", in FERRARINI/HOPT/WINTER/WYMEERSCH (org.), ob. cit., pp. 711--736.

NEVES, RUI OLIVEIRA, "*O Administrador Independente*", in AAVV, *Código das Sociedades Comerciais e Governo das Sociedades*, Almedina 2008, pp. 143-194.

NUNES, PEDRO CAETANO, *Corporate Governance*, Almedina, Março de 2006.

— *Responsabilidade Civil dos Administradores perante os Accionistas*, Almedina, 2001.

OLIVEIRA, ANTÓNIO FERNANDES DE, "*Responsabilidade Civil dos Administradores*", in AAVV, *Código das Sociedades Comerciais e Governo das Sociedades*, Almedina, 2008, pp. 257-341.

OSÓRIO, JOSÉ HORTA, *Da Tomada do Controlo de Sociedades (Takeovers) por Leveraged Buy-Out e sua Harmonização com o Direito Português*, Almedina, 2001.

PACCES, A., *Uncertainty and the Financial Crisis*, ECGI Law Working Paper Nº 159/2010, disponível em http://www.ecgi.org.

— *The Law and Economics Of Corporate Governance: Changing Perspectives* (org.), Edward Elgar Publishing Ltd, 2010.

PAPADOPOULOS, THOMAS, *EU Law and Harmonization of Takeovers in the Internal Market*, Wolters Kluwer, 2010.

— "*The European Union Directive on Takeover Bids: Directive 2004/25/ /EC*", International and Comparative Corporate Law Journal, Vol. 6, Nº 3, 2008, pp. 13-103.

— "*The Mandatory Provisions of the EU Takeover Bid Directive and Their Defi-

ciencies", Law and Financial Markets Review, Vol. 1, Nº 6, pp. 525-533, Novembro 2007.

PAYNE, JENNIFER (org.), *Takeovers in English and German Law*, Hart Publishing, Oxford, 2002.

PEREIRA, MIGUEL CASTRO, "*Conflito de Interesses Numa OPA Hostil*", Artigo publicado no Jornal de Negócios, de 30.03.2007.

PEREIRA, JORGE BRITO, "*A limitação dos poderes da sociedade visada durante o processo de OPA*", in Direito dos Valores Mobiliários, Vol. II (2000), Coimbra Editora, pp. 175-202.

— *A OPA Obrigatória*, Almedina, 1998.

PEREIRA, JOSÉ NUNES, "*Quinze Anos de Codificação Mobiliária em Portugal*", in Direito dos Valores Mobiliários, Vol. VIII (2008), Coimbra Editora, pp. 265-317.

— "*O regime jurídico das ofertas públicas de aquisição no Código do Mercado de Valores Mobiliários: principais desenvolvimentos e inovações*", in Revista da Banca, Nº 18 (1991), pp. 29-98.

PINTO, ARTHUR, "*Corporate Takeovers through the Public Markets – United States*", in PHAEDON KOZYRIS (org.), *Corporate Takeovers through the Public Markets*, pp. 337-367.

PINTO, FREDERICO COSTA, *O Novo Regime dos crimes e contra-ordenações do Código dos Valores Mobiliários*, Estudos sobre o Mercado dos Valores Mobiliários, Almedina, 2000.

PINTO, FREDERICO COSTA/VEIGA, ALEXANDRE BRANDÃO DA, "*Natureza, Limites e Efeitos das Recomendações e Pareceres Genéricos da CMVM*", Cadernos MVM, nº 12 (Dezembro 2001), pp. 273-285.

RAAIJMAKERS, T., "*Takeover Regulation in Europe and America: The Ned for Functional Convergence*", in MCCAHERY/MOERLAND/RAAIJMAKERS/ /RENNEBOOG (org.), ob. cit., pp. 205-229.

RABELO, F./VASCONCELOS, F., *Corporate Governance in Brazil*, Journal of Business Ethics, Vol. 37, Nº 3, 2002, pp. 321-335.

RESENDE, JOÃO MATTAMOUROS, *A Imputação de Direitos de Voto no Mercado de Capitais*, Universidade Católica Editora, 2010.

RODRIGUES, JORGE, *Corporate Governance: Uma Introdução*, Edições Pedago, 2008.

RODRIGUES, NUNO CUNHA, "*As "golden-shares" no direito português*", in Direito dos Valores Mobiliários, Vol. VII (2007), Coimbra Editora, pp. 191-231.

RODRIGUES, SOFIA NASCIMENTO, "*A Reforma do Sistema Português de Supervisão Financeira*", in Direito dos Valores Mobiliários, Vol. X (2011), Coimbra Editora, pp. 537-565.

ROE, MARK, *Political Determinants of Corporate Governance – Political Context, Corporate Impact*, Oxford University Press, 2003.

ROMANO, ROBERTA "*Less is More: Making Institutional Investor Activism a Valuable Mechanism of Corporate Governance*", in MCCAHERY/MOERLAND/RAAIJMAKERS/RENNEBOOG (org.), ob. cit., pp. 507-566.

— "*A Guide to Takeovers: Theory, Evidence and Regulation*", Yale Journal On Regulation, Vol. 9, 1992, pp. 119-179, disponível em http://heinonline.org.

ROQUEIRO, CARLOS, *Regulación de las OPA: teoría económica, regulación europea y ofertas sobre empresas españolas*, CNMV, 2007.

SANTOS, FILIPE CASSIANO DOS, *Estrutura Associativa e Participação Societária Capitalística: contrato de sociedade, estrutura societária e participação do sócio nas sociedades capitalísticas*, Coimbra Editora, 2006.

SANTOS, HUGO MOREDO, *Transparência, OPA Obrigatória e Imputação de Direitos de Voto*, Coimbra Editora, 2011.

— *Ofertas Concorrentes*, Coimbra Editora, 2008.

— "*Aquisição Tendente ao Domínio Total de Sociedades Abertas*", in Direito dos Valores Mobiliários, Vol. VII (2007), Coimbra Editora, pp. 275-402.

SANZ, FRANCISCO LEÓN, *Tendencias Actuales en la Ordenación del Control y el Capital en las Sociedades Mercantiles (VII Congreso de la Asociación Sáinz de Andino)*, Universidad de Huelva, Marcial Pons, 2009.

SEALY, L. S., "*The Draft Thirteenth E.C. Directive on Take-overs*", in MADS ANDENAS/KENYON-SLADE (org.), ob. cit., pp. 135-147.

SICLARI, DOMENICO "*A Renewed "Delaware Effect" for Company Regulation in EU? The Case of European Company (SE)*", The Columbia Journal of Europe Law Online, Vol. 17, 2010, disponível em http://www.cjel.net.

SILVA, A. SANTOS/VITORINO, A./ALVES, CARLOS F./CUNHA, J. ARRIAGA DA//MONTEIRO, ALVES, *Livro Branco sobre Corporate Governance em Portugal*, IPCG, 2006.

SILVA, CORREIA DA/GOERGEN/RENNEBOOG, *Dividend Policy and Corporate Governance*, Oxford University Press, 2004.

SILVA, FERNANDO, "*Códigos de Governo Societário: Does One fit All*", Cadernos MVM, nº 33 (Agosto 2009), pp. 40-71.

SILVA, JOÃO CALVÃO DA, *Sumários do Curso de Direito Privado da Banca, da Bolsa e dos Seguros*, Ano lectivo 2009--10, FDUC.

— *Ofertas Públicas de Aquisição (Regime Europeu e Português)*, Studia Iuridica 94 – Colloquia – 17, BFDUC, Coimbra Editora, 2009, pp. 163-201.

— "*Responsabilidade Civil dos Administradores não executivos, da Comissão de Auditoria e do Conselho Geral de Supervisão*", in Jornadas em Homenagem ao Professor Doutor Raúl Ventura, A Reforma do CSC, Almedina 2007, pp. 103-150.

— *Banca, Bolsa e Seguros, Direito Europeu e Português*, Tomo I, Parte Geral, Almedina 2007.

— *Estudos Jurídicos (Pareceres)*, Almedina, Maio de 2001.

— *Estudos de Direito Comercial (Pareceres)*, Almedina, 1996.

SILVA, JOÃO GOMES DA/ANTAS, LUÍSA//COSTA, MARGARIDA SÁ/SILVEIRA, RUI, "*Os Administradores Independentes das Sociedades Cotadas Portuguesas*", in Corporate Governance – Reflexões

I, Comissão Jurídica do IPCG, 2007, pp. 7-29, disponível em http://www.cgov.pt.

SILVA, JOÃO SOARES DA, "Algumas Observações em Torno da Tripla Funcionalidade da Técnica de Imputação de Votos no Código dos Valores Mobiliários", Cadernos MVM, nº 26 (Abril de 2007), pp. 46-58.

— "O Action Plan da Comissão Europeia e o Contexto da Corporate Governance no Início do Séc. XXI", Cadernos MVM, nº 18 (Agosto de 2003), pp. 72-80.

— "Responsabilidade civil dos administradores de sociedades: os deveres gerais e a Corporate Governance", in ROA 57, Vol. II, 1997, pp. 605-628.

SILVA, JOANA RIBEIRO E, A OPA como Mecanismo de Governo Societário – Impacto da Regra da Neutralidade (Dissertação de Mestrado não publicada), UCP, Lisboa 2009.

SILVA, PAULA COSTA E, "Sociedade Aberta, Domínio e Influência Dominante", in Direito dos Valores Mobiliários, Vol. VIII (2008), Coimbra Editora, pp. 541-571.

— "A Imputação de direitos de voto na oferta pública de aquisição", in Direito dos Valores Mobiliários, Vol. VII (2007), Coimbra Editora, pp. 403-442.

— "Oferta Pública e alteração das circunstâncias", in Direito dos Valores Mobiliários, Vol. IV (2003), Coimbra Editora, pp. 127-146.

SOARES, ANTÓNIO/PINTO, RITA OLIVEIRA, "Os deveres do órgão de administração da sociedade visada na pendência de uma Oferta Pública de Aquisição", in Estudos em Homenagem ao Professor Doutor Carlos Ferreira de Almeida, Vol. I, Almedina, 2011, pp. 861-877.

STERN, ROBERT, "United Kingdom", in BUTTON, MAURICE/BOLTON, SARAH (org.), A Practitioner's Guide to Takeovers and Mergers in the European Union, 1997, City & Financial Publishing, pp. 21-50.

TORRES, ISABEL, Luces Y Sombras en la Reforma de OPAS: el papel de la junta general en relación con las medidas defensivas, Universidad Complutense, Documentos de Trabajo del Departamento de Derecho Mercantil, 2008/18.

TRIUNFANTE, ARMANDO, A Tutela das Minorias nas Sociedades Anónimas – Quórum de Constituição e Maiorias Deliberativas (e autonomia estatutária), Coimbra Editora, Maio de 2005.

— A Tutela das Minorias nas Sociedades Anónimas – Direitos de Minoria Qualificada: Abuso de Direito, Coimbra Editora, Agosto de 2004.

— A Tutela das Minorias nas Sociedades Anónimas – Direitos Individuais, Coimbra Editora, Setembro de 2004.

UNDERHILL, WILLIAM/AUSTMANN, ANDREAS, "Defence Tactics" in JENNIFER PAYNE (org.), ob. cit, pp. 87-121.

VAN DER ELST, C., Revisiting shareholder activism at AGMs: Voting determinants of large and small shareholders, ECGI Finance Working Paper Nº 311/2011, disponível em http://www.ecgi.org.

VASCONCELOS, PEDRO PAIS DE, "Concertação de accionistas, exoneração e OPA obrigatória em sociedades abertas", in Direito das Sociedades em Revista,

Almedina, Março 2010, Ano 2, Vol. 3 – Semestral, pp. 11-48.

— "Business judgment rule, deveres de cuidado e de lealdade, ilicitude e culpa e o artigo 64º do Código das Sociedades Comerciais", in Direito das Sociedades em Revista, Almedina, Outubro 2009, Ano 1, Vol. 2 – Semestral, pp. 41-79.

— A Participação Social nas Sociedades Comerciais, 2ª edição, Almedina, 2006.

VAZ, JOÃO CUNHA, As OPA na União Europeia face ao Novo Código dos Valores Mobiliários, Almedina, 2000.

VENTORUZZO, MARCO, The Thirteenth Directive and the Contrasts Between European and U.S. Takeover Regulation: Different Regulatory Means, Not so Different Political and Economic Ends?, Bocconi University, Legal Studies Research Paper Nº 06-07, 2005, disponível em http://www.ssrn.com.

VENTURA, RAÚL, Estudos Vários Sobre Sociedades Anónimas, Comentário ao Código das Sociedades Comerciais, Almedina, Coimbra, 1992.

VICENTE, DÁRIO MOURA, "Ofertas Públicas de Aquisição Internacionais", in Direito dos Valores Mobiliários, Vol. VII (2007), Coimbra Editora, pp. 465-494.

VIÇOSO, MAGDA "Os acordos de concertação dirigidos ao domínio de sociedades abertas", in Estudos em Homenagem ao Professor Doutor Carlos Ferreira de Almeida, Vol. I, Almedina, 2011, pp. 879ss.

WEARING, ROBERT, Cases in Corporate Governance, SAGE Publications, Londres 2005.

WEIL/GOTSHAL/MANGES, Comparative Study of Corporate Governance Codes Relevant to the European Union and Its Member States, On behalf of the European Commission – Internal Market Directorate General, Janeiro de 2002, disponível em http://ec.europa.eu.

WINTER, JAAP, "The good, the bad and the ugly of the European Takeover Directive", in European Takeovers: The Art of Acquisition, J. GRANT (org.), Euromoney Books, 2005.

— "EU Company Law at the Cross-Roads", in FERRARINI/HOPT/WINTER/ WYMEERSCH (org.), ob. cit., pp. 3-20.

WOLFF, GISBERT, "The Commission's Programme for Company Law Harmonization: The Winding Road to a Uniform European Company Law?", in MADS ANDENAS/KENYON-SLADE (org.), ob. cit., pp.19-41.

WYMEERSCH, EDDY, "How Can Corporate Governance Codes Be Implemented", in FERRARINI/WYMEERSCH (org.), ob. cit., pp. 143-160.

— "Implementation of the Corporate Governance Codes", in HOPT/WYMEERSCH /KANDA/BAUM (org.), ob. cit., pp. 403-419.

— "About Techniques of Regulating Companies in the European Union" in FERRARINI/HOPT/WINTER/WYMEERSCH (org.), ob. cit., pp. 145-182.

— "Convergence or Divergence in Corporate Governance Patterns in Western Europe", in MCCAHERY/MOERLAND/ /RAAIJMAKERS/RENNEBOOG (org.), ob. cit., pp. 230-247.

— "*Problems of the Regulation of Takeover Bids in Western Europe: A Comparative Survey*", in KLAUS HOPT/EDDY WYMEERSCH (org.), ob. cit., pp. 95--131.

— "*A Status Report on Corporate Governance Rules and Practices in Some Continental European States*", in HOPT//KANDA/ROE/WYMEERSCH/PRIGGE (org.), ob. cit., pp. 1045-1210.

ÍNDICE

NOTA PRÉVIA	9
AGRADECIMENTOS	11
ABREVIATURAS	13
RESUMO	15
ABSTRACT	17
INTRODUÇÃO	19

CAPÍTULO I. *CORPORATE GOVERNANCE* — 23
   1. Conceito e Teorias — 23
   2. Importância Crescente — 34
   3. *Ratio*: Propriedade *versus* Controlo e a Teoria da Agência — 48
   4. Diferentes Sistemas — 54
   5. Convergência Internacional — 59
   6. Crescente Activismo Accionista: Investidores Institucionais — 70

CAPÍTULO II. O DIREITO EUROPEU DAS SOCIEDADES E DAS OPA — 79
   1. A Futura Harmonização do Direito Europeu das Sociedades — 79
   2. O Regime Europeu das OPA — 89
   3. Regulamentação das OPA e seu Impacto no *Corporate Governance* — 101
   4. A OPA como Mecanismo de *Corporate Governance*: O Mercado do Controlo Societário — 107

CAPÍTULO III. DEVERES DOS MEMBROS DO ÓRGÃO DE ADMINISTRAÇÃO E MEDIDAS DEFENSIVAS — 117
   1. Competências do Órgão de Administração — 118
   2. Deveres dos Membros do Órgão de Administração — 123

    2.1. Deveres Gerais (Fundamentais)   123
    2.2. Deveres Específicos no Decurso da OPA   133
3. Medidas Defensivas   139
    3.1. Diferentes Tipos   141
        A. Preventivas   143
        B. Reactivas   148
    3.2. Possíveis Motivações   156
    3.3. Efeitos   159
    3.4. As Experiências Europeia e Norte-Americana   164

CAPÍTULO IV. REGRA DE NÃO FRUSTRAÇÃO DA OPA:
LIMITAÇÃO DE PODERES DA ADMINISTRAÇÃO   177
1. *Ratio Legis*   179
1.1. Específicos Conflitos de Interesses   180
    1.2. Primado da Decisão dos Accionistas   184
    1.3. Importância dos Administradores Independentes   191
2. Regime legal   195
    2.1. Âmbito da Limitação: A OPA Inibitória   196
        A. Âmbito Objectivo   196
        B. Âmbito Subjectivo   200
    2.2. Período de Limitação   204
    2.3. Actos Proibidos   215
        A. Alteração da Situação Patrimonial   216
        B. Gestão Normal (Corrente)   224
        C. Afectação dos Interesses do Oferente   227
        D. Outros Actos Proibidos   232
    2.4. Excepções   239
        A. Cumprimento de Obrigações Prévias   240
        B. Autorização dos Accionistas   242
        C. Procura de Ofertas Concorrentes   249
        D. Reciprocidade   253
    2.5. Situações Análogas?   257
3. Natureza Jurídica   262
    3.1. Norma de Diligência *versus* Competência e Sanção Jurídica   263
    3.2. Impugnação das Deliberações do Órgão de Administração   271
    3.3. Limitação da AG?   276
4. Observações ao Regime Europeu   279
    4.1. A Regra de Não Frustração e a *Directiva das OPA*   279
    4.2. Comentário Crítico: Harmonização Limitada?   284

A. Regime Facultativo	286
B. Reciprocidade	293
4.3. Desenvolvimentos e Alternativas	297
5. O Mercado do Controlo Societário em Portugal	309
5.1. Interferências do Estado e "*Golden Shares*"	311
5.2. Imputação de Direitos de Voto	316
CAPÍTULO V. CONCLUSÕES	323
BIBLIOGRAFIA	329
ÍNDICE	349